第一卷

检察调研

JIANCHA DIAOYAN

主 编 万 春
副主编 缐 杰
编 辑 张 杰 杨泽宇

中国检察出版社

图书在版编目（CIP）数据

检察调研（第一卷）/万春主编． —北京：中国检察出版社，2018.6
ISBN 978－7－5102－2107－1

Ⅰ.①检… Ⅱ.①万… Ⅲ.①侦查－司法监督－法规－中国－手册
Ⅳ.①D926.－6

中国版本图书馆 CIP 数据核字（2018）第 066842 号

检察调研（第一卷）

主编 万 春

出版发行：	中国检察出版社
社　　址：	北京市石景山区香山南路 109 号（100144）
网　　址：	中国检察出版社（www.zgjccbs.com）
编辑电话：	（010）86423753
发行电话：	（010）86423726　86423727　86423728
经　　销：	新华书店
印　　刷：	北京朝阳印刷厂有限责任公司
开　　本：	850mm×1168mm　16 开
印　　张：	26.75　插页 4
字　　数：	617 千字
版　　次：	2018 年 6 月第一版　2018 年 6 月第一次印刷
书　　号：	ISBN 978－7－5102－2107－1
定　　价：	89.00 元

检察版图书，版权所有，侵权必究
如遇图书印装质量问题本社负责调换

做好检察调研服务检察工作科学发展
（代序）

万 春

习近平总书记在党的十九届一中全会上强调指出："要在全党大兴调查研究之风。调查研究是谋事之基、成事之道，没有调查就没有发言权，没有调查就没有决策权。调查研究是我们做好工作的基本功。"按照习近平总书记要求，大兴检察调研之风，是党的优良工作作风在检察工作中的具体体现，是推进新时期检察工作科学发展的现实需要，更是各级检察机关法律政策研究室更好地服务检察工作和经济社会发展大局的职责所在。

在全面推进依法治国的战略进程中，检察机关发挥着不可替代的重要作用。为完善中国特色社会主义检察监督体系，建设中国特色社会主义法治体系，需要各级检察院法律政策研究室结合检察工作实际，围绕检察监督中的重大理论和实践问题开展深入调研。

不仅如此，当前司法体制改革进入深水区、关键期，深化司法体制综合配套改革，全面落实司法责任制，需要各级检察院法律政策研究室密切关注司法体制改革中的重大问题，积极开展调研，找准问题，提出具体可行的解决方案，为司法责任制全面配套落实发挥职能作用。

此外，在打造共建共治共享的社会治理格局中，检察机关打击各类违法犯罪时，法律适用疑难复杂问题不断出现，迫切需要结合实际开展调研，找准法律适用疑难问题背后的规律性、深层次问题，为实践中疑难问题的解决贡献智力资源，实现检察调研工作服务司法办案的职责任务。

长期以来，最高人民检察院法律政策研究室高度重视调研工作，每年下发检察调研重点题目，指导全国各级检察院法律政策研究室充分发挥检察调研的主阵地和主力军作用，突出工作重点，健全制度机制，紧紧围绕服务经济社会发展中心工作和检察工作大局开展调研，为服务中心大局发展贡献了智力资源；围绕检察改革重大问题研究论证、部署实施开展调研，发挥了参谋助手作用；积极推进检察调研与检察办案工作密切融合，使检察调研成为司法办案的源头活水；积极拓宽调研渠道，搭建调研成果转化应用平台，提升调研工作在检察工作中的重要作用。

当前，检察调研工作中还存在一些问题。例如：对重大问题关注和主动作为不够，找准检察工作规律特点，围绕检察工作重大问题开展调研的大局视野、战略思维、前瞻意识还有待进一步强化；如何寻找、发现、提炼问题，强化应用研究，深入调研后提出可行对策建议的意识还有待加强；如何积极构建更加有效的调研成果转化应用平台，拓宽调研成果转化应用渠道，还有待进一步积极探索。

在全党上下深入学习贯彻党的十九大精神关键时期，检察调研工作应当更好地立足检察工作大局发展中的重大问题，形成有分量的调研成果，为完善中国特色社会主义检察制度贡献力量。

要进一步强化对调研工作重要性的认识。检察调研是检察工作的重要组成部分，检察工作科学发展，离不开检察调研工作的理论支撑和智力保障。无论是立足检察工作更好地适应党中央提出的全面推进依法治国的新要求，还是面对解决检察机关适用法律政策疑难问题的客观需要，都有必要进一步强化对检察调研工作重要性的认识。检察调研工作业务性、专业性都很强，是综合性更强、层次更高的司法工作；检察调研工作是检察工作实现科学决策和公正司法的重要支撑，也是探索检察工作规律、实现检察工作创新发展的重要力量。要进一步提高对检察调研工作重要性的认识，把检察调研工作列入各级检察院重要议事日程，做到检察调研与检察业务工作同部署、同安排，制定切实可行的措施，确保调研工作有思路、有目标、有举措、见成效。

要更好地围绕检察综合配套体制改革完善和法律适用中重点疑难复杂问题开展调研。要更加深入地就检察改革中如何贯彻以审判为中心的诉讼制度改革、认罪认罚从宽制度完善及立法化、民事行政公益诉讼制度改革、司法体制改革实践效果等重大问题开展调研，为检察改革落地生根提供对策建议。要围绕非法证据排除、对公安派出所刑事侦查活动监督等刑事诉讼中的重点问题开展调研。要针对涉枪涉爆、涉黑涉恶、黄赌毒、盗抢骗、电信诈骗等严重危害社会秩序、影响人民群众安全感的常见多发犯罪案件法律适用疑难问题开展调研。要聚焦防范化解风险，针对互联网金融、非法集资等经济金融领域重大疑难犯罪案件法律适用问题开展调研。

要进一步发挥研究室在检察调研工作中的龙头和中坚作用。检察调研工作要切实发挥重要作用，必须有一支稳定、专业的调研工作队伍。检察调研工作是各级检察院法律政策研究室发挥检察"智库"职能作用的"看家本领"。要按照《人民检察院法律政策研究室工作条例（试行）》要求，找准法律政策研究室的职能定位，明确职责，聚焦主业，进一步推动各级检察院法律政策研究室树立"有为才有位"的思想，不断加强检察调研和应用研究，在检察事业发展中大显身手。

要进一步重视发挥全国检察机关调研骨干人才的带头作用。2016年，由最高人民检察院政治部、法律政策研究室牵头，在全国检察机关开展首批全国检察机关调研骨干人才评选，评定出229名调研骨干人才。这些调研骨干人才热爱检察调研工作，调研作风扎实，调研成果丰硕。最高人民检察院政治部、法律政策研究室制定了《全国检察机关调研骨干人才库建设规定（暂行）》（以下简称《规定》）。各地要按照《规定》要求，将全国检察机关调研骨干人才的培养管理与检察机关人才长远建设结合起来，进一步重视发挥调研骨干人才作用，积极组织调研骨干人才参与重大调研活动，承担检察应用理论研究重点课题，采取论坛、研讨会等形式，促进全国检察机关调研骨干人才相关调研成果的交流。

要进一步重视发挥最高人民检察院检察调研工作基层联系院的作用。2016年，最高人民检察院法律政策研究室牵头,确定了一批最高人民检察院检察调研工作基层联系院。检察调研工作基层联系院是检察调研的前线工作站,对于有效加强调研工作上下联系,强化调研工作的实践性、应用性,加强上级检察院对基层声音的听取、对一线情况的了解,具有重要意义。

在全面加强调研工作的背景下,有必要进一步重视检察调研工作基层联系院作用的发挥。上级检察院要更加重视来自基层联系院的调研成果,采取多种渠道,更加及时、灵活地转发基层联系院的调研成果,对具有可行性的,要注重研究推广、转化应用,加强业务交流。要更加重视加强对基层联系院调研工作的业务指导,采取蹲点"解剖麻雀"的方法,多到基层联系院,面对面了解情况、掌握问题、寻找对策。

要积极构建调研有效开展的工作机制。继续推进和完善院领导与业务骨干相结合、专兼职人员相结合、院内外人才相结合、全体干警积极参与调研的"大调研"工作机制。新形势下,上级检察院对调研工作的指导、管理,应实现从"管人"向"管事"转变,要积极对各级检察院调研工作进行统筹部署,加强对调研工作组织开展情况和调研成果转化应用的指导和考核。在司法责任制不断落实,办案部门普遍实行检察官员额制的新形势下,一些地方检察院探索建立检察业务交流和研修(轮修)制度,要求专职从事调研工作的检察官定期或不定期地到办案业务部门参与案件办理;各办案业务部门的检察官,也要在一定时期内轮岗脱岗参加重要专题调研,将之纳入检察官业绩考核内容。一些地方检察院积极探索法律政策研究室与办案部门检察官共同调研会商解决疑难复杂法律问题制度。实践证明,这些探索都是促进检察调研与办案良性互动的有效工作方法,要重视借鉴学习和推广应用。

"检察调研兴则检察事业兴。"新形势下,我们要按照最高人民检察院党组决策部署,大兴调查研究之风,以更加喜人的调研成绩更好服务检察改革发展需要!

目　录

一、热点调研

检察工作服务大局调研

京津冀检察合作中的若干问题
………………………………………………………天津市武清区人民检察院/ 3

政法部门网上信息共享与业务协同平台构建相关问题调研
——四川省都江堰市检察院建设该省首个"政法部门网上信息共享与业
务协同平台"的探索 ………………………………………………黄　马/ 6

涉检信访中的集体访透视：特点、问题与化解
……………………………………………………………王士春　唐守东/ 11

当前云南省"非法使用外籍劳工"的调研报告
……………………………………………………………云南省人民检察院/ 19

湖北省广水市非公有制经济发展环境调研报告
…………………………………………………………………………黄　俊/ 27

民生热点问题及社会调研

生产、销售假药类案件实证研究
——以上海市司法实践为视角
………………………………………………………………俞　蕾　马　珣/ 34

办理环境资源类案件的"四难四建议"
…………………………………………………………………………冯　伟/ 42

关于打击非法捕捞水产品犯罪保护长江渔业生态资源的调研
…………………………………………………………………………张庆培/ 44

关于办理非法占用农用地案件的调研
——以非法占用林地为视角
………………………………………………………云南省丽江市人民检察院/ 46

对当前国有储备粮库系统职务犯罪案件的分析与思考
……………………………………………………………刘　斌　李睿孜/ 52

农村低保领域职务犯罪案件特点分析
.... 乌 兰/55

当前借助社交媒体软件实施性侵犯罪情况应引起重视
.... 谢慧阳/58

当前性侵未成年人犯罪案件的特点、原因及建议
.... 四川省内江市人民检察院/60

湖北荆州地区"醉驾型"危险驾驶犯罪案件调查分析
.... 张 丽/62

办理电商"删差评"案件存在"三难"应引起重视
.... 郭文明 刘守国/67

当前"索债型"非法拘禁犯罪多发的原因分析及防范对策
.... 王 璇 张 伟/69

利用高速公路收费系统实施诈骗行为的调研
.... 王敏眉/71

当前虚假诉讼情况调查与对策研究
.... 张宏博/74

金融犯罪办案疑难问题调研

关于当前高校"校园贷"情况的调研
.... 云南省人民检察院/81

互联网金融创新发展中的刑事犯罪风险及司法防控对策
.... 顾海鸿/99

P2P网络借贷犯罪实证分析
——以中国裁判文书网41份裁判文书为样本
.... 张佩如/102

利用虚假股票交易平台实施诈骗犯罪的特点及预防建议
.... 史少桥/107

关于维护区域金融稳定、办理涉众型非法集资类案件的调研
.... 上海市杨浦区人民检察院/109

四川省非法集资犯罪分析报告
.... 符尔加/112

非法集资犯罪发案特点、司法难题及防治对策
.... 方丽萌 王 攀 吕宇平/117

当前非法吸收公众存款犯罪案件呈现五个特点应当引起重视
.... 张庆培/122

关于高利借贷滋生的恶意催债行为成为社会治安隐患的调研
.... 张 晶 衡群黎 刘 洋/124

电信网络诈骗治理问题调研

电信诈骗案件取证的难点与对策
....黄家奇/127

当前电信网络诈骗新手段及预防建议
....魏传治/133

利用POS机收取押金方式实施诈骗行为的调研
....周宏亮/135

毒品惩治预防问题调研

当前麻黄碱类涉毒犯罪之现状及法律适用
....任锦铭/138

办理互联网涉毒犯罪案件分析与研究
....王小兰　赵　晋/144

青海省大通县近年毒品犯罪案件的特点及对策建议
....张　琴/149

"舌尖上的罂粟壳"案件频发应当引起重视
....江苏省常州市武进区人民检察院/151

强制隔离戒毒人员借"转刑"逃避强戒执行现状及对策
....李　雅　龚　克/153

强制隔离戒毒人员"以刑抵戒"问题多发亟待引起重视
....王　瑶　刘建波/157

二、改革调研

强化法律监督专题调研

上海市检察机关2013-2016年法律监督工作情况专题调研
....曾国东　肖　宁　万海富　周　慧/163

近3年广东省检察院监督纠正刑事错案情况的分析报告
....方　炳/167

检察改革背景下人民监督员制度调研
....广西壮族自治区鹿寨县人民检察院/170

青海省大通县检察院"检调对接"办案情况剖析
....李芝春/171

当前法律适用请示工作开展困难的原因与对策
....金　石　王东卫/176

完善检察建议权问题之探讨
——以人民检察院组织法修改为背景
.... 孙荣杰　张树圃/179

对提升检察建议使用实效的调研思考
.... 戴　勇　万晓锋/185

基层检察机关如何有效应对和处置涉检网络舆情
.... 杜留栓/187

"案多人少"问题的困境与缓解路径
.... 陶深明　张　峰/191

关于检察官联席会议工作机制的调研与思考
.... 江苏省南通市通州区人民检察院/193

公益诉讼诉前程序机制的完善路径
.... 尹　畅/194

浅析大数据时代检察工作理念与方式的更新
.... 魏玉铭　陈碧瑜/197

关于上海社区检察工作的探索
.... 上海市人民检察院法律政策研究室/199

新形势下做好乡镇检察室工作的思考
.... 王晓玲　高卫东/201

基层检察室的建设实践及完善分析
.... 李　佳/202

检察机关法律图书资料室建设运行情况调研
.... 赵鹏程/204

"如何理解办案"专题调研

关于检察官司法办案亲历性问题的研究报告
.... 闫俊瑛　孙利国/207

关于检察机关"办案"的理解与改革实践
.... 北京市人民检察院法律政策研究室/211

司法责任制背景下检察办案内涵研究
.... 浙江省人民检察院法律政策研究室/214

新型侦诉审关系专题调研

基层检察院新型侦诉关系的构建
.... 韦　凯/217

司法改革背景下建构新型诉审关系的路径选择
.... 吴永河　黄　胜　赖冬水/219

检察官权力清单与内设机构改革调研

各省检察官权力清单调查研究报告
　　……………………………………………………………………… 梁山林 / 221
检察官权力清单设置的考量重点
　　……………………………………………………………………… 杨玲娜 / 227
检察机关办案组织形式、运行方式及管理模式研究
　　……………………………………………………… 安徽省阜阳市人民检察院 / 230
检察机关内设机构改革的路径、反思与完善
　　………………………………………… 江苏省人民检察院法律政策研究室 / 231
"大部制"改革背景下检察机关内设机构整合问题研究
　　…………………………………………………………… 马琳琅　张　梁 / 235

司法责任制与检察官绩效考核调研

抓好办案责任制改革让放权用权落地生根
　　………………………………………………………… 上海市杨浦区人民检察院 / 244
司法责任制对检察官业绩考评体系的影响及对策
　　………………………………………………………………………… 余　菁 / 247
司法责任制下检察官绩效考核相关问题调研与探索
　　…………………………………………………………… 韦震玲　黄　端 / 249

探索开展对行政违法行为监督调研

司法改革背景下行政执法检察监督制度的建议
　　…………………………………………………………… 周厚才　刘　雯 / 251
开展行政违法行为监督的调查与思考
　　…………………………………………………………… 卢榕春　唐春元 / 254

三、实务调研

侦查监督调研

检察机关监督公安机关侦查违法行为的现状、问题及对策建议
　　………………………………………………………………………… 陈　思 / 257
对公安派出所刑事侦查活动监督的调研与思考
　　…………………………………………………………… 任锦铭　张建华 / 263

审查逮捕阶段刑事和解制度分析研究
.... 朱 彬 柳 涛 邱 萍/269
存疑不捕案件的证据问题、原因分析及对策措施
.... 天津市河北区人民检察院/272
当前案件不捕率高的原因及建议
.... 傅华东 曹仕旺/278
我国刑事搜查制度的缺憾与完善
.... 黄伟林 罗祖川/280
轻伤害案件审查逮捕工作走出"两难"困境措施
.... 薛万庆 李应敏/283
审查起诉阶段退回补充侦查问题实证考察
.... 程 燕/284

公诉业务调研

新时期审查起诉、公诉裁量、出庭公诉专业化分工可行性研究
.... 北京市东城区人民检察院"发挥两主作用"课题组/287
大数据时代实现精准公诉的路径选择
.... 马维新 黄 胜 赖冬水/302

刑事执行检察调研

关于财产刑执行检察试点工作的调研报告
.... 四川省都江堰市人民检察院/304
社区服刑人员收监执行存在"三难"问题亟待解决
.... 郭文明 金 蕾/308
剥夺政治权利"执行乱"亟待引起重视
.... 赵柯山 王小刚/310
关于监外执行罪犯脱管、漏管问题的调研
.... 吴言才/312
刑事执行检察视野下强制医疗执行乱象亟须高度重视
.... 四川省荣县人民检察院刑事执行检察局/315
当前财产刑执行过程中五方面问题交织导致执结率低
.... 庄中卫 赵 青/317
当前指定居所监视居住执行乱象亟须高度重视
.... 谢德华 熊琼花/319
羁押必要性审查法律适用实证分析
.... 樊华中 王保帅/321

未成年人犯罪记录封存制度运行存在的问题及完善建议
.... 郭文明　刘　凤/323
检察机关监督社区矫正的实践、问题和对策
——以南通市检察机关社区矫正监督工作为样本
.... 江苏省南通市通州区人民检察院/325

控申检察和国家赔偿问题调研

律师代理刑事申诉存在的问题及对策分析
.... 陈　敏　王营营/333
司法救助工作存在五大问题影响作用发挥应引起重视
.... 史少桥　王晓刚/337

刑事证据问题调研

当前证人、鉴定人出庭作证应破解的几个难题
.... 四川省都江堰市人民检察院/339
完善"有专门知识的人"制度的建议
.... 徐　超　石学友/342
刑事诉讼过程中手语翻译存在的四个难题
.... 解宝虎/344

法律政策研究与检察官研修制度调研

司法责任制背景下法律政策研究综合业务职能定位之探索
.... 江苏省人民检察院法律政策研究室/347
上海市检察机关检察官业务研修工作情况调研
.... 周　慧/350
检察官研修制度构建与模式探索
.... 唐　敏　张雅芳/353
探索符合检察特点的检察官业务研修方式
.... 上海市浦东新区人民检察院/355

四、调研经验

北京市院：研究室开展法律应用研究的做法
.... /359

甘肃省院：坚持调研为本"三点一线"推动法律政策研究工作全面科学发展 /361

甘肃省院：多措并举积极推动法律适用问题请示办理工作 /362

甘肃省院：规范推进指导性案例报送和典型案例研究工作 /363

江苏省院：构建"五化"模式推进案例研究工作 /364

黑龙江同江市院：努力提升全院调研水平 /365

甘肃平凉市院：四项措施推动检察调研和应用研究工作开展 /366

宁夏银川市院：多项措施推进调研工作 /367

江苏徐州市院：坚持"三服务"完善"三机制"助推检察调研工作 /368

福建晋江市院：四举措推动调研工作出成效 /369

福建晋江市院：积极调研构筑多维"生态修复"晋江经验 /370

湖南宁乡市院：多措并举打开调研工作新局面 /371

天津市院一分院：打造调研工作"三个平台"推动大调研格局建设 /372

上海浦东新区院：四方面着手推进检察调研工作 /374

重庆南岸区院：检察调研工作创佳绩 /376

河北唐山市路北区院：致力形成"党组领导、部门协调、骨干冲锋、全员参与"的调研工作格局 /378

甘肃天水市秦州区院：结合院情采取过硬措施不断推进秦州检察调研工作科学发展 /380

新疆乌鲁木齐市天山区院：内促外联，推进检察调研工作 /381

湖北武汉市汉阳区院：着力提升检察调研工作质效的做法与经验 /382

江苏常州市武进区院:"加减乘除"法做好检察调研工作 …… /385

江西赣州市南康区院:着力构建检察"大调研"工作格局 …… /386

福建莆田市城厢区院:强化调研助推检察工作创新发展 …… /387

海南三亚市城郊区院:以调研小组为依托构建大调研格局 …… /389

河南社旗县院:着力解决"五个问题"推动调研工作持续发展 …… /390

河南长垣县院:以开展检察调研为载体推动青年干警岗位成才 …… /392

湖南沅陵县院:深入推进检察调研工作 …… /393

五、调研文件

山东省人民检察院关于加强和改进法律政策研究工作的意见(试行) …… /397

关于全疆检察机关加强与改进法律政策研究工作的意见 …… /403

关于内蒙古全区检察机关进一步加强和改进法律政策研究工作的意见 …… /406

北京市人民检察院带课题研修工作规定 …… /409

甘肃省检察机关检察人员业务研修管理办法 …… /411

一、热点调研

检察工作服务大局调研

京津冀检察合作中的若干问题

天津市武清区人民检察院

一、京津冀检察合作现状

2016年3月30日，京津冀三地检察机关在京签订了《京津冀检察机关服务和保障京津冀协同发展的合作框架意见》，旨在构建资源共享、优势互补、协调发展的工作格局，充分发挥检察机关在京津冀协同发展总体布局中的作用。具体内容包括：加强信息资源共享和司法办案工作通报、调查取证协作、职务犯罪协查地市级院直接对接新机制建设、追逃追赃协作、未成年人检察工作、刑事执行监督、民事行政检察协作等司法协作，加强服务跨区域重点企业和项目、知识产权司法保护协作、加强生态环境司法保护协作等重点工作的协作。2016年5月26日，北京东城区、石景山区、大兴区，天津武清区，河北保定市等地检察院召开预防部门服务协同发展经验交流会，就精准发挥预防职务犯罪保护职能、加强对跨地域经营企业的司法保护、预防资源共享和人才交流等问题进行了探讨。

二、京津冀检察合作亟待解决的问题

一是缺乏统一法律实施的专门工作机构，缺乏权威协调执行机构。二是鉴于经济和文化发展水平的差异，三地司法标准不统一，在司法标准和执法程序方面存在差异性，掣肘共同开展司法协作。例如诈骗、抢夺等犯罪在三地认定"数额较大""数额巨大"和"数额特别巨大"的标准不尽相同，在客观上影响了司法的统一，不利于司法合作的展开。三是个别基层检察院开展工作以本地区为主，没有树立起区域内"一盘棋"的观念。四是社会经济发展水平差异造成协作现实困难，一定程度上影响司法合作的效果。基层检察院的经费很大程度上取决于同级政府的财政支持力度和当地财政收入水平，如果某地经济发展水平较低，或对检察院拨款较少，则当地检察院经费就较为紧张，进而影响到该地检察机关展开司法合作的积极性。

三、建构有效工作机制推进京津冀检察合作

（一）建构信息化合作机制

一方面，要充分运用检察业务统一应用软件系统，实现案件跨京津冀地区流转，各院可利用检察机关统一业务应用系统进行文书移送、案件移送、案件信息共享设置等工作，实现案件信息的共享和有序流转，对重点案件进行评估分析和跟踪与监督。另一方面，要充分利用互联网技术，实现预防信息共享。三地预防部门可在"互联网＋"的大背景下，依托最高人民检察院已经投入使用的检察业务统一应用软件，充分利用数据库的案件资源。在大数据互联的基础上，就京津冀地区发生的犯罪案件成因、特点、案件细节等数据对比分析，研判区域性职务犯罪类案情况、发展趋势，为京津冀区域性协作提供法律实务方面的支持。

（二）建立司法信息共享机制

建立案件线索统一管理制度，最大限度提高案件线索利用率。一是建立案件线索信息库。对受理的举报线索，统一归三地省级检察院整理归类，纳入信息库。基层检察院收到的重特大案件线索，均报市级检察院备案审查，三地省级检察院再通过检察业务统一业务应用软件实现线索信息共享。二是建立线索评估机制。组织三地省级检察院组织专人对收集的线索进行分析、综合、整理，提出初查、缓查、备查的意见。统筹使用案件线索，按照有利指挥、指导、有效突破原则，把线索交给合适的区县检察院进行初查，并由专人进行跟踪。三是建立线索跟踪机制。负责初查的区县检察院要在一定期限内向所受管辖的上级检察院相关部门反馈是否开展初查及立案或不立案的情况，逾期未回复的，由交办的上级检察院进行催办，确保每条线索均得到落实。

（三）强化技术保障机制

三地省级检察院拥有较为专业完善的检察技术队伍，因此要对区域内基层检察院在信息化建设方面给予帮助与指导，尤其对建设项目和较大技术问题给予必要的支持。在拥有较为完备的硬件设施之后，三地检察机关应实现检察信息的互通互联，为检察信息共享提供技术保障和硬件支持。遇到重大技术难题，三地检察技术部门应共同协作、群策群力，发挥各自技术优势提出解决方案，为检察机关信息化发展提供有力保障。

（四）建立司法协作机制

1. 建立区域侦查联动机制，形成办案合力

三地检察院应破除目前行政区划壁垒，整合三省各级检察机关干警、技术、设备资源，达到区域内资源及时调配、共享的目的。（1）当区域内某地发生重大案件但当地检察机关人手不够时，周边区县检察院在所在省级检察院的统一调配部分干警到案发地协助办案。（2）当某地发生疑难案件但当地侦查技术又有限时，邻近区县检察院或者

侦查技术水平较高的检察院应积极向其提供支持。(3) 区域内各级检察机关的技术设备也应当实现在区域内可以自由调配，一些基础建设较为薄弱的检察院遇到疑难案件时而侦查设备比较缺乏时，可向其他检察院寻求帮助。

2. 建立调查取证合作机制

(1) 对证人证言，三地开展司法合作后，办案检察机关可以向当地检察或公安机关请求代为取证，然后将获取的证人证言邮寄过去。或者充分利用远程视频技术，将证人带至当地检察或公安机关的远程视频录像处获取证人证言。在协助获取证人证言的过程中，应当提醒当地办案部门注意收集程序的合法性和对证人的保护。(2) 针对书证物证及视听资料收集，三地可以请求当地检察或公安机关予以协助。(3) 针对勘验、鉴定、检查、调查、搜查，办案机关可以请求其他地区公安或检察机关提供相应协助。(4) 针对文书送达，三地基层检察机关可以委托代为送达。

(五) 建立人才培养与交流机制

北京应发挥龙头作用，充分利用首都地区名校云集这一地理优势，与知名法学院进行检校共建，制定针对检察机关的培训计划，定期选拔三地基层检察人员和优秀业务骨干赴高校进修学习。同时，还可以考虑从京津两地的检察机关定期派遣各个领域的业务专家或业务骨干赴河北各级检察机关特别是基层检察机关指导业务工作，有针对性地提升当地检察机关的业务水平。同时，河北各级检察机关也可定期选派学习能力强的青年检察干警到京津两地的检察机关学习先进的办案经验、侦查技巧等，形成良性互动。在三省市间可以通过相互派员交流挂职、参与办案等方式实现人才资源共享。

政法部门网上信息共享与业务协同平台构建相关问题调研

——四川省都江堰市检察院建设该省首个"政法部门网上信息共享与业务协同平台"的探索

黄 马[*]

随着信息技术的快速发展,"互联网+"渗透到社会各个领域,政法部门信息化建设水平也在不断提升,各部门围绕核心业务开发、应用了信息系统,积累了较多数据。但由于部门间缺乏信息共享、协作的机制,在日常工作中大量的部门间协作需要通过人工方式实现,造成重复劳动、效率低下等问题。如何整合政法部门间业务系统,建立行之有效的部门间共享、协作机制,成为政法部门信息化工作的当务之急。2015年以来,都江堰市检察院牵头建设了四川省首个"政法部门信息共享与业务协同平台"。本文结合该平台建设的实践,对政法部门信息共享与业务协同平台的建设与应用进行探索。

一、政法部门信息共享与业务协同平台建设的背景和意义

(一)建设背景

随着全面深化改革的深入推进,人民群众对司法公正和效率的需求越来越高,互联网时代的"社会管理创新"已成为当前政法工作中最重要的课题之一。新形势下,电子政务信息化的关注重心,已经从单一部门单一业务的内部信息应用系统建设,逐步转向如何更好地共享与融合跨部门的信息,整体提升政府公共服务和管理能力。时任中央政法委书记孟建柱在2016年中央政法工作会上指出,"信息共享和深度应用不够,是制约社会治理现代化的一个瓶颈","要加大组织力度,搭建有效平台,提高信息综合利用水平"。

(二)运行现状

目前,各政法部门都建立了较为完善的垂直专属网络,在部门内部实现了信息化系统办公。而垂直信息化不断深入,横向信息孤岛的问题却越来越凸显。

---

[*] 作者单位:四川省都江堰市人民检察院。

1. 信息工程建设缺乏统筹规划，分散建设模式导致信息孤岛。各部门现有信息系统都建设在部门专网上，通过物理隔离不与外界连通，在网络层面为信息共享和业务协同设置了障碍。此外，由于各部门管理自成体系，以及资源共建、共享模式没有达成共识等多种原因，形成了相互独立和封闭的信息孤岛。

2. 信息需求以业务职能为中心，推进信息共享各自诉求不同。各部门组织结构是条块分割的二维模式，即纵向层级制和横向职能制相结合的矩阵结构，在信息资源采集上，各部门以职能划分，在信息共享上需求不同，在统筹协调和机制完善等方面存在困难。

3. 各部门数据标准不同，信息共享遭遇技术壁垒。目前，各部门信息采集、处理、加工和维护等都是自成系统，尚未统一标准，现有的信息系统之间数据的直接互用性较弱。新建平台，难以与现有系统和信息资源直接对接，增加了建设成本和难度，且建成后扩展存在困难，影响了信息共享推进进程。

4. 信息安全保障机制不完善，信息共享推进如履薄冰。政法部门业务中保密信息较多，信息共享会增加泄密几率，出于部门利益或安全考虑，在推进信息共享上态度自然十分审慎，安全保密成为拒绝共享的理由。对涉密信息定级、权限设置、保密管理等需进一步规范，信息安全保障水平需提升。

（三）建设意义

政法部门业务中，诸如犯罪嫌疑人身份信息、犯罪事实、犯罪证据等具有工作内容上的可复制性，而案件受理、期限控制、文书送达等工作事项在政法部门之间具有可衔接性。在确保司法公正的前提下，充分整合司法资源，提升办案效率，已成为政法部门工作发展的重要方向。通过整合跨部门、跨网络的各类资源，可实现部门之间信息共享，部分法律文书、文件资料的网络流转，"零距离"协同办案，保障实施同步监督。政法业务协同的基础是信息共享，各部门提供本部门管理的权威数据，在共享基础信息的基础上，促进政法部门之间的业务协同，有助于打破政法部门间"信息壁垒"，为破解"执行难"等问题发挥重要作用。

二、政法部门信息共享与业务协同平台建设的目标和原则

（一）建设目标

"政法部门信息共享与业务协同平台"的目标在于：基于现有的政法专网，连通政法委、公安局、检察院、法院、司法局、看守所等部门，实现政法部门的网络对接，完成数十种业务协同办理、上百种数据信息共享。

在总体目标要求下，考虑本项目建设技术难度大、业务条线复杂、数据种类繁多，为降低建设难度和政府投资风险，考虑采用分三期实施的总体思路进行建设。

第一期为初建期，通过对一审案件全流程实现，构建出基础的信息共享及业务系统技术平台，并在各部门之间实现一审案件的业务协同和基础数据的信息共享，实现共享

的信息既包括案卡信息也包括案件的文书信息和卷宗信息。

第二期为对接期，在第一期基础上实现各自系统和本平台的对接工作。以此达成更为完备的业务协同和信息共享。

第三期为发展期，根据前期建设基础，完成除一审案件以外的其他业务流程的业务协同，并可根据此平台构建刑事诉讼监督系统，进一步保障检察监督职能发挥。

（二）建设原则

1. 需求牵引、面向服务的原则。任何持续有成效的共享应用都必须以应用需求为导向，以满足业务需求作为出发点，否则就只是"形象工程"。建设共享平台应当充分征求各部门意见，采集应用需求，合理设计系统功能，建立符合政法部门具体环境下的服务体系，以适应业务灵活重组扩展的需要。

2. 规范化及个性化的原则。政法部门网上信息共享与业务协同平台必须依照政法部门相关管理规范，同时又要兼顾信息化系统特点，在符合规范的同时，又能满足信息共享与业务协同的方便性和具体业务的个性化。

3. 先进性和实用性的原则。合理运用技术，优化配置软硬件资源。对于更新不频繁的共享信息，可采用间隔一定时间周期性进行批处理交换，而对于更新频繁的共享信息应当做到随需随时调用，保障及时获取最新数据。

4. 灵活性及可扩充性的原则。系统的设计，应着眼当前、考虑长远，充分体现系统设计的灵活性及可扩充性，确保系统能够随着业务的调整、数据的更新而不断升级，从而不断发挥其最大的效益。

5. 适宜性及经济性的原则。精心设计规划，以合理经济的投资，最大程度保证投资效益。推动信息共享应该遵守共享信息适用而止，满足业务办理需要即可，不求全。尽量降低共享信息提供者负担，减轻后期数据维护工作量。

6. 安全性及易用性的原则。平台上线运行前须充分测试，确保软件系统的安全性。信息共享不是公开，应当严格遵守保密规定。以非涉密信息共享为主，对于涉密信息，应当完善保密工作机制。明确数据责任，规范共享信息的采集、发布、移送、权限及责任承担。

三、政法部门信息共享与业务协同平台的构建

（一）平台的总体架构

平台从总体架构上可分为资源层、支撑层、应用层和安全支撑子系统、配置管理子系统。资源层是各业务部门的具体业务系统资源。支撑层是平台架构的核心部分，支持常见的关系型数据库。依托支撑层可实现数据交换、文书服务和卷宗服务，用户可通过系统交换文书、扫描文档、调用电子卷宗，制作的电子卷宗，可与检察院统一业务应用系统的电子卷宗接口对接。统一消息服务和身份认证系统也在支撑层实现，可升级为电子身份认证系统。

（二）平台的功能实现

根据政法部门工作需求，都江堰市政法部门信息共享与业务协同平台一期建设了涉案财物信息、法律文书交换等7个子平台，可在后期继续拓展，形成"7+X"的总体功能架构。

1. 涉案款物信息子平台。实现网上涉案财物信息登记、移送，便于相关部门实时监控、准确掌握涉案财物流向，确保妥善保管、跟踪、监控、及时处置被扣押的涉案财物，避免涉案财物被截留、挪用、调换、遗失或以其他方式侵占、损毁等问题的发生。

2. 法律文书交换子平台。实现政法部门法律文书、工作文书网上交换、移送。实现政法部门网上实时随案移送法律文书，相较纸质文档移送明显提高效率，节约成本，增强了文书的保密性和安全性。

3. 涉法涉诉信息子平台。实现涉法涉诉案件信息登记、共享、管理，通过网上分发、移送，解决涉法涉诉案件认领工作费时、费力等问题，提高效率。网络流程清晰，有助于实施监督，防范徇私舞弊，维护法治公平和正义。

4. 案件风险等级评估子平台。各部门在办案中对案件进行风险等级评估，共享给后续的办案部门，以便在办案中规避风险、化解矛盾。规范风险案件的办理流程，提醒办案人员在办理风险案件时提前做好预防与稳控措施，防范和化解办案过程中的各种社会矛盾。

5. 监外执刑人员信息子平台。政法部门通过该平台共享监外执行人员信息，有助于加强对监外执刑人员的监督和管理，便于对监外执行人员的刑罚执行及监管活动实施有针对性的监督。

6. 案件流程监控信息子平台。实现案件办理的最新状态实时共享。政法部门可及时掌握案件进展，了解案件的办理流程，监督案件办理流程是否符合规定。有效促进案件办理的规范化、标准化。

7. 刑事强制措施人员信息子平台。共享被采取刑事强制措施人员信息，保障刑事强制措施人员的处理情况跟踪监督，可避免相关部门的重复录入，同时，可以通过网上提交延长羁押期限等申请，接收单位网上给出处理意见，提高办案效率、节约办案资源。

四、建设政法部门信息共享与业务协同平台的经验总结

创新工作都是有难度的，难在对客观事物发展规律的准确认识，难在缺乏成功经验可资借鉴。"都江堰市政法部门信息共享与业务协同平台"的建设过程，就是不断克服困难的过程，回头梳理，总结经验，有助于工作的继续深化，也为更广层面的应用提供参考。

（一）统筹推进平台建设

平台建设和运行涉及部门多，资金投入大，工作量大，技术难度也较大，肯定会遇

到不少困难和问题。政法委员会作为政法部门的共同领导机关,由其统筹规划和协调落实最为合适。在政法委员会领导下,各部门共同建设,共同使用,避免投资浪费和重复建设。通过统筹需求,综合考量,兼顾部门利益,平台建设阻力最小。

(二)检察机关主力推动

对于信息共享和业务协同,各政法部门均有较强的应用需求。检察机关作为法律监督机关,诉讼监督职能的履行贯穿诉讼全程,与人民法院、公安机关、司法行政机关均有密切的信息互通需求,监督职能的切实、充分履行更加基于对信息的及时全面掌握。因此由检察机关来推动平台建设能够更加有效的串联各部门应用需求。工作中,建设构想的提出、功能需求的征集、总体架构的设计、与研发单位的沟通均主要由检察机关推动完成。

(三)问题导向完善功能

平台基础在建,生命在于运用,建好不是目的,用好才是根本。要能够解决实际问题,平台才有生命力。涉案财物管理工作中存在的管理不规范、移送不及时、监管不到位等问题,一直困扰司法部门,通过在平台中建立涉案财物信息流,实现实时监控,准确掌握涉案财物流向,能够促进依法规范处置。工作中大量法律文书要专人负责整理、移送、登记,而数字化卷宗的应用却很少,通过网络来移送和管理文书,将有效提高工作效率,节约司法资源。瞄准这些实践中的困难和问题,对于各部门均有现实意义上的考量,提高了平台的实用效能。

(四)完善机制规范管理

信息共享平台的应用要正常化、日常化和规范化。平台建成后应当制定运行管理规定,保障信息共享的及时性和数据的高利用率。成员部门间建立联络员制度、联席会议制度和协调工作会议制度,定期开展信息共享与业务协同分析总结,通报工作情况,及时协调处理平台运行中的重大问题和具体问题。各成员单位应当制定管理制度,规范工作要求和保障机制,应由专人负责录入及审核,确保办案部门、录入人员与平台终端一体,信息录入与案件办理及时、完整、安全、规范和统一。

涉检信访中的集体访透视：特点、问题与化解

王士春　唐守东[*]

为了更好地认知涉检集体访案件的特点和成因，探索妥善高效化解涉检集体访案件的对策，笔者以T市人民检察院Y分院2014-2016年3年共计54件涉及722人的涉检集体访案件为分析样本，通过实证研究，进行梳理和分析，进而明晰涉检集体访案件的特征；追根溯源探求涉检集体访案件形成的原因；分析当前化解涉检集体访存在的问题；探索形成妥善高效化解涉检集体访案件的长效机制，以期对涉检集体访案件的化解以及涉法涉诉信访改革有所裨益。

一、当前涉检集体访案件的主要特征

涉检集体访，顾名思义，其主要特征就是信访人数多、规模大，与检察机关职能密切相关。涉检集体访案件还有以下几个主要特征：

（一）涉检集体访案件类型复杂，重点突出

通过对54件涉检集体访案件进行分类可知，涉检集体访案件类型复杂，主要分为：非法集资类、土地征收类、城市拆迁类、国企改制类和其他类。涉检集体访案件重点突出主要表现在以下三个方面：

1. 绝大多数的涉检集体访案件和上访群众都集中在非法集资类和土地征收类两种类型。上述两类的集体访案件数和上访人数总和分别占整体的66.7%和70.8%。笔者认为，这与当前城市化建设和社会经济发展密切相关。尤其是近年来非法集资发案数量高位运行，迅猛增长。非法集资刑事犯罪案件主要涉及非法吸收公众存款罪和集资诈骗罪。据最高人民法院披露，2003年至2013年，全国法院年均一审审结非法吸收公众存款罪762件，集资诈骗案件289件。但是，到2014年，审结的两罪分别为1907件和605件，2015年，两罪数量再创新高，分别为3173件和799件，同比分别上升66.4%和32.1%。[①]

2. 绝大多数涉检集体访案件集中在经济领域。不管是非法集资类还是土地征收类，不管是城市拆迁类还是国企改制类案件，这些领域都是由于经济利益之间的冲突所引起

---

[*] 作者单位：天津市人民检察院第一分院。
[①] 周芬棉：《非法集资新发案大幅攀升》，载《法制日报》2016年4月28日。

的集体访案件，涉及经济领域的涉检集体访案件数占总数的92.6%。众所周知，当前社会造成涉法涉诉信访案件量突出的原因，在客观上主要基于社会利益格局深刻调整过程中出现的现实利益与长远利益之间不平衡所致，主观上基于各种社会利益主体不同程度地存在合理与不合理的利己主义取向，① 各社会利益主体之间的矛盾和冲突亦在所难免。

3. 涉检集体访案件主体特点突出。经过对722名涉访群众的统计分析，具有以下特点：首先，在上访群众的文化程度方面，其中60%以上为初中以下学历，甚至有不少是文盲半文盲。其次，在年龄结构上，50岁以上的中老年人群占涉检集体访群众总数的85.23%。最后，其中很大一部分有子女残疾、家庭离异或者生活困难等背景，绝大部分涉检集体访案件群众生活在农村、乡镇或者郊县且家庭收入在3万元以下的占78.5%。所以，涉检集体访案件的上访群众主要为50岁以上的初中以下学历生活相对困难的人，即信访主体呈现"两低一高"② 的情况。

（二）涉检集体访案件量增长迅速，重复访现象严重

T市人民检察院Y分院2014－2016年集体访的件数和上访人数逐年递增，且重复访现象严重，尤其是2014年、2015年两年，涉检集体访重复访案件占所有集体访案件的86.7%和55.5%。造成上述现象的主要原因在于2014年、2015年两年以P2P为典型代表的非法集资类提起公诉案件增长迅速。据最高人民检察院透露，2014年全年，全国检察机关共批捕涉嫌非法吸收公众存款案6928件10771人，同比均上升112.4%；批捕涉嫌非法集资诈骗案872件1210人，同比分别上升57.9%和60.8%。③ 鉴于该类案件被害群众人数众多，一定程度上加重了涉检集体访的案件量和重复访的次数。T市人民检察院Y分院2016年由于采取相应措施妥善化解涉检集体访并取得一定成效，重复访严重的现象得到一定程度的遏制。

（三）涉检集体访案件处理难度大、上访群众滞留时间长

鉴于涉检集体访案件的规模大、人数多、上访群众诉求不一，所以处理难度大，上访群众滞留时间长。如果不能够及时有效化解集体访问题，将会产生严重后果，严重影响检察机关的正常工作秩序，严重浪费司法资源的配置，影响社会的和谐稳定。如2014年因土地征收引发集体访的信访人杨某等7人在T市人民检察院Y分院信访接待大厅通过采取打横幅、喊喇叭、静坐、下跪、绝食的方式连续缠访、闹访7天。2015年庞某非法集资案的受害人张某、孙某、刘某等46名信访人连续滞留信访接待大厅3天。鉴于该类信访案件中信访群众人数多且利益取向和价值追求往往存在不一致的情况，处理难度大。

---

① 刘炳君：《涉法涉诉信访工作的法治化研究》，载《法学论坛》2011年第1期。
② "两低一高"指的是低学历、低收入、高年龄。
③ 周芬棉：《非法集资新发案大幅攀升》，载《法制日报》2016年4月28日。

二、前涉检集体访案件产生的原因

当前涉检集体访案件突发的成因主要有外在制度性诱因和内在观念性诱因两方面。前述两种原因相互交织、相互影响，最后使涉访群众诉求不能得到满足，长期采取非正常访的方式，影响了检察机关正常的办案秩序，导致司法公信力下降，进而造成了涉检集体访案件频发的现象。

（一）外在制度性诱因

笔者通过对上述54件案件的分析，得出现行诉讼制度中存在的弊端是导致司法机关在执法办案环节存在瑕疵并引发涉检集体访案件频发的主要原因。主要表现在以下三个方面：

1. 执法办案环节上重实体轻程序的问题。在案件办理过程中，有的检察机关办案人员不重视办案细节，把应当提交检委会研究决定的案件，跨过检委会研究决定程序，因而导致一些案件把关不严，出现差错，引发了涉检信访矛盾的发生。

2. 办案质量上存在证据缺失瑕疵。侦查阶段承办人员取证不扎实，只停留在突破犯罪嫌疑人的口供上，过分重视和依赖言词证据的取得和使用，忽视其他证据的收集和鉴别，使证据链条的完整性不强。待报捕审查起诉补查时，一些证据已无法搜集，加之证人口供前后反复，致使案件在事实和证据认定上出现分歧，无法定案，引发当事人重复信访。

3. 现行的再审制度存在弊端。因为现有诉讼制度存在"无限申诉""无限再审"以及再审程序"自错自纠"① 的问题，导致很多案件"终审不终"，悬而不决，裁判不具有终局性，司法缺乏权威性，使当事人产生了通过信访解决问题的强烈期待。

（二）内在观念性诱因

"理念是制度系统中重要的组成部分，理念指向不同将直接导致制度功能定位的差异。"② 可见，内在价值理念的重要作用。当前引发涉检集体访案件的内在成因主要包括以下几个方面：

1. 集体访群众存在着权利救济方式选择上的错误理念。很多涉检集体访的信访群众"信访不信法"，迷信"大闹大解决、小闹小解决、不闹不解决"和"法不责众"的观念，希望通过集体上访使自己的预期目标在法律上得以实现。"信访不信法""信多不信少"的救济理念导致信访群众认为只要人多、造成的影响大，问题就能得到解决。可结果往往是适得其反，最终会形成一种恶性循环。以"法不责众"为代表的落后法治观念对中国法治文化的发展产生了极大阻碍和破坏作用。因为"法不责众"是对行为规则规范的一种损害，民众关于规则规范的社会态度将被引入歧途，甚至法治的

---

① 王士春、唐守东：《刑事申诉异地审查制度应予构建》，载《人民检察》2016年第2期。
② 辛鸣：《制度论：关于制度哲学的理论构建》，人民法院出版社2005年版，第221页。

威信也难免由于规范意识的损害而渐趋式微。此外,"法不责众"观念不仅在生活中会造成哄抢的局面,更是性质恶劣群体性事件的驱动力之一,也是为维稳工作造成威胁的潜在因素之一。

2. 涉访群众法律唯工具性理念的滋生和愈演愈烈。从我国的思想传统来说,一直以来都过于强调法律的工具性,甚至将工具性视为法律的唯一属性。传统中国的主流思想家,无论是法家,还是儒家,都将法律仅仅视为工具。作为法家思想集大成者的韩非,便将法与术、势并称为君主的三大治国之具。① 可见法律的唯工具性理念是源远流长的。需要说明的是,法律的唯工具性,会给法律观念、法律制度和法律实践造成诸多消极影响,这些影响都会或直接或间接地引发人们对法律的不信任。大部分涉检集体访上访群众在秉持法律唯工具性理念的同时,又极度不相信法律。因此,导致了涉访群众极度不相信法律又只能依靠其去解决问题的恶性循环,只能采取集体访的方式来希望诉求得以满足。

三、当前化解集体访案件存在的问题

（一）化解涉检集体访理念相对滞后

通过实证分析,当前在化解涉检集体访的理念意识上存在相对滞后的问题。检察机关针对涉检集体访案件未上升到一定高度,未引起充分重视。主要表现在以下几个方面:

1. 检察机关对涉检集体访案件认识上有局限性。检察机关认为集体访只是人数较多的普通涉法涉诉信访案件,导致在化解涉检集体访案件对策上与普通涉法涉诉信访案件无异,难以有效解决矛盾。例如,在基层检察院普遍存在案多人少的问题,一些干警对案件的处理,从法律效果方面考虑得多,从社会效果方面考虑得少,忽视了集体访案件的化解矛盾和息诉工作;对来访群众,宣传法治、进行说服教育和引导上做得不够。有的检察干警工作方式简单,责任心不强,对待群众淡漠,业务能力有限,对信访的一些疑难复杂问题,不能做出正确的解答和圆满处理,存在一推了之的现象,这使部分来访群众心中的疑虑难以消除。

2. 在化解涉检集体访案件上缺乏前瞻性。各级检察机关以及同一检察机关的各个部门之间缺少配合协作的理念,导致信访接待与涉检信访矛盾排查脱节、涉检信访矛盾排查与案件风险评估脱节、信访接待与积案化解脱节、积案化解与集体访依法终结脱节等,造成了涉检信访矛盾虽排查不断,却依然底数不清、情况不明,积案化解或流于形式或有所反复,针对涉检集体访只是为了化解而化解,无法形成系统有效的化解方法。

3. 在化解涉检集体访案件上不能够具体问题具体分析。对于不同类型的涉检集体

---

① 黄金兰:《我国法律信任缺失的原因——历史、文化视角的解释》,载《法律科学》2016年第2期。

访案件，检察机关过于重视集体访人数，过于重视维稳大背景，不能够针对不同类型的集体访案件具体问题具体分析，各个击破。涉检集体访分为不同的类型，每一类型成因不同，所以，需要具体问题具体分析，各个击破。例如，非法集资类集体访案件，上访群众大多年龄在42-70岁之间，来访人多数年龄较大、文化程度偏低，他们之间有着一定的"介绍、连带"关系，由当初几个人投资得到了短暂的高额回报为例子，向自己身边的人介绍，产生"一传十、十传百"的连锁效应。鉴于该类集体访上访群众主体的特殊性，在化解该类集体访时就不能只是单纯的讲法律，需要从信访主体的特点出发加以释法说理和妥善化解，才能够达到事半功倍的效果。

(二) 化解涉检集体访机制单一匮乏

当前在化解涉检集体访案件上存在机制单一匮乏的问题。比如，有的检察院接访机制单一，仅存在普通的接访方式，加之首办责任制没有落实，信访举报宣传不够深入，每年只限于在城区设点宣传活动，很少深入到农村基层社区开展宣传，使举报、信访宣传在社区乡村长期存在死角，这也是造成涉检信访的一个重要原因。T市人民检察院Y分院从2014年到2016年化解集体访的机制在不断完善。2014年，以控告申诉部门单独化解为主，开始施行部门联合接访化解集体访；2015年，以部门联合接访化解集体访为主，开始施行心理疏导机制化解集体访；2016年，通过部门联合接访、心理疏导、涉检信访听证制度、律师参与化解社会矛盾等多种机制化解集体访。2014—2016年化解涉检集体访的机制通过不断探索，不断完善，取得了显著效果。所以在2014年、2015年，化解涉检集体访机制主要集中在部门联合接访上，虽相对于控告申诉部门单独化解有一定的进步，但仍然不能有效解决问题，导致重复访比率居高不下。2014年和2015年的重复集体访比例为86.7%和55.5%，而2016年的重复集体访比例下降到了19.0%。

(三) 化解涉检集体访程序存在瑕疵

程序公正与实体真实是现代法治建设和发展所追求的双重价值。当前在化解涉检集体访程序上还存在着"重实体、轻程序"的问题。具言之，因为"重实体、轻程序"，所以对于一些信访问题模棱两可，导致在处理涉检集体访案件中存在诉访混乱、未依法导入法律程序并依法终结的弊端。因为"重实体，轻程序"而过于重视集体访群众的实体诉求，而不重视程序，其实为削足适履，有失偏颇，难为涉访群众信服，从而导致诉访混乱。因为诉访混乱，很多涉检集体访案件未能依法导入法律程序，导致案件久拖不决，信访人连续缠访、闹访。例如，Y分院2013年发生的张某等16名上访人因房屋拆迁引发集体访的案件，在处理之初过于重视对上访群众的释法说理，而忽视了将集体访中上访群众反映的问题依法导入法律程序这一环节，导致张某等16名缠访、闹访，滞留接待大厅11个小时。后来Y分院认识到这一问题并及时将上访群众反映的能够导入法律程序的问题导入法律程序，最终使该起集体访案件得以妥善解决。

四、妥善化解涉检集体访的对策

（一）转变理念，提升妥善化解涉检集体访案件的思想认识

理念是行动的先导，所以转变理念，提升妥善化解涉检集体访案件的思想认识是妥善化解涉检集体访案件的前提和先导。集体访案件并不会杜绝，但是能通过高效的方式妥善化解。通过明确当前化解涉检集体访案件所存在的问题，妥善化解涉检集体访案件的首要目标就是要转变理念，提升妥善化解涉检集体访思想认识。一方面，检察机关要转变理念，充分认识涉检集体访的特点，提高各级检察机关及不同检察机关的配合协作理念，针对涉检集体访要具有前瞻性，秉持"程序与实体并重"的理念，对不同类型的集体访案件要具体问题具体分析，各个击破。另一方面，针对上访群众，要加强宣传和教育，促使上访群众破除"法律的唯工具性"理论，尽快转变"信访不信法""信多不信少""法不责众"等偏激的救济理念，增强和深化上访群众对涉检集体访案件法治化解决的认识。

（二）完善机制，构建妥善化解涉检集体访案件的长效机制

建立和完善妥善化解涉检集体访案件的长效机制进而实现标本兼治，是妥善化解涉检集体访案件的重要举措。笔者认为，当前妥善化解涉检集体访长效机制主要包括以下几种机制：

1. 逐步建立集体访风险评估机制。集体访不同于一般的涉检信访，风险评估制度作为化解集体访的前置程序，是将化解矛盾关口前移，加强源头治理的需要。[1] 检察机关对所受理的集体访案件在受理后要及时进行风险评估，对被确定有信访风险的案件，划分风险等级，提出处理预案和程序，明确责任。[2] 与集体访相关的各个部门结合各自业务特点，在案前信访风险评估制度的基础上制定本部门集体访案件信访风险评估的具体办法，以保证案前信访风险评估制度的落实。把息诉工作做在信访案件发生之前，信访工作就会变被动为主动，进而提高化解集体访案件的效率。

2. 完善部门联合接访机制，加强各级检察机关之间以及同一检察机关各个部门之间的协作配合，针对一起案件从各个业务部门的特点以及不同角度出发，进行全面了解和分析研判，针对不同特点，加以释法说理和分析论证。从而达到高效化解涉检集体访案件的效果。

3. 继续实施心理疏导化解集体访机制，加强心理疏导室的软硬件建设，在检察信访接待工作中通过解释、说明、同情、支持和相互之间的理解，运用语言和非语言的沟通方式，针对一些集体访、缠访、闹访人员进行引导和帮助，缓解心理压力，排除心理

---

[1] 闫洪升、田燕：《涉诉信访风险评估制度研究》，载《信访与社会矛盾问题研究》2013年第2期。

[2] 施春典：《关于完善涉检信访长效机制的思考》，载《中国检察官》2010年第3期。

障碍，达到化解矛盾目的的行为。① 如 T 市人民检察院 Y 分院在化解涉检集体访案件中，将"情绪疏导"引入到矛盾纠纷化解机制中，专门聘请心理学专业人才担任"信访工作心理疏导专家"，针对集体访上访群众，有效运用"倾听—引导—劝解"等情绪疏导方法，做好心理矫正工作，帮助群众树立正确的法律观念与解决诉求的途径，及时化解心理郁结，舒缓精神压力，为化解涉检集体访案件奠定良好的基础。

4. 探索建立律师参与和化解集体访机制。律师作为独立于上访群众和检察机关的第三方主体，通过发挥律师在维护群众合法权益、化解矛盾纠纷、促进社会和谐稳定中的积极作用，一方面，能够实现律师与司法机关的良性互动，增强司法机关依法处理涉法涉诉信访问题的公信力，促进涉法涉诉信访案件得到依法公正处理，实现息诉息访；另一方面，有利于深化检务公开、加强对检察机关的监督。中共中央政法委于 2015 年 6 月 8 日印发的《关于建立律师参与化解和代理涉法涉诉信访案件制度的意见（试行）》对于探索建立律师参与化解涉法涉诉信访案件具有重要的指导意义，尤其是对于化解涉检集体访案件具有不可替代的作用。T 市检察院 Y 分院率先在全市启动律师参与和化解社会矛盾工作，运用该工作机制实现参与妥善化解集体访案件多起，达到了社会效果和法律效果的有机统一。

5. 引入涉检集体访案件听证制度，对于拟终结的涉检集体访案件，除法律不能公开的外，其他集体访案件可以举行听证会进行公开听证、公开答复，通过公开论证的方式对涉检集体访案件在认定事实、适用法律以及相关问题上是否正确进行评价和确认，通过信访听证制度搭建公民与检察机关之间平等对话、多方参与的平台，最终实现信访处理决定的民主化、公开化、公正化、科学化、法治化。以公开促公正，提高检察机关执法公信力。

（三）强化程序，完善妥善化解涉检集体访案件的终结模式

涉检集体访案件的终结不仅是一个法律问题，同时也是一个社会问题，强化程序建设是妥善化解涉检集体访的关键环节。党的十八届三中全会提出了"改革信访工作制度，把涉法涉诉信访纳入法治轨道解决，建立涉法涉诉信访依法终结制度"的要求。党的十八届四中全会通过的《中共中央关于全面推进依法治国若干重大问题的决定》指出：落实终审和诉讼终结制度，实行诉访分离，保障当事人依法行使申诉权利。把涉法涉诉信访案件纳入法律程序处理，是依法治国的必然要求，是以法治思维和法治方式处理涉法涉诉信访案件的必要前提。最高人民检察院于 2014 年 11 月 7 日、2014 年 11 月 15 日先后发布《人民检察院受理控告申诉依法导入法律程序实施办法》《人民检察院控告申诉案件终结办法》进一步强调要明确涉法涉诉信访终结的法律地位，完善案件终结机制。上述办法的出台在化解涉检集体访案件的程序上具有重要参考作用。所以，妥善化解集体访案件要强化程序建设，使涉检集体访案件符合导入法律程序的能够依法导入法律程序办理，依法终结，确保案件质量，严格审查办理涉检集体访案件，实现信访案件法治化终结路径，维护法治权威。

---

① 窦秀英：《论检察信访之心理疏导机制》，载《法学杂志》2008 年第 3 期。

综上，化解涉检集体访案件是检察机关运用法治思维和法治方式实现息诉息访，提高执法公信力，实现维护人民群众合法权益与维护司法权威有机统一的重要内容，是落实中央涉法涉诉信访改革的关键环节。当前只有在化解涉检集体访案件中转变理念，强化依法终结程序，完善多种配套机制，才能逐步形成化解涉检集体访案件的长效机制，逐步完善涉检集体访案件的依法终结程序，逐步提高检察机关办理涉检信访案件的公信力，让人民群众在每一个司法案件中感受到公平正义。

当前云南省"非法使用外籍劳工"的调研报告

云南省人民检察院

2017年以来,云南省人民检察院组成调研组深入怒江、临沧、保山、德宏、普洱、版纳、红河、文山等8个沿边州市及其11个边境县市、14个口岸,就"非法使用外籍劳工"问题进行了专题调研。

一、当前云南省非法使用外籍劳工的基本情况

本次调研的"非法使用外籍劳工"中,"非法使用"是指用工主体未依法报批、擅自使用,未主动接受相关职能部门监管;"外籍"包括有国籍的外国人、无国籍人和国籍不明的人;"非法务工"则包括合法入境非法务工、非法入境非法务工、非法入境合法务工三种情形。

从调研情况看,据不完全统计,当前云南省非法使用的外籍劳工人数约在5万人以上(静态数据难以统计,只能以动态数据评估),主要来源于非法入境、非法居留、非法就业的"三非人员"。① 第一种是通过非口岸的便道、小道等非法入境后在我境内务工;第二种是持有效证件合法入境后非法滞留在我境内务工;第三种是合法入境后留居证件过期后滞留在我境内务工。主要有以下几个方面的特点:

(一)从劳工来源看,主要来自缅甸、越南

德宏、保山、临沧、普洱、版纳、怒江等6个州市的非法务工外籍人员,主要来自缅甸,约4万人以上;红河、文山的非法务工外籍人员则主要来自越南,约1万人左右。在缅甸方向,既有缅政府控制区,也有"民地武"(少数民族武装)控制区,非法入境务工以本地需求、民间运作居多。而在越南方向,越南政权和社会管理相对稳定,劳务输出也有专门机构管理(如其河江省劳动厅就有专门的劳务公司负责),非法使用越南籍劳工人员相对较少。在老挝方向,由于中老边境形势一直比较稳定,非法出入境

---

① 截至2016年3月,德宏州共有常住和临时居留的缅甸籍人员57988人(到公安机关办理临时居留证,或持护照入境办理签证延期和居留证件的人数)。持边境通行证入境经商、务工的缅籍人员在德宏有38933人,主要从事商贸、珠宝销售、珠宝加工、木材加工、建筑、餐饮、娱乐、按摩、装卸、洗车、家政等11类行业。对"三非"人员无法作出准确统计。

和非法入境务工问题较少，只在普洱江城县一带有零星发现。此外，也有极少数泰国、美国、韩国等外籍人员在云南省边境地区从事传教、教书等工作，在严格管控之下很少发生违法犯罪问题。调研发现，在大量外籍人员非法入境务工的同时，也有少数中国公民非法出境务工（主要是采矿、伐木、贸易等）的情况。

（二）从手段方式看，出现职业化通道

云南省边境线多为山水相连的陆界，没有天然屏障，没有明显界线，小道众多，出入便利，加之一些少数民族跨境而居、跨境而作、通婚互市等历史习俗，虽然相关职能部门在不断加大监管打击力度，但非法出入境问题依然突出，一些"蛇头"依托熟悉地理环境、通晓民族语言、了解民风民俗等条件，采取入境时化整为零、入境后化零为整的方法，非法组织外籍人员到内地务工，方式和手段日趋隐蔽和多样化，呈职业化、规模化趋势。

（三）从务工领域看，多为劳动密集型行业

由于云南省毗邻国家边境地区经济发展水平相对较低，境外边民受语言、文化、技能等因素限制，务工领域大多以种植、采矿、加工、服务、零售等劳动密集型产业为主，工业和高新技术产业较少。在用工方式上，一种是境内边民非法雇用外籍人员，从事甘蔗、橡胶、茶叶等种植、收割、采摘等工作，主要以季节性务工为主；另一种是业主非法雇用外籍人员，从事木材加工、餐饮服务、汽车修理以及按摩、洗车、搬运等工作。

（四）从人员结构看，主要以青壮年为主

非法入境务工的外籍人员主要为20岁至40岁的青壮年，未成年人次之，60岁以上的人也占一定比例，男女大致相当。在种植、建筑、加工等体力型行业，男性居多，约占70%以上；而在餐饮、酒店、超市、按摩等服务性行业，女性较多，也在70%以上。

（五）从入境流向看，呈由边向内辐射之势

云南省边境地区本来就是西部欠发达地区，就业机会、工资水平、生活水平等与内地特别是沿海地区相差较大，非法入境务工的外籍人员，要么经"蛇头"组织过境云南到达广东、浙江、山东等地，要么短期务工后再转赴上述地区。如吴帮热等人组织他人偷越国境一案，组织非法入境的越南籍劳工多达56人；侯咪介组织他人偷越国境一案，先后5次共组织62名越南籍劳工前往广西贺州、梧州等地打工，在组织返程中才被查获31人。

（六）从社会危害看，相关违法犯罪突出

非法务工人员的持续增长，给边境管理和社会治安带来巨大压力，尤其是毒品犯罪和"两抢一盗"案件高发频发，群众反映强烈。2014－2016年，仅边境8个州市检察机关所办案件中就有 1792 名外籍人员被追究刑事责任，其中涉走私、贩卖、运输、制造毒品罪 674 人，偷越国（边）境类犯罪 269 人。

二、非法使用外籍劳工带来的社会危害

随着"一带一路"战略和面向南亚、东南亚辐射中心建设的不断推进，边境地区的经济社会往来不断增多，人流、物流、信息流给边境治理带来的压力与日俱增。

（一）边境管控压力持续加大

云南省境外边民不经正规通道非法入境、有效证件逾期非法滞留、不经登记非法务工的问题日趋突出，给边境管理造成强大的冲击和压力。一方面，大量外籍人员非法入境务工，严重冲击云南省边境地区劳务市场秩序，使得本来就较为严峻的就业形势雪上加霜；另一方面，境外边民过境云南有组织地流向广东、广西、浙江、山东等沿海地区，也损害了云南的改革发展良好形象。

（二）边境地区治安形势严峻

"三非"人员既无稳定住所，又无稳定职业，语言不通、交流困难，对中国的社会管理和法律法规不甚了解，因生活所迫或者受人唆使，在物质金钱的诱惑下，极易走上"两抢一盗"、贩运毒品等违法犯罪道路，给边境地区社会治安带来巨大压力。有的使用钢管、铁棍针对摩托车主进行抢劫，不计车主生命安危；有的在发工钱时看到雇主带有大量现金，就临时起意进行抢劫；有的纠集形成盗抢团伙，境内作案，境外销赃，气焰十分嚣张；有的境外吸毒人员长期滞留，以贩养吸、零星贩毒或者参与运输毒品，对其无法强制戒毒等，严重危害边境地区人民群众的人身、财产安全，严重危害边境地区的社会秩序和治安稳定。如德宏州检察机关 2014－2016 年办理的"三非"人员犯罪多达 241 人，其中涉及"两抢一盗"的 90 人，占 37.3%，特别是在我国境内抢盗摩托车到缅甸销赃的案件频发，甚至衍生故意伤害、杀人、强奸等恶性刑事案件。临沧市检察机关同期共受理审查逮捕案件 4512 件 6792 人，其中国籍不明或无国籍人涉嫌犯罪的 391 人，占 5.76%，主要类型为财产犯罪和毒品犯罪。

（三）稳边固民面临巨大压力

随着我国城镇化建设的不断推进，更多农村富余劳动力被解放出来。由于云南省经济发展滞后于东南沿海地区，边境地区经济发展水平又普遍低于中心城市，边境地区青壮年外出务工的趋势有增无减，而且是贫困程度越高，外出务工的越多，如地处中越边境的马关县一自然村，全村三千余人中就有千人左右长期在外务工，而非法使用外籍劳工加剧了这一现象，致使有边无人守、有地无人种，乡村治理主体乏力，特别是影响村民自治的顺利推行，稳边固民、边境建设压力增大。

三、非法使用外籍劳工屡禁不止的原因

(一) 劳动力市场的供求矛盾

1. 境内"用工荒"形势短期内难以改变

总体上看,近年来我国的人口结构失衡、人口红利消失,劳动力市场需求旺盛,企业用工成本增大。外籍劳工的薪资水平一般在每月1000元至2000元之间,最低的月薪仅800元,普遍低于本地同类行业或工种的国内劳动力成本。为了降低用工成本,一些国内业主不惜知法犯法,非法使用外籍劳工。云南省边境地区的甘蔗、烤烟、茶叶、橡胶等农业生产用工需求量大,境内劳动力价格高、供量小,更易引发境外雇工问题。

2. 境内外薪酬差别的利益诱惑

云南省周边国家(地区)经济发展水平相对较低,境外边民到中国打工收入更高。由于长期战乱、迫于生计,缅籍边民更向往进入中国务工,其数倍于国内的工资收入,一人务工即可满足全家生活。

(二) 主观认识不到位

1. 基层领导干部认识错位

一些基层领导干部对非法使用外籍劳工的违法性和危害性认识不足,片面强调地方经济发展,盲目追求地方经济繁荣,对非法使用外籍劳工的问题重视不够。

2. 用工单位法律意识不强

一些用工单位片面强调企业困难,认为使用外籍劳工成本低、不用缴纳五险一金,只顾追求自身利益,国家安全意识、合法用工意识不强,不依法报备审批,规避职能部门监管,擅自雇用外籍人员。

3. 边民法律意识淡薄。境外边民为了到中国打工获取较高薪酬,明知中国法律不允许非法入境务工仍侥幸而为之;境内边民只图用工方便、便宜,不主动报告情况,不愿意办理手续。

(三) 立法、执法、司法都存在一定的局限性

1. 现有法律法规不能完全满足边境地区管理的需要

2013年7月1日施行的出境入境管理法对外国人非法入境、非法居留、非法就业的,根据不同性质、情节规定了警告、最低500元最高不超过10万元的罚款、拘留、遣送出境等相应的处置措施,但难以适用于边境地区"三非"人员。2017年3月13日修改的《外国人在中国就业管理规定》第6条"用人单位聘用外国人从事的岗位应是有特殊需要,国内暂缺适当人选,且不违反国家有关规定的岗位"的规定,与当前边境地区外籍人员务工情况形成极大反差。云南省政府1992年发布的《云南省中缅边境地区中方人员出入境管理暂行规定》仅对中方人员出入境管理作出规定;2017年1月1日施行的《云南省边境管理条例》规定,非法入境的,处50-300元罚款;非法居留、

非法务工的，按出境入境管理法规定处罚，同样难以有效解决"三非"问题。刑法对偷越国边境罪规定了较低的法定最高刑，刑罚威慑效应不强。法律法规的针对性、有效性不足，导致了"三非"人员屡禁不止。

2. 行政执法手段有限

"三非"人员大都生活贫困，虽然出境入境管理法规定了继续盘问、拘留审查、限制活动范围、遣送出境等行政措施，以及警告、罚款等处罚措施，但实践中无款可罚、拘后仍居、遣出即返、屡遣屡返的现象较为突出，执法成本高，执法效果不够理想。如德宏州 2014 年共清理遣返"三非"人员 7190 人次，2015 年遣返 14850 人次，2016 年遣返 8884 人次，但也未能有效减少"三非"现象。

3. 刑事执法、司法困难重重

一是边境地区刑事司法协助机制有待健全。《公安机关办理刑事案件程序规定》对边境地区公安机关与相邻国家警察机关的警务合作局限于执法会晤、人员往来、边境管控、情报信息交流等，在调查取证、国籍认定、身份认定、年龄认定、赃物价值鉴定（如盗窃的境外车辆或者入境车辆）等方面，尚未建立满足边境治理需要的有效的合作机制。二是特殊人群犯罪难以打击。当前，境外毒贩雇用怀孕妇女、哺乳妇女、未成年人、老年人、艾滋病人（含医学确诊者和病毒携带者）等特殊人群走私、运输毒品问题日趋突出，呈团伙化、组织化、规模化趋势，因为强制措施难以实施，鉴定技术不能到位，刑事诉讼不能保障，执法办案风险较大，犯罪分子有恃无恐。一些地方通过设立"关爱中心""幸福家园"等特定场所，在不能采取强制措施的情况下以保障刑事诉讼活动能够顺利进行，但仍存在投入较大和法律风险（如非法羁押）。三是法律适用存在困难。对外籍犯采取取保候审、监视居住强制措施，以及判处管制、缓刑、罚金、驱逐出境的刑罚措施难以执行。

（四）监管力度需要进一步加大

1. 边境监管合力有待加强

一是在出入境管理方面，我国没有专门的移民局之类的职能机构，而是由政府外事部门，公安出入境管理机构、派出所，武警边防检查站、边防派出所，军队巡逻检查队等负责，各类主体在发现违法入境、违法居留后的处理标准和方法存在差异。二是在就业管理方面，依据《外国人在中国就业管理规定》的制定主体，对外国人在中国就业的管理部门有人社、公安、外事、商务等，但各部门职责划分不明确，存在多头监管、各管一块、信息不通等问题，边境监管效能不高。①

2. 对境外边民入境务工的管理力度有待加大

一是相关制度仍有缺失。德宏州、红河州、保山市相继制定了境外边民入境务工（服务）管理暂行办法。《德宏州境外边民入境务工管理办法》实施两年来，全州共为 37240 名境外边民办理了相关备案手续，为 218 家企业办理了《聘用境外边民用工登记

---

① 从公开发布的信息看，德宏州及所辖芒市、陇川县成立了境外边民入境务工管理服务中心，但其他边境州市未见相关报道。

证》，办理《外国人入境务工证》31784本，一定程度上缓解了非法就业问题。但是，对于不登记、不报告、不报备的，没有相应的解决办法和措施；其他州市也未查询到相关规定。二是职能部门的管理不够严格。实践中，过多强调用人单位和用工者对境外边民入境务工人员的管理，政府职能部门和村（居）委会主动过问的少；对非法入境务工人员清查的多，对非法用工业主和中介查处的力度还不够。

四、整治非法使用外籍劳工问题的对策建议

长远来看，云南周边国家边境地区与云南省经济社会发展水平的强烈反差将会长期存在，我国劳动力市场的"用工荒"问题短时间内难以明显缓解，边境建设和治理任务的长期性、艰巨性、复杂性将继续存在。清理整治非法使用外籍劳工问题，需要强化思想认识和工作责任，因应市场规律和形势变化，深化国际协作和司法合作，通过规范管理、区别处理、堵疏结合等方式，不断提高边境治理能力和管理水平，坚决维护国家安全和边疆稳定。

（一）完善管理体制，加大管控力度

1. 强化党委政府的主体责任

要明确各级党委、政府在边境治理中的主体责任，把边境建设和边疆稳定纳入政绩考核，对边境治理管控、人防物防技防投入、执法办案保障等问题，加强组织协调，明确任务分工，确保边境治理取得明显成效。

2. 坚持行之有效的管理体制。继续深化"党政军警民""市县乡村组""团营连排班"三个"五位一体"的边境治理管理体制，提高边境治理管控能力，遏制"三非"问题的蔓延。

3. 建立联动机制，形成管控合力

公安、边防、人社等各相关职能部门以及村（居）委会，要提高对非法使用外籍劳工危害性的认识，建立联动工作机制，规范管理办法，做到齐抓共管，形成对"三非"人员的管理合力，有效压缩非法务工的空间。

4. 加强对境外边民入境务工的管理和服务

一是建立健全外籍劳工管理服务机制。可借鉴推广德宏等地的做法，制定服务管理办法，成立服务管理中心，规范和强化境外边民入境务工服务管理工作，变"严厉打击、无序管理"为"堵疏结合、规范管理"。二是切实保障依法务工人员的合法权益。用人单位要按照《工伤保险条例》为所聘外国务工人员购买工伤保险，切实保障其合法权益。三是适时开展专项整治活动。对"三非"人员尤其是非法务工人员要进行摸底排查、集中整治，做到底数清、情况明，进一步加大对非法入境务工人员、非法使用外籍劳工的管控力度。

（二）创新管理机制，提高治理能力

1. 加快推进"智慧边境线"建设

依托现代科技成果，加大资金设备投入，广泛设置视频监控点，尽可能实现对非口

岸通道、便道、小道等重点地域监控覆盖面的最大化。

2. 坚持动静结合的巡防机制

在加强口岸监管、视频监控的同时，加大军警边巡、民兵协防力度，广泛发动边境地区群众参与，对边境实行全方位、多层次、广范围的有效管理。

3. 探索执法工作新机制

结合云南边境实际，积极探索适应边境治理需求、符合云南边境特点的执法办案措施。如对非法入境务工的境外人员、非法使用外籍劳工的企业建立"黑名单"制度；对非法入境特别是吸毒人员的强制管理制度；对走私制毒化学物品的"三线监管、红线控制"制度等。

（三）加强协作联动，增强整体合力

1. 推进边境地区司法交流与合作机制建设

继续加强边境地区检察院与缅甸政府部门和"民地武"组织的沟通交流，改进与老挝边境地区的执法、司法协作机制，适时恢复与越南边境地区司法（检察）机关的协作交流机制，完善定期司法会晤制度，探索常态化的司法互助模式，提高执法办案效率。

2. 完善行政执法与刑事司法工作衔接机制

加强业务交流、信息共享。行政执法机关发现涉嫌犯罪的人员和单位，按照职责分工和管辖规定，及时移送。公安、检察要加强对行政执法人员收集、提取、固定证据的培训，提高执法水平。

3. 建立完善执法办案部门联席会议制度

在省委政法委的领导下，省级公、检、法、司、国安以及海关等部门，对外国人犯罪案件特别是偷越国（边）境、毒品犯罪、走私犯罪、"两抢一盗"等犯罪案件办理中的侦查取证、证据审查、法律适用等问题，研究解决措施，统一执法标准，指导基层办案。

（四）完善法律制度，增强法治意识

1. 完善地方立法配套制度

建议相关职能部门结合各自职责和当前实际，尽快出台《云南省边境管理条例》实施细则，对境外边民入境、居留、临时劳务用工、通婚等行为，进一步细化管理办法，明确工作操作程序。

2. 加强立法和司法解释建议调研

针对长期存在的"三非"问题、跨国婚姻问题，以及立法、执法、司法中存在的突出问题，结合云南边境治理任务和形势发展需求，加强相关立法调研，提出司法解释建议，推动相关法律完善。

3. 广泛开展法治学习宣传教育

要认真落实干部学法用法制度，采取以案释法等喜闻乐见的方式，教育干部职工、境内外边民、用工单位和个人正确认识非法务工和非法用工的危害性，切实提高政府相关部门、用人单位和用工者、外国务工人员的法律意识，形成"不愿留、不能用"的社会氛围，做到依法务工、依法用工、规范管理。

（五）加大打击力度，维护边境安全

1. 加强行政执法

政府相关部门要严格执行出境入境管理法、《云南省边境管理条例》等法律法规，通过联合执法强化对出入境和进出边境地区管理。对屡教不改的非法用工单位和个人，加大行政处罚力度，使其"不敢用、不想用"。

2. 加强刑事执法

对"三非"人员犯罪行为，偷越国（边）境等涉边犯罪行为，外籍人员实施的毒品、走私等犯罪行为，政法各部门要站在维护国家领土安全和边疆和谐稳定的高度，坚决予以严厉打击。

3. 正确认识和准确把握刑事证明标准

对外籍人员、特殊人群实施的犯罪案件，要在严格遵守法律规定的同时，坚持原则性与灵活性相结合，结合边境实际，按照司法规律，坚持审慎合理的原则，积极稳妥办理。不能因为身份查不清、年龄搞不准、主观难证明，或者境外不配合、赃物难估价、翻译人难请等原因而久拖不决、不了了之；也不能因为某些认识分歧各行其是，因为一些枝节问题纠缠不清。

湖北省广水市非公有制经济发展环境调研报告

黄 俊[*]

根据党中央及上级指示精神，为了更好地履行检察职能，依法保障和服务该市非公有制经济健康快速发展和非公有制经济人士健康成长，湖北省广水市检察院预防部门深入到市工商业联合会、市经济和信息化局及30家非公企业开展对该市非公有制经济发展环境的专项预防调查。笔者着重根据检察机关预防调查掌握的非公企业现状、面临的困境进行分析，就检察机关如何保障和服务该市非公有制经济健康快速发展问题进行探讨。

一、广水市非公企业现状

广水市是一个县级市，地处鄂东北，北与河南省信阳市交界，南与孝感市接壤，距湖北省省会城市武汉180公里，全市国土面积2647平方公里，辖17个镇、街道办事处。

（一）非公经济概况

广水目前除武烟集团广水烟厂外，全部都是非公有制企业（以下简称为"非公企业"），很大程度上主导着本地区经济长期平稳较快发展。近几年来，广水市非公工业经济发展快速，已初步形成以风机制造、医药化工、造纸包装、食品加工、新型建材、纺织服装等六大产业为主体的工业格局。据统计，2015年，全市共有规模以上非公工业企业218家，总资产131.1亿元，从业人员38440人。规模企业中，省风机厂、广同控股、广彩印刷、双剑风机、凯龙化工等156家企业产值均在亿元以上。

（二）非公经济效益

2015年，全市规模非公工业实现总产值422.8亿元，同比增长8%；实现销售收入405.8亿元，同比增长7%，产销率达到96%；实现增加值114.51亿元，同比增长9.3%，增加值增幅与随州市平均增幅持平，较全省平均增幅高0.7个百分点。产值规

---

[*] 作者单位：湖北省广水市人民检察院。

模过亿元企业达到 156 家，比上年增加 2 家。税收过 100 万元的企业达到 29 家，比上年增加 8 家，入库税金 14751.9 万元，占全市规模工业入库税金总额的 85%。

（三）支柱产业

近年来，广水市支柱产业取得长足发展，逐步形成了以风机制造、造纸包装、医药化工、纺织服装、食品加工、新型建材为支撑的工业格局。2015 年，全市六大支柱产业完成工业总产值 365.8 亿元，实现销售收入 353.4 亿元，在全市规模工业中的占比分别达到 86.5%、87.1%。龙头企业成为产业发展的领头雁，企业逐步向产业聚集。以省风机厂、双剑风机为主导的风机产业，以昌泰纸业、广彩印刷为主导的造纸包装产业，以双雄催化、广仁药业为主导的医药化工产业，以新诚达时装、昌瑞纺织为主导的纺织服装产业等逐步成为该市支柱产业。风机产业是湖北省重点成长型产业集群之一。目前，全市支柱产业共网络企业 157 家。

但从调查掌握的情况看，当前，广水的经济发展仍呈现不充分、不均衡、不协调等多重劣势，与经济发达地区相比仍存在较大的差距，发展不足仍然是该市一段时间内经济社会发展和经济发展转型升级中的主要矛盾。

二、广水市非公企业发展中存在的问题

（一）民营企业家成长中"不公正"的人文环境

广水人深受"崇文重教""重农抑商""官本位"等思想中负面观念的影响，对民营企业和民营企业家缺少公正客观的认识和评价，这不仅不利于企业的健康发展，更不利于企业家成长。当前，广水人民普遍对商人有着根深蒂固的传统偏见，认为商人是唯利是图、自私自利的代表，这是对当代商人的曲解。只看到商人们有钱的一面，而忽视了他们创业的曲折和艰辛，更没有客观公正地看待他们为国家增加税收、为社会解决就业积极发展的一面。一方面，执法部门和行政管理部门对不规范的民营企业往往是严惩重罚，没有教育培养的习惯，没有给民营企业营造公平公正的法治环境；在舆论环境上，用反面教材对社会加以警示多，对成功创业典范的正面宣传相对较少，支持和鼓励自主创业、创业光荣的氛围还不够浓。另一方面，在政策环境上，从激励民营企业家健康成长的政策引导、推动和扶助、奖励的长效机制与制约机制尚未系统地完整地建立起来，也在一定程度上影响了由民营企业老板成长为民营企业家的意愿和积极性。

（二）非公有制企业发展中面临的现实困境

由于国家在市场准入、税赋、金融、保险、进出口等方面对非公企业的发展限制过多，当前在基础产业、基础设施、金融服务、市政公用事业、国防等领域的准入管制方面对中小企业存在诸多限制，许多允许国有（公有）企业、外资企业等其他类型企业进入的行业，非公企业特别是非公中小企业难以进入，市场垄断、"暗箱操作"成为非公企业发展的重要障碍，使得非公企业处于市场弱势地位，所以引资进来的非公企业大

多产业低端、技术含量、技术水平不高，导致企业的市场竞争力不强。而且在市场进入和经营的成本方面，非公企业又相对比较高。在广水有的小非公企业生产要素低，盈利很少，利润空间小，没有市场竞争力，发展缓慢；有市场、有生产能力的非公企业，又面临融资困难。由于银行贷款比例不高，企业普遍资金周转压力大，自己也没有很好的融资能力，在资金回笼慢的情况下，就容易资金链断裂，使企业陷入困境。同时，非公企业用人招工困难。由于地域环境等多因素影响，好的尖端人才难以引进，好不容易招进来的大学生有的嫌待遇低，干不长就走人，人难留住，若提高待遇，等于提高了经营成本，市场份额本来比较小，利润空间就更小，企业也难以生存；沿海城市环境好，发展早，很多农村年轻人都外出打工，像这些熟练工又招不回来，无一技之长的招进来对企业无用，出现了两极分化。这些问题严重限制、影响了广水非公企业的发展和经营范围。

（三）市场经济下的行业潜规则

2013年以来，广水市检察院共立案查办该市涉及非公有制经济主体行贿犯罪案件7件11人（不含湖北省检察院和随州市检察院交办的案件）。笔者调查分析认为，我国目前的市场经济还不够成熟，很多事情并没有按照市场规则去运作，是没有统一完善的市场诚信体系，具有行贿等不正当交易行为的市场主体在市场准入和市场竞争方面没有受到有效的限制。非公企业面临的是如何平衡商业伦理与市场竞争力的选择，在这种选择中，企业往往被逼向"囚徒困境"：如果远离商业贿赂，企业就可能失去市场；如果同流合污，就会背叛商业公理。同时由于当前政策环境依然不透明，造成企业间的待遇不一样，有的企业政策扶持多、优惠多，有的很少甚至没有，这样就造成寻租、违法时有发生，一些企业为了发展而不得不去违法办事，比如在市场的准入、土地、资金、项目、品牌、名牌、环保、税收等某些方面的不公平、不公正、不透明的制度设计与执行方面。这些都严重影响了非公企业和企业家的健康成长。而政府审批行为在程序和规定上的复杂性和相对不透明性，导致政府部门和办事人员的机会主义行为，为其提供了寻租的可能，利用职权索取或非法收受非公企业老板贿赂。在当今市场经济环境下，行业潜规则盛行，非公企业处于一种尴尬境地。

（四）非公企业人员自身素质不高

非公企业在社会主义市场大潮中的生存和发展除了外在环境因素的影响外，企业内在质素的作用也举足轻重。由于种种原因非公企业职工普遍存在法律意识淡薄、法律知识相对欠缺等问题，导致了诸如签定合同被骗、人才无序流动侵害商业秘密、非法经营致使企业倒闭等案件也有发生。

三、保障和服务非公有制经济健康发展的建议

笔者通过调研和总结广水经济建设规律与经验发现，要实现在新的起点上推进非公企业转型升级、非公经济快速发展，就必须努力营造民营企业家健康成长的人文环境和

非公企业发展公平公正的法治环境，不断主动适应经济发展的新常态，以激发非公企业创业的创新、创优热情和活力。

(一) 深化认识，着力营造非公企业家健康成长的人文政治环境

1. 创造良好的舆论环境

尊重民营企业家和非公经济人士，把商人当作社会主义建设者来对待，要用浓厚的积极的宣传舆论营造一种创业光荣的氛围，运用一切可以运用的新闻媒体，有组织、有计划、有重点、有层次、有区域性地加以宣传。宣传的内容与形式要有利于激发民营企业老板成长，有利于营造健康向上、催人奋进的人文理念，有利于破除"仇富"的落后懒惰观念和"无商不奸"的错误伦理价值观，有利于促进社会对民营企业以及民营企业家的关心、理解与支持。这样才能形成宽松的创业环境、人文环境和政治环境，从而促进民营企业的发展、民营企业家的成长。

2. 创造良好的服务环境

对原有的民营企业家成长的激励政策进行全面梳理，根据市场新的发展和要求加以补充完善，特别是针对不同类型、不同行业、不同规模的民营企业家，实行不同的激励政策，而且在公正、透明、规范、可操作的原则上进行，扶持政策对企业要平等。要探索建立对民营企业家的综合考评制度和违章违纪、缺乏诚信的告诫、批评、通报和处罚制度，自由裁量权要统一，严格限定和合理规范裁量权的行使，依法公开权力运行流程，公示行政审批事项目录，公开审批依据、程序、申报条件等。运用信息公示、信息共享和信用约束等手段，营造诚实、自律、守信、互信的社会信用环境，促进各类市场主体守合同、重信用，不断规范民营企业家的言行，促进其健康成长。

(二) 开辟绿色通道，着力规范"涉企"案件优先办理

公安机关、检察院、法院要相互配合，协同作战，严厉打击侵犯非公企业权益的各种刑事犯罪和违法行为，维护非公企业的合法权益，为非公经济发展提供法律保障。对"涉企"犯罪案件，公、检、法应成立专门办案组，固定专人优先办理，做到快立、快捕、快诉、快判。公安机关要对侵害非公企业利益的盗窃、抢劫、诈骗、敲诈勒索、职务侵占、挪用资金、侵犯企业自主知识产权以及利用互联网金融平台、打着金融创新旗号从事非法活动，增加金融风险等犯罪案件要依法快速立案侦查。检察机关对于非公企业符合受理条件的举报、控告、申诉的案件和对不服民事行政案件处理而申诉的案件要尽快立案；对于有损于非公企业各种违法犯罪行为，以及非公企业内部的职务侵占行为、侵犯商业秘密行为等达到批捕条件等案件检察机关要进行快捕；在接到公安机关移送起诉侵害非公企业利益的刑事犯罪案件，检察机关承办案件的公诉人要做到快诉，并及时与法院联系沟通，从严、从重进行快审快判。通过打击"涉企"刑事犯罪，净化非公企业的外部环境。

（三）深化预防职能，着力提升非公企业经营管理的法治化水平

1. 开展法治宣传，遏制商业贿赂犯罪发生

检察机关预防人员要经常深入非公企业组织开展该院查办的非公企业商业贿赂典型案件当事人"现身说法"、播放警示片、上街宣传、印发资料等形式的宣传教育活动，广泛宣传商业贿赂的严重危害以及坚决拒绝商业贿赂的重要性。通过宣传教育，使民营企业家、企业中的管理人员能够正确认识当前社会利益多元化和根本利益的关系，不仅要会管理、懂经营，还要有法律意识，懂法、用法，才能从根本上预防和遏制商业贿赂犯罪的发生。

2. 开展案件剖析，帮助企业整章建制

检察机关结合查办案件，深入剖析犯罪特点、原因和发案规律，及时提出精准的检察建议，完善企业内部监督制约和管理机制，规范企业经营行为，有效预防职务侵占、商业贿赂、挪用资金等妨害企业管理秩序、侵犯企业财产犯罪的发生，防止有的非公企业因管理不善，内部制度疏漏，造成企业资产流失和经营困难等不良后果，增强非公企业在经济发展新常态下的市场竞争力和发展后劲。

3. 开展法律讲座，提高从业人员法律意识

定期开设法治专题讲座，由工商联分批次组织非公企业，检察机关安排宣讲团成员运用典型案例，以案释法，帮助和促进非公企业和非公经济人士依法经营意识，明确法律红线和法律风险，促进非公企业和从业人员做到既依法办事、守法经营，又提高自我保护意识，有效防控重大法律风险，提高经营管理的法治化水平，树立企业形象，增强社会责任感。

（四）整合资源，着力利用社会资源为非公企业保驾护航

1. 发挥政府主导作用

落实财税支持政策，各类产业扶持专项资金对非公经济要一视同仁，加大对成长性较好的非公企业支持力度，探索非公企业税收考核激励机制，进一步规范和清理收费项目，加强纳税辅导等服务；落实创业扶持政策，扶持高中毕业生、留学归国人员、科技人员自主创业，支持民营企业家二次创业，扶持建立一批创业服务平台，为初创小企业提供信息咨询、事务代理、技术支持、财务融资、市场开拓等服务；强化人才保障政策，加大科技和产业人才引进力度，加大劳动部门培训各类急需技术工人制度落实到位，切实解决企业用工难的问题；对非公企业在技术资格认定和职称评定等人才管理配套政策方面同等对待，促进人才在不同所有制企业的自由流动。引导非公企业了解政策、掌握政策、运用政策，不站在政策的门外，不钻政策的空子，以有力有效的扶持政策推动非公企业的健康快速发展。

2. 发挥检察机关的监督保障作用

建议检察机关选派优秀检察官驻企业，深入非公企业开展法治宣传，提供"法律体验"等服务，及时受理非公企业的咨询、控告、申诉和举报。对债务纠纷、股权分配、劳动争议、工伤赔偿、破产清算等案件审判和执行活动中确有错误的，依法监督纠

正。加大对损害非公企业权益的虚假诉讼、恶意诉讼监督力度。建立检察长接待日制度,及时解答企业发展中遇到的相关法律问题,对不属于检察机关职权范围的事项,及时转交有关部门处理解决。做到既严厉打击"涉企"犯罪,又维护企业正常经营和企业职工利益,引导企业依法经营、规范管理、用法维权,为非公企业提供全方位、多层次的法律服务和保障。

3. 发挥行政执法单位服务作用

建议对税收骨干非公企业和优秀成长非公企业实行挂牌保护,使这些重点非公企业免受不法分子的侵扰。要明确执法部门保护和支持非公企业的责任,对向非公企业乱收费、乱罚款、强买强卖及破坏非公企业生产经营秩序的人和事,必须及时处罚;要容错纠偏,对非公企业老板在生产经营和社会活动中出现的违规行为要包容,对非公企业的不合理政策,要坚决纠正和全面清除;对涉及非公企业确有错误的判决、裁定,检察机关要依法提请抗诉。为非公企业提供公平公正的法治环境,才会有更多的创业者,进而就会有更多的市场主体。市政府、市公安局、市发改局、市经信局、市工商联等相关经济管理部门、行政执法机关、行业协会通过工作联系平台,加强信息互通和协调配合,形成工作合力,服务非公企业。

4. 发挥行业协会(商会)的职能作用

行业协会(商会)组织要主动做好民间投资的监测和分析工作,及时把握民间投资动态,合理引导民间投资,开展企业管理、法律法规等专业培训,积极向商业银行推荐诚信经营企业的融资项目,争取银行贷款。指导中小企业规范管理、提高信誉;反映诉求,积极与政府有关部门沟通协调,参与涉及行业利益的决策,反映会员的利益诉求,维护会员和行业权益。结合本行业特点制定行规行约,规范行业和会员的经营行为,加强对会员守法经营、照章纳税的教育和监督,配合政府监督管理,打击商业贿赂,维护市场公平竞争的良好环境。

(五)创新举措,着力增强非公企业抵御风险的能力

1. 成立服务非公有制经济发展领导小组

建议检、联(工商联)联合成立服务非公有制经济发展领导小组,双方凝聚共识,把服务非公企业发展作为领导小组的第一要务,充分发挥各自职能,通力合作,全力以赴,为非公企业排忧解难提供组织保证。领导小组通过联合深入企业调研、召开联席会议等形式,增强及时发现、控制和防范非公有制经济领域违法犯罪的能力。

2. 构筑全市非公企业预防网络

建议由广水市经济和信息化局牵头建立全市非公企业预防网络,由工商联负责协调,市检察院负责监督,以税收骨干企业和优秀成长企业为核心,以行政执法单位为抓手,以建立新型政商关系为纽带,搭建一个非公企业预防网络平台,对非公企业管理、经营中发生的新情况、遇到的新问题及时发布,信息共享,共同研讨,群策群力,快速解决,降低风险发生。

3. 帮助企业提高风险防范能力

建议从全市选调优秀律师、法官和检察官组建一个非公企业法律顾问团,不仅在非

公有制经济发展方面为政府决策提供法律服务，解答企业在签订履行合同、知识产权维权、职工权益保障等方面应如何加强内部管理，防范法律风险等问题，而且还要组织他们编辑一本《非公有制企业法律服务手册》赠送企业。手册包含合同法、劳动法、知识产权法、民事诉讼法等相关法律法规汇编，内容采取以知识问答、典型案例、合同范本、工作流程等板块构成，以图文并茂的形式展现，清晰直观，达到用辑录的典型案例分析、以案说法对企业进行风险提示。

民生热点问题及社会调研

生产、销售假药类案件实证研究
——以上海市司法实践为视角

俞 蕾 马 珣[*]

药品安全关系每个人的身体健康和生命安全,关系每个家庭的幸福安宁,是当下我国最为重要的民生问题之一。药品犯罪历来是刑法重点打击的对象,特别是 2011 年《刑法修正案(八)》对生产、销售假药罪作了较大修改,取消了"足以严重危害人体健康"的构罪要件,降低了生产、销售假药罪的入罪门槛,同时提高罚金刑幅度,足见我国立法对生产、销售假药罪刑事法网不断从严、处罚愈加从厉的态势。从司法实践来看,由于入罪门槛的降低,近年来生产、销售假药类案件显著增多,刑法打击力度凸显的同时也暴露出"假药"界定争议大、"主观明知"认定难、入罪标准不统一等问题。笔者拟从 2017 年上海市各区检察机关办理的生产、销售假药类案件出发,对司法实践中较为突出的问题进行审视和思考,以期对此类案件由上海铁路运输检察院(以下简称"上海铁检院")集中管辖[①]的平稳过渡和顺利衔接有所裨益。

一、生产、销售假药类案件的基本情况及特点

2017 年上海市各区检察机关起诉生产、销售假药类案件共 199 件 237 人,其中生产、销售假药罪 3 件 5 人,占比 1.5%;销售假药罪 196 件 232 人,占比 98.5%。具体呈现以下特点:

(一)案发区域遍布全市,远郊地区更为集中

从案发区域看,生产、销售假药类案件全年案发量较大,且遍布上海全市 16 个区,其中浦东新区 40 件 40 人,闵行区 25 件 25 人,青浦区 22 件 22 人,长宁区 19 件 23 人,嘉定区 18 件 28 人,静安区 13 件 15 人,奉贤区 12 件 20 人,宝山区 11 件 12 人,杨浦

---

[*] 作者单位:上海铁路运输检察院。
[①] 根据上海市高级人民法院、上海市人民检察院、上海市公安局、上海市司法局会签的《关于本市危害食品药品安全刑事案件调整管辖的规定》明确 2018 年 1 月 1 日之后立案的危害食品药品安全刑事案件由上海铁路运输检察院审查批捕、起诉,由上海铁路运输法院依法审判。

区10件11人，金山区7件13人，黄浦区7件7人，徐汇区4件7人，松江区4件5人，虹口区3件5人，普陀区2件2人，崇明区2件2人。由于市中心区域房租、仓储等运营成本较高且行政监管相对严密，故此类案件远郊地区和城乡结合区域案发量较大，比如浦东、闵行、青浦、嘉定等区域；市中心区域案发量较少，比如普陀、虹口、徐汇等区域。

（二）假药类型相对集中，多为形式上的假药

从假药类型来看，虽然名称多样，但类型相对集中，主要有以下几类：一是壮阳类性药，共131件150人，占比65.8%。此类性药大多非法添加了西地那非、他达拉非，在生产或者进口中未取得国家药监部门的批准，按假药论处。二是进口美容针、麻醉针等注射针剂，共44件47人，占比22.1%。此类假药往往通过非正常途径从国外流入国内，未经我国药监部门批准进口，按假药论处。三是进口国外药品，共15件25人，占比7.5%。此类药品没有进口批文，属于必须批准进口而未经批准进口，按假药论处。比如日本便秘治疗剂、眼药水、祛痘膏、德国感冒止咳药等。四是其他按假药论处类，共5件，占比2.5%。此类假药属于依法必须批准生产而未经批准生产，按假药论处。比如自制药王酒、中药饮片等。以上四种类型假药均由药监部门认定为"依法必须批准而未批准生产、进口"，按假药论处之情形，属于形式上的假药。五是实质上的假药类，共4件，占比2%。此类假药主要是违规自制药品或假冒品牌药品，经检测药品所含成分与国家药品标准规定的成分不符，属于实质上的假药。比如自制抗癌胶囊、冒牌东阿阿胶等。

（三）假药销售场所分散，以下游零售商为主

从销售场所来看，壮阳类性药主要在较为隐蔽的小型情趣用品或成人用品店，通过门店经营的形式对外零售。进口美容针主要在私人美容院、微整培训班、护肤工作室、犯罪嫌疑人家中、快捷酒店或宾馆等较为私密且便于提供注射服务的场所，犯罪嫌疑人往往通过微信、转转、大众点评等网络社交平台发布宣传广告，与购买者约定在上述场所进行"一对一"零散销售。进口麻醉针或麻膏主要是在私人牙医诊所、私人文身店内销售，主要是为患者拔牙前注射、或者客人文身前涂抹使用。感冒止咳等国外常用药品主要是在淘宝网店对全国销售，犯罪嫌疑人往往通过海淘、微商、走私等途径购进大量感冒止咳等国外常用药品储存在特定仓库或自己家中，在淘宝网店上架销售。在起诉的199件生产、销售假药类案件中，仅3件涉及上游生产行为，其余大部分主要集中在面对普通消费者的下游零售环节，较少见对上游生产假药的犯罪行为的追查。

（四）轻刑化判决占比大，行刑衔接有待厘清

从判决结果来看，2017年上海检察机关起诉至法院的237人中，免予刑事处罚的1人，占比0.4%；判处拘役的117人，占比49.4%；判处有期徒刑6个月至1年（包括1年）的112人，占比47.3%；判处有期徒刑1年以上的仅7人，占比2.9%。237名被告人中适用缓刑的152人，缓刑适用率64.4%。通常认为生产、销售假药罪最高刑

为死刑,属于重罪,但从司法实践来看,轻刑化判决居多,刑罚轻缓化倾向明显。对销售假药的被告人来说,大多数没有限制人身自由,除了挂了一个犯罪之名,刑罚威慑力并没有想象得那么严重,降低了刑法打击效果。

二、办理生产、销售假药类案件若干问题

(一) 假药认定有差异

生产、销售假药罪的司法认定中,最为关键的问题就是何为"假药"。目前上海市司法实践做法主要是由上海市或区级市场监督管理局出具是否为假药的研判意见。该研判意见一般分两个步骤——先依据《药品管理法》第100条之规定判断涉案物品是否是"药品",如果是认定系"药品",再依据《药品管理法》第48条判断是否是"假药"。

先看第一个步骤,上海市各区市场监督管理局对于"药品"的判断方法主要有两种:一是成分判断,即通过检验涉案物品的成分,如果检测出药物成分即判定为"药品",比如,壮阳类性药,只要检测出西地那非成分即判定为"药品";二是外观判断,即观察涉案物品外包装说明,如果明确标有适应症、功能主治、用法用量等药品属性即判定为"药品",比如德国进口止咳药,产品外包装上表明了止咳、化痰功效以及用法用量说明,即判定为"药品"。但是令笔者困惑的是,两种判断方法各自成体系,并不相互参考。比如对壮阳类性药,只是检测出西地那非成分,并不理会产品外包装说明,即使产品外包装上并无适应症、功能主治、用法用量等内容,甚至外包装上标明"保健品",也不影响"药品"成立的判断。再如,国外进口药品、进口美容针等,仅通过外包装判断,而不进行成分检测,也就是不管涉案物品成分如何,只要外包装上标有适应症、功能主治、用法用量等药品属性就判定为"药品"。可见,目前"药品"的判定存在成分判断、外观判断两个标准,且进行个案判断的时候均是仅采用一个标准简单判断,那么就有可能出现交叉或矛盾的情形,比如,某些壮阳类性药外包装标明"保健品",且没有标明适应症等,但却检测出西地那非成分,那么按照成分判断是"药品",而依外观判断标准则不是"药品"。又如,某些国外进口美容针虽然外包装上标明了适应症等药物属性,被判定为"药品",但产品如果经过检测,可能并没有药物成分。此外,调查中也发现各区市场监督管理局在"药品"的判定上也有各自的理解,操作不一。大多数区的市场监督管理局认为壮阳类性药,只要检测出西地那非成分,不管含量多少即可判定为"药品";但有的区市场监督管理局认为壮阳类性药仅检测出少量西地那非成分,未检测具体含量,且其他成分未知,不能简单判定为"药品",不愿出具壮阳类性药系"假药"的研判,故而该区未有壮阳类性药的假药案件。

再看第二个步骤,根据《药品管理法》第48条的规定假药包括:(1) 药品所含成份与国家药品标准规定的成份不符的;(2) 以非药品冒充药品或者以他种药品冒充此种药品的。此二种情形是以药品本身成份标准进行的实质判断。按假药论处的包括:(1) 国务院药品监督管理部门规定禁止使用的;(2) 依照本法必须批准而未批准生产、

进口，或者依照本法必须检测而未经检验即销售的；（3）变质的；（4）被污染的；（5）使用依照本法必须取得批准文号而未取得批准文号的原料药生产的；（6）所标明的适应症或者功能主治超出规定范围的。此六种情形除了第（3）、（4）项是药品本身变质、被污染而致劣质无效外，余下四种情形均系违反药监部门禁止性或程序性规定而作的形式判断。调查中发现，目前上海市假药类案件占比95%以上的壮阳类性药、美容或麻醉针剂、进口国外药品等在判定为"药品"之后，再通过查看生产、进口批准文号，若未见批准文号，即属于"依照本法必须批准而未批准生产、进口"之情形，按假药论处，从而判定为"假药"。第二个步骤中"假药"的判断虽然不存在操作上的争议，但是近年来随着陆勇代购抗癌药①和倪海清生产、销售假药案②引发媒体广泛关注，对刑法上假药认定的争议也不绝于耳，大多观点认为不能仅凭形式上不合法作为认定假药的标准，假药的认定需要进行实质判断。比如，有人认为以行政监管为目的进行形式认定，不以药品本身的治疗功效进行实质真假判断，这样的认定标准其合理性本身存在疑问。③

（二）入罪标准不统一

2011年《刑法修正案（八）》删除了《刑法》第141条"足以严重危害人体健康"的危险结果要件，只要具有生产、销售假药的行为即构成犯罪。也就是说，理论上凡是有生产、销售假药的行为，哪怕只有一粒，也不管犯罪金额多少，都可以构成犯罪。入罪门槛的降低，使得此类案件数量大幅上升。④ 随后，2014年"两高"《关于办理危害药品安全刑事案件适用法律若干问题的解释》规定，"销售少量根据民间传统配方私自加工的药品，或者销售少量未经批准进口的国外、境外药品，没有造成他人伤害后果或者延误诊治，情节显著轻微危害不大的，不认为是犯罪"。虽然明确了销售少量民间配

---

① 2002年，陆勇被查出患有慢粒性白血病，我国国内治疗白血病的正规抗癌药品"格列卫"系从瑞士进口，每盒人民币23500元。2004年，陆勇通过他人从日本购买印度生产的同类药物，每盒人民币4000元，服用效果与"格列卫"相同。之后，陆勇开始直接从印度购买该药，通过QQ群向病友推荐。随着病友之间的传播，从印度购买该抗癌药的患者增多，药品价格降至每盒200元。2014年7月22日，湖南省沅江市人民检察院以妨害信用卡管理罪、销售假药罪对陆勇提起公诉。数百名白血病患者联名请求司法机关对陆勇免于刑事处罚。2015年1月27日，沅江市人民检察院撤回起诉，同年2月26日，作出不起诉决定。

② 倪海清是一普通农民，没有行医资质，2009年开设"海清民间草药研究所"，宣称找到了专治癌症的中草药秘方，并为其秘方申请了国家专利，但未取得国家药品批准文号。2011年倪海清被金华市警方以涉嫌生产、销售假药罪采取强制措施，当时倪海清已患肾癌，并服用自己秘方配置的中药。2013年该案开庭时，倪海清的癌症已得到大大缓解，但一审法院并没有将此认定为倪海清药品具有疗效的证据，以生产、销售假药罪判处倪海清有期徒刑10年，并处罚金100万元。后二审法院以倪海犯生产、销售假药罪，判处有期徒刑7年，并处罚金100万元。

③ 时方：《生产、销售假药罪法益侵害的规范解释——主次法益价值冲突时的实质判断》，载《政治与法律》2015年第5期。

④ 上海市检察机关2009年5月至2011年4月共受理审查起诉生产、销售假药案46件101人，《刑法修正案（八）》实施后，2011年5月至2013年4月，共受理审查起诉1069件1269人。

方药和未经批准进口的国外、境外药,情节显著轻微的不认为是犯罪,一定程度上提高了入罪门槛,但是上述两类药品之外的其他假药能否适用此解释未予以明确,且如何判断"少量""情节显著轻微"亦未给出参考。

从上海市的司法实践情况来看,生产、销售假药罪在不同时段有不同标准、不同区域也有不同标准。比如浦东新区2012年对避孕药类假药进行严打,当时只要销售1粒就构罪;2013年该区公检法联合卫生、食药等行政部门经过调研将入罪标准调整到20粒。比如同样是壮阳类性药案件,2017年各区入罪标准各异,主要有两种:一是仅以假药粒数作为入罪标准,但起点不一。如长宁、普陀、虹口区的入罪标准为11粒,静安、松江、奉贤、崇明区的入罪标准为50粒。二是以假药粒数加销售额或利润作为入罪标准。如嘉定区是100粒且销售金额达500元,金山区是50粒且销售金额达500元,青浦区是100粒且获利500元。再如,同样是美容、麻醉针剂假药案件,各区入罪标准也存在较大差异。虹口、宝山、嘉定区认为1支即构罪;闵行区入罪标准为10支;长宁和静安区入罪标准为11支;奉贤区入罪标准为50支;另外,浦东、金山、松江、普陀、杨浦、青浦、崇明区因入罪标准不明,故不处理此类案件。笔者认为,各区公检法探索生产、销售假药类案件具体入罪标准的努力是符合司法实际需要的,较好地平衡了区域内刑事司法资源,但是执法尺度的不统一,一定程度上带来司法混乱,同样的行为可能在A区入罪、在B区出罪,这显然是不合理的。

(三)主观明知认定难

行为人主观上是否有生产、销售假药的故意,是认定生产、销售假药罪成立与否的主观要件,而故意犯罪以主观明知的判断最为关键。生产、销售假药罪的构成要求行为人明知系假药而予以生产、销售,而"明知"是行为人的主观心理状态,以行为人的供述最为直接,但是基于行为人趋利避害之本能,司法实践中行为人不予供述或者否认明知屡见不鲜。比如,销售壮阳类性药的行为人辩解自己不知系假药,以为是保健品;销售美容针的行为人辩解自己不知系药品,以为是护肤品;销售进口国外常用药的行为人辩解自己不知道系假药,认为系自己海淘或者国外带回的真药;销售麻醉膏的行为人辩解自己不知道麻膏系药品,只是在文身时予以辅助使用等。司法实践中,在行为人不予供人或否认明知的情况下,可以通过其他证据推定行为人的主观明知。但是调查发现,销售壮阳类性药的行为人往往文化程度较低,甚至是文盲,本身对这类壮阳类性药缺乏基本的认知,在自己没有类似情况受过处罚的情况下,难以推定其主观明知。

实践中也存在因主观明知条件欠缺而不捕、不诉、建议公安机关撤案的情况,比如据调查闵行区检察院近两年因主观明知欠缺建议公安机关撤案的占比高达45%。

三、办理生产、销售假药类案件若干建议

上海铁检院探索特殊案件集中管辖,自2016年9月已经开始对全市破坏环境资源犯罪案件进行集中管辖。随着跨行政区划检察改革的深入,2017年1月1日起,对本

市危害食品药品安全犯罪实现集中管辖。本文探讨的生产、销售假药罪正是危害药品安全犯罪的重要组成部分，基于此类案件集中管辖的背景，有必要对"假药"界定、入罪标准、主观明知、相关对接机制进行探讨，以期能尽快统一认识，确保集中管辖有序衔接。

（一）厘清差异，明确"假药"界定

首先，建议市场监督管理、食药监部门尽快统一全市"药品"和"假药"的判定标准，避免出现不同区的市场监督管理部门对同一涉案物品判定不一致的情况。对"药品"的判断可以将成分检测与外包装判断相结合，综合考量。先由 2017 年 11 月《上海市关于规范涉嫌食品药品安全犯罪案件检验评估认定工作的实施意见》中确定的《本市药品检验机构名单》中的 8 所专门涉案药品检验机构[①]出具成分鉴定的意见，再由各区市场监督管理局根据上述机构的成分检测报告、结合产品外包装情况分析是否系"药品"，最后结合相关法律、法规出具是否为"假药"的研判意见。

其次，在刑事司法实践中排除争议，明确假药的认定采用与行政认定同一标准并无不妥。其一，形式认定的假药同样具有法益侵害性，不宜简单排除在刑法规制范围之外。我国对药品实施严格的管理制度，无论是药品生产、销售、进口的行政审批还是强制检验，并非单纯为了行政监管之便利，而是为了确保药品安全、消除质量隐患。未经审批、检验的药品，完全脱离安全监管，可能存在质量或疗效问题，也可能存在危害人体健康的风险。比如，未经批准进口的国外药品，对我国公民是否有疗效、是否有不良反应和风险均未知。因此，形式认定的假药同样具有法益侵害性，至少存在侵害公民身体健康、生命安全的危险，而非仅仅破坏了药品管理秩序。其二，生产、销售假药罪系行政犯，行政犯的成立以违反行政法为前提，刑法上假药的认定与行政法保持一致是行政犯属性的应有之意，有助于行政处罚与刑事处罚的有效衔接。生产、销售假药由行政处罚转为刑事处罚，主要是生产、销售金额、次数、情节等社会危害程度"量"的上升，而行刑认定假药标准保持一致是判断"量"的上升的前提，也是保持法秩序统一、行刑处罚衔接机制的客观要求。如果简单地将形式认定的假药排除在刑法规制范围，会导致生产、销售此类假药的行为危害严重程度一旦突破行政规制，就丧失了刑法规制的空间。其三，刑事司法上假药的认定与行政法保持同一，有助于节约司法资源、提高司法效率。何为假药，不能简单地以司法者的法律知识或内心确认来判断，必须借助行政部门的专业知识和技能来判断。刑事司法借助行政法上假药的认定标准和鉴定意见，可以降低证据认定的难度，清晰的标准不仅便于司法操作，带来司法高效，同时也能在一定程度上防止司法恣意。

[①] 8 所专门检验机构分别是上海市食品药品检验所、浦东食品药品检验所、徐汇食品药品检验所、静安食品药品检验所、金山食品药品检验所、松江食品药品检验所、青浦食品药品检验所、崇明食品药品检验所。

(二) 科学设置，统一入罪标准

危害食品药品安全犯罪案件集中管辖之前，各区关于生产、销售假药类案件均有各自统一的入罪标准和处理口径，在各自区域内可以保证司法的局部统一。但是集中管辖之后，全市各区的案件都由上海铁检院统一审查批捕和起诉，不统一的标准必然带来司法混乱，因此有必要在全市范围内统一入罪标准。

首先，必须明确《刑法修正案（八）》虽然将生产、销售假药罪修改为行为犯，但并不意味着生产、销售假药的行为可以不分情节，一律入刑。一则《刑法》第13条"但书"系总则条款，对分则中生产、销售假药的条款有指导和规范作用。对于情节显著轻微、危害不大的生产、销售假药行为，可以不作为犯罪处理。二则对生产、销售假药的行为不分情节一律入刑，不仅抹杀了对该行为进行行政处罚的空间，使得相关行政法规的法律责任形同虚设，而且容易导致刑法打击泛化，不符合刑法谦抑性，也不利于刑事司法成本和效益的平衡，使得本就紧张的司法资源更加捉襟见肘。

其次，设置入罪标准，即留出出罪空间，并不违反罪刑法定原则。对生产、销售假药罪设置一定的入罪标准，实际上是为情节显著轻微的生产、销售假药行为留出出罪空间，可通过行政法予以规制，以免刑法打击的泛化。罪行法定原则只能是限制法官对法律无明文规定的行为入罪，但并不是限制法官对法律有明文规定的行为出罪。[①] 因此，设置入罪标准的背后是留出出罪空间，并不违反罪行法定原则。

最后，生产、销售假药罪的入罪标准应当结合司法实践情况，根据不同假药类型、危害程度等科学设置。比如，注射类假药由于药品直达人体肌理，相对口服类假药给人体造成伤害的危险性更大更紧迫，在入罪标准上注射类假药要更严格；麻醉药品、精神药品如果存在制假、售假情况，相对普通药品更容易造成人体神经上的伤害，从而导致功能障碍，因此此类假药入罪标准应更加严格；以孕妇、婴幼儿、危重病人为主要使用对象的药品，如果存在假药情形，往往会造成比较严重的危害后果，故而在入罪标准上也要从严掌握。入罪标准的设定应当从刑法干预的客观能力出发，着眼与刑法效益的发挥，使入罪标准设定的更加合理。

具体而言，以占比最大的壮阳类性药案件来看，各区入罪标准从一开始11粒，到大部分区域提高到50粒，再到部分区域提高到100粒加销售金额，呈现出门槛越来越高的趋势。笔者建议，上海铁检院应与市场监督管理局等行政部门、公安、法院、加强协商，明确此类壮阳类性药对人体的危害程度，理顺此类案件行政处罚与刑事处罚的边界，在此基础上设置科学的入罪标准，可以在目前较多的50粒入罪标准上适当提高，争取既对现有案件打击数不会造成太大影响，也避免刑事打击的泛化。以占比较大的美容、麻醉针剂案件来看，目前上海有6个区由于没有明确标准不予处理，一旦确定入罪标准，此列案件量必将大幅增加。笔者建议，此类案件鼓励公安机关重点打击上游或者规模较大的销售商，初次销售且销售数量较少的下游零售商以行政处罚为主，如果再犯则可考虑刑事打击。需要注意的是，入罪标准的设置只是判断是否构罪的一个起点，在

---

① 陈兴良：《出罪与入罪：罪行法定司法化的双重考察》，载《法学》2002年第6期。

量化标准的基础上,具体个案还需要综合考虑主观明知、涉案金额、行为手段、药品属性、危害后果等因素综合判断。

(三)强化证据,合理推定明知

为了避免因主观明知认定困难造成生产、销售假药类犯罪的放纵,有必要进一步明晰主观明知的内容及判定方法,同时要强化证据收集意识,合理推定主观明知。

首先,生产、销售假药罪的明知应当包含已经或应当知道系假药、已经怀疑或应当怀疑系假药、不能肯定或不应肯定系真药,仍予以生产、销售的心理状态。其次,判断行为人主观上是否明知,不能仅以本人供述为唯一依据,还可以根据全案证据,结合行为人的客观行为予以综合判断。实践中建议强化下列证据的收集:(1)行为人的知识储备、工作培训经历以及是否有生产、销售假药的前科劣迹等情况;(2)行为人对我国药品生产、销售资质准入的明知,即明知自己无生产、销售药品的资质;(3)行为人对药品来源系非正规渠道的明知,比如从非法场所或无资质上家出购入药品、远低于市场价购入药品、无法确认药品真实来源等;(4)行为人在生产、销售过程中追逐暴利;(5)行为人反常行为,比如隐蔽性交易、储存,或者被发现销售假药后将剩余药品转移、销毁等;(6)药品外包装上有无伪造、涂改或明显假冒的痕迹;(7)生产、销售假药过程中上下线人员、辅助人员以及假药购买者的供述和证言等。最后,针对壮阳类性药主观明知认定困难的情况,可以借鉴浦东新区市场监督管理局的做法,对辖区内的成人用品店、小型药店进行排摸检查,并逐一发放告知书,口头、书面告知销售壮阳类性药涉及刑事犯罪。在检查中若发现初次销售壮阳类性药的行为人先给予行政处罚。此举一来将违法性"广而告之",二来将行政处罚前置,可以解决主观明知认定难的问题。

(四)创新方式,健全配套机制

一是健全与行政执法部门联动协作机制。生产、销售假药类犯罪通常伴随行政违法,且假药类型繁多、专业性较强,因此有必要加强与市、区两级食药监、卫计委等行政执法部门的信息沟通和联动协作。比如,通过召开联席会议、联合办案等方式统一药品认定方法、假药鉴定标准;明确行政处罚与刑事处罚的边界;在案件定性及法律适用、证据固定和移送标准上达成统一认识等。二是完善信息公开机制。危害药品安全类犯罪关系民生,有必要构建一类案件通报、重大有影响案件适时公开等机制,让百姓及时了解当前危害药品安全类犯罪的情况,警惕市场上出现的假药;同时也能对潜在的不法分子起到震慑的作用,预防危害药品安全犯罪的发生。三是强化危害药品安全犯罪预防措施。比如,通过制发检察建议、检察公函等形式积极对话淘宝网、京东网等第三方平台,要求其认真履行第三方平台义务,对于法律禁止销售的进口药品发布禁止公告,对上架商品进行严格审核。比如,可与行政执法机关、公安机关、法院联合发布宣传画册、拍摄微视频、微电影等方式生动展现当前市场常见假药、劣药类型,并通过电视、广播、微信、微博等平台进行播放,还可以通过社区居民网格、执法查访等形式发放宣传画册,开展普法教育,强化法治宣传,预防犯罪发生。

办理环境资源类案件的"四难四建议"

冯 伟[*]

自 2014 年来，江苏省常州市武进区检察院根据集中管辖规定，办理了 40 余起环境资源类刑事案件，该类案件办理在司法实践中存在"四难"。一是定案补证难。环境资源类案件在地级市实行集中管辖，跨区院管辖导致司法机关与其他辖区行政执法部门的协作不通畅，如侦查机关对需补充侦查的案件难以及时有效地进行证据补充。二是专业鉴定难。省内有权出具鉴定意见的司法鉴定机构少，鉴定周期漫长且费用高昂，有的案件需花费数月时间、几十万元的鉴定费，司法成本过高、诉讼效率过低。三是事实认定难。司法机关在不具备专业知识、对专业数据理解不透的情况下对犯罪事实的认定存在困难，且污染环境罪作为一空白罪状，并未对具体的词条作明确解释。如在对该罪法条中的"处置"行为如何理解，实践中就存在较大争议。四是法律适用难。刑法有些规定过于粗糙，与其他行政法之间对有些问题的规定不衔接。如污染环境罪司法解释将非法处置危险废物达 3 吨以上作为"严重污染环境"的标准之一，在 3 年以下有期徒刑量刑，但在"后果特别严重"的规定中却没有对这一行为构成加重情节进行规定，而采用了致使公私财产损失、人员伤亡等标准，导致在理解运用上，对于处置危险废物的行为，无论数量多少都是一个量刑档次，不利于区分危害结果的大小。

针对环境资源类案件办理中的困难，提出如下对策：

一、完善部门联动机制

由市级政法委牵头，设立市级环境资源类案件协调机构；完善"两法衔接"平台，加强与环保、国土、林业、农业等多部门间的协作，实行案件线索、行政处罚结果、数据统计等信息共享，定期通报行政处罚、案件移送、案件处理情况。

二、完善细化相关规定

结合本地实际，通过会议纪要等形式，加快解决案件办理中的法律适用和实务操作的问题。如对司法办案中出现的司法鉴定复杂、诉讼成本高的问题；细化对犯罪行为惩处、受损后果恢复的规定，明确罚金的标准和数额；增设履行社区劳动、清除污染物、

---

[*] 作者单位：江苏省常州市武进区人民检察院。

恢复环境原状、撤销从事某项活动执照、公开犯罪记录等内容；在法律法规范围内加大惩处力度。

三、加强专业队伍建设

行政执法部门要以更专业、高效的方式加大执法力度，提升执法人员证据收集的意识和能力；司法部门应加快专业人才的培养，加强干警对相关专业知识的培训和学习，探索建立司法人员和专业人员协作办案机制，促进环境资源类刑事案件办理的专业化，进一步提升办案质量和效率。

四、增强环境资源司法保护意识

会同环保部门开展生态环境保护专项宣传行动，对常见典型案例进行媒体宣传、巡回庭审，对辖区企业负责人定期进行环保专题培训、签订环保责任书，强化企业环保责任和法治意识。建立环保监督网络平台，构建普通民众、行政执法部门、司法机关互联互通的环保监督体系。

关于打击非法捕捞水产品犯罪保护长江渔业生态资源的调研

张庆培[*]

一、当期非法捕捞水产品犯罪的特点

（一）受案数量不减反增，非法捕捞行为屡禁不止

经统计，湖北省荆州市沙市区检察院2014年受理长江流域荆州段（流经松滋、公安、沙市、江陵、石首、监利、洪湖）公安机关移送审查起诉的非法捕捞水产品犯罪案件7件13人，2015年受理5件11人，2016年受理15件22人。2016年受理件数占3年累计数量的55.6%，受理人数几乎为2014、2015两年受案人数的总和。2017年截至4月初，已经受理并提起公诉非法捕捞水产品犯罪案件3件7人。非法捕捞水产品犯罪行为虽经严厉打击，但却禁而不止，并且呈现多发、增发趋势。

（二）作案手段高度一致，犯罪工具简便易得

沙市区检察院办理的30件非法捕捞水产品公诉案件中，被告人作案采取的均为国家明文禁止的电鱼手段。作案所需的工具——电瓶、逆变器等无论在街头巷尾的实体店面，还是各大网购平台随处可见，购买便捷。

（三）非严重破坏水域生态平衡，影响资源环境

非法电捕鱼是不分品种和大小的灭绝性扑杀行为，是竭泽而渔、杀鸡取卵的行为，对长江渔业生态资源造成灭绝性打击；严重危害到鱼类的繁殖，更对生长在长江中的小鱼小虾、贝壳螺蛳、微生物及其生态环境、微生物环境造成毁灭性破坏，严重影响到渔业资源的平衡。

（四）作案隐蔽，水上执法危险程度大，侦查取证困难

作案时间多选择在深夜22时至凌晨3时之间，单人"背包式"作案越来越多，被发觉后往往将渔获物、作案工具丢弃在江水中，当场毁灭罪证，又或者直接跳船逃离现场、逃避打击，侦查取证困难。

---

[*] 作者单位：湖北省荆州市沙市区人民检察院。

二、非法捕捞水产品犯罪的原因分析及应对

（一）处罚力度不强

在当前非法捕捞现象比较严重的情况下，必须加大处罚力度，查处一起，处罚一起。特别是执法部门加大对电鱼行为的经济处罚，例如对无人认领的作案工具、船舶等进行收缴。同时，查处过程中建议结合非法捕捞水产品所使用的手段、所处的时间、所在的地点，以及对长江生态资源环境的破坏程度等情节予以充分考虑评价。

（二）法治宣传力度不大

建议加强针对非法捕捞水产品违法犯罪的法律和政策宣讲，搭建平台、成立队伍、形成网络，结合检察微信、微博、门户网站，大力推广网上舆论宣传；结合派驻乡镇社区检察服务站，深入基层，走村组进社区，将法律规定、环保知识送到群众家门口，打造群防群治、全员参与的保护长江生态环境良好局面。

（三）就案办案多

建议加大司法公开程度，扩大庭审刑事诉讼活动对公众开放力度，有计划、有组织地安排基层干部群众参与非法捕捞水产品刑事案件庭审观摩，接受教育。

（四）执法司法协作机制不畅

建议加强公检法与渔政水产行政执法之间的配合，全面发挥行政执法与刑事司法衔接机制作用。一是在思想上高度重视，把打击非法捕捞水产品违法犯罪、保护长江生态环境作为一项重大政治任务去部署落实；二是检察机关要主动发挥协调、监督、牵头作用，争取党委政府支持，组织联席会议，发挥四方力量，形成打击预防合力；三是加大执法司法投入，引进高科技辅助办案设施设备，加强一线执法司法保障，解决水上执法危险大、风险高的困难。

关于办理非法占用农用地案件的调研
——以非法占用林地为视角

云南省丽江市人民检察院

近年来，随着丽江经济建设及旅游市场的不断发展，在经济利益的驱使下，该市农林范围内出现一批违法毁坏林地种植经济作物或开采砂石、铺路的案件，严重破坏了土地、森林资源和生态环境。当前非法占用林地行为大有愈演愈烈之势，相关部门在整治过程中将一些突出案件立为刑事案件移送司法机关，成为办理涉林领域中的新类型案件，同时办案过程中在定罪证据的收集、固定、审查、采信等方面出现一些问题。为更好地保护森林资源及生态环境，依法处理该类案件，结合基层检察院在办理非法占用林地案件过程中发现的问题，现以非法占用林地为视角做了一些调查研究，以期在办案中能与相关部门达成共识，推进该类案件办理取得良好的法律和社会效果。

一、非法占用农用地案件的基本情况

2014年至2015年9月，丽江市检察机关公诉部门共受理非法占用农用地案件27件32人。其中，2014年受案7件9人（古城区院5件7人，玉龙县院2件2人），2015年1至9月受案20件23人（古城区院2件2人，玉龙县院14件17人，永胜县院3件3人，宁蒗县院1件1人）。与2014年度受案总数相比，2015年1至9月该类案件数上升185.71%，人数上升155.56%。

二、非法占用农用地案件的基本特征

（一）涉案人员法律意识淡薄

涉案人员以农民居多，普遍文化程度不高，对法律知识不了解、不掌握，误认为对其所租用或占用土地认为只要签订了合同或经当地村委会同意就合法了。尽管有关部门对非法占地行为给予处罚，但因处罚过轻未能遏制此类犯罪的发生。

（二）占用林地改变用途以种植经济作物为主

受理的非法占用农用地案件中占用土地均为林地，其用途主要是开采砂石及种植农作物和经济林木。其中，开采砂石4件4人，占受案数的14.81%，占总人数的

12.5%；毁林修路 5 件 5 人，占受案数的 15.63%，占总人数的 18.52%；种植洋芋 6 件 6 人，占受案数 22.22%，占总人数的 18.75%；种植核桃 1 件 1 人，占受案数 3.7%，占总人数的 3.12%；种植玛咖 11 件 16 人，占受案数 40.74%，占总人数的 50%。

（三）非法占用林地案件大幅上升

2015 年 5 月，根据《丽江市人民政府办公室关于印发丽江市林地保护整治专项行动实施方案的通知》，森林公安在全市范围内开展保护林地的专项行动。2015 年以来全市县（区）级森林公安以涉嫌非法占用农用地罪共立案 93 件，其中玉龙县立案 81 件（全部为非法占用林地案件，移送检察机关审查起诉 9 件），古城区立案 8 件（3 件为非法占用林地种植玛咖，5 件为非法占用农用地采砂石，移送检察机关审查起诉 2 件），永胜县立案并移送检察机关审查起诉 3 件（均为非法占用林地种植玛咖），宁蒗县立案并移送检察机关审查起诉 1 件（非法占用林地种植洋芋）。

（四）量刑以轻缓刑处理为主

一审法院以非法占用农用地罪判处刑罚的 13 件 15 人中，除 1 件 1 人判处 4 年有期徒刑外，其余 12 件 14 人均判处缓免刑（其中 1 件 1 人免予刑事处罚，11 件 13 人判处缓刑），适用缓免刑的比重件数达 92.31%，人数达 93.3%，反映出司法机关对非法占用农用地犯罪具有轻刑化处理的倾向。

三、办理破坏林地违法犯罪案件面临的问题

（一）认定林地类型划分的依据有待细化

我国刑法、森林法、草原法、土地管理法以及司法解释对农用地的类型划分规定过于原则性，导致在司法实践中因过于笼统空泛而无法适用。《刑法》第 342 条规定："违反土地管理法规定，非法占用耕地、林地等农用地，改变被占用地用途，数量较大，造成耕地、林地等农用地大量毁坏的，处五年以下有期徒刑或者拘役，并处或者单处罚金。"但在具体的司法实践中却无法直接适用。根据国土资源部《关于印发试行〈土地分类〉的通知》中的《土地分类体系说明》，农用地指直接用于农业生产的土地，包括耕地、园地、林地、牧草地及其他农用地。其中，林地指生长乔木、竹类、灌木、沿海红树林的土地，不包括居民点绿地，以及铁路、公路、河流、沟渠的护路、护岸林。林地下面还划分有林地、灌木林地、疏林地、未成林造林地、迹地、苗圃。《森林法实施条例》第 2 条第 4 款规定：林地包括郁闭度（指森林中乔木树冠遮蔽地面的程度）0.2 以上的乔木林地以及竹林地、灌木林地、疏林地、采伐迹地、火烧迹地、未成林造林地、苗圃地和县级以上人民政府规划的宜林地。另一方面，根据最高人民法院《关于审理破坏林地资源刑事案件具体应用法律若干问题的解释》（以下简称《林地解释》）中对林地还分为防护林地、特殊用途林地或者其他林地。以上林地分类涉及多项

专用名词，也足以说明我国对林地的划分远比以生活经验判断或者常识中所理解的外延广泛。因土地划分与土地分类的依据不同，对林地的认定标准也不统一，加之法律上没有明确的规定，导致在司法实践中对林地内涵理解出现差异。

丽江市办理非法占用农用地案件反映出涉案人员对被占用"农用地"的概念认识不清。主要表现在行为人对林地的认识是基于农耕历史及生活经验的判断，大部分涉案人员认为所占用的林地系荒山、荒地，而非农用地。如古城区检察院办理的和某涉嫌非法占用农用地一案，和某所非法占用的农用地根据权属证明系林地，但是根据在卷材料拍摄的照片、证人证言、嫌疑人的供述和辩解证实，该地块已荒废多年，现有的资料无法判断占用地块是否种植过林木，而该地块为何被定为林地从证据材料无法证实，导致认罪证据依据不足。玉龙县检察院在办案中发现玉龙县辖区内村委会村民小组均不同程度存在一定的"轮耕地、轮闲地"，这些地块在2008年林改和省二调中被划为林地，由于2008年林改后确权及公示的情况不明，对此类原因导致的非法占用林地行为如何评判存在疑难。

结合办理的涉林案件中对于地块类型的属性，卷内材料仅简单的以林地、耕地进行划分，对于生活常识能判断的尚容易理解，但对于办案人员都难以判断的地类划分，如果不能以详细的依据或证据说明为何是林地或耕地，仅以"资料显示或权属证明"称该地块性质系林地或耕地，加之部分地籍资料中所标注的参照物不明确，有的甚至已不复存在，这样的证明材料不仅不能说服法庭，更不能说服涉罪的犯罪嫌疑人。因此，非法占用林地案件中的地类性质往往是争议较大的问题。

（二）认定"改变被占用林地用途"难以把握

《土地管理法》第4条规定："国家实行土地用途管制制度。国家编制土地利用总体规划，规定土地用途，将土地按照用途分为农用地、建设用地和未利用地三类。严格限制农用地转为建设用地，控制建设用地总量，对耕地实行特殊保护。"这是对土地用途管制的一个总原则。从办理的非法占用农用地中林地案件的情况看，除毁林修路及开采砂石等非农业建设具有明确改变被占用林地用途的特征外，部分占用林地种植经济作物案件在改变被占用林地用途上的行为特征不明显。如古城区检察院办理的和某涉嫌非法占用农用地案系在林地上种植玛咖，和某典涉嫌非法占用农用地案系在林地上开垦、平整，准备种植玛咖。两案反映出来的问题是虽然该地块被划分为林地，但犯罪嫌疑人辩解未占用前该地块是"荒地""荒山"，未生长有林木、灌木，目前在其他证据未能证明占用林地原貌情况下，认定行为人是否存在改变被占用林地用途存在疑难。

（三）认定造成被占用林地"大量毁坏"的标准不一

司法解释对"造成林地等农用地大量毁坏"是一个定性界定，而不是定量判断，未明确规定量化标准，对"大量毁坏"结果的把握弹性和自由度较大，在实践中难以找到标准。首先，非法占用林地种植农作物与开挖砂石类案件相比，此类案件所造成的后果单凭主观难以判断。如玉龙县检察院办理非法占用林地案件，林业主管部门仅对被占用林地的面积作出鉴定，但对林地的原有植被或种植条件造成毁坏的严重程度未能作出说明，导致定罪证据认定疑难。其次，部分案件因证实该地块是否生长有林木如低坡度荒山或林地上的野生草与零星杂灌的证据不足，导致是否造成毁坏无法证明。从目前审查的案件证据反映，认定被占用林地"原有植被严重毁坏"证据主要依靠现场照片、证人证言及犯罪嫌疑人供述等证据。其中，现场照片主要证实的是被占用林地的周边环境情况，由于被占用林地被开垦前原貌无从反映，不具备对比条件，现场照片及现场勘验笔录对证实"原有植被严重毁坏"意义不大；而言词证据虽能大致反映出林地被开垦前的样貌，但主观随意性大，且大部分犯罪嫌疑人均为同村村民，甚至甲案件中的证人就是乙案件中的犯罪嫌疑人，因此大部分言司证据的可信度存疑，影响证据的证明力。此类案件在如何认定被占用林地的毁坏程度上存在困难。最后，若该地块占用前确实没有植被生长但仍划分为林地的情况下，开垦林地种植农作物是否属于造成林地的原有植被或林业种植条件严重毁坏或者严重污染难以判断。目前全市范围内对于毁坏程度的认定方式主要有两种——一是部分案件由林业部门的技术人员作出鉴定或说明；二是部分案件凭司法机关办案人员结合全案证据综合认定——导致定罪量刑证据标准不统一。但因作为司法鉴定意见采信的证据主体资格要求较高及认定涉及多项专业问题，以上两种方式都存在不足。

（四）非法占用草地（牧地）刑事案件管辖权未明确

例如，丽江市有非法占用草地（牧地）种植玛咖的案件。根据最高人民法院《关于审理破坏草原资源刑事案件应用法律若干问题的解释》的规定，违反草原法等土地管理法规，非法占用草原，改变被占用草原用途，数量较大，造成草原大量毁坏的，依照《刑法》第 342 条的规定，以非法占用农用地罪定罪处罚。"草原"，是指天然草原和人工草地，天然草原包括草地、草山和草坡，人工草地包括改良草地和退耕还草地，不包括城镇草地。根据云南省人民政府 2014 年 1 月 1 日起实行的授权森林公安的 62 项相对集中林业行政处罚权规定，高山草甸等非林木案件森林公安无权办理。目前森林公安机关仅对涉林犯罪有管辖权，但对于涉嫌非法占用草地的刑事犯罪案件侦查机关的管辖权不明确。

四、办理非法占用林地案件的几点建议

（一）统一"农用地"性质的界定标准和鉴定机构

建议委托土地管理部门、林业主管部门依据相关法规予以说明。在认定"农用地"中林地性质的问题上，应准确理解现有法律法规及司法解释对农用地所解释的内涵和外延，在专业人员到现场做实地现勘检测的基础上，委托土地管理、林业等行政主管部门对地块的土地权属、分类依据、类型说明和检测作出科学客观的界定。如玉龙县森林公安局目前通过委托云南云林司法鉴定中心作出《林地林木检验报告书》，对现场基本情况、地类调查等对占用林地地类予以鉴定说明。永胜县森林公安局通过委托林业局作出《林地鉴定意见书》，对森类别、地类等作出过界定说明。

(二）正确理解"改变被占用土地用途"

"改变"，是指改变农用地的原来用途而作其他方面使用。实践中通常表现的形式有两种：一是改变林地等原来的用途，而作其他生产使用。二是行为人虽没有将林地改变为非农用地，但是未经批准擅自改变林地原有植被或生态环境，改变了林地原有面貌。《林地解释》中所讲的改变林地用途，其实是改变森林法、《森林法实施条例》以及相关法律法规中有关林地的法定用途，而不是通常理解的林地变为非林地。在司法实践中，对于违反土地利用总体规划或者计划，未经批准或者骗取批准，擅自将林地等农用地改为建设用地或者改为其他用途，或将林地改作其他农用地的行为，可认定为改变被占用土地用途。

（三）统一"造成林地等农用地大量毁坏"的界定标准

根据司法解释，"造成林地等农用地大量毁坏"指在非法占用的林地上实施建窑、建坟、建房、挖沙、采石、采矿、取土、种植农作物等行为或进行其他非林业生产、建设，造成耕地、林地等农用地原种植条件完全被破坏，从而丧失种植条件，无法再种植。还包括由于非法改变了所占用林地等农用地的用途，而使原来种植的植被不复存在等情况。目前大部分非法占用农用地的案件对被占用农用地面积的认定没有异议，但对植被"大量毁坏"的认定，司法实践中只在现场勘验、检查的过程中简单地说明。因鉴定及评估涉及专业及资质问题，针对认定林业毁坏面积、毁坏程度的问题，永胜县森林公安局通过委托永胜县林业局对毁坏林地作出《林地鉴定意见书》《植被恢复意见书》进行认定，但因鉴定意见对鉴定机构及鉴定人员鉴定资格要求过高，目前两份鉴定意见的证据效力存在缺陷。建议可委托林业及土地管理部门具有专门知识的人员通过实地调查后对毁坏林地出具《林地林木检测报告书》及《植被恢复测算/评测报告书》，以行政主管部门作为证明主体出具书证的方式作为证据使用。

（四）统一非法占用草地（牧地）管辖权的问题

根据《公安部刑事案件管辖分工规定》，治安管理局管辖刑法规定的破坏环境资源保护罪中的非法占用耕地案、盗伐林木案（林业公安机关辖区外的）、滥伐林木案（林业公安机关辖区外的）等案件。因《刑法修正案（二）》将《刑法》第342条修改为非法占用农用地罪，目前司法实践中对于草原案件主要是由畜牧局等主管部门调查，如若涉嫌犯罪再交由公安机关处理，对于非法占用草原（牧地）的案件管辖权在与公安机关协商后可参照以上规定执行。

五、预防非法占用林地犯罪的对策和措施

（一）加大法律宣传力度，提高群众守法意识

司法部门和执法部门要加强对森林法、土地管理法和刑法的宣传力度，让人民群众

充分认识到只有在法律允许条件下才能合理利用土地，通过正确的途径致富。要通过宣传法律政策及案例警示非法占用农用地的严重后果，增强人民群众对法律的认识。

（二）完善管理机制，加强政策引导

土地管理部门、林业主管部门应加强制定完善管理机制，加强对林业及土地管理人员的培训。在检查、审批相关手续时应严格审查土地用途并加强政策引导，杜绝非法占用农用地现象的发生。

（三）加大执法力度，遏制犯罪势头

行政执法机关在发现有非法占地行为时，要严格依照相关的法律法规，行为较轻的，依法给予行政处罚。行为严重导致危害后果的，符合刑法规定的，要移送司法机关，给予刑事处罚。同时，检察机关要加大对该类案件的立案监督工作，在执法过程中要严格贯彻宽严相济的刑事司法政策，加大对屡犯不改非法占用农用地涉案人员的惩治力度。

（四）加强部门协作，建立长效机制

打击破源环境资源犯罪，仅靠单一方法、单方力量，难以取得较好效果。建议加强行政职能部门与司法机关的配合协作机制，针对存在问题通过召开联席会议、案件咨询等形式，构建打击破源环境资源犯罪的长效机制。

对当前国有储备粮库系统职务犯罪案件的分析与思考

刘 斌 李睿孜[*]

一、当前国有储备粮库系统案件特点

(一) 犯罪主体多样,涵盖多个关键岗位

在立案查办的中央储备粮益阳直属库、桃江直属库和琼湖国家粮食储备库系统职务犯罪案件中,犯罪主体既有"一把手",也有中层骨干,还有最基层的一线干部职工,即决策、管理、执行各个层面都有人员涉嫌职务犯罪。

(二) 内部管理制度未落实,监督制约形同虚设

国有储备粮库系统内部存在虚报亏损、账目管理混乱、收入不入账、随意借支和预付账款等问题,导致这些内部管理制度没有真正落到实处。同时,国有储备粮库系统负责人权力过分集中,对经营活动及钱款收支往往是单位"一把手"说了算,没有经集体讨论便直接作出决定。主管部门对所管辖的国有储备粮库重业务考核轻监督制约,容易诱发职务犯罪管理漏洞,导致内部监管制约不到位。

(三) 作案手段隐蔽,多次作案

如益阳市琼湖国家粮食储备库原主任宋某涛在2004年3月至2008年4月的4年多时间内,利用职务便利,先后10多次采取虚报亏损、收入不入账、修改账目、借支公款等手段,共计贪污公款800万元、挪用公款1985万元。

(四) 涉案金额巨大

涉案人员私欲膨胀,赃款多用于赌博、投资营利等,涉案金额巨大,损失严重、影响恶劣。

---

[*] 作者单位:刘斌,湖南省益阳市人民检察院;李睿孜,湖南省益阳市赫山区人民检察院。

二、发案原因

（一）内部管理混乱，决策缺乏公开

内部财务管理、账目设置极不规范，签字审批手续不完善，甚至存在白纸条入账、收入不入账等行为，且设有账外账，可以随意从财务账中转到账外，导致国家大量资金运行于账目之外或进入管理者个人腰包。同时，益阳直属库、琼湖粮库、桃江直属库的收购、销售收入、公务招接待资金使用等没有严格管理，更没有将决策和制度执行情况进行公开公示，严重缺乏透明度，给国有储备粮库管理干部以权谋私带来可乘之机。

（二）权力过于集中，监督流于形式

作为现行体制下的国有储备粮库"一把手"，集国有企业的人、财、物等各种权力于一身，监督制约流于形式。

（三）官商双重定位，滋生腐败空间

国有储备粮库的业务分为两部分，一部分是具体实施政策性粮油收购、保管、轮换、出库工作，由此获取国家政策性补贴资金，同时行使看管国家大粮仓的职责；另一部分是自主经营贸易粮油，自负盈亏。国有储备粮库在享受国家政策性补贴的基础上，又能参与高风险的经营性粮油业务。因此，国有储备粮库将利润放在工作考核首位，如何在两大业务板块间腾挪翻转，追求利润最大化，就成了各直属库追求的目标。在"靠山吃山"的惯性思维下，催生了国有储备粮库系统直属库先后套取国家政策性补贴而发生的职务犯罪案件。

三、预防对策及建议

（一）加强法治教育，提高守法意识

以提高国有储备粮库干部职工的法治意识为出发点，通过授课、举办讲座、结合典型案例开展以案说法的警示教育等多种形式，大力开展法治宣传教育活动。

（二）加大改革力度，实现政企分开

加快国有储备粮库体制改革步伐，充分发挥市场经济调节作用，改变考核工作模式，在真正实行政企分开的前提下，强化政府部门对粮食流通的宏观调控，加强对国有储备粮库拓宽粮食购销市场、着力搞好多种经营、提高适应市场风险能力的指导，真正回归国有储备粮政策性功能定位，引导国有储备粮库尽快走上自主经营、自负盈亏的发展道路。

（三）完善管理制度，强化监督制约

针对暴露出的管理漏洞和问题，进一步建立健全粮食购销、质量管理、财务管理、审计监督等内部制度规范，特别对粮食财务管理、监督检查、法律责任等作出详细规定,将权力关进制度的笼子里,实现用制度管人管事管物。

(四)加大打击力度,构建预防网络

对发生在国有储备粮库系统的职务犯罪案件,主管部门要大力支持和积极配合职能部门依法查处,决不姑息。

农村低保领域职务犯罪案件特点分析

乌 兰[*]

最低生活保障制度是国家为城市和农村的困难群众提供无偿救助的重要政策，是利国利民的"民心工程"。近年来，一些农村却发生了村干部或村干部与村民共同贪污最低生活保障金的职务犯罪案件，严重危害广大人民群众的根本利益，影响农村的稳定、和谐、发展。为此，笔者对近年来查办的农村低保领域职务犯罪案件进行了预防调查，在深入分析此类案件的发案特点的基础上，提出预防对策，以期从源头上预防和减少农村低保领域职务犯罪案件的发生。

一、案件特点

（一）犯罪主体身份较为集中

农村低保领域职务犯罪案件的主体多为掌握实权的村干部，或者村干部联合村民共同实施。村干部受乡镇政府的委托，承担农村低保申请的受理和初审工作，掌握着代领和代发低保金或存折的实权，为其实施犯罪提供了便利条件。

（二）作案时间跨度较大

目前，农村低保领域职务犯罪处于易发多发态势，特别是随着国家不断加大对扶贫专项资金的投入，该类案件作案时间跨度较大，持续时间较长，个别案件长达 8 年之久。

（三）犯罪手段较为单一

申领农村低保的手续是户主通过村民委员会向居住生活所在地的乡镇人民政府提出书面申请，并提供有关证明材料。村民委员会作为中间环节负有初审的权力。一些村干部利用职务之便，帮助不符合申请条件的村民骗取农村低保金。还有的村干部利用代领和代发低保金或存折的便利，直接克扣、截留低保金。犯罪手段比较简单。

（四）相互勾结，共同作案

农村低保领域的职务犯罪，村民委员会成员与村民相互勾结，共同作案的情况比较

---

[*] 作者单位：内蒙古自治区呼和浩特市赛罕区人民检察院。

突出。由于村委会成员对农村低保对象情况比较熟悉,一旦有机会便利用职务之便,采取出具虚假低保审批资料的方式,帮助村民骗取、侵吞低保款。

二、农村低保领域职务犯罪的原因

(一) 法律意识淡薄,"侥幸"心理严重

从查办的案件来看,农村低保领域职务犯罪的根本原因是村民委员会成员法律意识淡薄、宗旨意识不强、侥幸心理严重。村委会成员作为农村低保申请的初审者,负有严格审查低保申请者是否达到申请低保条件的职责。但一些村委会成员对国家法律法规知之甚少,法治观念相当欠缺,对自己行为的法律后果认识严重不足,认为补助资金是政府或国家的钱,不拿白不拿,想方设法寻找政策和制度上的漏洞,把人民赋予的权力当作捞取钱财的资本、牟取私利的工具。当一些村民向他们提出申请低保时,他们出于人情、利益等考虑,不顾党和国家的政策标准,帮助村民违规办理低保手续。

(二) 农村低保发放的监督机制不健全

导致农村低保领域发生职务犯罪的另一原因是农村低保发放的监督机制不健全。一是作为农村低保申请的初审者——村委会的监督职责没有很好的发挥。村委会对农村低保对象的确定、审核等基础性工作管理不严,落实不到位,缺少对统计、上报、发放等环节的实际监控和防范制度,为一些村干部和村民套取低保金创造了便利条件,导致很多"人情保""关系保"的出现。二是乡镇民政办的监督工作乏力,存在监督有名无实的情况。当村委会成员把农村低保申请者的材料提供到乡镇民政办时,民政办的工作人员负有对材料是否真实、有效的审核义务。但因为乡镇工作人员配备往往较少,工作量大,人员变动快,致使审核程序流于形式。

(三) 农村低保工作缺乏透明度

村委会应将自己的村务主动公示、及时公开,尤其要及时公布支农惠农政策以及与农民利益相关的项目、资金、物资。但在实际工作中,很多村委会做不到村务完全公开,导致在一些惠民政策上村委会成员暗箱操作,严重侵害村民的权益。一些案件中,就是由于村干部不严格按照规定实行公开公示制度,导致村民对低保工作认识不足,对享受低保情况不清楚,无法进行监督,造成农村低保领域职务犯罪的隐患。有些村民实际已经经过审批获得低保金,但是自己对此并不知情,也未领取过低保金;还有些村民虽然领到低保金,但并不清楚低保金的性质和具体数额,导致村干部从中渔利。

三、预防低保领域职务犯罪的对策

(一) 加强法治宣传和思想教育

通过对村干部在低保领域中发生贪污贿赂职务犯罪案件的情况分析发现,村干部接

受的法治宣传不够，相当一部分村干部缺乏学习法律、法规和国家有关政策的自觉性，导致对法律、法规的概念不清，法治观念淡薄，直至诱发职务犯罪。各级党委政府应把加强对村干部进行法律、法规、政策的宣传教育工作摆上重要议事日程，要建立村干部法律、法规、政策宣传教育培训制度，采取以会代训、短期专门培训或轮训的方法，认真抓好村干部的法律、法规、政策宣传和培训工作的落实。同时，还要结合一些村干部发生职务犯罪的典型案例，开展具有针对性的警示教育活动，做到警钟长鸣，使那些贪婪欲望强烈的村干部，想利用手中职权在捞取个人利益时，惧于法律的威慑力而不敢为之。通过扎实有效的法律、法规、政策宣传教育，切实增强广大村干部的法治观念和法律意识，在履行各自职责过程中，真正做到依法治村、依法行政。

（二）注重制度落实，强化监督制约

从笔者所在检察院查办的一些低保领域职务犯罪案件来看，制度没有很好的落实、监督不力是引发职务犯罪的重要原因，为此相关部门应加强对农村低保资金的规范化管理，并形成有效的监督制约机制。一是要严格落实农村最低生活保障实施方法，规范低保申请、受理、审核、审批和发放程序，完善低保对象档案管理制度，做到一户一档，材料齐全，管理规范，有据可查。二是完善动态管理机制。对已获得低保金的人员进行全面核查，对不符合低保条件的，取消低保资格、停发低保金；对农村贫困户、低保边缘户进行重点排查，对符合低保条件的，严格按程序申报审批，畅通进出渠道。三是实行农村低保工作回访制度。要定期对发放低保金的村民进行回访，落实低保金是否发放到位，是否发放准确。四是强化行政村、乡、镇的监管责任。在行政村层面，建议将低保工作纳入村主要干部年度考核内容，对行政村上报数据不实等问题，在本地区予以通报并取消或减少当年度财政负担村主要干部的报酬。

（三）更好地实施村务公开制度

村务公开制度是农村基层组织最好而最有效的监督制度。各项村务活动的开展，必须坚持村委会集体讨论研究决定的原则，并纳入村务公开制度内容，防止搞"一言堂"和搞暗箱操作，使各项村务活动的开展既能依法行事，又能符合政策规定，更能体现村民的集体意志。为防止一些村干部和村民弄虚作假、以权谋私，要求村干部对享受低保的条件、范围和列入低保范围人员的基本情况，在村委会的政务公开栏中及时予以公示，并主动接受村民的监督。

农村最低生活保障金的发放不仅解决了农村困难群众的基本温饱问题，而且对于缓和社会矛盾，维护社会稳定具有重要意义。因此，对于农村低保的发放工作必须要建立健全相关制度，强化监督制约机制，完善预防职务犯罪体系，加强对村干部的法治宣传与警示教育。只有这样，才能够保障农村低保金的有效发放，为更多的农村困难群众提供帮助。

当前借助社交媒体软件
实施性侵犯罪情况应引起重视

谢慧阳*

2014年以来，四川省成都市成华区检察院共办理借助网络社交媒体实施的强奸案件7件10人，起诉6件9人，该类案件已占同期全部涉嫌强奸犯罪案件的27%，成为当前互联网时代下的一种多发性性侵犯罪模式，社会危害性极大，应当引起足够重视。

一、该类案件主要特点

（一）主要通过社交软件结识，初次见面即实施犯罪

在现实生活中双方大多并无交集，仅少数有业务或老乡关系，其余都是通过社交软件中诸如"附近的人"等功能加为"好友"。并且，他们之间的实质性联系很少，甚至有的是当天认识当天即约出见面并实施犯罪。如犯罪嫌疑人周某承通过微信认识被害人宋某某后，当日19时许即邀约宋某某外出喝酒，并于酒后将宋某某带至公园路边，欲强行发生性关系。

（二）大部分是蓄意犯罪，仅少部分是临时起意

犯罪分子在网络交友和相邀见面时，经常带有明显的目的性。如在陈某希涉嫌强奸案中，陈某希化名周伟，先后在微信中以邀请被害人陈某、马某吃饭为由，将被害人骗至三环外或拆迁空地等人烟较少的地方，通过持刀威胁等手段，强制关掉被害人手机，并在车内作案。

（三）作案方式除暴力威胁外，还经常采用将被害人灌醉后实施犯罪

例如成华区检察院所办7起案件中，有3起案件犯罪嫌疑人都是趁被害人醉酒之机实施犯罪。任某寿等3人强奸案中，任某寿在通过微信认识被害人杨某后，也是与林某、饶某二人商量将杨某灌醉再对其实施强奸，只是后来计划未能得逞，于是直接采取捂嘴、按手脚的方式，强行将杨某带至事先准备好的旅馆房间先后实施犯罪。

---

* 作者单位：四川省成都市成华区人民检察院。

（四）易伴发抢劫、敲诈勒索等次生犯罪

由于双方系通过网络认识，互相对对方的真实情况并不了解，所以犯罪嫌疑人更加肆无忌惮，除实施强奸犯罪外，还经常借机实施抢劫、敲诈勒索等侵财性犯罪。例如，李某龙强奸案中，李某龙在犯罪过程中同时用手机拍摄了 2 分钟左右的性爱视频，并在之后通过 QQ 对被害人进行敲诈勒索，否则就要将该视频卖到网上。

（五）涉案人员呈低龄化趋势

其中，犯罪嫌疑人的平均年龄为 24.7 岁，被害人的平均年龄为 21.1 岁。该年龄段的社会青年对互联网的接受度更高，愿意通过网络进行交友等活动。但同时，他们的心智并未完全成熟，一方面对社会危险警惕性不足，另一方面对刑法等法律缺乏足够的敬畏，导致他们既容易成为被害人，又容易变成犯罪者。

二、预防对策建议

（一）进一步加强互联网监管

严格规范网络文化信息传播秩序，高度重视对社交媒体软件等网络即时通信工具的规范引导，推进微信、QQ 等实名制认定机制，坚持积极利用和加强管理并重，切实做到趋利避害、可管可控。

（二）强化网络文化建设与引导

加强对互联网用户的警示教育，促使他们充分认识到网络空间绝不是法外之地，提高网络自律意识。积极推进网络道德规范体系建设，深入开展整治网络淫秽色情和低俗信息专项行动，依法严厉惩处传播淫秽色情信息的不法分子，营造良好的网络环境。

（三）积极开展社会治安专项整治

加强对酒店、宾馆、会所等的管理，严格落实旅馆入住登记备案制度。明确酒店管理人员负有违法犯罪举报义务，针对酒店入住人员异常行为要及时向公安机关报告。对违法犯罪多发、治安隐患较大的区域，加大治安巡逻力度。

（四）加强法治宣传和犯罪预防教育

积极通过以案释法、普法宣传等形式，加强对社会群众，尤其是青年、青少年的警示教育力度。一方面，增强他们对法律的敬畏感，避免走上违法犯罪道路；另一方面，提高他们在人际交往中的自我保护意识，特别是在与陌生异性的交往中，时刻注意保持必要的警惕。

当前性侵未成年人犯罪案件的特点、原因及建议

四川省内江市人民检察院

四川省内江市人民检察院针对该市检察机关 2013 年 1 月至 2016 年 2 月所办理的性侵未成年人案件进行调研，分析此类犯罪的特点和高发原因并提出对策、建议。

一、全市性侵未成年人案件总体情况

2013 年以来，全市检察机关办理性侵害案件 250 件 358 人，其中，性侵未成年人案件 136 件 147 人，占性侵案件的 54% 和 41%。

二、性侵未成年人案件的典型特点

一是性侵未成年人案件呈高发上升态势。性侵未成年人犯罪案件占整个性侵案件的 54%。特别是在 2014 年达到 63%。2016 年 1-2 月，该类案件已经达到同期性侵案件的 58%，呈上升趋势。二是受害人群呈现低龄化趋势。受侵害未成年人数达 159 人，14 岁以下的未成年受害人为 118 人，占受害人总数的 74%，年龄最小的仅 3 岁。受害未成年人中，留守儿童 53 人，占被害人总数的 33%，属于易受性侵害的群体。三是熟人成为性侵未成年人主要群体。与未成年被害人具有邻居、亲友、师生、同学等关系的犯罪嫌疑人 77 人，占犯罪嫌疑人总数的 56%，成为性侵未成年人的主要群体。四是引诱、哄骗成为犯罪的主要手段。由于被害人身心不成熟，约 90% 的犯罪嫌疑人都是采取给少量金钱、糖果、玩具的方式引诱、哄骗未成年被害人从而达到性侵的目的。五是中老年人犯罪突出。犯罪嫌疑人年龄在 45-60 周岁的 29 人，60 岁以上 27 人，占犯罪嫌疑人总数的 39%。其中，75 周岁以上的 7 人，年龄最大的 88 周岁。

三、性侵未成年人案件多发的原因

一是当前未成年人性教育缺失。目前学校没有规范、系统的性教育教材，也没有开设专门的性教育课程。性教育的缺失，使未成年人自我保护意识不足、性防范意识薄弱，在遇到性侵害后，不知、不敢向家长、老师反映情况，更不懂得报案，导致侵害行为的持续。二是留守儿童得不到有效监护。被性侵的未成年人多为留守儿童，由年迈的

祖父母或外祖父母照顾，难以有效监护，容易成为不法分子的犯罪目标。三是未成年人容易受引诱、被哄骗。未成年人身心发展还不成熟，思想和行为比较单纯幼稚，辨别是非能力差，容易受诱惑、被哄骗。四是网络的影响、社交软件的使用。部分未成年人受到网络中不良信息的影响引发犯罪，未成年受害人在使用这些社交软件交友过程中被骗遭受性侵害。五是打击难度大。主要表现为直接证据少。除被害人陈述、犯罪嫌疑人供述和辩解外，很难有目击证人证言等直接言词证据，增加了案件查证的难度。受害人不报案，案发时间长，客观证据取证难。大多数未成年人被性侵后，监护人没有及时发现，有时甚至是在未成年受害人多次、长时间遭受性侵后才知情。

四、防范性侵未成年人犯罪的对策建议

一是加强未成年人性教育，增强自我保护意识。结合未成年人身心特点，开展教育活动，让未成年人了解性知识，知晓怎样对待性侵害，增强自我认知和保护意识。针对监护人举办家长课堂，帮助其正确认识对孩子进行性教育的必要性，掌握对孩子进行性教育的方法，提高预防子女遭受性侵害的能力，懂得如何帮助遭受性侵害的未成年子女。二是开展预防性侵未成年人犯罪专项宣传活动。由政法委牵头，联合公安机关、检察院、法院、妇联、团委等单位在全市范围内定期开展保护未成年人，"预防性侵害犯罪"的专项宣传活动。三是完善留守儿童关爱服务体系。强化家庭监护主体责任，落实县、乡镇人民政府和村（居）民委员会职责，加大教育部门和学校关爱保护力度，发挥群团组织关爱优势，建立社会关爱体系，建立健全农村留守儿童救助保护机制。四是建立打击性侵未成年人犯罪联动机制。公安机关、检察院、法院、司法等部门应由专门机构或专门人员办理性侵未成年人案件，加强沟通协调，建立定期联系和案件联动机制，提高案件质量，打击性侵未成年人犯罪，切实保护未成年人合法权益。五是加强网络监管整治力度。完善网络立法，加大对网络的治理力度，净化网络环境。加强对网吧的监管，禁止未成年人进入网吧，强化行政执法人员责任追究制度，将监管落到实处。六是完善对被害人的补偿和救济制度。在现有的救助制度及其他国家补偿的基础上，有针对性地把受性侵害的未成年人作为国家补偿、救助的重点对象，切实帮助受害人家庭解决问题。

湖北荆州地区"醉驾型"危险驾驶犯罪案件调查分析

张 丽[*]

2011年5月1日起实施的《刑法修正案（八）》新增了第133条之一，由此，"醉驾入刑"。然而，公、检、法三机关在办理"醉驾型"危险驾驶犯罪案件实践中遇到了事实认定、构罪要件、量刑标准不明确等诸多问题，促使"两高一部"于2013年12月18日联合出台了《关于办理醉酒驾驶机动车刑事案件适用法律若干问题的意见》（以下简称《意见》），对醉酒驾驶机动车的入罪标准、从重处罚的情形、数罪并罚、适用罚金刑等问题和收集证据、醉酒的认定依据、采取强制措施等问题作出了规定。2015年8月29日，全国人大常委会通过的《刑法修正案（九）》进一步完善了第133条之一的罪状，但对"醉酒驾驶机动车"没有修改。笔者立足于湖北荆州地区办理的"醉驾型"危险驾驶犯罪案件基本情况，调查研究"醉驾入刑"、《意见》出台以来的执行情况、施行效果以及实务中存在的问题，为更好地办理"醉驾型"危险驾驶犯罪案件提供有益参考。

一、"醉驾型"危险驾驶犯罪案件基本情况

2011年5月1日至2016年5月1日，荆州市检察机关共受理"醉驾型"危险驾驶犯罪案件294件294人。其中：（1）从2011年5月"醉驾入刑"到"两高一部"《意见》出台前，荆州地区所受理的"醉驾型"危险驾驶犯罪案件并不多，均在20件以下。这主要是由于《刑法》第133条之一对于该罪的认定过于抽象，执法机关处在执法困惑阶段，不敢盲目扩大打击"醉驾"的力度和范围。而到了2014年5月，相关司法解释和各地执法实践逐步完善和成熟，荆州地区"醉驾型"危险驾驶犯罪案件呈"爆炸式"增长态势——2014年5月至2015年5月，全市共受理"醉驾型"危险驾驶犯罪案件53件53人，同比翻番；2015年5月至2016年5月共受理181件181人，约为上年的2.3倍。这与公安部发布的"北京、河北、浙江、杭州、宁波、南京、福州、深圳等省市，酒驾醉驾查处数量已经出现逐年下降或相对平稳趋势"存在极大反差。（2）公安机关撤案数量相对较多。"醉驾入刑"5年来，荆州地区公安机关撤销的"醉

---

[*] 作者单位：湖北省荆州市人民检察院。

驾型"危险驾驶犯罪案件 56 件 56 人，约占该类型案件总数的 1/5。一方面是由于"醉驾"的证据未达到"犯罪事实清楚，证据确实、充分"的起诉标准；另一方面是因为存在"人情案"，即因相关人员或者单位"打招呼"而作撤销案件处理。（3）检察机关近年来作相对不起诉处理的案件数增多，这与"醉驾型"危险驾驶犯罪近年来有轻刑化趋势紧密相关。

二、"醉驾型"危险驾驶犯罪案件基本特点

（一）犯罪主体

荆州市检察机关受理的 294 名危险驾驶罪犯罪嫌疑人中，男性 290 人，约占总人数的 98.64%，女性仅 4 人，反映了男性司机比例远高于女性司机，且男性司机在日常生活中普遍饮酒的客观现象。高中及以上文化程度的 97 人，其中大学文化程度的仅 10 人；初中及以下文化程度的 197 人，其中小学文化及文盲 46 人，反映出醉驾者文化程度普遍偏低。此外，无业人员共 126 人，约占总人数的 42.86%；其次是农民 57 人，占总人数的 19.39%；再次是个体经营者 53 人，占总人数的 18%；国家机关工作人员仅 13 人，由此说明，国家机关工作人员守法意识相对较强。

（二）机动车类型

荆州市检察机关受理审查起诉的"醉驾型"危险驾驶犯罪案件中，摩托车 134 件、小轿车 81 件、小型客车 40 件、电动车 29 件、货车 8 件、中型客车 2 件。摩托车型比例之高的原因是，一方面查处的"醉驾型"危险驾驶犯罪嫌疑人多数为无业、农民，经济能力有限，所驾驶的车型普遍是摩托车；另一方面许多摩托车驾驶员法律意识淡薄，没有认识到摩托车也属于机动车类型，从而醉酒后驾驶摩托车被查处。

（三）地区分布情况

沙市区作为荆州市中心城区和经济繁荣区，人流、车流量大，是"醉驾型"危险驾驶犯罪案件高发、频发地区。5 年来，该区共受理"醉驾型"危险驾驶犯罪案件 83 件，约占该类型案件总数的 1/3，远高于其他县、市、区。

（四）查处方式

由交警部门例行检查或者开展专项行动发现查处的"醉驾型"危险驾驶犯罪案件 221 件，占总案件数的 75%；在轻微交通事故中发现查处的 73 件，占总案件数的 25%。总结起来，荆州地区"醉驾型"危险驾驶犯罪案件基本都是被动发现查处的。究其原因，是因为危险驾驶犯罪作为危险犯的一种，在尚未造成任何危害结果时就已经构成犯罪，很多情况下不存在具体的被害人，也不存在报案人，更鲜有主动投案的情形，因此，对此类案件的查处基本上依赖于公安机关的主动出击。根据统计数据显示，2016 年第二季度，荆州市检察机关共受理"醉驾型"危险驾驶犯罪案件 81 件，是第一季度

的4倍，而这一"井喷式"案件数是公安机关在"醉驾入刑"5周年这个特殊时期集中开展查处醉驾专项行动的结果。

(五) 采取强制措施类型

绝大多数"醉驾型"危险驾驶犯罪嫌疑人在案发后被取保候审，适用羁押措施的56人，其中被刑事拘留的49人，被逮捕的仅7人。一方面，这符合《意见》对于"醉驾型"危险驾驶犯罪嫌疑人一般不适用"逮捕"强制措施的精神，另一方面是因为大部分移送审查起诉的"醉驾型"危险驾驶犯罪案件并没有产生现实危害，未造成恶劣后果，对该类型案件犯罪嫌疑人采取非羁押措施不至于严重危害社会。

(六) 判决情况

5年来，荆州市检察机关向人民法院依法提起公诉的"醉驾型"危险驾驶犯罪案件共227件227人，已判决197人。具体判决情况为：

1. 被判处拘役的154人，占已判决的78%，反映出荆州地区审判机关对于"醉驾型"危险驾驶犯罪案件依然保持着从严打击的态度，符合"醉驾入刑"的立法原意。

2. 2014年5月至2015年5月，被判处缓刑的3人，仅占同年已判决人数的8%，而2015年5月至2016年5月，被判处缓刑的有30人，占同年已判决人数的41%，缓刑的比例大幅增长，释放出对"醉驾型"危险驾驶犯罪案件处罚的轻型化、非实刑化的信号。此外，并处罚金刑的共计184人，占已判决的95%，说明了罚金刑在"醉驾型"危险驾驶犯罪案件中的广泛适用。

三、办理"醉驾型"危险驾驶犯罪案件存在的问题

(一) 法定不起诉的适用问题

根据《刑事诉讼法》第15条、第173条的规定，不起诉包括法定不起诉、酌定不起诉和存疑不起诉。实务中，对于"醉酒型"危险驾驶犯罪案件，荆州市检察机关作出的不起诉决定全部为酌定不起诉，鲜有法定不起诉，这导致对"醉驾型"危险驾驶犯罪案件是否适用《刑法》第13条但书、《刑事诉讼法》第15条第（一）项以及第173条第1款，亦即"情节显著轻微，危害不大的，不认为是犯罪"的，应当作出不起诉决定，存在较大争议。

(二) 逃避酒精检测的处理问题

血液酒精含量是"醉驾型"危险驾驶犯罪案件定罪量刑的关键证据。"两高一部"《意见》第1条规定，在道路上驾驶机动车，血液酒精含量达到80mg/100ml以上的以危险驾驶罪定罪处罚。地方更详细的三机关联合规范文件，典型的如江苏省高级人民法院、江苏省人民检察院、江苏省公安厅联合出台的《关于办理醉酒驾驶案件的座谈会纪要》，其内容精确到酒精含量与刑期的比例关系，被告人每增加血液酒精含

量 50mg/100ml，可增加一个月刑期确定基准刑。但在实践中，很多醉驾嫌疑人采取各种方式逃避、抗拒酒精检测，如遇到交警设卡检查，采取紧闭车窗、车门，拒绝配合酒精检测，又如醉驾发生轻微刑事案件后，弃车逃逸，逃避酒精检测等，致使公安机关无从获取认定其醉驾事实的证据。对于此类妨碍酒精检测的行为，《意见》仅认定为从重处罚的情形之一，并没有提出有效的应对措施。在笔者看来，这类逃避酒精检测的醉驾嫌疑人相对于积极配合酒精检测的嫌疑人而言，至少认罪、悔罪态度恶劣，而对这类人却往往因为血液酒精含量证据无法取得和固定，不能对其定罪处罚，导致放纵犯罪的无奈。

（三）缓刑的适用问题

"两高一部"《意见》没有对"醉驾型"危险驾驶犯罪的缓刑适用问题作出明确规定，而《刑法》第133条之一的立法原意是要严厉打击醉驾行为，这就导致审判机关对该类犯罪适用缓刑表现出极为审慎的态度。从荆州地区已判决情况看，"醉驾入刑"前4年被判处缓刑的总计8人。缓刑适用数虽然有所增加，但是总体比例仍然较低。

四、关于办理"醉驾型"危险驾驶犯罪案件的几点建议

（一）关于情节显著轻微、危害不大的认定和处理

对于情节显著轻微、危害不大的"醉驾型"危险驾驶犯罪案件，完全可以适用《刑法》第13条但书，也可以适用《刑事诉讼法》第173条第1款对犯罪嫌疑人做法定不起诉处理。对确实触犯了《刑法》第133条之一规定的犯罪嫌疑人作出不起诉决定时，应当同时适用《刑法》第37条之规定，予以"训诫或者责令具结悔过、赔礼道歉、赔偿损失，或者由主管部门予以行政处罚或者行政处分"，以达到社会效果和法律效果的有机统一。

（二）关于逃避酒精检测的处理建议

针对逃避酒精检测的，在立法层面赋予执法机关强制力，同时加大妨碍酒精检测行为的惩罚力度。一方面，有必要通过修改道路交通安全法，赋予执法者一定强制手段打击抗拒、逃避、妨碍酒精检测的行为，确保执法者通过强制措施收集证据的合法性；另一方面，可以通过修改刑法，加大对妨碍酒精检测行为的惩罚力度，落实有力治理醉驾行为的立法本意。

（三）关于缓刑的适用建议

司法解释应当依据上位法对"醉驾型"危险驾驶犯罪案件适用缓刑予以进一步细化，同时，还应当明确不适用缓刑的情形。笔者认为，醉酒驾驶人具有下列情形之一的，不宜适用缓刑：（1）有逃避抗拒酒精含量检测等妨碍行为的；（2）血液酒精含量达到200mg/100ml以上的；（3）无驾驶资格驾驶机动车，使用伪造或者变造的机动车

牌证的;(4)造成交通事故且负事故全部或者主要责任,或者造成交通事故后逃逸,尚未构成其他犯罪的;(5)在高速公路或城市快速路上醉酒驾驶的;(6)驾驶载有乘客的营运车辆的;(7)曾因酒后驾驶被追究过行政或者刑事责任的;(8)存在其他不应当适用缓刑情形的。

办理电商"删差评"案件存在"三难"应引起重视

郭文明 刘守国[*]

随着电商产业的迅速发展，采取非法手段删除差评引起的犯罪呈现上升趋势，成为影响电商产业健康发展的一大隐患。2017年以来，江苏省宿迁市宿豫区人民检察院共办理涉嫌破坏计算机信息系统罪的"删差评"类案件5件11人。办案过程中，发现此类案件存在商家定罪入刑难、共犯数额认定难、侦查取证难等难题，应引起重视。

一、商家定罪入刑难

该院办理的5件"删差评"案件均为电商平台供货商家联系删差评人员删除差评。根据"两高"联合发布的《关于办理危害计算机信息系统安全刑事案件应用法律若干问题的解释》（以下简称《解释》），"违法所得5000元以上或者造成经济损失1万元以上"属情节严重，构成破坏计算机信息系统罪。实践中对"删差评"涉案商家的行为定罪量刑存在两方面难题：一方面，因为电商的违法所得往往具体表现为差评删除后的销售业绩增长，无法实体量化；另一方面，因为该类犯罪危害后果主要表现在消费者无法通过评论甄别电商所售商品的优劣甚至购买到假冒伪劣商品，同时会发生劣币驱逐良币效应，导致第三方电商平台的信誉受损。该院办理的5件"删差评"案件，均限于删差评的操作实施人员，未包括商家。

二、共犯数额认定难

《解释》第9条规定，明知他人实施破坏计算机信息系统的违法犯罪行为而向其提供程序或工具的，认定为共同犯罪。电商平台工作人员在删除差评中，实施了提供专用网络及电脑的帮助行为，究竟应对全案的违法所得金额担责，还是按实际违法所得金额定罪量刑，存在较大争议。

---

[*] 作者单位：江苏省宿迁市宿豫区人民检察院。

三、案件侦查取证难

"删差评"犯罪行为的参与人员多是通过网络联系、利用网络进行操作,网络的虚拟属性使得犯罪过程较为隐蔽。一方面,犯罪嫌疑人通过非实名制的 QQ 等聊天软件互相联系,使相关人员的身份不易及时确认。另一方面,违法所得多是利用支付宝、微信等方式转账支付,相关交易记录的调取程序复杂且需要较长时间。

四、对策建议

一是细化法律规定,准确定罪量刑。结合新兴的犯罪手法,对破坏计算机系罪的入罪标准、共犯数额的认定进行细化规定。二是加强第三方电商平台的监管。督促第三方电商平台加大对电商的监管力度,要求电商守法经营、良性竞争,同时对平台的评价系统进行完善升级,从源头杜绝删差评案件的发生。三是完善电子证据的调取与保存措施。侦查机关应在强化科技侦查的基础上,与支付宝、财付通等网络支付平台建立联系机制,完善电子证据的调取与保存手段,以便及时完整地固定相关证据材料。四是提高网络参与主体的守法意识。通过网络主流媒体广泛宣传网络法律法规、解读违法犯罪案例,引导提高守法意识。

当前"索债型"非法拘禁
犯罪多发的原因分析及防范对策

王 璇 张 伟[*]

一、"索债型"非法拘禁犯罪的特点

近年来,随着我国经济的快速发展和社会转型期的到来,因债务纠纷引发的"索债型"非法拘禁案件呈高发态势。当前此类犯罪呈现六个特点:一是案件数量呈上升趋势。二是犯罪人员年轻化,文化程度偏低。三是案件多为共同犯罪,且人员分工明细。四是债务涉及非法欠债与正常经济纠纷。非法债务中有赌博借贷债务、高利贷债务2起,也有正常经济纠纷引发的非法拘禁案。五是非法拘禁手段多样,暴力行为升级。通过欺骗被害人、将被害人强行扣留、采用暴力手段控制被害人等方式对其进行非法拘禁。犯罪嫌疑人多使用辱骂恐吓、殴打、威胁等暴力手段向被害人索取债务或强迫被害人联络家属朋友偿还欠款。拘禁地点多为隐秘性较强的农家院、出租屋或城乡接合部,拘禁过程呈流动性。六是犯罪判处刑罚相对较轻。

二、"索债型"非法拘禁犯罪多发的主要原因

一是社会道德诚信缺失。债务人缺乏道德诚信,有钱却不还债,经多次索要后往往由拖债到赖债。而失信者付出的道德成本、经济成本和法律成本过低,致使恶意欠债、赖账等现象时常发生,当双方当事人的债务纠纷长期得不到化解,矛盾越积越深,怨气越来越重,最终达到临界爆发,债权人采用非法拘禁的极端途径来索债,致使行为性质从民事纠纷转化为违法犯罪。二是民间借贷监管缺位。因民间借贷缺乏有力监管,导致非法借贷纠纷层出不穷。三是社会管控存在缺漏。一些外来流动人口、无业流浪人员、不良青少年等群体为了获得经济来源,往往会纠集在一起帮人"讨债"。城中村出租屋缺乏有效管理,成为非法拘禁犯罪案件的主要案发地。四是涉案各方法治意识淡薄,债务人自认有错在先或者惧于威胁,缺乏自我保护意识,在一定程度上助长了非法拘禁犯罪行为的发生。群众对非法拘禁犯罪认知不足,对犯罪缺乏警惕性,常常视而不见、不理不问,缺少对犯罪行为的抵制、约束氛围。五是司法保护债务力度不强。量刑较轻,

---

[*] 作者单位:河南省南召县人民检察院。

犯罪成本过低，司法救济力度不大，基层组织调解纠纷实效不明显。

三、遏制"索债型"非法拘禁犯罪的对策建议

一是推进社会道德诚信体系建设。二是加快金融体制改革创新步伐。加快建设满足实体经济投资融资需要的多层次、多元化、互补型金融市场。加强金融机构体系建设，积极培育公开透明、健康发展的资本市场，为小微企业融资提供可靠、高效、便捷服务。降低小微企业融资门槛，提供合适的金融产品，解决企业融资难问题，压缩非法集资、非法借贷空间。推动民间融资阳光化，规范小额借贷、融资担保机构等发展，约束限制非理性资本投资。三是政府相关部门要及时掌握民间借贷活动的规模和发展状况，建立监测和风险预警机制，督促民间借贷活动严格遵守国家法律、行政法规的有关规定，从而形成理性、合法的民间借贷关系。四是司法机关、工商、金融监管等部门要加强沟通协作配合，形成打击合力。五是要加强法治教育宣传。

利用高速公路收费系统实施诈骗行为的调研

王敏眉[*]

2015年以来，四川省成都市成华区检察院共办理利用高速公路收费系统实施的诈骗案件4件13人，起诉3件11人，相对不起诉1件2人。该类犯罪与当前ETC广泛运用有密切联系，且为长期作案，给国家造成巨大经济损失，应当引起高度重视。

一、案件特点

（一）涉案车辆均为用于客运业务的二类车或三类车

13名犯罪嫌疑人均是长途运输行业的从业人员，所驾驶车辆均为客运车辆。

（二）涉案人员系通过办理、使用与车辆类型不符的行驶证或ETC卡偷逃过路费

涉案的4辆客车均是将本来的三类车和二类车登记改为一类车。其中，有3辆客车的行驶证系伪造，2辆客车使用的ETC卡登记信息与实际车型不符。4起案件总共偷逃的过路费数额达50余万元，平均次数都在数百次以上。

（三）案发多系收费站受到严重损失后自行发现

4起案件中，有2起系使用口头欺骗或使用伪造的行驶证方式欺骗收费站工作人员隐瞒车辆本身类型进而错误收费。有2起系直接通过错误的ETC登记信息通过自动快速收费窗口时错误收费。

（四）ETC申请办理存在审核不严等问题

根据银行内部管理人员介绍，申请ETC需经过三道审核关口。第一道是业务员，查验申请表所填信息与车辆行驶证登记信息是否一致；第二道是内部审核人员，要比照所收取的申请表及行驶证，经对比核实后进行信息录入电脑；第三道是OBU安装人员，要根据车辆的实际信息和OBU里面录入的车辆信息进行审核，才能进行安装。但一些案件中，犯罪人仅提供了虚假信息就成功为其一类车办理了三类车的ETC，可见审核把关极为不严。

---

[*] 作者单位：四川省成都市成华区人民检察院。

二、此类案件频发的原因

（一）过路费成本较高

对于从事长途客运行业的车辆而言，过路费成为运输成本中较大的支出，为达到少缴过路费提高营利收入的目的，一些从业者不择手段虚构或隐瞒车辆类型，通过高速收费站，减少应支付的成本。

（二）客运车类型存在不易区分情况

涉案车辆有 2 辆为一般人员不易区分的一、二类车辆类型的江淮商务车，该车外观一致的车辆既有 7 座的也有 8 座的，行为人正是利用车辆不易区分的特点混淆诈骗。

（三）高速公路收费站根据经验收费，容易出现错漏

高速公路收费站存在工作人员每天工作时间长、收费车辆多，收费只能坐在工作室内的特点，怠于实地查看车辆类型，一般根据经验进行判断收费，或根据驾驶人员的口述、提供的行驶证进行收费。

（四）ETC 在提高收费效率同时也留下了管理漏洞

ETC 是机器代替收费人员收费，该机器根据卡内储存信息识别判断收费，收费的前提是车辆信息登记、储存时信息准确，收费人员没有及时查看和复核的义务，易因缺乏人的审查留下管理漏洞。

三、对策建议

（一）加大对此类行为的排查力度

要加大对小型客车，尤其是 8 座、9 座的面包车、商务车缴费情况的核查力度。对缴费数额存在异常的车辆，要通知各收费站核对其行驶证、ETC 信息。发现少缴费用的应通知其补缴，涉嫌犯罪的应移送司法机关。

（二）强化对此类行为违法性的宣传

从案件办理中可以看出，有的从业人员认为偷逃过路费只是"减少支出"的行为，非诈骗罪中主动骗取他人财物行为，不是犯罪，如果被发现只要补缴过路费就行。因此，有必要对此类行为的严重违法性在收费站、ETC 办理点等进行警示宣传。

（三）提升工作人员核查的准确度和效率

建议收费系统与车辆登记管理系统相连接，车辆过站缴费时收费站可直接根据车辆号牌自动显示车辆类型，不再仅根据工作人员的肉眼判断和经验判断进行收费。

(四) 完善 ETC 办理程序

进一步完善和落实 ETC 办理程序,要加大对登记信息、行驶证、车辆实际情况的比对,防止因登记错误、行驶证造假等造成的 ETC 信息不符,对审核不严造成的 ETC 办理错误要实行责任倒查。

当前虚假诉讼情况调查与对策研究

张宏博[*]

当前,当事人串通或与法官合谋,采取虚构诉讼主体、事实和法律关系,伪造变造关键证据等方式提起诉讼,致使法院作出错误判决或裁定,从而损害国家利益、社会公共利益和他人合法权益的民事虚假诉讼呈高发态势。虚假诉讼不仅扰乱了正常的诉讼秩序,而且严重损害了司法尊严和司法权威。党的十八届四中全会明确提出,进一步加大对虚假诉讼的惩治力度。根据 2011 年以来四川省检察机关办理虚假诉讼监督案件的有关情况,笔者对当前虚假诉讼的态势、成因以及防范对策进行了研究分析。

一、虚假诉讼监督办案基本情况

虚假诉讼最早源自沿海地区,主要是当事人为获得驰名商标权,虚构侵权事实骗取人民法院判决、裁定或调解书。近年来,流入内地并蔓延至各个领域。针对日益高发的民事虚假诉讼行为,2013 年 1 月 1 日正式施行的修改后民事诉讼法首次在法律层面上对其作出了明确规定。[①] 根据民事诉讼法的规定,虚假诉讼指当事人之间恶意串通企图通过诉讼、调解等方式侵害他人合法权益的行为。其后,虚假诉讼愈演愈烈,呈现出各种复杂类型和情况。2015 年 8 月《刑法修正案(九)》颁布,在民事诉讼法规定司法性处置措施和附属刑法基础上,明确增设了"虚假诉讼罪"新罪名,[②] 将虚假诉讼的几种单位和个人行为纳入罪行规范予以惩治,其中司法工作人员利用职权与他人共同实施虚假诉讼行为的,属于虚假诉讼犯罪从重处罚。为贯彻四中全会精神和全面依法治国的

---

[*] 作者单位:四川省人民检察院。

[①]《民事诉讼法》第 112 条规定:"当事人之间恶意串通,企图通过诉讼、调解等方式侵害他人合法权益的,人民法院应当驳回其请求,并根据情节轻重予以罚款、拘留;构成犯罪的,依法追究刑事责任。"第 113 条规定:"被执行人与他人恶意串通,通过诉讼、仲裁、调解等方式逃避履行法律文书确定的义务的,人民法院应当根据情节轻重予以罚款、拘留;构成犯罪的,依法追究刑事责任。"

[②]《刑法修正案(九)》第 35 条规定:"在刑法第三百零七条后增加一条,作为第三百零七条之一:'以捏造的事实提起民事诉讼,妨害司法秩序或者严重侵害他人合法权益的,处三年以下有期徒刑、拘役或者管制,并处或者单处罚金;情节严重的,处三年以上七年以下有期徒刑,并处罚金。单位犯前款罪的,对单位判处罚金,并对其直接负责的主管人员和其他直接责任人员,依照前款的规定处罚。有第一款行为,非法占有他人财产或者逃避合法债务,又构成其他犯罪的,依照处罚较重的规定定罪从重处罚。司法工作人员利用职权,与他人共同实施前三款行为的,从重处罚;同时构成其他犯罪的,依照处罚较重的规定定罪从重处罚。'"

要求，最高人民检察院 2015 年年初部署了打击惩治虚假诉讼的专项行动。四川省检察机关近年来认真贯彻上级的有关要求，充分发挥检察职能，相继查办了一大批虚假诉讼案件，取得了较好的监督实效。

（一）办案基本情况

2011 年至 2015 年 6 月，四川省检察机关共办结虚假诉讼监督案件 614 件。其中，针对因虚假诉讼产生的错误生效判决、裁定、调解书，依法向人民法院提出抗诉 25 件，发出再审检察建议 365 件，人民法院裁定启动再审 168 件，未回复 205 件，未采纳 17 件；针对办案中发现的人民法院在审判活动和执行活动中存在的违法情形和违法行为提出检察建议或纠正违法通知 224 件，人民法院采纳监督意见纠正 215 件，未回复 9 件。针对人民法院审判执行人员在诉讼活动中存在的涉嫌职务犯罪违法行为立案侦查 12 人，作微罪不起诉处理 5 人，提起公诉 3 人，其中 1 人获有罪判决；向公安机关移送刑事罪案线索 9 件 37 人，公安机关立案 27 人，其中 12 人获有罪判决。

（二）虚假诉讼的主要类型

2011 年至 2015 年 6 月，四川省检察机关共办结虚假诉讼监督案件 614 件，从违法主体上可以将虚假诉讼分为以下几种主要类型：

1. 当事人双方合谋，虚构事实、伪造证据，侵害国家、集体或他人合法权益

此类虚假诉讼较为常见，主要表现为当事人为逃避债务、法院执行或者逃避国家相关税费，与他人串通，虚构债务或其他有关转移财产的民事合同并以此提起诉讼，利用民事判决书、裁定书、调解书的强制执行效力，非法转让可供执行的财产或者直接转移应当缴纳相关税费的财产，损害国家、集体或者其他债权人的利益。如江油市检察院办理的文某军诉马某雄、文某燕借贷纠纷虚假诉讼监督案中，文某燕为逃避履行另案债务，串通其弟文某军虚构 11 万元债务，骗取江油市法院的民事调解书，并于执行中迅速达成执行和解，将文某燕唯一一套住房抵偿该 11 万元欠款，导致另案债权无法实现。

2. 当事人与审判人员勾结，捏造虚假法律关系，损害他人利益

主要表现为当事人一方或者双方采取虚构证据或法律关系的方式提起虚假诉讼，与其串通的审判人员利用职务为虚假诉讼的顺利进行提供便利。如洪雅县检察院办理的陈某桂等 14 人诉眉山益通投资有限公司民间借贷纠纷虚假诉讼监督案中，益通投资有限公司股东陈某桂等人与洪雅县法院槽渔滩法庭庭长王某共谋，虚构 14 起借款合同且将签订地虚列为洪雅槽渔滩，在洪雅县法院槽渔滩法庭提起诉讼，王某组织双方迅速达成调解协议，并按陈某桂等 14 人的申请查封了益通投资有限公司唯一一套房产，导致成都市东贸商贸有限公司在与益通投资有限公司商品房委托代理销售合同纠纷一案胜诉后，成都市东贸商贸有限公司的强制执行申请不能实现。

3. 审判人员为个人私利，违法违规启动诉讼程序，谋取不正当利益

主要表现为审判人员的亲友虚构法律关系或冒用他人名义提起诉讼，审判人员则利用职务便利和专业优势，肆意启动诉讼程序，炮制生效民事判决、裁定、调解书，从而谋取不正当利益。如南充市检察院办理的伏某红等人与任某等人民间借贷纠纷虚假诉讼

监督案中，中间人郝某明与其妻南充市高坪区法院法官欧阳某共谋，徇私枉法，滥用审判权，在借款给付之前，虚构债权人与债务人之间已存在民间借贷关系且债务到期未得到偿还发生纠纷的事实和证据，安排双方到法院进行诉讼达成调解协议。债权人按照调解书中确认的借贷金额扣除手续费和首期利息后方将借款实际交付给债务人，从而达到利用司法权保护高利借贷的目的。

4. 律师充当司法掮客，"勾兑"当事人和承办法官，侵害国家利益和社会公共利益

主要表现为不良律师充当司法掮客，在当事人与法官之间牵线搭桥，利用现行法律法规和司法解释的不完善之处，故意"做案子"以规避国家相关规定。如自贡市检察院办理的宁波东港某有限公司与王某友商标侵权纠纷虚假诉讼监督案中，上海某律师事务所律师为帮助东港公司规避国家关于驰名商标认定的相关规定，利用法院生效裁判也可认定驰名商标的司法解释，伪造王某友侵犯东港公司商标专用权的关键证据，提供贿赂和邀请外出"考察"等方式勾兑法官，在自贡市中级法院提起虚假诉讼，利用法院的生效民事判决达到认定驰名商标的目的。

5. 人民法院为应对绩效考核有组织地制造虚假诉讼案件

该类虚假诉讼案件较为特殊，主要是人民法院为应对审判质效考核，虚构当事人或民事纠纷，在当事人未参与任何诉讼活动的情况下作出裁判的"空壳"案件。如检察机关查明 B 法院为完成审判质效考核指标，虚构电信服务合同纠纷，由法院自行制作民事起诉状、撤诉申请书及相关法律文书的虚假案件 140 件。此类虚假诉讼看似仅为应付绩效考核无较大危害，但由于诉讼案件数量直接反映社会矛盾、经济纠纷的尖锐程度，虚增的案件数量无形中将为高层决策提供错误的导向信息，一旦社会公众知晓也将对司法公信力和司法权威造成巨大的损害。同时，人民法院办案数量直接与办案补贴挂钩，人民法院有组织地制造虚假诉讼案件也存在骗取国家财政办案补贴资金之嫌。

二、虚假诉讼案件态势分析

（一）案件量逐年增长，遍布全省大部分地区

在四川省办结的 614 件虚假诉讼监督案件中，从办案年度分布上看，2011 年办理 17 件，2012 年办理 9 件，2013 年办理 27 件，2014 年办理 328 件，2015 年上半年已办理 233 件。从地区分布上看，四川省共有 17 个市州办理过虚假诉讼监督案件，其中南充、乐山、眉山、成都、达州、广元、广安、雅安等地办案数量较多，均超过了两位数。

（二）涉及的纠纷领域日益广泛化

四川省虚假诉讼案件主要发生在民间借贷方面，占到一半以上，但有逐步向其他领域扩展的趋势，从 2013 年起办理的虚假诉讼监督案件已扩展到房地产纠纷、离婚析产纠纷、抚养纠纷、商标侵权纠纷、追索劳动报酬纠纷以及机动车交通事故责任纠纷等领域，扩大化趋势明显。

（三）违法主体日益多元化

虚假诉讼一般以双方当事人合谋串通为首要特点，这也是虚假诉讼较为常见的类型。但是在近几年办理的虚假诉讼监督案件中，律师等中介人员参与制造虚假诉讼、法官为谋私利参与造假以及法院为应对绩效考核主动造假的案件日益增多，所占比重较高。

（四）动机或目的日益复杂化

虚假诉讼较为常见的是当事人为规避其他裁判的执行而制造虚假诉讼，但近年来情况有所变化，当事人制造虚假诉讼的动机或目的更为复杂多样，主要表现有：夫妻离婚时一方为侵占对方财产与他人恶意串通进行虚假诉讼；为追索劳动报酬单方伪造证据提起虚假诉讼；以认定驰名商标为目的进行虚假诉讼；为侵吞、私分国家、集体财产进行虚假诉讼；为即将发生的借贷关系提供法律上的保障进行虚假诉讼；为已经发生的借贷关系提供保障在诉前财产保全阶段进行虚假诉讼；审判执行人员为完成审判质效考核任务制造虚假诉讼等。

（五）串案、窝案比重日益增大

在以往办理的虚假诉讼监督案件中，串案、窝案很少出现，而近年来办理的虚假诉讼监督案件中，串案、窝案比重不断增大。办理的614件虚假诉讼监督案件中，串案类型的虚假诉讼高达559件。比较典型的有洪雅县检察院办理的陈某桂等人诉益通公司民间借贷虚假诉讼案为14件、南充市高坪区检察院办理的伏某红等民间借贷虚假诉讼案为43件、峨眉山市检察院办理的彝族民工追索劳动报酬虚假诉讼案为28件。

（六）多发生于调撤、裁撤的案件中

由于民事纠纷的解决取决于双方当事人的意思自治，这导致法院为了尊重当事人的处分权，弱化了对调解协议的合法性审查，使虚假诉讼者有了可乘之机。而且调解程序较为简易，在双方当事人配合默契的情况下，法院很难发现破绽，同时，调解程序时间短的特性也方便当事人更快的达到目的，造假者因而热衷于选择调解。在近几年办理的虚假诉讼监督案件中，从监督的诉讼法律文书种类看，针对法院裁定和调解书的占到90%以上，其中调解书占到60%以上。

三、虚假诉讼成因分析

虚假诉讼由于手段上的欺骗性和隐蔽性，以及结果上司法裁决的权威性，为不法分子所广泛选择利用，加之不当考核指标的设定，使之成为民事诉讼领域的一大乱象。虚假诉讼的高发、频发，有其产生的特定条件和土壤。

(一) 社会层面

虚假诉讼的产生与社会大背景关系密切,从社会层面分析,主要有以下两点:一是诚信缺失。民事诉讼法规定的诚实信用原则是整个民事诉讼的保障,违背诚实信用原则必然会在诉讼的某个环节出现问题。虚假诉讼的产生就是违背诚实信用原则的典型表现之一,伪造证据、虚构事实是虚假诉讼的重要特征,伪造证据是取证和举证环节违背诚实信用原则的表现。从虚假诉讼发案情况看,大多数虚假诉讼行为人都有伪造证据的事实存在。二是拜金思想。一些人为达到逃避债务或者侵吞他人、集体或者国家财产的非法目的,不惜以虚假诉讼的形式破坏司法秩序、损害他人利益,是典型的拜金思想支配下实施的唯利是图的行为。

(二) 司法层面

除了社会层面,司法层面也存在着产生虚假诉讼的诱因。一是民事审判方式改革弱化了法院职权。弱化职权主义因素,增强当事人主义因素是我国民事审判方式改革的取向之一。这种审判方式改革在弱化法院职权提高诉讼效率的同时,也带来了负面效应,即法院职权的弱化特别是调查取证权的弱化,使法院蒙蔽了发现虚假诉讼的"慧眼"。二是法院考核机制的负面影响。在审判质效考核机制下,结案率是法院和法官追求的重要指标。由于虚假诉讼当事人在进入诉讼领域前已经就纠纷进行了谋划,这样审判其实就是走过场,这类案件当事人上诉和上访的可能性几乎没有。这无疑符合法官追求结案率等考核指标的偏好,即使法官怀疑案件涉嫌虚假诉讼,一般也不会主动调查。更有法院为了完成审判质效考核指标,有组织地制造虚假案件。三是虚假诉讼违法成本低廉。进行虚假诉讼虽然有诉讼成本,但诉讼费用与可期诉讼利益相比微不足道,而法律惩处虚假诉讼的力度又不够,致使不法者愿意尝试。

(三) 法律制度层面

虽然 2012 年修改民事诉讼法首次对虚假诉讼的处罚作出了规定,但虚假诉讼的增多,仍与现行法律制度的不完善有关。一是民事检察监督规范的不完善。修改后的民事诉讼法虽然赋予了检察机关对整个民事诉讼活动进行监督的权力,并且明确了检察机关在民事检察监督中的调查核实权,但是对检察机关如何行使调查核实权没有作出进一步的规定,特别是没有规定检察机关行使调查核实权的程序和手段,致使检察机关的调查核实权因缺乏相应保障而难以发挥应有作用。二是调解优先的民事审判原则。在民事诉讼调解优先的原则主导下,大多数法官将调解作为结案的主要方式,大多数法院也将调解结案率作为考核的重要指标。在尊重当事人处分权的民事诉讼基本原则的影响下,调解被过度适用,出现"以判压调""以拖压调""以劝压调"的乱象,这也为虚假诉讼的成功实施带来了便利。三是实体法在规制虚假诉讼上的缺位。《刑法修正案(九)》出台之前,虚假诉讼是否构成犯罪以及构成何罪争议不断,刑法规制的长期缺位,使对虚假诉讼的威慑力大大削弱。民事实体法方面,《民法通则》和侵权责任法中均未明确将虚假诉讼规定为侵权赔偿责任的种类之一,受害人即使提起赔偿之诉也难以依据现行法律规定获得救济。

四、虚假诉讼防范建议

虚假诉讼危害严重、成因复杂，惩治和预防虚假诉讼是一个系统工程，需要多角度、多层次全面开展工作。

（一）完善立法，提高虚假诉讼违法成本

1. 刑事方面

准确理解和适用《刑法修正案（九）》关于虚假诉讼罪的规定。《刑法修正案（九）》首次将虚假诉讼入罪，无疑为遏制虚假诉讼提供了重要的法律武器，但刑法的规定仍显模糊、抽象，如没有对虚假诉讼犯罪行为要件予以类型化和特定化，"以捏造的事实提起民事诉讼"的表述过于概括，可能会导致虚假诉讼罪的行为要件泛化，不当扩张定罪范围。此外，"严重侵害他人合法权益"的表述也需要通过具体的标准予以细化。建议"两高"尽早出台司法解释明确具体适用问题。

2. 民事方面

一是建立虚假诉讼侵权损害赔偿制度。虚假诉讼具有侵权行为的所有构成要件，法律应承认虚假诉讼受害人享有提起损害赔偿之诉的权利，建议在侵权行为法中增设虚假诉讼民事侵权的规定，为受害人提供应有的救济途径。二是完善第三人诉讼制度。建议扩大现行民事诉讼法有独立请求权第三人的范围，把虽然对诉讼标的没有独立请求权，但诉讼结果将损害其利益的情形涵盖其中。通过利害关系人提前介入诉讼程序，增加诉讼的对抗性，有效维护其权利，同时也有利于虚假诉讼行为的及早发现。

（二）健全司法应对机制，提高防治虚假诉讼的能力

1. 健全法院对虚假诉讼的审查识别机制，提高预防能力

建立虚假诉讼嫌疑案件报告和特别审查机制，对于有虚假诉讼嫌疑的案件，承办法官应及时上报，在案件审理各个环节予以特别关注，详细记录审查过程及情况并附卷。对容易发生虚假诉讼的领域和存在虚假诉讼嫌疑的案件，应加大调查取证力度。

2. 完善法院内部审判质效考核机制

建议权衡地区经济社会发展状况等因素，科学合理设置各地法院考核指标，适当增设调解效果等辅助指标，完善法院审判质效考核机制，做到全面、客观、准确地评价法官的业务能力和工作成绩。同时，通过业务培训和职业道德教育提高法官的职业素养和执业操守，树立正确的质效观念。进而深化司法体制改革，推动审判机关去行政化，取消人民法院上下级之间的质效考评和单纯按案件数量配置资源的做法，完善人民法院对自己院任职法官及审判辅助人员内部质效考评机制。

3. 健全虚假诉讼检察监督机制，提升监督实效

一是健全案件发现机制，破解案件发现难问题。充分利用报纸、电视、网络等媒体进行宣传，使广大群众知晓、了解检察机关对虚假诉讼的法律监督职能，培养群众寻求

检察机关救济的法律意识。同时，关注虚假诉讼易发领域，增强捕捉虚假诉讼的敏锐性，提高对虚假诉讼案件的甄别能力。二是整合检察办案力量，健全一体化办案机制，形成立体监督。充实基层民行检察办案力量，民行检察人员要熟练掌握涉及虚假诉讼的相关法律法规，尤其要熟练掌握法官和当事人、代理人在虚假诉讼中可能涉嫌的违法违纪行为以及刑事犯罪的构成要件。进一步完善一体化办案工作机制，在目前民行检察部门调查核实权比较弱的情况下，要注意发挥检察机关整体办案优势的作用。

4. 建立防治虚假诉讼协作机制，增强防范和打击虚假诉讼的合力

面对虚假诉讼日益泛滥的局面，建议改进当前的办案模式，由省级法检两院牵头，探索建立法院、检察院、公安机关、司法行政机关共同防范和打击虚假诉讼协作机制，通过联合发文、联席会议、建立信息共享平台等多种形式，强化在虚假诉讼案件发现、识别、移送、查处、信息通报等各个环节的协作配合，形成打击合力，加大对虚假诉讼的预防、惩戒、打击力度。

（三）推动社会诚信建设，消除虚假诉讼产生的温床

1. 将虚假诉讼行为人纳入诚信"黑名单"，推进社会诚信体系建设

法院可以将虚假诉讼行为人相关信息及时汇总，并提交公安、银行、海关、税务等各部门，借助其平台查询、披露、共享失信信息，防止纳入"黑名单"的虚假诉讼者再次进行虚假诉讼。必要时，可将这些制造虚假诉讼案件的当事人、诉讼代理人通过网络、报纸等媒体予以曝光。

2. 扩大宣传，增强群众的诚信意识和法律意识

法院可以通过设立禁止虚假诉讼的警示标志，发放"诉讼告知书"等形式，向诉讼当事人和社会公众告知虚假诉讼的法律后果，引导当事人诚信诉讼。同时，检察机关在开展虚假诉讼监督时，既要认真贯彻最高人民检察院《关于实行检察官以案释法制度的规定》，引导群众树立诚信为本的诉讼理念，又要通过基层检察室和送法服务等途径进行宣传，提高群众对虚假诉讼的防范意识和诚信诉讼意识。此外，应建立虚假诉讼曝光机制，向社会公布虚假诉讼典型案例，向相关行业组织通报查处情况，从而形成全社会广泛参与、媒体正面宣传、舆论普遍支持的良好氛围。

（四）加强行业自律，加大对律师等参与虚假诉讼人员的监督处罚力度

很大一部分虚假诉讼的背后隐藏着律师、法律工作者、仲裁、公证、鉴定人员的身影，他们与案件当事人关系交叉、利益交织，对虚假诉讼的得逞起着推波助澜的作用。在办理虚假诉讼案件过程中，应更多地关注虚假诉讼案件背后推手与利益链，对于律师等有关人员依法予以处理。同时，司法行政部门、律师协会等相关行业组织应加强教育管理，通过业务培训和职业道德教育提高律师等有关人员的职业素养和执业操守，规范执业行为，加强行业自律。

金融犯罪办案疑难问题调研

关于当前高校"校园贷"情况的调研

云南省人民检察院

新形势下,随着银行高校助学贷款业务的萎缩消失,作为互联网金融发展衍生产品的"校园贷",以其对在校大学生助学、创业、消费等方面提供快捷便利服务的优势,受到大学生群体的关注并以较快速度发展。但是,由于市场主体多元化、行业标准不规范、监管机制不健全等因素叠加,"校园贷"的功能异化问题日渐凸显,借贷平台泛滥、虚假宣传诱导、违法放收贷款、诱发暴力犯罪等问题日趋突出[①],学生及家长合法权益受到侵害,教学及学校正常秩序受到影响,媒体舆论高度关注,社会各界反映强烈,已经成为当前影响校园安全、教学秩序甚至社会稳定的新问题。

为了维护高校正常秩序和学生合法权益,促进"校园贷"规范有序管理,整治相关违法犯罪问题,云南省检察院组成了由未成年人检察处、侦查监督处和法律政策研究室有关同志参加的专题调研组,在主管部门、省内高校和有关单位的支持下,向云南省10所高校发放10000份调查问卷,对每所高校随机选择2名共计20名涉及"校园贷"的学生进行深度访谈,对省教育厅、省银监局、省政府金融办、省通信管理局等相关职能部门进行走访座谈,对省内因"校园贷"引发的恶性刑事案件进行典型剖析,以抽样调查为基础,以走访调查为支持,以典型调查为蓝本,坚持问题导向,运用科学理论,突出实证分析,对目前该省高校"校园贷"的基本情况、存在问题、原因分析和对策建议,进行了深入调研。

一、"校园贷"概述

(一)"校园贷"的概念及特征

"校园贷"又称校园网贷,属于网络借贷,是指在校大学生通过在网络借款平台上申请,签订借款合同并按要求提供本人、家庭、同学和辅导员、班主任等相关信息,经平台审核后获得一定额度的分期购物贷款或现金消费贷款的信贷业务,平台通过收取利

---

① 据初步调查,目前网络在线的各种借款平台多达1200余个,贷款主体身份复杂、信誉不明,贷款名目繁多、方法各异,有的名购实贷、虚假交易,有的低息引诱、以费补息,有的收"砍头息"违规操作,有的故意制造还贷障碍、收缴保证金并罚息,有的采取威胁甚至违法犯罪手段催款。

息、服务费、违约金或者罚息等形式获取利润的新型金融产品。

"校园贷"是随着互联网金融快速发展而产生的新型金融业务，既具有民间借贷性质，又具有金融贷款性质，与传统金融业务相比，有如下特征：

1. 主体性质不同。传统金融业务经营主体主要是国有银行和商业银行，主体属于金融机构，银行监督管理部门对其日常业务活动开展监管工作，业务办理程序严谨规范。"校园贷"网络借贷平台经营主体多为公司、企业等具有法人资格的市场主体，也有极少数为自然人，属于金融信息中介公司，专门从事网络借贷信息中介业务活动，目前没有明确专门监管机构。

2. 资质要求不同。传统金融机构必须达到法律法规要求的注册资本金（如全国性商业银行注册资本最低限额为10亿元人民币），并经银行监督管理部门严格审批后发放经营牌照才能开展金融业务活动。而目前"校园贷"网络借贷平台设立以及业务开展，没有统一的资质规定和相关要求。

3. 贷款审批不同。传统金融信贷业务除要求提供贷款人基本信息外，还要提供收入证明、学历证明、工资银行流水、房屋产权证、贷款用途等证明，并需要到银行进行"面签"，审批严格，程序复杂。办理"校园贷"业务要求提供的信息简单、审核程序简化，实行"网签"即可。

4. 担保要求不同。传统金融信贷业务一般都需要提供相应的财产担保，使用动产或者不动产等抵押物作为担保，还要对抵押物进行价值评估，办理抵押物登记后才能获得贷款。办理"校园贷"业务不需要提供任何担保。

5. 贷款催收不同。传统金融贷款催收方式主要是通过诉讼法律途径解决。"校园贷"贷款催收方式主要是通过电话、短信、上门催收甚至暴力方式等非法律途径解决，其中仅有极少数通过法律途径解决①。

6. 贷款成本不同。传统金融贷款成本较低，单一、透明，主要体现在银行借款合同上约定明确的利息，除此之外无任何费用。"校园贷"贷款成本较高，除收取利息外，还要收取其他额外费用。

传统金融业务与校园贷区别比对表

	校园贷	传统金融业务
经营主体	公司、企业等具有法人资格的市场主体；自然人	国有商业银行、股份制商业银行等金融机构
运作模式	依托互联网平台	银行机构贷款业务
监管主体	没有明确的监管机构	银行监督管理部门
资质要求	没有统一的资质规定；无注册资本金限制；无经营许可审批	规定注册资本金，并经银行监管部门审批后发放经营牌照

---

① 昆明理工大学有18名学生被法院判决偿还网络贷款，信息来源于《云南省人民政府金融办公室情况报告》。

续表

	校园贷	传统金融业务
审批项目	贷款人简单个人信息；只需网签即可；审核程序简化	贷款人基本信息、收入证明、工资银行流水、学历证明、房屋产权证、贷款用途等证明，需要到银行进行"面签"，审批严格，程序复杂
担保要求	不需要提供任何财物或者保证人担保	需要提供相应担保，并对抵押物进行评估，办理抵押物登记
催收方式	电话、短信通知；上门催收；提起民事诉讼；威胁甚至使用暴力	电话、短信通知；提起民事诉讼
贷款成本	合同约定利息+高额费用（手续费、保证金、违约金、罚息等）	除合同约定利息外，一般无其他费用

（二）"校园贷"的运作模式

"校园贷"的运作模式一般是由经营主体通过互联网注册后建立平台，并以平台作为金融信息服务中介机构，从事网络借贷信息中介业务活动，为借款人与出借人实现直接借贷提供信息搜集、信息公布、资信评估、信息交互、借贷撮合等服务。

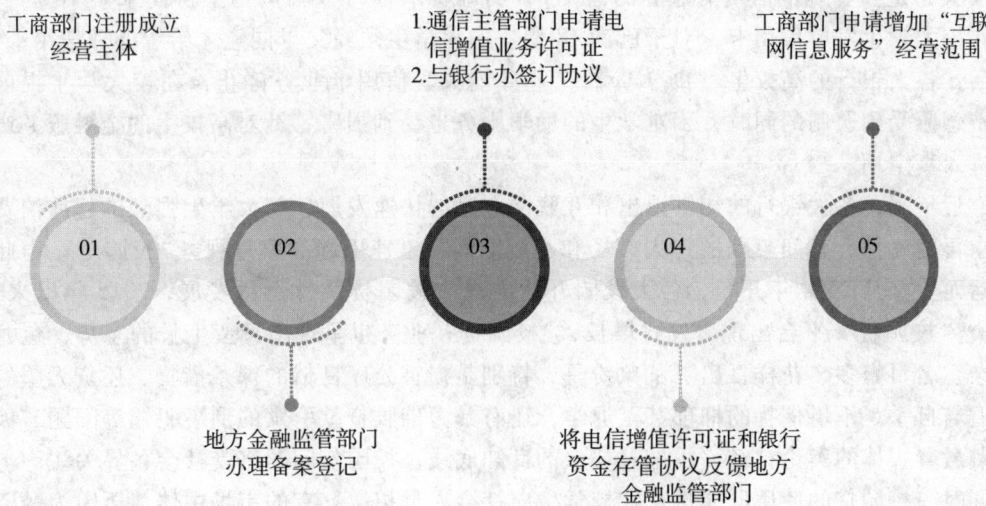

图1 "校园贷"的一般建立模型

"校园贷"的经营主体无资质要求，在运作程序上只需要按照普通审批程序成立公司，再根据《网络借贷信息中介机构业务活动管理暂行办法》和《网络借贷信息中介机构备案登记管理指引》的规定办理备案登记即可。第一步，到工商部门完成工商登记注册，领取企业法人营业执照。第二步，到工商登记注册地地方金融监管部门申请备案登记。第三步，持备案登记证明文件到通信主管部门申请电信业务许可证和办理网站备案，同时持备案登记证明文件到银行金融机构签订资金存管协议。第四步，将电信增值经营许可证以及银行资金存管协议反馈地方金融监管部门进行公示。第五步,到工商部门申请增加"互联网信息服务"经营范围。最后,花费少量资金研发或购买一个P2P软件系统就可以运营,开展网贷业务。

从调查情况看,目前经营"校园贷"的网络平台大致包括三类:第一类是分期购物平台,即专门针对在校大学生购物提供分期贷款,旨在满足大学生的购物需求,主要有"趣分期""任分期""分期乐"等网贷平台;第二类是单纯P2P贷款平台①,即个体网络借贷,指个体和个体之间通过互联网平台实现的直接借贷,用于满足大学生助学、创业、消费等需求,主要有"爱学贷""名校贷""投投贷"等网贷平台;第三类是电商信贷服务,指互联网企业通过其控制的贷款平台,利用互联网向客户提供的小额贷款,主要有阿里巴巴、京东等传统电商平台所提供的诸如淘宝"蚂蚁花呗"、京东"打白条"等信贷业务。

(三)"校园贷"产生的社会背景

在2002年招商银行首次针对在校大学生发行信用卡后,其他金融机构相继介入高校信用卡市场,金融产品较多、管理相对规范、诚信程度较高,受到大学生喜爱追捧随即风靡大学校园。随着银行业竞争的加剧,加之一些高校生消费习惯不良、诚信意识不强,高校生信用卡的高坏账率、高注销率、高逾期率和高睡眠率等问题层出不穷,各大银行回收贷款困难,信贷风险加大,引起金融监管部门重视。2009年国家银监会出台的《关于进一步规范信用卡业务的通知》,明确要求银行金融机构不得向未满18周岁的在校大学生发放信用卡,对于已满18周岁的大学生须经父母同意才给予办理信用卡。此后,各大银行的高校生"助学贷款"业务消失、信用卡业务停止,在校大学生提前消费意愿受到遏制的同时,困难学生的助学服务也受到损害,针对高校生的金融服务产品进入真空期。

近年来,各大银行的相继退出和互联网金融的快速发展,与大学生强烈的超前消费需求再度碰撞,其间蕴藏的广大市场和利润空间,迅速引起商家重视,"校园贷"由此应运而生。从2014年开始,各大校园开始出现"校园贷"并迅猛发展,2015年以来,各类"校园贷"平台出现爆发式增长,"校园贷"业务也呈现出野蛮生长的态势,鱼龙混杂、名目繁多、花样百出、乱象纷呈,特别是损害公序良俗的裸条借贷、还贷无望的逃避与自杀、不堪催扰的抑郁甚至退学,还有暴力催收贷款引发的刑事犯罪等问题,极大刺激着媒体的舆论神经,震撼着公众的良知底线,校园贷问题倍受社会各界关注。与此同时,校园贷的使用群体也从在校学生向社会人员扩散,有的市场主体甚至因为融资困难而把校园借贷平台当作融资平台,通过向学生返利诱惑,层级发展学生代理,通过学生获取平台贷款,资金链断裂后导致产生多米诺骨牌效应,严重危害学生权益、校园秩序和社会稳定。

---

① P2P网贷款平台,起源于英国,其英文全称为"peer to peer lending",P2P即peer - to - peer的缩写,意为"个人对个人"。借贷双方利用中介机构推出的网络平台完成小额贷款交易的新型金融产品业务。

二、当前云南省"校园贷"的基本情况和存在问题

(一) 云南省"校园贷"的基本情况

据有关部门的摸底调查,截至2017年5月,云南省75所高校中,有67所高校涉及"校园贷",有3683名学生使用"校园贷",涉及金额约3090.890905万元,涉及网贷平台约120个。① 当前该省高校"校园贷"的基本情况是:

1. 从信息来源看,91.5%的被调查者是通过网络广告、校园小广告、同学朋友介绍、媒体报道、推销人员等五个途径了解"校园贷"相关内容。其中网络广告占比26.3%、校园小广告占比20.3%、同学朋友介绍占比19.8%,三类合计约占2/3。

2. 从信任程度看,大多数被调查者对"校园贷"的信任度不高。49.9%的被调查者认为"校园贷"不可信,29.1%的被调查者认为"校园贷"不太可信,20.6%被调查者认为"校园贷"可信度一般,但也有0.44%的被调查者认为校园贷可信或者比较可信。这反映出高校生在对"校园贷"将信将疑的游离心态下,面对银行门难进、病急乱投医的现实,存在盲目消费、被动参与的趋向。

3. 从使用范围看,使用过"校园贷"的学生占比评估约为1/6。在问卷调查中,填写从未使用过校园贷的占86%,填写曾经使用过"校园贷"的占11%,填写正在使用"校园贷"的只有3%。但是,部分被调查者在使用与未使用之间反复修改,或者关联选项内容相互矛盾,反映出调查结果存在统计黑数,因此,校园贷的实际使用数量应当超过调查统计数量。在系统调查中,省内75所高校中有67所高校均有学生使用过"校园贷",涉及面接近90%,其中,使用学生在100人以上的高校有14所,约占18.7%。共涉及借贷学生3683人、网贷平台120家、借贷金额3090.9万元。

4. 从使用情况看,大多数被调查者使用过两个或两个以上贷款平台。69.8%的被调查者使用分期购物平台或者传统电商平台,30.1%被调查者使用P2P网贷平台或者其他形式的高利贷贷款平台。调研还发现,有的学生迫于催贷压力,为了延缓还款周期,同时使用多个贷款平台,拆东墙补西墙,出现以贷养贷、恶性循环的问题。

5. 从贷款数额看,以1万元以下的居多。问卷分析结果表明,贷款数额在3000元以下的约占58.7%;5000至10000元的约占27.7%;10000至30000元的约占8.2%;30000元以上的只占5.3%。

6. 从利息计算看,以月息、周息计算居多,以年息计算的少。目前"校园贷"的贷款利息计算周期有周息、月息、年息三种情况,各个平台根据自己情况确定利息计算方式。调查分析结果反映,计算月息的占60.2%,计算周息的占23.6%,计算年息的只占16.2%。在利息标准上,约定利息表面上一般都在合法范围内,但是贷款平台通

---

① 数据来源于《云南省教育厅关于开展校园网贷整治工作面临的困难问题及建议报告》。

过收取手续费、管理费、保证金、违约金、罚息等方式变相增加利息，实际利率远远高于约定利率。

7. 从贷款用途看，绝大多数是用于个人消费，而非应对交纳学费、住宿费、生活费等实际困难。问卷调查中，填写用于个人消费的占比高达71.4%，占了2/3以上。其中，用于购买数码产品的约占23.6%；用于休闲旅游的占17%；用于衣服鞋帽的占14.8%；用于社交娱乐的占13.7%；用于珠宝首饰的占2.4%。而填写用于学习培训的占17.9%，用于投资创业的占10.7%，后两项合计不到1/3。考虑到对"投资创业"指标理解上的模糊与歧义，实际用于学业提升或者就业准备的比例可能还要少。调研中，也发现有学生因为盲目消费和攀比思想，使用校园贷购买大麻烟的极端个例。

8. 从信息安全看，目前学生提供的身份证、学生证、校园卡和学籍等相关个人信息以及同学、辅导员、班主任、家长及亲属的联系方式中，其通讯录信息大多已被贷款平台后台操作截取，家长、教师及亲朋好友收到催款电话、短信骚扰的情况较为多见。调查中虽然没有学生填写提供裸条的情况，但在访谈中有学生反映听说过有此类情况，所提及的裸条具体内容尚不可知。

9. 从业务监管看，该省高校学生使用的约120家"校园贷"网贷平台注册地及营业机构所在地全部都在省外，主要集中在北京、上海、深圳、浙江、江苏等经济发达地区。各地的监管情况不得而知，但在执法办案中，这些平台对于公安机关需要通过后台数据调取的证据资料，或者不予配合，或者推诿拖延。

10. 从危害后果看，一方面是助长了高校生的不良消费习惯，在自身不具备高消费能力的情况下，图虚荣、好面子，购买奢侈品、邀约高消费，省外甚至发现有用于买车买房的案例。另一方面，因为无力还款，导致平台采用各种手段催收，不仅自己苦不堪言，还连累家长、波及校园。贷款平台催收借款的方式和手段，除了常用的电话和信息轰炸办法外，也有派员催收、当面威胁的情况，调研还发现有的平台雇用学生向学生催款的情况。调查中，有学生反映受到过暴力威胁或者家长安全受到威胁，学生因为被催款而影响学习和生活的反映十分强烈，有的换了多次电话号码仍被跟踪骚扰、纠缠催逼，有的表示存在悲观厌世、退学逃避等消极想法，有的高校出现了学生因为无法还贷、不堪催款压力而休学、退学甚至自杀的情况。

（二）"校园贷"运行中存在的问题

从市场规律的供求关系来看，有需求就有供给，有市场就有商机。在大学生消费需求旺盛与实际消费能力不匹配的情况下，"校园贷"为大学生解决短期经济困难提供了急需资金，贷款平台也拓展了业务范围和获利空间，使融资、交易、理财变得更加高效、便捷，其存在具有一定的必然性与合理性。但是，通过对高校"校园贷"使用情况的调查，也发现了下列突出问题：

1. 暗流涌动下的"高利贷"泛滥问题

调查发现，目前大多数"校园贷"平台都存在提供低利息、无担保、零首付、零利息的贷款优惠条件等虚假宣传，极具欺骗性和诱惑性。这些平台为了吸引学生、逃避监管，在贷款合同上约定的利息一般都会控制在20%以内①，不会被认定为高利贷。但实际上，平台又以手续费、服务费、保证金、押金、滞纳金、违约金等各种名目收取高额费用②。有的平台将手续费、保证金等费用直接从贷款基数中扣除，学生实际收到的贷款数额少于贷款合同上记载的数额，但仍按合同金额计算利息和费用；有的平台故意通过技术手段造成还款当日借款人无法登录平台进行按期还款，以此为由收取逾期违约金，违约金就占到贷款金额的1/5。如果将上述所有费用计算在贷款利息中，实际上其年息已经超过20%，有的甚至达到60%以上。如云南财经大学会计学院大学生付某，从2016年10月开始先后在速速借、小微资本、存证云、速溶360、爱学贷、助学乐等60个平台借款本金127331.57元，由于未能按期还款，将利息、费用等计入借款金额以"利滚利"方式导致利息涨到79091.17元，利息达到借款本金的60%。低利息掩盖下的高成本，实际演变成为"利滚利"的高利贷。

2. 利益诱惑下的违法犯罪问题

由于"校园贷"网贷平台的虚拟性、隐蔽性，加之行业标准不规范、监管措施不到位，很容易被一些违法犯罪分子钻空利用，致使"校园贷"沦为违法犯罪的工具。主要表现在：一是非法吸收公众存款。一些社会人员以给大学生"好处费"为诱饵，让大学生以自己名义在各个"校园贷"平台上帮其贷款，事后给大学生贷款金额的5%－15%不等的"好处费"，并承诺所有贷款均由自己归还，贷款学生没有任何负担。这些社会人员通常开始时遵守诺言还款，但由于贷款成本过高、投资经营不善等原因，一旦发生资金链断裂就人间蒸发，学生因为贪图小利而成为实际受害者，充当了非法吸收公众存款犯罪的马前卒。如呈贡区公安机关破获的万某等人涉嫌非法吸收公众存款案，万某等人以给大学生5%－10%好处费、无须学生还款为诱饵，吸引大学生帮其公司贷款，并通过在校学生层层代理，最终导致云南25所高校189名在校大学生，先后在22个网贷平台为万某等人借贷资金366万元（仍在侦查中）。后因万某等人资金链断裂无力偿还借款，贷款学生特别是学生代理受到牵连，面对平台催收苦不堪言。二是危害学生人身安全。大学生一旦不能及时偿还贷款，贷款平台就会根据先期掌握学生的详细信息，开始使用各种非法手段催债，开始时通知催收，通常用电话、短信轰炸施加巨大的心理压力实现催收目的；如果不能奏效，就通过雇用讨债公司或者讨债人员等方式（有学生参与）上门当面催收，使用恶毒语言或者动作展示进行恐吓、威胁，加大心理威慑；如果当面催收无效，有的会进入诉讼程序，有的就使用暴力胁迫、非法拘禁、跟踪骚扰等违法犯罪手段催讨，引发暴力冲突而发生故意伤害、故意杀人等刑事案件，如西南林业大学因"校园网贷"引发2起学生被控制催款事件，后经家长和公安机关解救学生才得以返校。三是衍生其他刑事犯罪。在贷款学生中，除了退学、自杀等极端消极方式

---

① 收取20%的利息并未超过2015年9月1日最高人民法院《关于审理民间借贷案件适用法律若干问题的规定》中24%的民间借贷司法保护利率。

② 如名校贷、爱学贷、人人分期、趣分期等平台都会收取20%的手续费。"名校贷"，每天收取逾期未还金额的0.5%作为违约金，而"趣分期"则每天收取贷款金额的1%作为逾期违约金。还有少数小贷公司会收取贷款金额的7%－8%作为逾期违约金。

外，也有的因为不能按期还债、走投无路、铤而走险，实施诈骗、盗窃、抢劫、绑架、敲诈勒索等违法犯罪。在非法吸收公众存款案件中，出现了因为不堪还贷重负而企图以死解脱。如安宁市 2016 年发生的案件，犯罪嫌疑人王某以给手续费为条件，利用高校生帮其公司在网贷平台上贷款，贷款套现后又对急需贷款的高校生进行二次放贷从中获利，共涉及呈贡、安宁和曲靖等地 39 所高校的 2080 人。其行为被网贷平台发现后要求立即归还资金，但王某公司已经放出的学生贷款无法在短期内收回，加之其他业务经营不善导致资金链断裂，共计欠下贷款本息约 637 万元。王某在各方债主催讨、借账还贷无望的情况下产生自杀念头。2016 年 11 月 25 日晚，王某在全家吃饭时投放了安眠药，使用干冰制造二氧化碳，关闭门窗造成窒息。次日发现其妻昏迷未死，又用塑料袋将其妻捂死，最终造成其妻、两个儿子、父母和岳母等 6 人被杀害。

3. 贷款学生面临的心理困扰问题

一方面，大学生中存在的过度消费、超前消费、从众消费、攀比消费、奢侈消费现象，对绝大多数并不具备较高消费能力的同学形成了环境和心理压力，为了面子而相互攀比，没有就贷、想贷就贷，比如称苹果"三件套"（苹果手机、苹果电脑、苹果 iPad）为"标配"，不得不跟风消费。冲动的浮躁和短暂的虚荣，在贷款到期之后很快变成经济和心理压力，每天面对网贷平台的电话、短信、律师函、上门催讨，精神长期紧张、恐惧、焦虑，无法正常学习生活，身心健康受到严重损害。如云南财经大学传媒学院大二学生李某，因为"校园贷"催款造成精神压力过大，患上精神抑郁症后不得不休学治疗。另一方面，面对不能按时还款的极大压力，有的学生不得不通过课余兼职甚至旷课兼职等方式挣钱还贷，有的在校园宿舍、教室或者公共场所被追债，严重影响正常教学秩序。问卷调查表明，当出现无力偿还贷款时，选择勤工俭学、兼职打工等方式挣钱还贷的占比高达 62.5%。同时，由于网贷平台频繁催款骚扰，欠款学生时刻在想如何筹钱还款，难以集中精力学习，学习成绩大幅下滑，有的频繁出现"挂科"，有的甚至休学、退学、被开除。云南工程职业学院涉及"校园贷"的 147 人中，现已有 3 名学生退学。

4. 还贷重压下的家庭负担问题

调查发现，使用校园贷的大部分学生家庭，经济条件并不富裕，有的还比较贫困。当学生本人无法按时还贷时，网贷平台就根据学生贷款时提供的家庭信息向家长催要贷款，这也进一步说明，尽管表面上看校园贷的信用担保要求比较低，但实际上是以贷款学生的家庭财产作为担保，证明了校园贷虚假宣传的实质。大部分家庭担心影响到孩子的学业、前途等问题，千方百计为孩子归还高额本息，给家庭带来额外的经济负担和压力。调查表明，当大学生无力偿还贷款时，有 31.2% 是依靠父母帮助偿还借款的。

5. 信息时代的隐私安全问题

大学生申请办理"校园贷"，网贷平台一般都要求学生提供身份证、学生证、学籍信息截图或拍照、家庭详细住址以及家长、老师和同学的联系方式，同时还要求学生提供本人手机服务密码，再把学生手机通讯录及个人相关信息全部备份至网络平台留存。由于"校园贷"存在无须本人办理贷款手续而是由贷款平台代为办理等程序性漏洞，有的不法分子利用掌握的学生信息在未经其本人同意的情况下，以大学生的名义又在多个平台办理贷款，非法占有相关款项；部分贷款学生的隐私信息被不法分子窃取或者被网贷平台转卖给第三方，给学生、家长和老师带来不可预测的潜在风险。问卷调查中，认为"校园贷"风险太大，应依法取缔的占49.3%，认为有利有弊，可以存在但需依法监管、合理使用的占45.8%，持正面评价的仅占4.9%。

三、"校园贷"存在问题的原因分析

客观地看，"校园贷"作为一种新生事物，是金融政策变化和金融科技发展联动催生的产物，也是经济社会发展和高校市场需求交互作用的产物。银行基于信贷规章制度和传统经营理念束缚而无法放开，而大多数的"校园贷"平台却可以灵活转身，弥补传统金融产品短缺的裂缝，迎合现代高校学生需要短期资金支持又无资产保证的特殊性需求，有着应运而生、快速生长的社会基础。但是，在非理性的消费观念与非线性的行业规范对撞过程中，现实缺乏的诚信基础与失管的行业状态对供需双方形成了伤害。高校金融市场的广阔性与脆弱性同在，学生贷偿能力的冒险性与复杂性并存，再与"校园贷"业务机制的缺陷、监管机制的缺位等因素叠加，必然制约其规模和效能的发展。

总而言之，"校园贷"出现的种种问题，既有金融监管部门履职缺位、监管不力的原因，也有贷款平台违法违规与唯利是图的原因；既有贷款学生消费意愿与消费能力不匹配的原因，也有各大银行社会责任缺失、金融产品短缺的原因；既有高校自身教育引导不够和监管措施不力的原因，也有学生家长管束不够、教育不力的原因。全面整治、规范、引导"校园贷"的健康发展，需要深入分析、准确把脉、找准症结，以期对症下药、合理规制。

（一）立法司法跟进不力

1. 法律依据不足

"校园贷"是近几年才出现的新生事物，目前对互联网金融及借贷平台管理的三个文件，一是2015年7月18日由中国人民银行等10部委联发的《关于促进互联网金融健康发展的指导意见》。二是2016年8月17日由银监会会同工信部、公安部、国家互联网信息办公室等部门联发的《网络借贷信息中介机构业务活动管理暂行办法》。三是2016年10月28日由银监会办公厅、工信部办公厅和工商总局办公厅联合颁发的《网络借贷信息中介机构备案登记管理指引》。从效力位阶来讲，这三个文件中，"意见"属于行业指导性质的规范性文件，不能作为执法办案依据；"办法"和"指引"也仅只是部门规章，权威性及科学性有限；"指引"则趋近于服务指南。对于"校园贷"业务本身的法律评价，缺少相应的、具体的、明确的法律规范，实践中只能依据相关法律法规及司法解释对其"出界行为"进行延伸评价，整治规范与打击处罚依据不足。

2. 执法办案困难

除了前述立法跟进问题外，执法办案主要有三大困难：一是案件管辖难。云南省高校涉及的120个"校园贷"网贷平台，其注册地和营业地基本上都在深圳、浙江、江苏、上海、北京等地，按照属地管辖原则，非注册地的省级银监局、金融办、工商局、

工信委等部门根本无法对其进行监管，发现问题后向上反映无下文、横向联系无回音。二是执法协作难。涉及网贷的非法吸收公众存款、合同诈骗、盗取他人存款等刑事案件，或者是申请人就与平台纠纷提起的民事诉讼，通常都需要调取网络平台的后台数据作为证据。但实践中，当公安机关要求有关网络后台协助取证时，文函的概不理睬，派员的冷硬横推，或者推三阻四、能拖就拖，或者随便应付、答非所问，给的不能用、要的不想给，严重影响案件定性与诉讼进程。三是调查取证难。一方面，由于网络本身的虚拟性、交易过程的数据化，这类案件往往大量涉及电子证据的调查取证，但后台数据管理的保密性、保存的时效性，给调查取证带来困难。另一方面，由于交易数据缺乏监管机构的备份监管，如果网贷平台涉嫌违法犯罪，相关数据的客观性、真实性难以保证，有关物证的安全风险极高，数据恢复成本太大。在社会人员介入的情形下，非法吸收公众存款案件中参与人员复杂、代理层级较多，也加大了调查取证难度。

3. 打击处罚困难

"校园贷"问题，既属于金融监管问题，也属于消费者权益问题，需要以更宽的视野、从更高的层面去规制。已经发现的"校园贷"相关犯罪，上游一般涉及非法吸收公众存款、合同诈骗等类型，除证据因素外，在法律适用上，罪与非罪、此罪彼罪的认定较为困难，比如，确定责任主体的问题，涉及网络平台的发起者、管理者、经营者、投资者和普通员工，如果网络平台被认定违法犯罪，由谁承担刑事责任，如何划定追责界限，如何确定特殊情况下的共犯认定，网络平台的经营支出是否认定为犯罪数额，员工的工资、奖金是否属于非法所得，诸多问题目前均有争议，需要加快推进相关立法完善和司法解释工作。另外，在信息不对称的状态下，作为借贷合同一方的高校学生明显处于弱势，相关民事诉讼中涉及的告知义务、恶意欺诈、合同效力等方面，学生举证几无可能，举证规则需要反思和修正。

（二）职能部门监管不力

1. 审批准入门槛过低

目前的"校园贷"平台处于无准入门槛、无行业标准、无监管机构的"三无"状态，经营主体无资质要求，只需成立公司、注册平台、领取营业执照、申请IC许可证，便可以运营开展网贷业务。"校园贷"平台的无序生长和野蛮扩展，使得广告欺诈、违规操作、违法经营等问题难以发现，导致前述问题很快集中爆发。

2. 监管部门职责不清

"校园贷"平台业务，既涉及网络监管，也涉及金融监管，但是，与其相关的银监局、金融办、工商局、工信委、公安机关等监管职能部门却没有明确的职责范围和监管权限，银监部门和金融办只负责金融业务审查，工商部门只负责登记注册审查，工信部门只负责网络技术标准审查，公安部门只负责违法犯罪查处，事实上形成各管一段的散乱局面，导致"校园贷"平台遍地开花、良莠不齐、监管不力。

3. 监管执法效能低下

上述相关职能部门因为职能交叉、职责不清等问题，没有建立统一规范、协作高效的监管协作和联动机制，执法依据不明、执法标准各异、执法力量分散、执法尺度不一,信息不能互通,情报不能共享,对违规违法问题发现难、调查难、取证难、处罚难,为"校园贷"平台的非法借贷提供了生存空间。

(三)网贷平台自身的原因

1. 虚假广告亟待整治

绝大多数"校园贷"平台进入高校,不以社会责任为己任,而以唯利是图为追求。现实中,多数"校园贷"广告都以"放款快""零首付""低利息""手续简便""无须担保"等字眼进行虚假广告宣传。事实上,各网贷平台都可以随意制定除利率之外的收费项目和标准,低利息背后暗藏着高收费。部分"校园贷"平台为了实现快速扩张,甚至雇用学生充当校园代理,以传销的模式在学生之间发展下线,违法宣传和经营。如某高校有2名学生因涉嫌参与介绍网贷、充当非法吸收公众存款的中间代理人而被刑事立案。

2. 贷款申请审查不严

大部分"校园贷"平台对高校生贷款申请审查不严,贷款不需要"面签",只需在电脑或手机上下载APP操作就能完成注册和放款,甚至不需要贷款人亲自办理,仅仅是通过打电话给贷款学生本人和同学核实贷款学生基本信息就可以轻松贷款,手续简便。在申请贷款时,系统会自动显示借款用途选项如消费购物、应急周转、培训助学、旅行、微创业、就业准备等,借款人可以随意选填,系统会自动进行默认选项通过审核。没有调查核实申请人的真实情况、借款用途、还款能力以及信用等级,也不可能到校面对面进行贷款风险评估,容易发生大学生身份被他人冒用进行贷款的问题。同时,"校园贷"的审批周期短、贷款发放速度快,大多数"校园贷"平台就是以"一分钟申请,十分钟审核,一天放贷"之类作为宣传内容,有的网贷平台甚至推出从注册申请到发放贷款仅需几小时的服务来吸引大学生客户,更加符合大学生的成长阶段特征和冲动消费欲望。

3. 平台数据不能共享

当前的"校园贷"网络借贷平台,基本上都是自成体系、各自为政、相对封闭,没有建立学生信用信息和借贷信息的共享机制,一个学生身份可以在多个平台申请贷款。一方面,为学生还贷创造了"拆东墙补西墙"的机会,有的陷入"借贷—消费—借贷—还贷"的恶性循环,最终债台高筑。另一方面,也为有的违法犯罪分子利用或者窃取学生身份信息,在多个"校园贷"平台以学生名义实施贷款诈骗提供了方便。

(四)贷款学生方面的原因

1. 校园环境与消费理念

"校园贷"的快速蔓延与过度使用,与消费环境和消费理念密切相关。现阶段,我国经济社会发展成就举世瞩目,但城乡差别依然存在,贫困家庭不在少数。身在非理性消费的群体环境里,成年人都往往受到感染产生购物冲动,贷款学生中的从众心理尤为明显。调查显示,仅有近40%的大学生能够做到理性消费,而60%的大学生消费随意性较强。

2. 风险意识与自制能力

高校学生群体涉世未深，虽然大多年龄已经法定成年，但仍在学校怀抱没有社会经验，面对不良社会风气的侵蚀，面对光怪陆离的复杂情势，风险意识薄弱，防范能力有限，不能理性克制消费欲望，不能正确评估自己的消费水平和偿还能力。与此同时，有的困难学生并非基于消费目的，而是为了想赚点小钱弥补一下生活费用，或者经不起老乡、朋友劝说帮个忙，为了几百元的"好处费"，便以自己名义帮助贷款，结果因为上线资金链断裂，导致自己和家庭经济负担雪上加霜、债务缠身。

3. 金融与法律知识缺乏

一是金融知识匮乏。很多学生不了解"校园贷"的利息计算方式、分期还款方式以及其他费用等因素对贷款成本的影响，缺乏对"校园贷"隐藏"高利贷"陷阱风险的理性分析，对贷款逾期可能产生的严重后果认识不足。二是法律知识欠缺。对网贷平台出具的格式借款合同上专业法律术语、法律条文不理解，对逾期支付高额违约金、滞纳金或者不退保证金等不利于借款人的条款审查不重视、不细致，更不了解最高人民法院《关于审理民间借贷案件适用法律若干问题的规定》等法律法规对民间借贷利息的相关规定，风险防范和自我保护能力欠缺。

（五）高校及家庭的原因

1. 忽视综合素质教育

一些高校往往只注重日常教学管理、校园安全防范，对大学生法治素养、金融知识、理财观念、消费观念等方面教育普遍不足，高校学生的综合素质有待提高，不少大学生对新兴的互联网金融产品了解不多、认识不足，社会经验欠缺，法律知识不够，判断甄别能力弱，很容易误入不良"校园贷"陷阱。

2. 忽视校园秩序管控

当前云南省高校校园广告泛滥，社会人员经常在校园广告栏、学生宿舍和食堂门口随意张贴包括"校园贷"在内的各种小广告，有的还聘请大学生、社会闲散人员在高校周边甚至学校内向学生分发"校园贷"广告。学校对这些校园广告的进入，既没有部门审批，也无人监管，基本上处于放任自流、无序生长状态。

3. 忽视日常生活监管

各高校及家庭只注重在校大学生的学科学习、纪律、安全等方面日常监管，对大学生的日常生活关心和监管不够，特别是对在校生的经济状况、思想变化、情绪波动、日常消费情况、兼职打工情况以及生活习惯改变等方面，在日常监测、心理干预和教育管理上，措施不力、效果不好。

四、"校园贷"整治的对策与建议

2017年5月27日，中国银监会、教育部、人力资源社会保障部联合出台了《关于进一步加强校园贷规范管理工作的通知》，该通知采用疏堵结合方式整治"校园贷"乱象，一方面强调严格准入审批，要求未经银行业监督部门批准设立的机构禁止提供

"校园贷"服务；另一方面，明令所有网贷机构现阶段一律暂停开展"校园贷"业务。与此同时，按照扶正祛邪的整治思路，国家主管部门提倡各大银行开发符合高校学生特点的金融产品，体现社会责任担当，优化金融产品结构，提高金融服务能力。但是"校园贷"的整治，是一个涉及众多部门、利益格局调整、秩序规范建立，需要社会各界共同参与的系统工程，不可能一蹴而就，更不会一劳永逸，整治工作任重而道远。

综合来看，在深入推进"校园贷"问题整治过程中，针对"校园贷"无门槛、无标准、无监管的"三无问题"，预警难、排查难、处置难、整治难等"四难问题"，需要运用法治思维进行综合防治，运用法治方式解决现实问题。应当坚持以职能部门为主导、高校和平台为主体，强化危机意识与责任担当，加大立法、执法、司法规制力度，推进家庭、高校、社会资源融合，实行教育、监管、处罚有机联动，全视野、宽角度、大力度地落实好整治措施和目标要求，净化高校环境，优化社会服务，提升教育能力。

（一）加强组织领导，推进整治工作

1. 整合成立云南省高校"校园贷"清理整顿工作领导小组（以下简称领导小组）

整合"云南省P2P网络借贷风险专项整治联合工作办公室""云南省跨界从事互联网金融业务整治领导小组"等相关工作机构的职能，以省银监局、省政府金融办、省政府法制办、省教育厅、省人力资源社会保障厅、人民银行昆明中心支行、省工商局、省网信办、省工信委、省通信管理局、云南证监局、省公安厅、省检察院、省高级法院以及全省各高校等为成员单位，明确牵头领导，在省银监局设领导小组办公室，专门负责"校园贷"专项整治日常工作。领导小组应当定期召开成员单位联席会议，研究部署专项整治工作。成员单位根据工作需要，可以建立协作配合机制，提高工作效率。

2. 尽快制定该省"校园贷"专项整治工作实施方案

整治方案要明确专项整治的目标任务和具体工作措施，明确相关部门的工作职责和任务要求，做到精心组织、周密部署、统一步调、协作联动，确保专项整治活动取得实效。按照任务要明、措施要实、责任要清、效果要好的要求，坚持重点整治与源头治理相结合、防范风险与创新监管方式相结合、清理整顿与依法打击相结合，妥善处置不良学生贷款，遏制"校园贷"风险事件高发势头，维护经济金融秩序、高校教学秩序和社会稳定。

3. 统筹研究前期"校园贷"不良贷款处置的相关政策措施

要按照"稳步消化存量，做好风险处置"的工作思路和早发现、早预防、早处置的工作目标，做好以下工作：一是调查摸底，研究政策。根据银监会、教育部、人力资源社会保障部联发通知中"现阶段一律暂停网贷机构开展在校大学生网贷业务，逐步消费存量业务"的规定，由各高校具体负责，对学生使用过的网贷平台、贷款时间、贷款本金、贷款利息以及费用、还贷情况、拖欠情况进行深入细致的统计分析，于8月底前统一上报领导小组办公室，统筹进行法律政策研究。二是研究措施，分类处理。对依法依规经营产生的校园贷款，教育学生遵守法律规定，引导制定还贷计划，合理消化贷款压力；对违规违法经营产生的校园贷款，出台统一协调政策，沟通协商还款金额，可以考虑：(1) 对有关平台前期的一般违法违规行为，不再进行法律责任追究；(2) 贷款利息超过国家规定标准的，一律按照银行同期贷款利息计算；(3) 违法收取的其他贷款费用，一律折算冲抵贷款或者退还学生本人；(4) 确实因为家庭困难、无法偿还贷款的，由领导小组与平台协商减免利息、只还本金；(5) 严重侵害学生合法权益、严重扰乱高校教学秩序的，依法追究其法律责任。三是加强监控，防止反弹。向社会及高校广泛宣传"三部联发"通知，执行有奖举报政策，发现顶风作案、继续放贷、违规经营的网络贷款平台，及时上报有关部门处置，涉嫌违法犯罪的予以严厉打击。

（二）落实职责任务，创新监督方式

1. 厘清部门职责，落实责任主体

按照《网络借贷信息中介机构业务活动管理暂行办法》（以下简称《暂行办法》）的规定，银行业监督管理机构负责制定网络借贷信息中介机构业务活动监督管理制度，并实施行为监管；各级人民政府负责本辖区网络借贷信息中介机构的机构监管；工信委负责对网络借贷信息中介机构业务活动涉及的电信业务进行监管；通信主管部门负责电信业务经营许可审批、网站审批、备案及网络安全防护工作；公安机关负责对网络借贷信息中介机构的互联网服务进行安全监管，依法查处违反网络安全监管的违法违规活动，打击网络借贷涉及的金融犯罪及相关犯罪；互联网信息办公室负责对金融信息服务、互联网信息内容等业务进行监管；金融办负责为网络借贷信息中介机构办理备案登记；工商部门负责为网络借贷信息中介机构设立工商注册登记和宣传广告的整治。各相关职能部门要根据该暂行办法划定的职责，进一步细化工作责任，明确分管领导、工作部门以及具体任务和措施，落实主体责任，确保每一项工作落到实处。

2. 创新监管方式，加大执法力度

一是建立健全举报制度。建议监管部门建立健全不良"校园贷"网贷平台举报工作制度，通过电话举报、网络举报、微信举报等方式，公布举报电话、电子邮箱、APP下载，提高举报效率。各高校确定专人负责收集和整理举报线索，建立健全举报线索逐级上报、动态监测、风险预警机制。落实举报人保护与奖励制度，对举报人信息严格保密，对查处进展情况适时反馈，对举报属实的给予物质奖励。二是建立黑名单制度。对故意虚假宣传、违规发放贷款、变相发放"高利贷"、违规乱收费、违法催收等违规行为，必须给予相应处罚。对于一般违规行为，可以建立黄牌警告制度，暂停业务、限期整改；对严重违规的平台，记入监管系统黑名单，禁止从事"校园贷"业务。探索完善"校园贷"诚信评价体系，推行企业信用评级制度，建立"校园贷"黑名单网络查询系统。三是建立信息共享机制。建议由监管部门建立信息数据库，实现监管机构与网贷平台之间、借款人与平台之间、平台与平台之间的信息共享。网贷平台信息，包括法定代表人、股东、注册资本金、经营范围、利润收益、违规记录、信用等级等信息应当采集录入；借款人信息即包括学生基本信息、借款金额、借款用途、借款周期、借款利率、违约记录、信用等级等信息应当采集录入。探索建立学生信用评级制度，由征信机构对申请贷款学生进行信用评估定级，由监管部门专门管理，为贷款额度授信、学生教育管理和执法办案工作提供参考信息。对学生信用的评估信息，实行阶段性封存和消灭制度，学生离校不记入档案。监管部门要加强保密管理，明确知悉条件与批准程序，严禁违法使用学生信用评估信息。

3. 加强协调配合，完善工作机制

一是要充分考虑"校园贷"涉及面宽、涉案人多以及跨区域、跨行业的特点，建立部门间和区域间的纵横联动、协作配合机制，加强统筹调度，在该省范围内形成专项整治工作合力。二是各职能部门和各高校要建立完善专门工作机制，坚持专项整治任务和日常监管工作相结合，坚持阶段性目标与常态化机制相结合，进一步提高整治效率，夯实整治基础，巩固整治成果。

（三）加快立法调研，促进依法整治

1. 突出调研重点，统一执法尺度

针对当前"校园贷"相关法律法规空白的问题，建议立法机关尽快制定和完善互联网金融法律法规，同时根据《暂行办法》的要求，结合云南省"校园贷"实际情况，尽快制定实施细则，明确网贷平台的法律地位、权利义务，发挥法律规范的指引和教育功能，做到科学立法、有法可依，为规范与整治"校园贷"提供法规依据。公安机关、检察院、法院等执法司法机关要结合工作实际，加大立法调研力度，提出司法解释建议，召开相关联席会议，统一执法办案尺度，促进提升"校园贷"管理的法治化水平。

2. 明确行业规范，健全监管机制

明确银行业监督管理部门的监管主体责任，明确相关部门的监管协作责任。建立健全行业运行规范，从准入条件、退出机制、行业标准、操作规程、经营范围等方面，对入市主体资格、借贷利率幅度、贷款催收方式、纠纷解决机制等作出禁止性规定，做到有法必依、依法整治。建立健全行业监管机制，从监管主体、监管职责、监管措施、责任追究等方面，有针对性地解决当前监管工作中涉及部门多、主体不明确、责任不清晰、手段不具体等问题，通过落实职能部门的主体责任，实行政府干预，改被动报备为严格审批。

3. 结合预防犯罪，延伸执法效果

在开始进行的"校园贷"专项整治活动中，要充分发挥司法机关的职能作用，通过严格执法办案，引导从业规范，通过以案释法，加强法治教育，通过查找管理漏洞，扩大办案效果。要结合执法办案实践，延伸犯罪预防视野，加强专项调研与工作总结，从综合治理、建章立制、堵塞漏洞等方面，向党委政府和有关部门提出决策建议。

（四）强化司法保障，打击违法犯罪

1. 统一思想认识

公、检、法三机关要充分认识严厉打击"校园贷"中违法犯罪行为的重要性、紧迫性和复杂性，组织精干力量，成立专门的办案组，严厉打击涉及"校园贷"的相关违法犯罪，坚持打击与预防并重、惩治与规范并举，充分发挥司法保障与服务作用，积极参与"校园贷"专项整治工作，切实维护大学生的合法权益和正常的金融秩序。

2. 加大打击力度

对"校园贷"中涉嫌恶意欺诈、电信诈骗、非法传销、放高利贷、非法集资、暴力催收等违法犯罪行为,要力求快侦快结、快捕快诉、快审快判,坚决把"校园贷"中的违法犯罪势头打下去,注重办案"三个效果"的有机统一。

3. 加强业务指导

要针对"校园贷"中违法犯罪行为隐蔽性、迷惑性强、手段多样化、涉及人数多、社会影响大等实际,加强政策法律研究,认真贯彻落实最高人民检察院《关于办理涉互联网金融犯罪案件有关问题座谈会纪要》的精神,在罪与非罪、此罪与彼罪的认定和入罪标准、量刑情节等法律适用问题方面,进一步加强办案指导。

4. 建立共建机制

加快推进司法机关与高等院校之间定向联系的共建机制,联系和协同相关职能部门,推进联防共建。要通过释法说理、法治讲座、法律咨询、专栏宣传、风险防控等措施,让"法治进校园"的普法任务落地,强化法治宣传教育,提高学生理性成长与自我保护的免疫力。

(五)坚持堵疏结合,推进综合整治

在强力清理整顿不良"校园贷"的同时,要注意堵疏结合、扶正祛邪,由银监会等职能部门采取切实措施,强化银行等金融机构的社会责任担当,有机推进银行助学金融业务与小额信贷服务产品的良性互动。一是各大国有银行和商业银行等金融机构要尽快推出适合高校学生需求的银行金融产品,满足大学生需求。督促指导银行在风险可控的前提下,正确处理好信贷收益和社会责任的关系,针对高校大学生消费需求和消费特点,研发高校助学、培训、消费、创业等金融产品,引导大学生合理使用。二是合理设定贷款条件和利息标准,引导学生合理消费,既要考虑高校学生的担保能力,也要审核贷款学生的偿还能力,特别是贷款用途证明,应当有家长、学校联签监督,遏制不良消费,引导合理消费。三是对于因特殊原因到期不能还款的,探索就业后逐步还款的特殊金融产品,助推社会诚信体系的建立。

(六)加强教育管理,强化风险处置

1. 加强思想政治教育

要切实加强高校思想政治教育,做到防邪教、防诈骗、防传销、防网贷等"四防"教育同部署、同检查、同落实。引导学生树立正确的世界观、人生观、价值观,培育正确的生活观、消费观、财富观、创业观。要积极开展"校园贷"专题教育,通过防网络借贷"进课堂",教育学生掌握利弊分析、理性选择、风险控制、司法救济等方面的知识,帮助学生提高对"校园贷"诱惑的辨别力、免疫力和抵御力,增强自我保护意识。要加强勤俭节约意识、家庭责任意识培养,从食堂就餐习惯、家庭成员互助等生活细节入手,指导纠正超前消费、过度消费和从众消费等错误观念和不良行为,引导学生合理消费。

2. 普及金融法律知识

一是要加强大学生金融知识和法律常识教育,提高学生综合素质、增强适应社会能力。建立健全金融、法律知识教育常态化机制，在普法教育、专项教育和专题讲座的基础上，创新教育方法，通过知识竞赛、主题演讲等活动，提高学生参与和学习的积极性。二是重视发挥媒体引导功能。依托法律顾问和科研团队，积极开发符合高校特点、易受学生喜爱的金融法律知识教育栏目和产品，通过持续推送、交流互动、答疑释惑等方式，提高教育的实效性。

3. 精准帮扶困难学生

要以刚入学家庭经济困难学生群体、在校有创业意向的学生群体、毕业就业自主择业的学生群体等三类学生群体为教育引导重点，在加强大学生资助政策宣传的同时，推进大学生资助工作的体系化、科学化、精准化，通过拓展资助渠道、挖掘社会资源，落实资助政策，做好精准帮扶。对缴纳学费、住宿费以及生活费困难的学生，合理引导办理生源地信用助学贷款，或者引导申请助学金、校内资助以及社会捐助。必要时，可以引导使用银行"校园贷"产品，帮助学生渡过求学难关。

4. 疏导关爱学生成长

所有高校都应建立大学生心理疾病预防和疏导机制，对因"校园贷"还贷压力和催贷干扰导致重度焦虑、严重失眠、精神抑郁等精神疾患的，要根据情况、分类处置。程度较轻的，要及时进行心理疏导、干预、安抚预防工作，帮助疏缓压力、走出阴影；需要治疗的，要联系家长商量治疗方案，妥善处理好治疗机构、治疗费用、学籍保留等相关事宜；发现有自杀倾向或者苗头的，在及时通报家长的同时，要及时联系心理医生介入干预，落实陪护救助措施，坚决防止不幸事件发生。通过一系列心理疏导和预防处置措施，让因"校园贷"受影响的学生尽快走出阴影，回归正常的学习生活。

5. 做好"校园贷"防范风险

高校应当按照国家教育部《关于加强校园不良网络借贷风险防范和教育引导工作的通知》和《关于报送校园不良网络借贷风险防范和教育引导工作进展情况的紧急通知》的统一部署安排，把"校园贷"风险防范纳入综合治理范畴，统筹安排、精心部署、注重实效，建立校党委负总责、书记为第一责任人，相关部门各负其责，一岗双责的风险防范体系。在具体措施上，一是建立提醒机制，新生入学前的《录取通知书》和《"校园贷"风险告知书》同时寄送学生和家长。现阶段，高校可以组织开展"远离网贷，理性消费"承诺签名或签订承诺书的主题教育活动，集中清理校园内包括"校园贷"在内的不良小广告，营造氛围、优化环境、扩大教育效果。二是开展专项教育，高校可以通过主题班日等活动载体，定期开展"校园贷"专项教育，教育引导树立文明、理性、科学的消费观。有条件的，可以举办专家讲座、现身说法（受害学生或家长），开展警示教育。三是改进教育方式。充分利用校园网站、校园广播、"两微一端"、微信群、QQ群、宣传展板、海报张贴、防骗手册等多种形式、多种渠道，向学生发布"校园贷"受害典型案例和预警提示信息，教育引导学生珍惜个人信用、保护隐私信息，提高风险防范意识。

6. 强化风险预警处置

在前段摸底排查的基础上，要研究制定周密方案，集中一段时间，全面排查大学生参与"校园贷"的情况，彻底摸清底数、查明情况、找准问题，查找风险隐患，制定防范措施，分类化解矛盾，集中消化吸收前期的存在问题和不良影响。要建立常态监测机制。明确职能部门、落实工作人员，建立月报制度、季度分析、年度报告等工作机制，认真开展专门教育、生活规律、心理动态等方面的信息收集、前期处置工作。要完善预警处置机制。对发现学生参与不良"校园贷"的，要及时制止并通知家长；对因讨债侵害学生合法权益、影响校园管理秩序的违法犯罪行为，要立即报请并配合公安机关依法打击；对涉嫌违法违规操作的"校园贷"平台，要及时向有关监管部门报告。

综上所述，"校园贷"前期的野蛮生长和问题的集中爆发，所产生的巨大负面效应，已经成为危害社会稳定的重大隐患。发生这些问题的原因虽然具有多面性，但相关部门重视不够、监管不力的问题尤为突出。深入开展"校园贷"专项整治活动，需要从更高的政治视野、更强的责任意识和更实的工作措施上，强化党委政府的组织领导，落实职能部门的主体责任，依靠社会各界的参与配合，坚持专项整治与综合治理相结合，坚持阶段性目标与常态化机制相结合，确保往后的"校园贷"问题不反弹、业务更规范。

互联网金融创新发展中的
刑事犯罪风险及司法防控对策

顾海鸿[*]

"互联网+"正驱动我国加速向信息社会转型，互联网与金融的快速融合，进一步促进了金融创新，提高了金融资源配置效率，相应的问题和风险亦随之显现。

一、互联网金融创新发展可能引发的犯罪风险

（一）第三方支付可能引发的犯罪风险

1. 资金沉淀可能引发职务犯罪

互联网金融的第三方支付在日常的资金流入流出过程中，账户中总留有一定数量的资金，通常称为资金沉淀。第三方支付服务商对沉淀资金大多有着绝对控制权，故可能引发职务侵占、挪用资金、盗窃等财产犯罪。

2. 资金流转可能引发洗钱犯罪

由于第三方支付平台存在交易的匿名性、隐蔽性和信息的不完备性，使得交易资金的真实来源和去向很难辨别，极易成为资金非法转移的工具。若第三方支付经营机构或者行为人明知是非法资金而利用互联网金融为其提供转账服务，则可能触犯洗钱犯罪。

3. 技术滞后可能引发其他犯罪

如涉及非法侵入计算机信息和破坏计算机信息系统的技术类犯罪，黑客侵入第三方平台后窃取资金的财产性犯罪，还有互联网支付的参与者或者第三方实施侵犯公民个人信息的犯罪等。

（二）P2P网络借贷可能引发的犯罪风险

1. P2P违规吸资可能涉嫌非法集资犯罪

若P2P平台在形成一定规模的"资金池"后，又利用互联网开展贷款发放、基金、保险等理财产品销售、许诺高额回报的，很可能触犯非法集资犯罪，如"e租宝""大大宝"等。

---

[*] 作者单位：上海市人民检察院第一分院。

2. P2P 虚假设立可能涉嫌诈骗犯罪

通过花费极少量的资金购买或者开发网贷平台,在骗取到投资人钱款后,即携款"跑路",如深圳"科迅网"网贷和"网金宝"事件,可能涉嫌诈骗罪、合同诈骗罪、集资诈骗罪等犯罪。

3. P2P 违规经营可能涉嫌非法经营等犯罪

P2P 网贷平台超越《网络借贷暂行办法》规定的范围开展金融业务,则可能涉嫌非法经营、擅自设立金融机构、伪造、变造、转让金融机构经营许可证、批准文件罪等刑事犯罪。

(三)众筹融资可能引发的犯罪风险

1. 股权众筹的违规行为可能涉嫌擅自发行股票、公司、企业债券犯罪

根据相关司法解释,若众筹活动的发起人向社会不特定对象 30 人以上发行股票或向特定对象发行股票累计超过 200 人,即可构成公开发行,可能涉嫌擅自发行股权、公司、企业债券犯罪。

2. 融资平台违规募集资金可能涉嫌非法吸收公众存款等犯罪

根据证券投资基金法的规定,若众筹融资平台未经注册,向不特定对象公开募集和向特定 200 人以上的对象公开募集资金的,就可能构成非法吸收公众存款罪;若行为人具有非法占有的目的,就可能构成集资诈骗罪。

3. 特殊众筹中因主体适格可能涉嫌非法发行证券犯罪

未经证券经营机构或者国务院证券监督管理机构认可的众筹平台公开发行证券,因非"适格主体",可能涉嫌非法发行证券类犯罪。

二、关于涉互联网金融刑事犯罪的司法防控对策

一方面要及时立案侦查涉罪行为、准确惩罚犯罪;另一方面要促进互联网金融行业自律,完善行政规章和行政监管。

(一)呼吁行业自律和行政监管减少刑事犯罪

1. 尽快改变目前我国的互联网金融相关立法空白导致监管不力的现状,以适度、有效的金融监管规则将各种互联网金融活动和行业业态纳入监管体系。

2. 建立互联网金融行业自律的完善制度。中国互联网金融协会已于 2016 年 3 月 25 日成立,行业自律架构以及相关自律规范的逐步建立完善,有赖单位会员的不懈努力,并抓紧出台互联网金融的行业标准。

3. 明确互联网金融自律惩戒机制,强化行业规则、行业标准的约束力,不断提高守法、诚信、自律意识。

（二）加大涉互联网金融犯罪违法所得的追缴清偿力度

1. 严格把握赃款、赃物分配原则

司法机关可通过提前介入案件、锁定赃款去向，采取及时冻结、查扣等手段，最大限度挽回财产损失。根据民法善意第三人的原则，只有主观上明知是非法吸收的资金及其转换的财物，或证明是恶意取得的，才能被依法追缴。

2. 严格遵循涉案财物处置原则

对于查封、扣押、冻结的易贬值及保管、养护成本较高的涉案财物，可在诉讼终结前按规定变卖、拍卖，所得价款由查封、扣押、冻结机关予以保管，待案件判决生效后一并协商处置。

3. 统一确定按比例返还原则

从法律层面确定统一处置和按比例返还的原则，有利于依法公正处置涉案财物，消除不稳定因素。

4. 妥善处理刑、民事交叉案件

要依法做好涉案财物的权属认定和返还工作，在同一法律事实下，刑事案件应当优先于民事案件，并根据不同诉讼程序和环节予以依法处理。

（三）建立健全处置涉互联网金融犯罪的相关工作机制

1. 明确跨区域涉互联网金融刑事犯罪案件司法管辖的协商工作机制。按照有利于查清犯罪事实和司法公正的原则，先行立案侦查。在全国有影响的重大复杂案件，可由公安部、两高协商相关地区公安、司法机关按照便利刑事诉讼、属地管辖原则或集中或分案的依法指定管辖。

2. 完善维稳工作机制。要克服地方保护主义，从维护金融秩序、国家金融安全和社会稳定大局出发，做好追赃和赃款赃物依法处置工作。

3. 充分发挥行政执法与刑事司法协商工作机制作用，加强"两法衔接"，强化金融司法与金融监管部门之间有关涉互联网金融犯罪案件的信息交流，健全相关联席会议制度。

4. 针对涉互联网金融犯罪所暴露出的利益输送和权力寻租等"金融腐败"案件，检察机关要及时查办，切实依法履行法律监督职能。

（四）强化涉互联网金融投资风险的司法宣传和法治教育

1. 结合涉互联网金融刑事犯罪典型司法案例，积极开展对互联网金融从业人员、从业机构诚信、守律的法治教育。

2. 结合司法实践，加强对投资人审慎投资的引导和理性投资教育，强化社会民众依法投资的风险意识。

3. 政府职能部门可利用云计算等大数据，建立互联网金融社会融资的警示制度，及时向社会公众发布互联网金融的投资风险。

P2P网络借贷犯罪实证分析
——以中国裁判文书网41份裁判文书为样本

张佩如[*]

一、P2P网贷犯罪的实践样态——样本选择及形式分析

（一）实证样本的选择

笔者利用中国裁判文书网（http://wenshu.court.gou.cn/）的高级检索功能，设定案件类型"刑事案件"，全文检索"P2P"，其他条件不限定，共检索出87条记录，排除与P2P网贷无关的传统"线下"非法集资类犯罪等案件，获取有效样本41件，2014年9件、2015年27件、2016年5件。其中，经二审终审的有6件。

（二）实证样本的特点——样本样态之形式分析

1. 案件定性

定性分歧不大，多以非法吸收公众存款罪定罪处罚。公、检、法对案件定性不一的有4件，占9.76%；检、法及一、二审法院对案件定性不一的各有1件，各占2.44%。法院判决定性为非法吸收公众存款的有33件，占80.49%；定性为集资诈骗的有5件，占12.20%；定性为诈骗的有1件，占2.44%；主从犯分别定性为集资诈骗和非法吸收公众存款的有2件，占4.88%。

2. 涉案人员

被追责的主要为资金实际控制人，其他人员及单位被追责的较少。其他人员被追责的有24件，占58.54%；追究P2P网贷公司单位刑事责任的有2件，占4.88%。

3. 损失情况

受害人数普遍较多，遍及全国各地。受害人数在100人以内的有10家，100-1000人的有24家，1000人以上的有4家，2000人以上的有3家。受害人数最多的是"铜都贷"2685人，涉及全国26个省、市。总涉案金额238.48亿余元，共造成被害人损失11.31亿余元。

4. 地域分布

中东部地区、中小城市多发。已决案件主要集中在山东、浙江、安徽等地，与网贷

---

[*] 作者单位：安徽省铜陵市人民检察院。

天眼统计的问题 P2P 网贷平台所在省份基本吻合,但问题平台较多的广东、上海、江苏等省已决案件相对较少。城市分布上,仅有 4 家位于上海、深圳等一线城市,5 家位于省会城市,其他均位于三四线城市,个别位于县城。

二、P2P 网贷犯罪的实践问题——样本样态之实质分析

(一) 罪与非罪

假借 P2P 网贷之名进行非法集资犯罪的入罪标准,是困扰司法办案的一个难点。41 家网贷平台从设立到案发的平均运营时长 5.6 个月,案发原因均为资金链断裂。投资人报案的有 24 件,占 58.54%;行为人主动投案的有 17 件,占 41.46%。2013-2015 年,全国有 1247 家 P2P 网贷平台出现跑路、公安机关介入等问题,进入司法程序的仅占约 3.29%。同时,2015 年全国运营中的网贷平台有 2595 家。如果行为人能够维持资金链、及时还本付息,往往不会被追究刑责。若资金链断裂,则或主动投案或被公安抓获。41.46% 的投案率表明,行为人对其行为的违法性有明确认知。侦查环节,没事就是民间借贷,出事就是非法集资,入罪被动,标准不清。

(二) 定性分歧

P2P 网贷平台非法集资的法律定性界分标准,在实务中并非泾渭分明。定性分歧的 5 个案件有代表性的凸显了司法实践中出现的定性之争。

	姓名		刑侦罪名	起诉罪名	一审罪名	二审罪名	网络平台
1	颜万卫等三人案	颜万卫	集资诈骗	集资诈骗	集资诈骗		大家网
		盛某	集资诈骗	集资诈骗	非法吸收公众存款		
		傅某	集资诈骗	集资诈骗	非法吸收公众存款		
2	吴义华等两人案		非法吸收公众存款	诈骗	诈骗	集资诈骗	华强财富
3	陈玉根等两人案		诈骗	非法吸收公众存款	非法吸收公众存款		铜都贷
4	伍水军等三人案		非法吸收公众存款	集资诈骗	非法吸收公众存款吸		网赢××
5	缪忠应等两人案		诈骗	集资诈骗	集资诈骗	集资诈骗	优易网

"大家网"案反映,共同犯罪人因地位作用等不同,可能存在不同的定性认识。其他 4 起案件反映对行为人是否有"以非法占有为目的"或"向社会公众吸收资金"的认识不同。

(三) 共犯范围

2 人以上案件的追责人员范围不尽相同。有的只追究实际控制人，如"雨滴财富""德赛财富"等案；有的追究至中层管理人员，如"亿润贷""东方创投"等案；还有的将不同分工人员全部追责，如"力全创投"等案。追究平台搭建者刑责的有 1 件，即浙江安吉县院审判的程某等三人"某投资网"案。如何合理地确定追究刑事责任的人员范围，即 P2P 网贷平台包括实际控制人、中层管理人员以及其他人员等，其中哪些人员需依法追究刑事责任存在争议，各地司法机关的认识和做法不一。

(四) 单位犯罪

追究单位犯罪有 2 件，即"铜都贷""乐贷网"案。两案检察机关指控成立单位犯罪，法院则认定单位犯罪。其他案件检察机关没有指控，法院则没有认定。在定性相同的案件类比中，是否认定为单位犯罪各地及同一地区司法机关的做法不一。

三、P2P 网贷犯罪的实践路径

(一) 厘清入罪标准

1. 明确 P2P 网贷的信息中介性质

2015 年 7 月，央行等十部委发布的《关于促进互联网金融健康发展的指导意见》对 P2P 网贷的性质作出了明确界定：一是 P2P 网贷合法，二是 P2P 网贷的性质是信息中介平台。应否入罪关键是对第二点的认定。P2P 网贷平台与委托人之间形成居间合同法律关系。涉案网贷平台均偏离了居间信息中介这一性质定位，主要运营模式是：发虚假借贷标，高息向社会吸收存款，或高息放贷赚取利差或投资、自用等。如"铜都贷"，自成立至案发，6 个月内以年回报率 27% –41% 发布各类虚假借款标 1050 个，诱得 2685 位投资人资金 3.46 亿余元，资金被用于购买土地 2 宗、房产 30 余宗、放贷等。

应当以是否严守传统的"信息中介"经营模式作为划定 P2P 网络集资刑法规制的界限，将"异化"的 P2P 网络集资纳入刑法规制范围，将传统"信息中介"式的 P2P 网贷平台排除在犯罪圈之外。对真假 P2P 网贷平台的区分首先要查清平台的真实运营性质，是仅为投资方和融资方提供信息交互、撮合、资信评估等信息中介服务的真平台，还是欺诈社会公众、以高息为诱饵，进行非法集资的假平台。

2. 把握非法集资类犯罪的本质

2013 年 11 月，央行等九部委举行的处置非法集资部际联席会议，对"以开展 P2P 网络借贷业务为名实施非法集资行为"作了三类界定：一是"资金池模式"；二是"不合格借款人导致的非法集资风险"；三是"庞氏骗局"。"不合格借款人"尚无已判案例可循。"资金池模式"和"庞氏骗局"在司法实践中的区分界线并不明显。高额的付息成本是假平台所不能承受的，通过不断增发虚假标圈进资金，沉淀产生资金池，偿付前期本息后，再使用资金，直至资金链断裂，形成期限之间的错配和资金池之间的复合

"庞氏骗局"。

涉案网贷平台，一是借用 P2P 网贷合法形式，未经批准，行非法集资之实；二是通过网贷新闻网、网贷之家、网贷天眼、百度推广、QQ 群等方式向社会公开宣传；三是承诺 18% - 41% 的高额回报；四是因网络的开方性，面向社会公众，吸收资金对象不特定。假借 P2P 网贷之名进行非法集资的案件，在本质上都是非法集资这一传统犯罪的变形，只是从"线下"搬到了"线上"，与互联网金融创新毫无关系。"万变不离其宗"，不论行为人是采用传统手法，还是变型手法，在判断是否构成非法集资类犯罪时要把握司法解释规定的四个要件。

由于平台在资金匹配之前即归集资金，以期限错配形式形成资金池，达成一对多交易。这种交易符合非法集资类犯罪集资性和社会公众性的本质因素。如果 P2P 网贷平台符合非法集资类犯罪的本质特征，侦查机关应主动介入，予以入罪。

(二) 准确行为定性

1. 关于"向社会公众吸收资金"的认定

涉案网贷平台"向社会公众吸收资金"均非常典型，司法实践中一般应予以认定。"华强财富"案，一、二审法院对"向社会公众吸收资金"的认识，理应不具争议。

2. 关于"以非法占有为目的"的认定

定性为集资诈骗的案件，行为人均承认吸收资金目的或为赚利差或为自用等，否认具有非法占有的故意。集资款的实际用途及行为人的事前、事后行为等客观表现，是能否认定"以非法占有为目的"的关键。司法解释列举式规定了可以认定为"以非法占有为目的"的七种情形，行为人的行为符合任一种，可直接认定。同时还应注意区分以下两个方面：一是区分"无法退赔"的原因。"无法退赔"与"以非法占有为目的"并不存在必然联系，不能仅以此推定。"无法退赔"既有归还债务、炒股等主观原因，也有确因投资失败、放贷未收回等客观原因。对于集资款未投到集资宣传时的经营项目，而是投入其他实业经营，造成亏损的，也不能仅以此认定其具有非法占有目的。行为人因把资金用于不能产生收益或高风险投资等主观原因导致"无法退赔"的，可以考虑认定。二是区分"资金用途"的比例。考量可产生收益与不可产生收益资金比例，用于可产生收益与资金规模明显不成比例的，可以考虑认定。非法吸收公众存款案件比例高达 80.49%，就是因为司法机关在裁判时充分考虑了上述两个因素。

3. 分离定性

涉罪人员有的只负责其中的一环，主观上没有非法占有资金的目的，也不明知资金的实际用途，客观上亦仅领取酬劳。此时，对"老板"与"员工"分离定性，符合刑法主客观相一致和罪责刑相一致的原则。如"大家网"主犯颜万卫及"君茂财富"主犯厉俐君、李海红主观非法占有故意明显。其他人员主观虽有帮助吸收资金的故意，但客观上不占有、支配、使用资金，仅领取酬劳，如不能证实或推定有明知主犯非法占有的目的，则仅在非法吸收公众存款罪范围内成立共犯。

(三) 合理确定共犯

涉案平台的运管人员大致可以区分为：高层——建立平台，控制并支配资金使用的实际控制人；中层——领取酬劳，具有事务管理性人员，如运营总监、财务总监、客服主管等；一般——领取酬劳，主要事务具体执行人员，如制发假标、账务管理等核心事务人员；普通——领取酬劳，其他事务执行人员，如从事客服、记账等纯粹性事务人员。大部分案件以追责高层人员为原则，中层人员结合具体案情具体分析，存在中层人员的则一般人员不追责，不存在中层人员的，追责任一般人员的比例很小。追责平台搭建者责任的只有1件，追责普通人员的为0。体现出"高层打、中层看、一般慎、普通放"的司法实践规律。

就共犯范围而言，不能简单地以行为人的身份作为划分依据，应当综合行为人的客观行为事实及主观故意，区别对待，防止打击范围过宽或过窄。

1. 从主观故意上区别对待

对于不明知系非法集资的不能以共犯论，同时严格限定主观推定的适用。如中层管理人员，如果没有故意编造、伪造行为内容或对真伪不知、不负责，仅就其职责内的事务进行管理，则不能推定共同故意的主观罪过。

2. 从客观行为上区别对待

对与高层相勾结或主观明知，负责编造虚假资料，虚假宣传，转移、掩盖资金等人员应当定罪。对纯粹负责记账、客服、技术、行政等人员，则不宜定罪。

(四) 区分单位犯罪

绝大多数案件都没有被认定为单位犯罪，辩护人以此为角度的辩护意见也均未被采纳。"铜都贷""乐贷网"两案判决书，均未阐述认定单位犯罪的理由，但单位犯罪的认定似有不妥之处。两平台所属公司均为设立平台而专门成立的新公司，虽投资人的投资款以该公司名义收取，但行为人的目的是利用平台进行非法集资，显属司法解释规定"公司成立后，以实施犯罪为主要活动"，不以单位犯罪论处的情形。司法解释以公司人格否认制度为依托否定单位人格，旨在保护单位避免因自然人利用而沦为犯罪的工具。鉴于P2P网贷平台的信息中介性质，能否认定为单位犯罪可区分两种情形：

第一，未从事信息中介性质服务。P2P网贷公司的吸收资金行为均属非法，符合司法解释规定的不以单位犯罪论处的情形，不应认定为单位犯罪。

第二，有从事信息中介性质服务。此种情形有两种情况：一是少量从事信息中介性质服务。虽然公司在设立后有过一些正常的经营活动，但逐渐演变为"以实施犯罪为主要活动的"，即使还存在少量"正常经营活动"，也不影响对单位犯罪的否定。二是少量从事吸收资金行为。如果行为人确为单位利益，违法所得也归于单位、用于单位，则可以成立单位犯罪。如果行为人是为了个人资金用途，吸收的资金也为个人所用，依然应否定单位犯罪的成立。

利用虚假股票交易平台实施诈骗犯罪的特点及预防建议

史少桥[*]

2016年以来，江苏省泗洪县检察院就办理的利用虚假网络股票交易平台实施诈骗犯罪案件开展了调研，具体情况报告如下：

一、该类犯罪具有的特点

（一）犯罪平台搭建"以假乱真"

如朱某等人涉嫌诈骗罪一案中，犯罪嫌疑人为了实施犯罪先是在河南省新乡市注册成立了"皮包公司"——新乡市金臻商贸有限公司，然后以该公司为名发展成立骗子公司"嘉德期货公司"的代理公司，取名"创元资本管理有限公司"，且在公司网站上设公司介绍、业务介绍、客户咨询、疑难解答等内容，并有一个"嘉德A1008融资融券"客户端。客户安装该软件包打开后，界面左边是客户能买的股票（即股票池），中间是买卖股票操作的地方，右边是客户账号、金额等项目。该客户端根据真实沪深股市的股价波动显示，结合客户买卖股票的交易量实时显示盈亏数。但实际上，客户在该平台买卖股票的行为是通过后台软件虚拟操作显示，根本没有真实交易发生，购买股票的资金均通过上海通联支付网络平台转入犯罪嫌疑人的个人账户。

（二）虚构"收益稳定、运作规范"幌子，诱骗被害人投资

犯罪嫌疑人大肆宣传平台具有融资比例高、收益稳定特点，并制作虚假公司自有股票行情图、股民投资盈利截图发在QQ群里面，诱惑被害人投资。一旦有客户前来咨询，犯罪嫌疑人即向客户展示公司业绩、经营许可等资料信息以及股民纷纷加入该平台要求提供指导的场景截图。骗取客户信任后，即提出加入使用该平台要求。

（三）分工合作，以"先赚后赔、逆向指导"的方式让客户亏损

犯罪嫌疑人按照"队员—队长—指导老师"的层级模式进行分类：3－6名"业务员"编为一个团队，并设队长一名，指导老师由专人担任。队员的任务是在淘宝上网

---

[*] 作者单位：江苏省泗洪县人民检察院。

购太阳级 QQ 号,按照"话术"指南(就如何与客户交流、骗取其信任而制作的操作说明)推广诈骗软件,吸引股民前来开户。队长负责对队员进行指导或培训。指导老师负责与有投资意向的客户进行后期跟进沟通,诱骗其注入更多的资金。交易之初,指导老师会按照实际股市行情进行正确的推荐,待客户赚取部分利润后,诱导其加大资金投入,之后推荐客户进行与实际涨跌行情相反的买卖,致其迅速亏本。若客户提出质疑,犯罪嫌疑人则解释称原因是投入的资金量小,排名靠后,要求继续加大资金投入,将排名提前,并能获得更高水平老师的指导。当客户追加资金后,由另外一名犯罪嫌疑人冒充更高水平的指导老师,仍采用推荐"逆势"股票(即与实际涨跌方向相反)的方法,提供虚假信息,使客户在该平台交易的股票继续亏损,直到客户本金赔光或者是客户感觉上当,将剩余的资金撤出。

(四)"金蝉脱壳"迅速转移被害人资金

被害人在"嘉德 A1008 融资融券"交易平台买卖股票的资金并没有进入证券市场,而是流入总公司"嘉德期货公司"的账户,然后由该公司留存客户亏钱总额的 20%,剩余 80% 交给下级代理商,即犯罪嫌疑人代理的创元资本管理有限公司,再由其按比例分配给员工。

二、防治此类犯罪的对策建议

一是强化对诈骗犯罪的打击。公安机关对群众举报和有关部门移送的涉嫌诈骗犯罪线索,要迅速予以处理。坚持做到早发现、早打击。同时,积极为被害人追回损失,做好联系工作,以减少社会不稳定因素。二是加大宣传力度。充分运用电视、报刊、网络等媒体,宣传新型诈骗犯罪案例,引导广大群众认清网络诈骗的本质和危害,提高识别能力,增强理性投资意识和风险防范意识。三是加强网络监控和管理。公安、工商等职能部门要加大网络监管力度,增强信息采集能力,建立信息共享机制,畅通信息传输渠道,整合部门力量,协调配合,提高预防监督的能力。

关于维护区域金融稳定、办理涉众型非法集资类案件的调研

上海市杨浦区人民检察院

2015年以来,上海市杨浦区检察院积极应对非法集资类犯罪井喷式增长、连锁式爆发态势,起诉非法集资类犯罪15件56人,涉案金额近8亿元,投资人逾4000余人,通过准确适法、高效办案、妥善接访以及积极预防等方式,全力护航区域金融稳定。

一、把握节奏,内外联动高效办理案件

针对非法集资案件爆发集中、案件嫌疑人众多等实际情况,杨浦区院大力发挥捕诉一体的格局优势,科学统筹,衔接得当,保障办案工作的高效率、高质量。

(一)科学统筹,分配办案力量

打破一般分案方式,制定主办与协办方案,资深承办人与协助干警分头做好审讯固证、案卷审阅和报告撰写等工作,平稳应对办案高峰。对于复杂的新型案件,分管副检察长亲自参与案情讨论,提审讯问,把关案件质量。

(二)提前介入,明确类案标准

与公安机关协商,非法吸收公众存款案件必定派员提前介入,全面把握案件情况,掌握办案主动权。尤其如对涉案数亿元的百银公司系列非法吸收公众存款案件办理过程中,先后5次提前介入侦查,与公安机关详细商讨和制订了办案方案,就线上线下涉案人员的分割、证据规格、审计要求以及移送节奏等明确了标准和步骤,全程有效引导侦查取证,确保案件质量。

(三)细节衔接,节约办案时间

要求公安机关就非法吸收公众存款涉案人员按照涉案人职业层级制表,详细列明吸收数额、返还数额等,一案一表,随案移送。要求卷宗按照涉案人分类,除公用卷外,一人一卷,方便案件查阅。案件起诉时,在科学分案、灵活把握起诉节奏、提高效率的同时,取得良好的庭审效果。如百银公司首批15名犯罪嫌疑人,涉案金额至100余万元至5000万元不等,杨浦区检察院充分释法促使其全部认罪,根据其职业层级分为5件案件集中起诉至法院,并随案移送"犯罪层级图表"、"数额认定说明",后法院成立专

审小组在一个月内集中开庭审理宣判，分别判处有期徒刑 1–6 年。

二、破解疑难，围绕焦点精准法律适用

非法集资在实践中的手法和运作方式多样化、复杂化，给案件准确定性带来难度。杨浦区检察院通过积极协商、寻求支持以及加强研讨，逐个破解难题，明确类案法律适用标准，均获法院判决认可。

（一）分歧认识的疑难问题，加强沟通

如"口口相传"能否定义"公开宣传"，"亲友"和"单位内部人员"是否均属特定人群等问题，检察院和法院在认识上存在分歧。庭前多次与法院联席研讨，从理解立法精神入手，明确了结合行为人主观意图、行为方式等综合认定的原则，防止简单理解单行为产生的法律适用偏差。

（二）时代背景的新型问题，寻求支持

成立资产管理公司，打着互联网金融 P2P 旗号开展非吸业务，鼓励员工自行投资，鼓励社会公众"带单入职"如何界定行为性质和犯罪数额，是法律适用的新问题。为此，杨浦区检察院积极寻求上海市检察院业务处室支持，邀请专家授课，明确了"带单入职"系属最新司法解释规定的"将社会公众发展成为员工再向其吸存"的范畴，应当作为犯罪打击，同时，明确员工自行投资的数额员工管理者负责的原则。

（三）法律适用的细节问题，内部研讨

非法吸收公众存款犯罪数额的认定直接影响行为人的定罪量刑，对于多次投资部分返还、一次投资多次续投如何计算数额必须明确统一的标准。科内数次召开主诉联席会议研讨，形成明确的数额计算意见：非法吸收公众存款案件系资金占用型犯罪，以实际吸收的金额作为犯罪金额符合犯罪实际情况，故应多次投资的累积计算，对一次投资多次续投的，以投资人是否实际取出为标准确定是否计算。同时考虑罪刑平衡，在量刑建议时，综合考虑造成存款人直接经济损失情况确定刑期。

三、稳妥接访，多级释法严控涉案矛盾

非法集资案件增多直接导致涉案投资人来访量增加，2016 年杨浦区检察院积极应对，妥善处理了非法集资案件投资人集访、个别访 10 余次。

（一）充分尊重投资人相关权利

对于来访询问案件进度，要求了解案件办理情况的，均认真接待并当面答复、介绍案件情况；对于要求严惩或者要求不作犯罪处理的，均当面严肃阐明定案依据和理由；对提供证据、举报等新诉求的，均详细记录并通过补充侦查要求公安机关予以查证。

（二）制定和完善接待预案

采取横向"金融＋控申＋法警"部门协作、纵向"承办人＋科室负责人＋分管检察长"多级释法，杨浦区检察院针对初访、重访、多次访、集访以及闹访制定不同层级的接待预案，按照来访次数或者事态的发展级别启动应对方案，坚决制止扰乱正常办案秩序的闹访。如对一起南京涉案投资人组团来院闹访的事件，检察院果断通过公安机关清场，对带头闹访人员予以训诫，阻止了事态恶化。

（三）加强内部信访接待培训

办案部门开展全科非法集资案件摸排、评估，及时了解案件信访风险，定期就每起信访案件的处理情况进行通报，并要求全科干警在办理案件的过程及时了解案件信访风险，注意理性、平和接待案件投资人，立足职能妥善化解社会矛盾，提升办案社会效果。

四、积极预防，建言网络金融健康发展

（一）紧扣情势时时预警

杨浦区检察院会同公安经侦就区域内容易聚集"非吸"公司的五角场商圈商务楼进行租赁情况摸排，摸排出"投资咨询""金融财富"招牌的疑似"非吸"公司近40余家，掌握全区可能存在非法集资的商圈、办公楼第一手资料，共同分析全区案发趋势，撰写《非法吸收公众存款案件多发存防控风险需引起重视》情况反映，获得上海市检察院编发，作为时时预警材料。

（二）加强调研预判刑事风险

杨浦区检察院充分依托检校共建的资源优势，联合高校开展问题调研，撰写了《互联网金融的刑事法律风险分析》，对众酬类金融产品可能触犯的刑事罪名进行分析，对未来可能引发非法集资类犯罪进行预判，为互联网金融健康发展积极建言。

四川省非法集资犯罪分析报告

符尔加[*]

近年来,四川省非法集资犯罪呈爆发式增长,截至 2015 年 9 月,全省检察机关共批捕非法集资融资类犯罪 663 件 1091 人,涉案金额高达百余亿元,涉及债权人、集资户万余人,并引发融资企业负责人、借款人等潜逃、投资人血本无归等情况,在干扰正常金融秩序的同时,严重侵害人民群众财产权益,影响社会稳定,应引起重视。

一、四川省非法集资犯罪案件的总体态势

(一)案件数量和涉案金额呈几何式增长

2012-2013 年,全省检察机关批捕的非法集资犯罪案件为 140 件 286 人,2014 年一年就达 192 件 355 人。而 2015 年 1-9 月,非法集资犯罪案件数就已达到 471 件 826 人。从涉案金额看,仅汇通一家公司案涉案金额达 34 亿余元,远远超过了往年全省全年甚至数年的非法集资犯罪数额。

(二)受害人数众多,已引发群体性事件

随着案件数量和涉案金额的增加,非法集资犯罪的被害群众人数也大量增加,初步统计 2015 年批捕案件的受害群众已达万余名,其中仅汇通公司一案就涉及 2700 余名被害群众。由于受害人数众多,损失挽回困难,部分案件已引发群体性事件。如汇通公司人员涉嫌集资诈骗、非法吸收公众存款案,受害群众财产受损后,无法向集资者讨要,已多次在省委门前、公司原办公地点聚集,造成不良社会影响。

(三)各种理财、担保公司成为主要的犯罪平台

近年来,民间金融呈爆发式增长,很多打着融资中介、理财、担保、投资咨询旗号的公司如雨后春笋般出现在大街小巷。但很多公司都是以理财、担保为名,行非法集资之实。2016 年以来,直接由民间理财类公司参与的非法集资犯罪涉案金额占到了总涉案金额的 60%。其中,既有一些规模不大,成立时间短,完全是为进行非法集资活动设立的小公司,也有一些已成立时间早,已开展多年合法金融业务,在行业内具有较高

---

[*] 作者单位:四川省人民检察院。

声誉的大公司。例如汇通公司，而这类公司非法集资往往数额更大，手段更隐蔽，所造成的社会危害也更大。

（四）金融产品成为新的集资"项目"

在前几年的非法集资案中，犯罪分子多以房地产开发、农业科技、矿产开采、医药保健、高新技术等"实体项目"为载体，以项目的创新性和高盈利性为诱饵诱骗群众进行"投资"。而2016年以来，除了以上述传统项目为名外，一些经过精心包装的"金融产品"成为新的集资项目，这类"项目"多针对一些个人及家庭较为富裕或者本身有投资需求的人群。这类案件往往涉案资金量巨大，对当地经济和金融秩序的危害更大。例如昕正华宇股权投资基金管理成都公司非法吸收公众存款一案中，其通过策划、包装、宣传"基金产品"，向银行高端理财客户散发基金宣传资料，以100万元至300万元一份的认购门槛，共非法吸收公众存款人民币6亿余元。

二、四川省非法集资犯罪案件高发的原因

2016年以来非法集资犯罪高发，既有一直以来存在的群众投资渠道不畅、小微企业贷款难等固有原因，也是近年来该省乃至全国金融市场各种新问题的体现。

（一）对金融管理体制改革的误读

近年来，为推进建立现代金融体系，为解决融资难、融资贵等问题，中央全面深化金融体制改革，同时鼓励地方进行创新。然而一些金融行业的从业者、投资者，甚至包括一些地方官员只一味地追求创新，重视对现有体制的打破，而置法律和政策的红线于不顾，再加之近年来实体经济增速放缓，一些地方转而将发展金融等虚拟经济作为推动经济发展的重要手段，而不愿意把钱投入到实体经济中去，导致一些新兴的金融模式出现畸形繁荣而缺少实体经济的支撑。以四川省为例，近年来担保、理财公司呈爆发式增长，根据公开数据显示，2014年该省全年累计融资性担保余额达2015.2亿元，在全国位居前列。但与此同时，由于实体经济不够景气，融资担保行业实际上成为一个低收益、高风险的行业，纯做担保的公司靠担保费用根本无法盈利，进行非法集资、高利贷成为较为"普遍"的现象，甚至形成了各个担保、理财公司之间层层集资、层层放贷的"击鼓传花"的局面，一旦其中一环断裂，就波及整个链条。

（二）小企业融资难的问题未得到根本转变

由于部分小企业在抵押担保、资信条件等方面存在劣势，通过正规渠道很难从国家银行贷款，而随着非法资金中介不断抬升民间借贷的利息，对于民间借贷依存度较高的中小企业，在向民间融资后，一旦经营出现问题，往往难以承受高额利息。一些企业只能采取相同的手段向更多人或资金中介筹集资金，以偿还之前的借款本金和利息，或者直接以各种变相手段和高息回报为投资诱饵，面向社会非法吸收公众存款，由此产生滚雪球现象，导致涉案人数和资金不断增加，最终资金链断裂，集资者血本无归。

（三）非法集资的历史性土壤未被铲除

20世纪80年代中后期，为缓解国有银行内部整顿和改造造成的中小乡镇企业贷款难问题，四川省农村自发创造了农村合作基金会组织，在得到地方政府和农经部门的支持后，这种形式迅速在全省蔓延并成为非法集资和高利贷的重灾区，最终在90年代末被中央取缔，但其间出现的挤兑风波，严重危及了农村及基层政治稳定。尽管农合基金会的影响目前已基本消除，但这种为解决融资难而"另起炉灶"式的做法，却得到了一些地方和人群的认同，成为新一轮非法集资爆发的温床。

（四）受害人贪利心重，法治意识和风险意识低的现象仍然普遍

近年来，尽管有关部门和媒体进行了大量抵制非法集资的宣传，但受到一定社会大环境和自身小环境的影响，很多人抵挡不住诱惑参与集资活动。主要有以下几种心理：

1. 贪利心理驱使。改革开放30余年来，无论是普通群众的收入还是投资者的收益都一直保持着较快速度的增长，使得很多人都对未来的财富收益产生了过高过强的期望，收益相对较低的存款、银行理财无法达到其期望值，在贪利心理的驱使下，再加上犯罪分子"高收益，低风险"的宣传，而参与非法集资。

2. 法治意识淡薄。很多集资者对于国家关于金融方面的法律规定和政策并不清楚，有的了解一些但认为各种类似的非法集资只是打擦边球，并不违法，因此参与其中。

3. 从众心理明显。很多集资者对于集资活动本身抱有一定的怀疑，但是面对亲友的推荐以及一些集资"致富"者的示范，在从众心理的驱使下，最终也参与到集资活动中。

4. 个别人抱有赌博心理。由于多年来被查获的非法集资案中，参与较早并迅速退出的集资者往往都获得了丰厚的利润，因此很多集资者明知是非法集资，也清楚其巨大危害，但抱着"赚一笔就跑"的赌博心理参与其中。而一旦出现问题，这些集资者也并不积极报案，而是希望转嫁风险，客观上纵容了非法集资的发展。

（五）监管机制尚不适应现代金融体系

对于金融活动的监管有多方的责任主体，如银行、银监局、金融办、工商部门、公安部门等。但在实际运行中，对非法集资活动的监管存在漏洞。一是对于集资活动的掌握不够及时，对于犯罪分子初期大张旗鼓的高调宣传行为没有引起足够的重视，或者不查，或者查不彻底，仅以行政处罚了事。一些非法集资活动，直到资金链断裂群众纷纷报案，才进行彻底的查处。二是对于非法集资广告的审查不严，一些正规媒体甚至成为其宣传的主要途径。例如廖某等6人就是通过长期在当地晚报上刊登公司经营广告，承诺高额利息，来进行非法集资活动。三是一些金融机构内部监管不到位，如王某非法吸收公众存款案中，王某是某商业银行大堂经理，受某投资管理公司委托在该商业银行的业务大厅代为销售该投资公司的理财产品，收取提成，银行作为直接监管主体明知投资公司利用了自己的信誉，却坐视不理。

三、防范金融风险的对策建议

（一）正确处理金融发展、改革与稳定的关系

发展是目的，改革是动力，稳定是前提。这三者的关系同样适用于金融领域。金融发展并以此更好服务实体经济和促进经济发展，是金融工作的根本目的。金融改革和创新是金融发展的根本动力和重要手段，防范和抵御金融风险、保持金融稳定则是金融发展和改革的重要前提。不仅如此，实际上稳定对于金融体系的重要性远远超过了经济的其他方面，这一点已经被国内外的经验教训反复证明。因此，在坚持加快金融改革创新的同时，必须坚持金融体系稳定是"压倒一切"的任务，既不能有任何侥幸心理，也不能有"例外"思想，在改革创新中可以容忍风险，但绝不能无视和放任风险。

（二）有序推进金融管理体制改革

近年来，四川省提出要"推进以成都为主要载体的西部金融中心建设"，围绕这一目标，针对当前以融资担保行业为代表的金融乱象，必须有序推进金融管理体制改革，建设公开透明的金融市场，健全多层次资本市场体系，提高直接融资比例。一方面要深刻吸取农合基金会的教训，彻底摒弃"另起炉灶"式的做法，在中央搭建的框架下，针对现行金融管理体制中的问题，进行探索和完善，坚决不踩法律和政策的红线。另一方面要进一步鼓励和规范民间合法借贷，减少和杜绝非法揽储和放贷行为，使民间资金有序流动，特别是要引导民间金融机构特别是民营融资担保公司健康发展。同时，必须完善2016年以来针对融资担保行业应急管理的后续措施，既不能使改革倒退，也不能使发展转向。

（三）加强监管，防范风险

实现金融稳定必须加强和改进金融监管、构建金融安全网，必须在推进金融市场化改革的同时，更好地发挥政府在金融监管和风险防范、保持金融稳定中的作用，完善风险监测、识别、管理和处置工作机制，坚决杜绝引发区域性系统性风险。在监管主体方面，银行、银监局、金融办、工商部门和公安机关是主要责任人。首先，工商部门要做好线索监控，把好第一道关，对于不具备资质或者超越经营范围的融资中介组织要及时查处，对于通过发投资传单等形式非法揽储的线索要及时移交。其次，银行要做好资金异常流向监控，对于资金流向出现异常的融资中介公司要及时跟进，全面监控；银监会要严格规范银行业务场所的业务行为。最后，公安机关要提前介入，对于排查中获悉的潜在非法吸收公众存款、集资诈骗等融资中介公司类的负责人要提前进行全程监控，采取必要的限制措施，检察机关必要时要引导侦查。

（四）加强宣传，提高警惕

非法集资特别新型非法集资犯罪，其形式逐年衍变、花样翻新，普通民众识别困

难。司法部门应加大普法力度，对于典型案例要及时整理公布。相关监管主体也要加大宣传力度，借助电视、广播、互联网、报纸等新型媒介和传统媒介及时揭露融资中介活动中可能存在的新型违法犯罪手段，同时相关部门可以对融资企业的信誉进行公布，提高其透明度。

（五）形成联动，合力打击

对于该类犯罪在坚持刑法的谦抑性，预防为主的同时，应当严厉打击融资类犯罪行为。首先，执法机关要提前介入，主动打击，把给民众造成的损失降低到最小。其次，要确立专门的牵头部门，全面统筹、整体规划、形成合力。最后，要形成长效机制，避免一阵风式的运动执法。

非法集资犯罪发案特点、司法难题及防治对策

方丽萌　王　攀　吕宇平[*]

近年来，包括浙江省东阳市在内的不少地区非法集资犯罪案件多发，该类犯罪普遍以高利率、高回报率迎合群众趋利的心理，吸引社会资金，对经济发展的危害不可低估。东阳市人民检察院成立课题组，以该地区 2014－2015 年办理的相关审查逮捕案件为样本，针对如何在法治轨道内对涉众型集资犯罪进行惩治、预防展开调研分析。

一、发案特点

2014 年 1 月至 2015 年 12 月，东阳市人民检察院共受理审查逮捕非法集资犯罪案件 34 件 47 人，涉及 18 个犯罪团伙，直接受害的债权人达 13793 人，涉案总金额 57.23 亿元。而 2010－2013 年受理的非法集资案件仅有 3 件 6 人，该类案件两年间呈爆发式增长，具体有以下特点：

（一）犯罪手段主要有两种类型

一是在没有任何投资和经营情况下，虚构投资用途，声称自己做玉石、红木、期货等生意利润很高，投资比较稳，骗取周围群众信任进而获取大量资金，再高利转借给他人赚取利差，同时用于偿还前期借款本金及高额利息，维持资金拆借的链条。吸收资金的时间越长，资金量越多，漏洞也就越大，一旦外面资金无法及时吸收进来或对外转借款项无法收回，资金链条就会断裂。这种犯罪手段在个人所实施的非法吸收资金行为中最为多见。二是犯罪嫌疑人名下有真实企业，利用所在企业的名义，以企业实际投资的房地产、影视、红木等生产经营活动或到银行贷款为由对外吸收群众资金，所取得的资金部分用于房产投资等生产经营，部分用于偿还前期借款本金和利息。

（二）犯罪持续时间长，受从众心理推动

集资类案件存在的问题一般在前期很难暴露出来，之后随着时间持续，到了后期嫌疑人资金漏洞逐渐加大，资金链断裂，不能吸收更多的资金，无法及时偿付被害人本息

---

[*] 作者单位：浙江省东阳市人民检察院。

的时候，案件才会浮出水面，才会被关注。集资类案件问题的暴露常常是偶然性和必然性结合的结果，群众的从众心理对犯罪行为延续间接起到了推动作用，推迟了问题的暴露。

（三）单位犯罪较多，造成损失较大

涉案企业一般缺乏现代财务管理制度，财务混乱，账目不规范，公司高层可以随意支取公司资金，部分支取资金不入账，公司高层只管支取资金、不考虑利息等财务成本，资金部经理以及公司会计、出纳虽然对吸收进来的资金有登记，但是无法掌握资金流向，对公司资产、负债均不清楚，导致公司财务很容易出现问题。非法吸收公众资金的企业特别是建筑企业自有资金较少，多数通过借贷资金、外来资金运作，财务成本高企不下，每月所需要支付的利息达数千万元，所吸收的资金有近一半用于归还前期借款本金和利息，一旦投资项目无法及时资金回笼或无外来资金注入，资金链马上就会断裂。

（四）犯罪成员存在家族化形态

涉众型集资案件涉及对外宣传、吸收资金、记账、资金转账支取等多个环节，单个犯罪嫌疑人往往很难单独完成所有事项，而家族化团体中家族成员相互之间更为信任，更利于完成犯罪。

（五）有机关干部参与，影响恶劣

在非法吸收公众资金过程中，有的犯罪分子利用参与集资的机关干部为"招牌"进一步骗取群众信任，有的在借款过程中利用机关干部的信用为其担保，导致部分放高利贷者甚至将机关干部担保作为借款的条件。有些机关干部也为了蝇头小利将自己的资金借给犯罪分子，甘愿帮助犯罪分子担保，替他们对外宣传，吸收自己单位同事、亲戚、朋友的资金。当犯罪行为人资金链条出现问题时，为了保住自己存入和担保的资金，有的干部甚至积极参与到对外吸收资金过程中。有些涉案的机关干部具有一定级别，甚至有退居二线的领导干部。机关干部参与非法吸收公众资金活动中，无论是作为被害人还是犯罪嫌疑人都将直接破坏政府部门公信力，引发群众不满。

（六）受害人数众多且涉及面广，社会危害大

犯罪分子利用群众趋利的心理，利用高额利息诱惑，先是向周围的亲戚、朋友、同学借款，再之后向社会其他普通群众发展，当中不乏一些低收入人群、老年人等社会弱势群体。有些老年人在犯罪嫌疑人诱惑之下为了使晚年生活更有保障，将自己数万元不等的毕生积蓄拿出来获取利息，也有些老年人将自己的房屋抵押给银行借款之后再转贷给涉案企业获取利息差，甚至有人因为企业资金链断裂存入的钱无法取回导致家人身患重病而无法医治。一旦案发这些群众势必要维护自己的合法权益，极易采用非理性的方式表达诉求，导致社会群体性事件爆发，严重影响社会稳定。

二、司法认定困境

（一）罪名认定上存在困难

有的案件中，吸收资金的行为是合法的民间借贷还是非法集资，罪与非罪的认定难度比较突出。另外，不少案件中民间借贷和非法集资行为交叉，有的案件前期为民间借贷，后期为非法集资，中间涉及诈骗，行为人构成何种罪名，各个不同行为的时间点如何区分等存在争议。

（二）司法处理标准不统一

不同的案件中，犯罪情节相似的行为人处理标准不统一；案外压力导致对犯罪行为人处理标准不统一。在处理涉众型集资案件中，有些犯罪嫌疑人未对主要犯罪嫌疑人的非法吸收资金行为起到实质帮助作用，有的只是提供自己银行账号给涉案公司使用，最初侦查机关并未对其作为犯罪打击处理。但是基于这些嫌疑人与主要犯罪嫌疑人有亲属关系，或者其银行账号接受了非法吸收的资金等因素，受害群众持续信访对司法机关施加压力，要求对其采取强制措施。

（三）侦查取证困难多

涉众型集资案件一般涉及被害人多、金额大、犯罪持续时间长、涉案财物数量众多，给侦查取证带来很大困难。某些案件中，单单完成对数百名、数千名被害人的取证就耗时一两个月。有部分债务人出于追偿债务的考虑，迟迟不愿意报案或如实陈述事实。另外，由于涉众型集资案件短时间内集中爆发，导致侦查机关办案力量捉襟见肘。在案件取证中，数千万、数亿乃至数十亿资金流向是查办案件、追缴涉案赃物的关键，而对这些涉案资金的司法审计往往耗时数月时间。侦查取证中赃款、赃物追缴困难。

（四）涉案财物追缴、保值、处置难度大

涉众型集资案件中涉案财物往往多种多样，包括现金、房产、车辆、股票、有价证券、商标等有形、无形资产，给追缴、保值和处置带来较大难度。资产追缴到位之后如何进行保值也是案件处理的另一个焦点。除了现金之外，房产、车辆、股票等的价值在市场上都是波动的，特别是在股票市场波动比较大的背景下，股票的价值保值问题更为突出，房产、车辆等其他资产价值亦可能波动。另外，对于涉案资产的处置，直接关系众多受害群众的切身利益。处置的主体、方法、时限等都容易产生争议，特别是对于股票等价值容易变动的资产的处置更为困难。

（五）受害人利益诉求多样，办案压力大

在案件办理过程中，受害群众出于自身利益最大化的考虑，提出的诉求各不相同，致使依法化解涉法涉诉信访矛盾的难度很大。

三、加强对非法集资犯罪案件惩治和预防的建议

（一）加强部门联动

非法集资案件作为重大的涉众型经济犯罪案件，对其有效惩治、预防需要在党委领导下多个部门、多个环节配合和协调。司法机关作为其中环节之一，需要和审计、银行、工商等多个部门、机构通力合作，才能保障案件顺利、平稳解决，维护良好的社会金融环境。

（二）进一步完善银行业借贷制度

加大银行对企业正常发展的资金支持力度，积极稳妥地帮助企业发展。从严打击银行业存在的高利转贷行为，规范银行借贷程序，保证银行贷款专款专用。严格查处银行机构违法发放贷款，从业人员充当金融掮客的行为，杜绝和防止银行对非法集资的推波助澜。

（三）加强对企业的融资管理

畅通企业融资渠道，通过银行、小额贷款公司对企业特别是建筑企业生产经营过程中的正常资金需求通过适当方式予以支持。适当控制企业经营规模，根据企业注册资本、经营资产对本地企业经营规模、负债比例设立预警制度，对超出预警范围的企业及时调整，降低风险。鼓励企业采用上市、合并等合法方式进行融资，严厉打击企业非法融资行为，从苗头上及时发现、杜绝企业非法集资。引导企业建立良好的财务制度，提高资金运作效率，降低企业财务成本。

（四）加强对党员干部管理

要坚持在党委领导下全面禁止党员干部参与非法集资等违法活动，严格限制党员干部参与民间借贷。

（五）坚持法律底线，统一办案标准

查处、打击涉众型集资案件必须坚持法律底线，统一办案标准，对于行为人构成犯罪的一律予以打击。坚持法律面前人人平等基本准则，办案中首先要查明处理犯罪团伙首要分子和始作俑者，并及时采取相应诉讼强制措施，防止出现主犯获取保候审在外、从犯或作用较小人员被刑拘等局面，或者防止出现主犯以处理资产名义取保候审在外，实质为逃避处罚或转移资产的情况。坚决打击非法集资活动中居中介绍赚取利差的金融掮客，构成刑事犯罪，及时立案查处，同时积极追缴犯罪行为人从中赚取的非法利益。

（六）坚持宽严相济刑事政策，突出打击重点

查办案件中，要根据犯罪行为人的主观目的，对于不同的集资行为进行区别对待。

对于有实业支撑，以企业经营为目的的集资行为，依法进行打击处理的同时采取破产重组等多种手段盘活企业资产，最大限度提高企业资产的价值，尽可能减少受害群众损失，同时维护企业的合法权益。对于无资产或资产较少，以高利转借或所谓投资为目的的集资行为进行重点打击，查明所有参与犯罪的行为人，追查资金去向，对于犯罪行为人的主观目的进行调查取证，有诈骗行为和目的，及时以集资诈骗罪或诈骗罪进行司法处理。同时，准确区分犯罪行为人不同的情节，严厉打击非法集资的始作俑者和获利者，对于居间介绍获取好处费、佣金的金融掮客既要追究刑事责任，又要追缴违法所得，对于仅仅起到一般帮助作用、辅助作用的员工，可以从宽处罚。

（七）引导群众依法解决诉求

联合多个部门积极开展释法说理，向受害群众讲明、讲透现行法律法规对于非法集资行为打击和对受害群众财产权保护等方面的规定。对受害群众损失资金进行准确登记，及时向受害群众通报案件诉讼进程以及资产查封、处置等情况，回应群众的合理诉求。拓宽群众信访渠道，保障群众的要求、想法能够及时得到反馈和回应。对于少数群众无理要求和违法信访进行批评教育，引导群众采用法律手段维护自身权益。

（八）健全办案机制，整合司法资源

构建公安机关、检察院、工商、国土、银行等多个部门人员组成的联合机构，畅通办案渠道，及时发现、研判非法集资案中的问题以及其他案件线索。建立以行为人、证据、资产为核心的全面侦查体系，确保行为人及时归案，多个机构部门配合，全面固定和收集案件证据材料，特别是账目、收款收据等财务证据，及时查封、固定、追缴涉案资产。完善检察机关提前介入制度，对于特别重大案件侦查机关一般应邀请检察机关提前介入，必要时可在刑拘前听取检察机关意见，保障刑拘措施的正确适用。

当前非法吸收公众存款犯罪案件呈现五个特点应当引起重视

张庆培*

2015年以来，湖北省荆州市沙市区检察院共办理非法吸收公众存款案件34件53人，累计非法吸收公众存款达4.89亿余元。经认真分析总结，发现该类犯罪呈现五大特点，应引起重视。

一、发案数量急剧增加，近两年呈集中爆发态势

从案件数量看，2014年办理非法吸收公众存款案件1件1人，2015年办理14件15人，2016年办理20件34人；从犯罪嫌疑人数量看，2016年相比2015年净增19人，同比上升127%；从受害人数量看，2015年累计受害人778人，2016年累计2623人，同比上升237.1%；从涉案金额看，2015年累计涉案金额18662万余元，2016年累计29272万余元，同比上升56.9%。目前所办案件中，以胡某卿非法吸收公众存款案为最，涉案金额高达1.47亿元，涉及受害群众528人。

二、法人与自然人犯罪交织，犯罪形态复杂

非法吸收公众存款案中，有的是正常合法经营的企业因经营困难转向非法吸收公众存款，犯罪主体基本是单位；有的是自然人以非法吸收公众存款目的设立公司，以公司名义专门从事非法吸收公众存款行为；有的公司设置傀儡法人，实际控制者另有其人，操控公司从事非法吸收公众存款行为；还有的公司之间相互投资、入股、合营、代理，以公司名义为其他公司非法吸收公众存款。个人行为与单位行为相互交织、盘根错节，在资金流向上，个人与公司、公司与公司互相串联，很难具体区分其中的单位犯罪和个人犯罪，更难准确认定各主体涉案金额。如曾某泉等3人非法吸收公众存款一案，犯罪嫌疑人注册成立荆州华丰融通投资管理有限公司，该公司又投资荆门慈心美德养老服务有限公司，占股35%，同时在荆州本公司开设慈心美德公司服务窗口，以后者名义面向社会非法吸收公众存款7528万元。

---

* 作者单位：湖北省荆州市沙市区人民检察院。

三、高收益、高回报，诱惑性强

犯罪嫌疑人违反国家金融管理法律法规，在未经有关部门批准，没有合法取得吸收公众存款相关资质的情况下，以投资高息回报为诱饵，向社会公众非法吸收资金，本质上是在用利息骗本金。所办案件中，平均"回报"（或者称利息、收益、分红不等）在2%左右，收益最低的如朱某容（武汉财商财富顾问有限公司荆州分公司）非法吸收公众存款案，月息0.8%；最高的如赵某刚非法吸收公众存款案，月息3%，该公司在荆州从注册成立到案发不足2个月，吸收公众存款90余万元。

四、犯罪手段不断翻新，识别难度大

犯罪嫌疑人为了能够吸取更多资金，使用各种手段推介公司子虚乌有的业务、宣传公司实力、提高公司知名度：或者通过媒体、推介会、传单、手机短信等途径向社会公开宣传，或者在电视台、出租车上播放投资理财宣传广告，或者在报刊杂志上专版宣传，或者采取旅游、参观公司、团体聚餐等形式变相引诱。犯罪嫌疑人在虚假宣传过程中往往还会故意关联上本地政府机关、上市公司、名企名人等，增加可信度，有的甚至以金融机构或其员工名义严重误导群众的判断，骗取群众的信任。如原宏投资有限公司非法吸收公众存款案，该公司以9000元价格，通过某广告公司在出租车上每小时发布投资广告1次，持续1个月；又如，荆州汇铭投资咨询有限公司非法吸收公众存款案，犯罪嫌疑人通过农业银行荆州某支行大堂经理推销"投资基金"，吸引不明真相群众投资1913万元。

五、危害后果严重，群体信访隐患大

经统计，所办非法吸收公众存款案件中，近八成资金无法追回，受害人损失严重，情绪反应激烈。在向犯罪嫌疑人追赃无望情况下，同案受害人极容易形成团体，寄希望于政府追回损失，到人大、政府、政法委、检察院、法院进行群体性上访的事件时有发生。如办理的华丰融通投资管理有限公司非法吸收公众存款案中，涉及受害群众1293人，受害人经常性聚集在区检察院门前，或高喊口号，或拉举横幅，或静坐示威，或围堵办案人员、机关领导，要求追赃挽损，既干扰了检察机关正常司法办案，又严重影响机关形象。为减轻社会影响，避免造成更加严重的后果，检察机关不得不花费大量时间、精力，投入本就不多的检察人员进行应对处置，维稳压力巨大。

关于高利借贷滋生的恶意催债行为成为社会治安隐患的调研

张 晶 衡群黎 刘 洋[*]

一、恶意催债刑事案件的特点

2015年以来，湖北省襄阳市襄城区检察院办理了8件因高利借贷恶意催债行为引发的绑架、非法拘禁、寻衅滋事、故意伤害等犯罪案件。该类案件具有以下发案特点：

一是规制民间借贷法规不完善和高利贷攫取暴利的特性，滋生高利借贷产业生存空间及专门从事高利放贷团体。根据2015年9月1日施行的最高人民法院《关于审理民间借贷案件适用法律若干问题的规定》，借款人在借款期间届满后应当支付的本息之和，不能超过最初借款本金与以最初借款本金为基数，以年利率24%计算的整个借款期间的利息之和。出借人请求借款人支付超过部分的，人民法院不予支持。其中并没有规定对高利贷行为应追究刑事责任。而高利贷依靠收取畸高利息，对过期不还者利转为本，本利翻转等"驴打滚""利滚利"牟取暴利的方式，滋生专门从事高利放贷业务团体。

二是为规避不受法律保护带来的放贷资金风险，滋生非正常催讨手段及讨债为生的利益团体。有别于正当信贷机构，以电话、短信、上门、降低信用等级、提起诉讼等相对温和的催讨方式，高利贷通常向不特定的人多次、较大数额发放借款，一旦借贷人不能支付其所借款额的利息，就会衍生还款拖延或根本无力偿还越滚越多的利息，出借方因不受法律保护，便会高价甚至允诺将讨回的债务以一定比例分成，吸引、雇用一些社会闲散人员，甚至是有犯罪前科人员，通过威胁、恐吓、跟踪、限制自由，甚至暴力手段逼债。

三是借贷方在明知高利借贷无异于"与虎谋皮"，但在无法获得正常贷款的情况下只能"饮鸩止渴"。借贷方在无法通过正常、公开的信贷渠道获得贷款的情况下，为了解决生产经营或生活中的眼前困难，往往会选择高利贷这种条件灵活、手续简便快捷，且无抵押的借贷方式，借此缓解一定的资金周转危机。

四是为规避暴力讨债带来的法律制裁，讨债手段向精神压迫、扰乱欠债人生产生活秩序转变。传统的暴力讨债手段一旦造成欠债人轻伤以上损害，就要承受法律打击，讨

---

[*] 作者单位：湖北省襄阳市襄城区人民检察院。

债也无法继续进行。讨债者绞尽脑汁钻取法律空档，滋生了"老盯"，贴身跟踪使欠债者产生心理压迫，不断制造噪音使其无法正常休息，堵门、堵路等使其无法正常经营的讨债方式。

五是对处于违法边缘的恶意讨债行为缺乏规制依据，导致司法干预存在滞后的必然性。在高利贷放贷者有意规避下，司法机关对于处于违法边缘的恶意讨债行为往往无法、无力作为。公安机关在处理过程中因案件涉及经济纠纷，倾向让双方走司法途径解决，对索债者违法行为没有及时处理，对被限制人身自由者没有及时解救。

二、恶意催债行为产生的原因

（一）从资金角度来看，投、融资渠道狭窄，拓展了民间借贷生存空间

当前，我国经济快速发展，一方面社会上闲散资金越来越多，但实体经济收益慢、风险大，银行利息低、贬值率高，而民间借贷市场，收益相对较高、操作灵活。另一方面，一些借款人从金融机构贷款的难度较大，程序复杂，导致融资难，较之民间借贷方便、快捷，均为民间借贷迅猛发展提供了空间。

（二）从借贷行为来看，缺乏规范，酝酿潜在风险

一是没有正规程序对借款人还款能力进行考察。出借方为了赚取利息，对于有的借款人是否具备偿还能力或者超出其偿还能力范围的借款行为疏于调查或者故意放纵。二是高利贷以牟取暴利为目的的生存方式增加了履行不能的风险。利转为本，本利翻转等牟利的方式使得债务人一旦出现资金断裂、无力偿还的情况，势必增加无法按期还款的风险，从而引发纠纷。三是借款用途违法。从襄城区院办案情况来看，有的借贷人借贷是为了从事非法活动，如吸毒、赌博，所借款项很快被挥霍一空。这些都为民间借贷纠纷引发刑事案件埋下隐患。

（三）从监管角度来看，缺乏法律法规等规制，民间信贷市场混乱

我国目前尚无专门法律对民间借贷予以规范，监管主体、职责不明确，对从事民间借贷的主体也没有准入要求。目前，民间借贷市场从业公司、从业人员良莠不齐，有的甚至充当非法活动的融资帮手，如与赌博放贷者建立合作关系，为参与赌博者提供放贷业务（俗称"放码"），并从中赚取暴利；有的甚至直接从事非法经营，集筹资、贷款、讨债等功能于一身，或者雇用专人采取极端手段"讨债"，进一步增加了此类纠纷引发刑事犯罪的风险。

（四）从纠纷解决途径来看，司法救济周期太长，借款方倾向私力救济

一方面，民间借贷中存在大量超过法律保护范围的债权，使高利放贷者就没想过寻求法律途径解决借贷纠纷；另一方面，司法救济程序繁琐、周期较长，即便等到了法院的生效判决，权利人的债权仍难以实现。而通过拘禁、威吓债务人等私力救济方式却能

收效更快。这也是一些债权人选择暴力手段期望实现债权的客观因素。

三、规范民间借贷行为的对策建议

（一）亟待完善法律制度，促进民间借贷市场规范运行

进一步完善立法，出台规范民间借贷行为的法律法规，赋予民间借贷主体及相关行为应有的法律地位，通过法律保护借贷双方的合法权益。明确界定民间借贷的行为准则，从借贷形式、相关手续、双方的权利义务、准入条件等方面加以明确，以规范和保护正常的民间借贷行为，建立运作机制和风险防范机制，确保依法规范安全健康发展。

（二）继续开展法治宣传教育，引导社会公众提高自我保护意识

要充分依托传统媒体、新媒体等宣传渠道，加强对有关民间借贷法律规定、风险案例、注意要点、预防措施的政策宣传。司法机关在办理此类案件时加大以案释法力度。增强公众法律意识，提高自我保护能力，依法、规范参与民间借贷，一旦出现纠纷，通过法律途径保护自己的权益，防止普通民间借贷矛盾纠纷升级为刑事案件。

（三）进一步加强监督管理力度，引导民间借贷规范运行

对具有信贷性质的小额贷款公司、担保公司、典当行等经营机构的日常监管，相关主管部门应当采取有效方式开展整顿超规经营检查，对违法放贷行为加大执法处罚力度。鼓励和支持金融机构开发更多的适合民间资金需求的金融服务产品，努力满足中小微企业和个体资金需求者全方位、多层次的金融产品和服务需求。

（四）建立多方有效联动机制，促进民间借贷纠纷的及时解决

发挥乡镇、街道、村委、基层调解委员会发现问题、调解纠纷、化解矛盾的作用，及时了解掌握民间借贷中存在的债权债务纠纷情况，积极寻求解决方案，防止矛盾激化引发刑事案件或上访事件。司法机关应当积极探索民间借贷纠纷快速办理机制，对于事实清楚、证据充分的案件，从速简化办理。加大民事执行力度，加强失信执行人名单制度建设，扩充限制范围，加强跨区域执行信息的互联互通和司法协作，不断提高司法效率和司法公信力，使司法程序解决纠纷成为权利救济首选方式。

电信网络诈骗治理问题调研

电信诈骗案件取证的难点与对策

黄家奇[*]

电信诈骗作为一种多发、常态型犯罪类型，因其作案手法多样，又通过虚假网站、非实名手机、网络即时通讯软件（QQ、微信）、新型网络支付手段（支付宝）等新兴科技手段进行，加之被害人多为外地人，其受害情况不能即时被本地警方掌握，同时往往诈骗人和取款人（银行卡持卡人）分离，因此，该类案件的取证难度较大，给打击该类犯罪造成了一定困难。但是电信诈骗犯罪亦有其规律性，充分利用技术侦察措施、即时提取相关物证、书证，该类案件的成功侦破亦非难事。

一、电信诈骗案件的取证难点

电信诈骗案件取证较一般刑事案件困难，其中关系到案件成败的常见取证难点主要包括以下几类：

（一）客服电话与手机号码之间的关联关系难以查证

使用虚假400客服电话进行诈骗是儋州地区电信诈骗案件的一个共性，因此，受害人发现被骗后报警时往往仅能讲出对其进行诈骗的400客服电话号码，而对诈骗分子的手机号码、所属地区一无所知，因而无法直接查询被害人和犯罪嫌疑人之间的通话记录。其次，如果不能证明犯罪嫌疑人用以诈骗的400号码，即使犯罪嫌疑人手机号码通话清单显示其与被害人联系记录，从刑事诉讼证据的排他性（唯一性）来讲，也不能证明犯罪嫌疑人对被害人实施了诈骗活动。因此，在办理电信诈骗案件时，一定要证明虚假客服电话号码与犯罪嫌疑人使用的手机号码之间具有绑定、转接等关联性。然而，电信诈骗案件取证时运营商往往是只能提供出被害人手机、固话与虚假客服电话之间的通讯记录，而无法直接提供被害人与犯罪嫌疑人的通话记录，同时又难以证明虚假客服电话号码与犯罪嫌疑人手机是否具有关联性，或者虽然能够证明虚假客服电话和犯罪嫌疑人手机之间具有转接、绑定关系，但不能证明两者之间转接、绑定的具体时段（被害人被骗时是否具有绑定、转接关系），因此，往往造成证据之间不能形成有效的证据

---

[*] 作者单位：海南省儋州市人民检察院。

链，难以达到预期的证明目的。

（二）外地手机号码通话清单难以调取

为了更容易获取被害人的信任，也出于反侦察能力的目的，很多电信诈骗案件的犯罪嫌疑人往往选择不同地区的手机号码与被害人联系（如实施浙江卫视"中国好声音"电视栏目幸运观众中奖类诈骗的犯罪嫌疑人，就购买浙江省归属地的手机号码与被害人进行联系），因此，很多电信诈骗犯罪分子所使用手机号码归属地为外省，而本省运营商查询系统无法提供这些外地手机号码的详细通话清单，如公安机关到归属地运营商处调取通话清单，需要一定的时间，在相关的诉讼程序期间（如刑拘到批捕）无法获取该类证据，因此，导致已经获取的证据证明力的下降或者难以达到证明目的。

（三）作案使用的银行账号难以查清、持卡人难以抓获

近年来，随着儋州市公、检、法对电信诈骗案件打击力度的不断加大，犯罪分子的作案手段也越来越隐蔽，诈骗分子本人往往不自己持有用于诈骗时使用的银行卡，而是使用专门持有银行卡并为电信诈骗分子提供取款服务的人所提供的银行账号，诈骗分子作案时，仅持有手抄的银行账号，作案后随即销毁，诈骗成功后通知取款人取款，取款人取款后扣除提成，将剩余赃款以约定方式交给诈骗分子，这样"专业化"的分工就大大提高了电信诈骗案件侦破的难度。一是抓获犯罪嫌疑人后，收缴不到诈骗使用的银行卡，如果犯罪分子记不清楚或者拒不交代其诈骗使用的银行账号，就不能查清被害人被骗资金是否流入诈骗分子使用的银行账户；二是就算犯罪嫌疑人交代了其使用的银行账号或者查获到了手抄、打印的记载银行账号的纸张，但因为犯罪分子非持卡人，因此不能排除其使用的银行账号同时有其他诈骗分子也在使用，就不能证实被害人被骗向该诈骗账号汇款是所抓获的犯罪嫌疑人所为。因此，获取犯罪嫌疑人使用的银行账号在电信诈骗案件中至关重要，但因持卡人的隐蔽性，犯罪分子往往与持卡人之间也相互不认识，就导致犯罪分子使用哪些银行账号诈骗、查明的银行账号是否诈骗分子唯一（排他）使用等关键事实难以证明。

（四）作案使用的银行账户明细难以查清

该类问题在确定犯罪嫌疑人使用的银行卡号的情况下，往往很少遇到，但是最近发现部分银行存其银行账号和银行卡号并不一致的情况，而犯罪嫌疑人到案后往往仅能供述其使用的银行卡号，公安机关查询该卡号的银行交易明细时，银行提供了该卡号的交易明细，但交易明细显示的却并非卡号，而是一个与卡号完全不同的银行主账号，且该银行账号与犯罪嫌疑人供述的卡号之间的关联关系没有得到体现，此种情况往往直接导致证据链的断裂，影响证据效力，若无其他证据佐证，将直接导致案件的"流产"，问题虽小（可查询更详尽账户信息），却应当引起足够重视。

（五）手机号码是否为犯罪嫌疑人使用难以证明

电信诈骗犯罪嫌疑人为了逃避侦查，均会采取不断变换手机号码的方式实施诈骗活

动，而刑事案件的侦查相较于诈骗分子的诈骗活动具有滞后性，被害人被骗至公安机关抓获犯罪嫌疑人时，犯罪嫌疑人往往已经变换使用了很多手机号码，且对于以往作案使用的手机号码也无法记得，这就导致虽然根据其他证据（如银行账户交易明细）显示某次诈骗活动是可能是犯罪嫌疑人实施，但是却无法证实诈骗分子对被害人实施诈骗时使用的手机号码就是所抓获的犯罪嫌疑人使用的手机号码，因此也不能证实是犯罪嫌疑人实施了针对被害人的诈骗行为。

（六）新型支付手段交易记录难以查询

一些犯罪分子实施诈骗活动时，选择新型支付手段完成支付，比如，使用支付宝账户完成交易，由于此类新型交易手段通过银行查询交易记录时，或者银行不存在交易记录，或者查询到的交易记录不能达到预期的证明目的（不显示对方账号），因此，也往往导致证据链的断裂。

（七）被害人报案难以体现诈骗活动细节

被害人对其被骗过程的详细描述对案件的侦破具有至关重要的作用，某些作案的细节与其他旁证（比如犯罪嫌疑人向被害人报的"工号"）佐证，可以更准确地锁定犯罪嫌疑人，但是因为电信诈骗案件的侦破多采用"倒查"（查获犯罪嫌疑人后根据其银行账户明细联系被害人）模式，因有的被害人被骗后没有报案或者虽然报案但当地警方没有制作详尽的笔录材料，被害人往往在案件侦查人员与其取得联系后，按照侦查人员的提示个人书写"报案书""报案材料"后传真给办案单位的形式"报案"，很多案件的报案材料几乎像共用一个"模板"，不能体现个案的细节，若其陈述的银行账号、手机号码等能达到预期证明目的的还好，倘若不能达到证明目的，则其陈述无法与犯罪嫌疑人的陈述起到印证作用。此外，此类报案材料基本上为传真件，证据本身的真实性就存在问题。

二、电信诈骗案件取证难的主要对策

电信诈骗取证虽难，但多数诈骗犯罪分子在知识水平、技术手段方面相当有限，其作案手段并未达到"踏雪无痕"的反侦察水平，注重完善下列证据，是可以充分证明诈骗犯罪事实的。

（一）注重客服电话与手机号码关联性的证明

客服电话与手机号码的关联性，在电信运营商查询不到的情况下，可通过以下方式查证：一是调查犯罪嫌疑人所使用客服电话所属通讯科技公司，向该类公司查询客服号码绑定过哪些手机号码、绑定各手机号码的时段、通话清单。二是查清犯罪嫌疑人使用客服电话客户端的账号、密码，登录客户端，查询该客服电话号码绑定过哪些手机号码以及绑定的时间段、通话清单。

需要注意的是，利用第二种方式查询时，需要注意证据的合法性，应制作完善的提取笔录，必要时进行同步录像，这也是通常侦查员不够注意的地方。

（二）充分利用被害人及外地警力协助获取通话清单

虽然犯罪嫌疑人作案所使用的外地手机号码的通话清单短时间内无法提取，但证明犯罪嫌疑人与被害人的通话记录并非非得查询犯罪嫌疑人手机号码的通话清单，被害人提供的其本人的通话清单同样可以证明，因此，可以要求被害人报案时向其手机号码运营商索取通话清单并作为报案材料提供。另外，也可以充分利用警务协作手段，联系犯罪嫌疑人所使用手机号码的归属地警方调取相关通话记录后提供。

（三）及时扣押作案工具、书证材料和讯问相关作案账号

首先是物质材料的扣押。电信诈骗犯罪分子作案使用的工具不外乎电脑、手机，虽然电脑、手机不能直接证实犯罪事实，但是其中存储的信息、应用软件、通讯记录或者其本身的电子产品序号等信息，却可以直接证明有关事实或者为侦查活动提供线索和依据，而且此类物证抓获犯罪嫌疑人时如果不及时一并提取，事后将难以获取。另外应当及时扣押的是抄录银行卡号、手机号码等信息的书证。根据以往案件经验，犯罪嫌疑人往往将该类信息抄录在不起眼的纸张上，作案后随时销毁，因此，在抓获犯罪嫌疑人时应该第一时间核实其身上、周围、家中是否有类似证据并及时扣押。其次是及时查清无形的账号、密码等证据。犯罪分子使用的网络通讯账号（QQ等）、虚假网站管理员账号、信息发布系统应用程序登录账号等，如不及时查清，事后往往被在逃同案犯注销或者更改密码、删除记录，或者账号本身过期、失效而被注销，这些都会给关键证据的获取带来极大的困难。因此，犯罪嫌疑人到案后应该第一时间重点讯问有关通讯账号、虚假网站管理员账号、信息发布系统应用程序登陆账号及其密码等重要信息，并及时登录相关网络通讯工具、网站、系统查询相关实施诈骗活动的记录并予以固定。

（四）注意提取全面、详尽的银行账户交易记录

针对银行交易明细，侦查人员在获取相关交易记录后应当仔细核对银行账号和犯罪嫌疑人供述的或者通过其他手段查实的银行卡号是否一致或者具有关联关系，若提取到的交易明细不能证实二者的一致性或者关联性——卡号、账号不一致，应查询更加详细的银行账户信息予以证实。

（五）加大侦查布控抓获诈骗账户银行卡持卡人

由于持卡人和诈骗活动实施者的分离，常常导致诈骗分子使用某一银行卡号进行诈骗的唯一性得不到证据支持，不能排除持卡人同时将同一银行卡号提供给多个犯罪嫌疑人实施诈骗活动，因此，部分案件抓获不到持卡人，就不能证实是否是犯罪嫌疑人实施的特定诈骗活动。所以在案件前期侦查期间应该重视摸排持卡人的线索，确保案件收网时一并抓获持卡人。在抓获犯罪嫌疑人后，若非其本人持卡，应及时向其了解持卡人的线索并尽量抓获持卡人到案。

（六）运用技术手段证明犯罪嫌疑人曾经使用过的手机号码

电信诈骗的犯罪分子虽然频繁更换手机号码以逃避侦查，但是往往其并不更换所使用的手机，因此，只要扣押到犯罪嫌疑人作案使用的手机，无论犯罪嫌疑人是否能够回忆并供述其曾经使用过的手机号码，根据所扣押到手机的串号等信息并利用一定的技术手段，是可以确定其是否使用过某个手机号码的。

（七）新型资金交易记录查询

对于一些利用支付宝等新型交易手段完成的诈骗犯罪，查询交易记录具有一定的难度，但是仍可通过以下方式查询交易记录：一是对于支付宝对支付宝的转账记录，因资金未通过银行转账，故银行记录并不能体现相关交易，此种交易记录应及时向支付宝运营商提取。二是对于银行账号与支付宝之间的转账记录，此种情况下查询银行账户往往不能显示资金的来源，但是根据支付宝账户必须与手机号码、邮箱绑定这一特征，仍然可以根据手机号码、邮箱确定某一交易记录是否犯罪嫌疑人与被害人之间的交易记录。

（八）详细询问被害人被骗的细节

对于抓获犯罪嫌疑人后根据银行交易记录"倒查"寻找到的被害人，应对犯罪嫌疑人制作详细的询问笔录，重点讯问犯罪嫌疑人对其实施诈骗的细节，实现由固定格式"报案书"向个案特征鲜明的询问笔录转化，不具备询问条件的，也可通过被害人当地警方进行询问。

三、电信诈骗案件调查取证过程中应该注意的几个问题

根据电信诈骗案取证的难点和特点，为及时、准确打击电信诈骗犯罪活动，在侦办此类案件时，调查取证过程应该做到以下几方面：

（一）证据收集要及时

电信诈骗案件侦办过程中，一些证据应当第一时间收集，否则事后将永久灭失、损毁或者难以获取，从而影响案件的侦破。比如，一些登记卡号、电话的纸张或者银行卡、手机、电脑等，抓获犯罪嫌疑人时如不及时提取、固定，一旦被同案犯、犯罪嫌疑人家属获取时机予以销毁，事后将无法再获取。一些通讯账号、应用程序客户端账号、虚假网站管理员账号等，有的可能具有使用时效，如不及时获取，一旦犯罪嫌疑人使用的账号、密码失效或者被注销，一些关键证据也将随之灭失，这些都会导致案件关键证据的缺失。

（二）证据收集要全面

该类案件之所以侦破难度较大，原因之一就是该类案件言词证据的作用有限，很多犯罪嫌疑人往往仅能供述其作案手法、作案时段、犯罪所得，对于银行卡、客服号码、

手机号码等可能一无所知，被害人对于犯罪嫌疑人的信息也无法提供，因此，有时言词证据不但对于案件事实证明力度不大，有时连侦查的线索都无法提供。电信诈骗案件在侦破过程中除了及时固定言词证据以外，更应该全面地扣押作案工具和相关书证，甚至取款监控视频等，并及时提取作案工具中存储的各类信息，且根据书证进一步取证，不但要及时扣押犯罪嫌疑人方面的各类证据，也要及时提取被害人方面的证据。

（三）犯罪事实要深挖

首先，电信诈骗犯罪分子利用互联网、手机发布虚假信息在全国范围内对不特定对象进行诈骗，其犯罪特点决定了一个或一伙犯罪分子诈骗的被害人往往不止一个，在查阅犯罪嫌疑人诈骗使用的银行账户交易明细时，账户资金流动数量惊人，但是因为核实难度较大、联系被害人困难等原因，往往最后仅以一个或者数个诈骗事实对犯罪嫌疑人进行刑事打击，这无疑中减轻了对犯罪嫌疑人惩处力度，使其犯罪成本降低，虽然形成高压打击势态但仍不乏以身试法之徒，使诈骗犯罪活动层出不穷。其次，目前电信诈骗活动往往很少有单独作案者，在案件侦破过程中，应深挖同案犯，确保每一个犯罪团伙都被连根拔起。此外，卖售公民个人信息、代发虚假诈骗信息、销售非实名手机、非法持有他人信用卡等犯罪行为，作为电信诈骗犯罪分子得以生存的肥沃土壤，均应加大力度予以铲除，才能让电信诈骗分子无计可施、无处遁形，彻底消灭电信诈骗犯罪行为。

当前电信网络诈骗新手段及预防建议

魏传治[*]

近年来，利用电信网络实施诈骗呈现持续高发态势，犯罪分子的诈骗手段也不断翻新。给人民群众造成重大经济损失，笔者经过梳理排查发现，犯罪分子以下六种新的作案手段，方式更为隐蔽，受害群众更多，需引起高度重视。

一、新型电信网络诈骗的作案手段

（一）设计虚假的炒股软件

犯罪分子为牟取非法利益，设计出虚假的炒股软件，通过商业化融资融券交易平台，以知名期货公司和他人资本管理有限公司的名义在互联网上推广该平台，虚构该平台可以为客户通过大量股票交易业务，误导客户在该平台内存入大量资金进行虚假的股票买卖交易实施诈骗活动。

（二）利用网络搜索引擎提高虚假网站关注度

为提高虚假购物网站的知名度和点击率，扩大业务量，不法分子通过网络搜索引擎的"竞价排名推广"业务，将虚假网站排在搜索引擎的显著位置，引诱用户"上钩"。

（三）谎称提升信用额度

犯罪分子以非法占有为目的，利用百度推广、QQ等网络平台发布办理无抵押小额贷款及提高信用卡额度等虚假信息并留有联系方式，诱骗被害人上当。一旦有人进行联系后，犯罪分子即假冒是银行工作人员，套取受害人的身份信息及信用卡信息实施诈骗活动。

（四）模仿电视节目中讲述的犯罪方式实施诈骗

犯罪分子为了发财，竟然模仿电视节目中的犯罪方式实施诈骗活动。一旦被害人"入套"后，不法分子便编造各种谎言实施连环诈骗。

---

[*] 作者单位：江苏省泗洪县人民检察院。

(五) 虚构准备慈善捐款

犯罪分子假扮富商，通过QQ聊天交友寻找被害人并获取其信任。在以"慈善捐款"为诱饵钓得被害人后，其他同伙扮演富商身边的"知名律师"，以代为办理相关捐赠手续为由，要求被害人缴纳税收、手续费、公证费等各类费用。待被害人上当受骗打款后，犯罪嫌疑人通过网络快速转移至自己的"安全账户"。

(六) 假冒快递售后服务

犯罪分子通过非法渠道购买大量快递公司单据信息，从中筛选出有退换货需求的顾客之后，犯罪分子假冒售后人员、公司经理等身份与顾客联系，以帮助退换货等名义，要求被害人打入400元左右不等的退换货保证金，收款后又以银行扣除手续费、公司会计开票面额不同等为由诱骗被害人继续汇款。

二、防治新型电信诈骗手段的对策建议

(一) 加强电信网络诈骗犯罪的预防宣传

利用网络广告、购物安全软件等向公众介绍电信网络诈骗的方式、特点及预防技巧，提醒广大网民在利用网络平台交易时增强辨别能力和防范意识。

(二) 加强电信网络交易日常监管

加强对网络运营公司、网店的监督管理，健全网络运营公司、网店建站的资质认证和准入制度，及时辨别、清理虚假网站和钓鱼网站。

(三) 加大电信网络交易诈骗的打击力度

公安、司法机关加强与工商、电信、银行、金融机构等部门的沟通协调，完善联动机制，严厉打击制售、贩卖身份证、银行卡、虚拟电话号码、盗用他人身份信息等违法犯罪活动，形成打击电信网络诈骗的合力，促使电信网络交易更加规范有序，保障广大网民的合法权益不受侵犯。

利用 POS 机收取押金方式实施诈骗行为的调研

周宏亮*

2017 年以来，四川省成都市成华区检察院共办理利用 POS 机收取押金实施的诈骗案件 2 件 73 人。该类犯罪具有较强迷惑性和欺骗性，极易造成普通百姓经济损失，应当引起高度重视。

一、利用 POS 机实施诈骗犯罪的案件特点

（一）犯罪手段具有较强欺骗性

涉案人利用销售 POS 机为名，以可以办理大额信用卡为诱饵，骗取被害人交付 998 元至 3800 元不等的押金；首先涉案人要求被害人先交付 200 元 POS 机定金，剩余押金在收到机器后既可通过支付宝、微信等网络支付，也可通过顺丰等快递代收余款。所交付 POS 机成本分别为 18 元、50 元、80 元三种型号，真实可用。

（二）使用虚假身份、信息实施诈骗

架设可由系统设定、批量自动拨号的 VOIP 网络电话，使用虚假的公司地址和公司名称，以篡改的电话号码、组织业务员冒充银联商务公司工作人员，谎称公司在银行有专门的办卡通道以及为被害人提供担保等内容，骗取被害人相信其有能力办理大额信用卡。

（三）组织结构严密，实行公司化运作

涉及案件均有真实注册的公司，在成都多个城区写字楼租用办公场地；在公司整体运作及日常行政管理、资金及财务管理、人员招募及业务培训、售后及投诉受理等方面，有明确的层级和组织分工；按照统一的话术单内容通过网络电话、微信等联系被害人。

（四）存在非法获取公民个人信息的行为

为实施诈骗非法购买公民个人信息数十万条，通过倒进批量外呼的网络中继设备，

---

* 作者单位：四川省成都市成华区人民检察院。

自动对外拨打电话，由所谓的业务人员实施诈骗。

（五）涉案人数众多，受害人地域范围广、人数多，单笔金额较小、犯罪总金额大

以业务员角色实施犯罪的人数多，单起案件涉案人数均在 20 人以上；涉及受害群众 6300 余人，分布全国 20 余省市；受害人单笔以微信转款、快递代收等形式被骗取金额基本不足 4000 元，但涉案总金额却高达 839 余万元。

二、利用 POS 机实施诈骗犯罪的发案原因

（一）利用被害人的贪利心理

被害人大多被可以办理大额信用卡，低手续费率即时刷卡套现诱骗吸引。也有一些被害人希望借此解决资金周转需求，或者利用利率差，转用其他用途获利。

（二）利用信息及技术漏洞

公民个人信息保护存在漏洞，可批量拨号设备管控不严，为犯罪活动提供了便利。上述案件反映，不到 1 万元即可购买 20 余万条公民电话等个人信息，通过批量拨号设备在 2 个月的时间内可对外拨打近 200 万个电话。

（三）POS 机套现现实存在，银行信用卡存在滥发风险

POS 机、信用卡套现小广告在街头巷尾、共享单车上被野蛮张贴的现象十分普遍。

（四）取证较为困难

如在对诈骗金额的认定上，由于受害人分布广，受骗资金支付途径既有支付宝、微信，还有委托现金收款等，电子证据固定难、审计核实难。犯罪嫌疑人以刷满 50 万元即可退还押金，或者以卖 POS 机作为辩解，主观方面的证据认定比较困难，给露头就打、及时惩处犯罪增加了障碍。

（五）受害人不愿配合

涉嫌案件总体金额较大，但从单个受害人来看，受骗金额小，有的不再报案，有的即使报案，由于单一金额不到 5000 元，公安机关也没有及时立案。

三、针对利用 POS 机实施诈骗犯罪的对策建议

一是强化对诈骗犯罪的打击。公安机关对群众举报和部门移送的涉嫌诈骗犯罪线索，要高度重视、及时处理。进一步提高支付电子凭证等证据的取证能力，积极联系被害人，做好追回损失等工作。二是加大宣传力度。充分运用电视、报刊、网络等媒体，

宣传该类诈骗犯罪典型案例，引导广大群众认识利用 POS 机套现信用卡资金的现实风险，提高甄别诈骗能力。三是加强公民个人信息保护和批量拨号终端、信用卡、POS 机等经营监管，完善经营备案、审批等，规范市场推送行为，整合部门力量，协调配合，提高预防监督的能力。

毒品惩治预防问题调研

当前麻黄碱类涉毒犯罪之现状及法律适用

任锦铭*

麻黄碱又称麻黄素，是合成苯丙胺类毒品的主要原料之一，很多走私、贩卖、运输、制造毒品犯罪都与麻黄碱涉毒犯罪有关。在新形势下，面对巨额利润诱惑，不法分子利用法律制度不完善及药品经营企业经营行为不规范的空隙，争相获取麻黄碱类原料。从近几年破获的制造冰毒案件来看，犯罪分子获取麻黄碱类原料主要有三个途径：一是从麻黄碱原料药及其单方制剂、复方制剂中提炼、剥离麻黄碱，进而制造冰毒；二是利用麻黄草提炼麻黄碱；三是直接用化学原料合成麻黄碱。近年来，福建省长汀县涉麻涉毒犯罪案件呈上升和蔓延趋势，已成为影响社会安稳定的重要因素。

一、麻黄碱类涉毒犯罪的现状

近年来，非法生产制毒物品麻黄碱大致经过的发展阶段是：购买含麻黄碱类药品→用药品提炼麻黄碱→用麻黄草提炼麻黄碱→化学合成黄碱→提炼氯麻黄碱。无论在哪一个发展阶段，非法生产麻黄碱的目的只有一个，即制造冰毒。

为加强对麻黄碱类易制毒化学品的管理工作，防止其流入非法渠道用于制毒，我国针对麻黄碱制定了一系列管制规定，并将麻黄碱原料药及其单方制剂列入了《易制毒化学品管理条例》（以下简称《条例》）。但麻黄碱类复方制剂的性质较为特殊，属于常用药品，涉及的药品生产、经营企业众多，且与群众生活密切相关，其本身并不是制毒物品，不宜将其列入刑事司法领域所称的制毒物品中，故《条例》未将其纳入其中。犯罪分子恰是麻黄碱类复方制剂未被列入《条例》这一空隙，从直接获取麻黄碱原料药及其单方制剂转而到获取麻黄碱类复方制剂，并从该类复方制剂中提炼、剥离麻黄碱，进而制造冰毒，由此导致麻黄碱类复方制剂涉毒犯罪势态严峻。

由于麻黄草是麻黄碱类制毒物品的天然植物来源，其生长容易、成本低，所以麻黄草一度成为犯罪分子提取麻黄碱类制毒物品的优选原材料，即利用麻黄草原植物提炼麻黄碱类物质制造甲基苯丙胺。据长汀县检察院提供的数据，这类涉毒犯罪主要发生于2012年以后，成为这一时期麻黄碱类涉毒犯罪的新动向。统计显示，2012年、2013年

---

* 作者单位：福建省长汀县人民检察院。

两年，长汀县检察院未受理非法买卖含麻黄碱复方制剂药品的制造毒物品案件，而涉麻黄草案件却有 4 件 9 人，一是因为经过多年的打击，福建省强化含麻黄碱类复方制剂监管，含麻黄碱药品的管制越来越严格，含麻黄碱药品较难购买。二是因为市场麻黄碱价格下降，用药品提炼麻黄碱已无利可图，甚至亏本。因此，犯罪分子转而投向更为"原始"的办法，直接从麻黄草原植物中提炼麻黄碱类物质。如长汀县检察院 2013 年办理的一起非法买卖制毒物品案中，被告人刘某余得知提炼麻黄碱贩卖可以赚钱，便在网络上查找提炼麻黄碱的技术学习提炼，并从该县南山籍犯罪嫌疑人"老谢"手中购买麻黄草 12 吨，又在龙岩、长汀等地购买了提炼麻黄碱的设备和其他原料。后刘某余伙同刘增某、刘某生、李某军等人在长汀县童坊镇一山头利用麻黄草提炼麻黄碱，成品共计 71.48 千克，后被公安机关查获。而全国的情况也大抵如此。国内一些犯罪分子利用麻黄草提炼麻黄碱类物质后，进行走私、贩卖或者用于制造毒品的问题。2012 年，全国破获涉麻黄草犯罪案件数或缴获麻黄草量分别较 2009 年增长了 4.75 倍和 10.28 倍。发展到 2015 年以后，由于用麻黄草提炼麻黄碱耗时耗力，目标大，工作量更为繁重，一批文化层次相对较高的犯罪分子涉足毒品犯罪后，他们逐渐使用市场容易取得的化学原料合成麻黄碱，从而取代了用麻黄草提炼麻黄碱。

二、麻黄碱类涉毒犯罪的特点

（一）大案要案急剧增加

麻黄碱涉毒犯罪已成为全国范围内突出的区域性社会治安问题。数据显示，2014 年厦门警方对毒品开展"亮剑扫毒"会战，2 个月内，厦门集美警方共破获毒品刑事案件 21 起，抓获毒品犯罪嫌疑人 34 人，较往年有大幅提升。缴获各类毒品近 8 千克、麻黄碱 300 多千克，侦破公安部目标案件 2 起、省级目标案件 1 起，打掉麻黄碱和冰毒加工厂各 1 个。2013 年 1 月至 2014 年 5 月 20 日，龙岩市共破获麻黄碱类涉毒案件 152 起、抓获犯罪嫌疑人 262 人，捣毁非法制造麻黄碱窝点 30 个，缴获麻黄碱成品 6922.96 千克、麻黄碱半成品 125.4 千克及其他一大批制造麻黄碱易制毒化学品原料和加工设备等。其中，龙岩市共破获公安部目标案件 12 起，破获省公安厅目标案件 8 起。2016 年长汀警方侦破的徐某东案，犯罪嫌疑人徐某东等 4 人各出资 30 万元，纠集其他十余人，于 2015 年 9 月至 2016 年 1 月间购买 10 吨溴素及其他化学原料，租用西安市某村养殖场厂房非法生产麻黄碱一吨多，销售后非法获利 250 万余元。2013 年 1 月至 2016 年 10 月，长汀县检察院共受理公安机关移送审查起诉的涉麻涉毒犯罪案件 142 件 253 人，经审查可能判处无期徒刑以上刑罚而移送龙岩市检察院起诉的 25 件 79 人，件数和人数分别占受理总数的 17.6% 和 31.2%。

（二）共同犯罪突出，犯罪区域不断扩散，犯罪主体之间亲缘性明显

其一，由于涉毒犯罪大多一人难以完成，故涉毒犯罪以共同犯罪为主要形式。从长汀县检察院 2013 年 1 月至 2016 年 10 月办理的公诉案件情况看，麻黄碱涉毒犯罪共 58

起,共同犯罪案件有 51 件,占 87.9%。

其二,犯罪主体所涉及的地域逐渐扩散。单从长汀来看,2012 年以来,长汀县涉麻涉毒刑事案件呈逐年攀升趋势,犯罪人群从原来较为集中的南山镇逐渐蔓延至全县各乡镇。从整体来看,麻黄碱类涉毒案件涉案人员从长汀县扩散到龙岩所辖各县、区(市),并出现与来自福建三明、宁德、南平、厦门以及江西、广东、四川等地域人员勾结作案的情况,甚至台湾地区人员与龙岩本地人员团伙作案的情况也渐渐突显。

其三,家庭血缘关系、邻里关系、狱友关系往往成为涉毒犯罪分子相互联结的重要纽带。2015 年长汀县检察院办理的刘某宋等 7 人非法买卖制毒物品案,涉案人员均为同乡,彼此之间是亲戚或邻居,协商共同作案,其主要原因是毒品贩运一般需长距离进行,赎买环节多,风险大,需要较为熟悉和信任的多人共同配合才能进行。

(三)犯罪分子从网上获取麻黄碱提炼工艺,推动犯罪手段升级

一方面,提炼麻黄碱的工艺提升,从最初倒卖复方制剂、药片提炼麻黄碱到直接利用麻黄草加工提炼麻黄碱。近年来,开始出现用尚未被列入易制毒化学品管理的化学制剂合成麻黄碱,如长汀县检察院 2014 年办理的曾某有、王某焕等人非法买卖制毒物品一案,犯罪嫌疑人以团伙作案的方式,在一养猪场内用购买的 3 吨麻黄草提炼麻黄素,犯罪嫌疑人在供述中清楚地交代了以化学制剂为原料制造麻黄素的过程。另一方面,由于近年来麻黄碱交易价格逐渐下降,利润空间被进一步压缩,犯罪分子开始利用提炼好的麻黄碱直接制造毒品或毒品半成品(如氯麻黄碱),甚至通过以物易物方式,用提炼出的麻黄碱向广东等周边地区制毒集团直接置换等值冰毒回到福建省进行销售。虽然每个制毒团伙制造工艺存在差别,但大同小异,大部分制造技术是被告人通过互联网或查询相关化学知识获得,或高薪聘请技师,经过反复实验即可掌握。在网络引擎中搜索"麻黄碱"或"麻黄素"有关条目,可以发现搜索数量中排名第二的正是"用麻黄碱提炼冰毒"。

(四)制造工具、原料来源广泛,成品流向有扩散趋势

与传统的毒品相比,新型毒品制作工艺更为简单,特别是其加工材料较为普通,更容易获取。犯罪嫌疑人收购含麻黄碱类药物的地点已经从国内扩散到我国台湾地区、东南亚其他国家甚至中东地区,并主要通过行李夹带或包裹投寄等方式运送原料。同时,由于近年来广东省陆丰地区打击毒品犯罪力度加大,麻黄碱成品从原来集中流向广东省陆丰地区,开始出现通过云南等地流向"金三角"的新动态。

(五)制毒场所选择更趋多元化

传统的提炼麻黄碱地点主要选择在较为偏僻的场所,利用山上养猪场、矿山工棚以及废弃的厂房等农村闲置生产经营场所或者无人居住的老屋,所需场所空间不大,只要偏僻、水电方便,能较好地处理污水,来往人群少即可。近年来开始出现在工业园区或者无人上课的校舍直接提炼麻黄碱的新动向,这些场所具有通水、通电、通路以及租金较低等优势,而且由于周边群众对制毒工艺不了解,即便有刺激性气体产生也往往误以

为是工业厂房加工产品的正常现象，具有一定隐蔽性。如2016年3月，犯罪嫌疑人许某福（身份待查）提供现金100万元给伊某良等人，非法购买一批麻黄碱和制毒工具，聘请制毒人员，租用长汀县某小学校舍将麻黄碱加工成熟麻（脱氧后的麻黄碱），进而制造冰毒。同年4月14日此案告破，抓获犯罪嫌疑人4人，缴获冰毒晶体110.4千克、冰毒液体401.45千克、麻黄碱9.47千克。

（六）打击难度大

一是含有麻黄碱的药品有几百种，当其中一种受到管制时，犯罪分子就可能选择另一些价格低、容易分离、仍然含有麻黄碱的复方制剂，通过改变其分子，制造出没有被列入受管制物质名单的毒品，以此钻法律的空子。中国是一个化工大国，管理一旦出现疏漏，一些化学品就会用到一个人们完全意想不到的领域中去。化学品本身不是毒品，但因其具有双重性，既是医药、化工的工业原料，又是生产、制造或合成毒品的原料，所以一旦脱离管制，用于非法途径就成了毒品。二是含麻黄碱类复方制剂流失问题逐步升级，走私方式扩大化、行为暴力化。违法犯罪分子走私含麻黄碱类复方制剂从早期的少量夹带出境，逐步发展到利用集装箱、家具等物品夹带大量复方制剂走私出境。从近年来公安机关侦破的案件情况分析，"枪毒合流"这一毒品犯罪的显著特征也逐渐渗透到了含麻黄碱类复方制剂的流失问题中，致使打击违法犯罪难度加大。

三、有关麻黄碱类复方制剂涉毒犯罪的法律适用

（一）按非法生产、买卖、运输制毒物品罪、走私制毒物品罪定性处罚的情形

第一，利用麻黄碱类复方制剂提炼麻黄碱，是早期麻黄碱类涉毒犯罪的常见形式。麻黄碱类物质仅有化工生产拆分剂、制药、合成苯丙胺类毒品三种特定用途，作为化工拆分剂的情形少之又少，麻黄碱类复方制剂本身已是药物，不可能将其提炼出麻黄碱类物质之后再用于制药，由此可以推定，利用麻黄碱类复方制剂加工、提炼麻黄碱类物质只能是实施制毒物品犯罪之目的，这些麻黄碱类复方制剂可认定为"其他用于制造毒品的原料、配剂"即此类行为实际上是一种非法制造制毒物品的行为，因此，《刑法修正案（九）》已将这种行为规定为非法生产制毒物品罪。

第二，以制造毒品为目的，购买麻黄碱类复方制剂，加工、提炼麻黄碱或者运输、携带、寄递麻黄碱类复方制剂进出境的，应当以制造毒品罪定罪处罚。明知他人利用麻黄碱类制毒物品制造毒品，为其准备原料或创造条件的，应当以制造毒品罪的共犯论处。

第三，有证据表明行为人有利用麻黄碱类复方制剂加工、提炼麻黄碱的主观目的，但没有证据证明行为人有制造毒品目的的，可以推断行为人购买麻黄碱类复方制剂或者运输、携带、邮寄麻黄碱类复方制剂进出境的目的是实施涉麻涉毒犯罪。其中以非法买卖麻黄碱为目的，购买麻黄碱类复方制剂的，以非法买卖制毒物品罪定罪处罚；以走私为目的，购买、运输、携带、邮寄麻黄碱类复方制剂进出境的，以走私制毒物品罪定罪

处罚。

第四，对于将麻黄碱类复方制剂拆除包装、改变形态后进行走私或者非法买卖，或者明知是已拆除包装、改变形态的麻黄碱类复方制剂而进行走私或者非法买卖的情形，由于经拆除包装或改变形态后的麻黄碱类复方制剂已丧失了药品的属性和用途，可以排除走私、倒卖药品等目的。实际上拆除包装、改变形态是为了便于伪装、运输，并为后续的走私、非法买卖或者加工提炼、制造毒品行为做准备。所以，应根据实际情况，相应地以走私制毒物品罪、非法买卖制毒物品罪定罪处罚。此种情形下有证据证明行为人有制造毒品或为他人制造毒品提供原材料的目的的，则应以制造毒品罪定罪处罚。

(二) 按照非法经营或走私普通货物、物品罪定罪处罚的情形

一是缺乏认定为制造毒品或者制毒物品犯罪的主观要件的情形。麻黄碱类复方制剂的本质属性为药品而非制毒物品，若没有证据证明行为人是以制造毒品或者走私、非法买卖制毒物品为目的，或有证据证明行为人仅以非法经营或走私为目的时，为偷逃税款而逃避海关监管，运输、携带、寄递麻黄碱类复方制剂进境及未获得相关许可而经营麻黄碱类复方制剂的，不能按照涉麻涉毒犯罪定罪处罚；构成非法经营罪、走私普通货物、物品罪等犯罪的，依法定罪处罚。

二是未达到认定为制毒物品犯罪的定罪数量标准的情形。行为人以非法买卖或走私制毒物品的故意，非法买卖或走私麻黄碱类复方制剂，虽然满足了制毒物品犯罪的主观要件，如果涉案麻黄碱类复方制剂中麻黄碱类物质的含量尚未达到该罪的定罪数量标准，但达到了非法经营罪或者走私普通货物、物品罪的定罪数额标准，或虽未达到相应经营数额、违法所得或者偷逃税额标准，但两年内因同种非法经营行为受过两次以上行政处罚后又进行同种非法经营的，或者一年内因走私被给予两次行政处罚后又走私的，可按照非法经营罪或走私普通货物、物品罪定罪处罚。

四、有关麻黄草涉毒犯罪方面的法律适用

为进一步加强麻黄草管理，严厉打击非法买卖麻黄草等违法犯罪活动，最高人民法院、最高人民检察院、公安部、农业部、国家食品药品监督管理总局于2013年5月21日联合发布了《关于进一步加强麻黄草管理严厉打击非法买卖麻黄草等违法犯罪活动的通知》，要求各地人民法院、人民检察院、公安机关将依法查处非法采挖、买卖麻黄草等犯罪行为。结合《刑法修正案（九）》的规定，涉麻黄草犯罪法律适用进一步得到明确：

一是以制造毒品为目的，采挖、收购麻黄草的，以制造毒品罪定罪处罚。

二是以提炼麻黄碱类制毒物品后进行走私或者非法贩卖为目的，采挖、收购麻黄草，涉案麻黄草所含的麻黄碱类制毒物品达到相应定罪数量标准的，分别以走私制毒物品罪、非法生产、买卖制毒物品罪定罪处罚。

三是明知他人制造毒品或者走私、非法买卖制毒物品，向其提供麻黄草或者提供运输、储存麻黄草等帮助的，分别以制造毒品罪、走私制毒物品罪、非法买卖制毒物品罪

的共犯论处。

四是违反国家规定采挖、销售、收购麻黄草，没有证据证明以制造毒品或者走私、非法买卖制毒物品为目的的，构成犯罪的，以非法经营罪定罪处罚。实施以上行为，以制造毒品罪、走私制毒物品罪、非法买卖制毒物品罪定罪处罚的，涉案制毒物品数量按照300千克麻黄草折合1000克麻黄碱计算；以制造毒品罪定罪处罚的，无论涉案麻黄草数量多少，均应追究刑事责任。

此外，司法实践中还遇到另外一种情况，即非法持麻黄碱的行为如何定性处罚，目前相关法律、司法解释和司法意见均没有明确。如长汀县警方根据群众举报，在犯罪嫌疑人钟某芳家中查获麻黄碱621.5千克，一年后钟某芳被公安机关抓获，但钟某芳交代被查扣的麻黄碱是官某复寄放在自己家中的，而官某复早已离世，目前尚无证据可证实被查扣的麻黄碱是钟某芳自行组织生产、买卖的制毒物品。这就使得认定钟某芳是否构成犯罪、构成何种犯罪成为难题。对此，一方面，需要侦查机关采取有效措施是加紧侦查、获取新的证据，以确定钟某芳是否构成犯罪；另一方面，也需要从立法层面加以明确。

当前毒品犯罪形势严峻，不单单是麻黄碱类涉毒犯罪，其他各类新型的毒品犯罪案件也层出不穷，必须不断更新办案思路，把握毒品犯罪最新趋势，正确适用法律，准确定性，才能更加有效地打击犯罪，维护社会稳定。当然，法律的完善也应当与时俱进，不应当因为法律滞后、缺失或规范漏洞而使犯罪分子有可乘之机。

办理互联网涉毒犯罪案件分析与研究

王小兰　赵　晋[*]

四川省人民检察院公诉三处在对2013年以来该省检察机关办理互联网涉毒案件充分调研的基础上，对互联网涉毒犯罪的基本情况、特点及问题进行了分析、总结。

一、互联网涉毒犯罪案件总体情况

（一）互联网涉毒犯罪呈逐年上升趋势

2013年1月1日至2015年12月25日，全省检察机关公诉部门共受理互联网涉毒犯罪案件87件159人。其中，2013年受理9件19人；2014年受理15件21人，同比上升67%和11%；2015年受理63件119人，同比上升320%和467%。

（二）罪名主要为贩卖、运输、制造毒品罪，容留他人吸毒罪

2013年1月1日至2015年12月25日，共受理利用互联网贩卖毒品案71件，占受理案件总数的82%；制造毒品案8件，占案件总数的9%；运输毒品案3件，占案件总数的3%；容留他人吸毒案4件，占案件总数的5%；非法持有毒品1件，占案件总数的1%。

（三）毒品主要为新型毒品及易制毒化学品

2013年1月1日至2015年12月25日，办理互联网涉毒犯罪案件所涉及的毒品为甲基苯丙胺（俗称"冰毒"）50096.2361克、氯胺酮（俗称"k粉"）994.2克，甲基苯丙胺片剂（俗称"麻古"）16.63克，海洛因0.2克；易制毒物品为麻黄碱5000克、苯基丙酮12333克、氟西汀2700克。

（四）刑期主要为10年以下有期徒刑

2013年1月1日至2015年12月25日，共收到一审裁判74份，其中判处管制1件1人，10年以下有期徒刑68件69人，10年以上有期徒刑2件5人，无期徒刑2件2人，死刑1件2人。

---

[*] 作者单位：四川省人民检察院。

二、互联网涉毒犯罪的形式及特点

（一）犯罪主体低龄化、低学历化

互联网涉毒犯罪主体的年龄以 20-30 岁为主，文化程度以初中以下的无业人员居多。未成年人受诱惑参与互联网涉毒，主要在共同犯罪中从事辅助性工作，充当"马仔"角色。

（二）"网络+快递"犯罪为大宗毒品贩卖的主要模式

"网络虚拟店铺销售+第三方支付平台付款+物流配送"成为大宗毒品交易的主要犯罪模式，毒品、毒资、犯罪分子通常相互分离。犯罪分子往往用虚假身份在网络商铺上开设账户，以普通货物为幌子出售毒品和易制毒化学品，确定交易对象后通过网络支付平台完成毒资支付，再利用物流以寄售普通货物的方式邮寄毒品，实现"人货分离"，降低了人赃俱获的风险。

（三）社交软件及第三方支付平台成为支付毒资的主要方式

网络零包贩卖以针对熟人少量多次贩卖毒品为主，社交聊天软件具备即时到账支付功能后，因其交易成本低廉，支付手段隐蔽，免去了柜台交易的繁琐程序，用微信红包、虚拟货币代替现金支付成为小额零包贩卖的支付常态。

（四）网络为犯罪嫌疑人获得制毒技术提供便利

制毒技术是毒品犯罪的核心，是制毒的关键环节，而新型毒品的合成方式是一系列化学反应，很多犯罪分子只要掌握基本的合成、蒸馏、提纯工艺后便能制造出新型毒品。互联网涉毒信息往往暗含隐晦词汇，并不会直接出现合成毒品工艺的字样，一些合法网站、社交软件对涉毒信息没有严格筛查与屏蔽，通过各种渠道传播给犯罪嫌疑人，从而变相为其提供了技术支持。

（五）虚拟空间成为引诱他人吸毒的重要场所

如利用QQ、微信、陌陌等专门聊天工具建立聊天室，开设网络烟馆聚集所谓的"志同道合"者一起吸食，此类聊天室设置了一定的访问权限，须经过严格的审核才能进入，如熟人推荐、提供吸毒表演视频等。在隐蔽的网络空间进行实时聊天、观看他人吸毒表演、借鉴他人吸毒方式或交流吸毒感受等行为，增强了吸毒者的瘾癖程度，容易诱惑他人尤其是青少年吸食毒品。

三、办理涉毒互联网犯罪案件面临的困境与问题

(一) 相较于传统毒品犯罪，互联网涉毒犯罪存在查处难、打击难的问题

1. 互联网涉毒犯罪隐蔽性强，侦查机关较难发现犯罪事实

犯罪分子在进行毒品交易时，对毒品种类、数量、价格，交谈内容多使用暗语、行话，交流过程中使用虚拟称号，一旦发现被跟踪立即删除信息并更换 IP 地址。即使侦查部门发现有违法犯罪行为发生，也是在犯罪嫌疑人交易数日后才能从网络运营服务商处查到交易记录，失去人赃俱获的时机。

2. 侦查机关受现有侦查技术手段限制和传统办案思维模式影响，侦查取证效果欠佳

首先，侦查机关获取传统毒品犯罪线索渠道主要依靠特情侦查、检查站排查、技侦监控措施等，但有限的线索渠道已难以适应打击日益猖獗的新型毒品犯罪需要，特别是针对互联网涉毒犯罪，尚缺乏行之有效的监管和巡查手段。其次，侦查人员对于犯罪嫌疑人使用的网络账户、手机通信等可能涉及犯罪的相关工具，仅作为突破犯罪嫌疑人讯问时使用，相关的电子证据未能有效提取、固定和分析并用于深挖犯罪，存在本末倒置现象。

3. 互联网涉毒犯罪调查取证还取决于第三方平台的配合力度，影响取证时效

首先在客观证据被犯罪嫌疑人删除的情况下，要查明案件事实需从网络运营商处获取原始数据，公安机关往往需要到北京、上海等网络公司所在地才能提取后台数据信息，势必花费较多办案精力，而地域管辖、查询权限等原因也制约了侦查取证成效。其次，物流快递的管理现状使得犯罪分子有机可乘，调查取证难度较大。目前，快递行业的市场准入门槛较低，多数加盟公司的安全检查硬件设施并不完善，不能有效防范安全风险。同时，因快递行业的激烈竞争，很多快递公司寄售货物并不严格遵守寄件人实名登记制的规定，且随着快递投递方式的改进、电子储物柜的普及，可以不直接面对面就完成毒品交易，由于寄收货人名与地址通常是毒品犯罪分子虚构和伪造的，后期侦查工作难以确定犯罪嫌疑人的真实身份，难以深挖毒品犯罪线索，打击幕后毒枭。

(二) 网络涉毒犯罪法律适用困难，影响司法机关打击互联网涉毒犯罪的效果

1. 互联网运营商的监管责任没有法律予以明确

在 2016 年 4 月 11 日最高人民法院《关于审理毒品犯罪案件适用法律若干问题的解释》（以下简称《解释》）出台后，对利用互联网实施传授制造毒品、贩卖毒品等活动，组织他人吸食、注射毒品等违法犯罪活动定罪量刑有了明确规定，解决了互联网涉毒犯罪案件办理中亟须规范的法律适用问题。但是对于明知有涉及传授制毒方法、毒品交易、聚众吸毒、转移毒资等行为而放任不管的网络管理人员，未尽到审查义务的网络运营商应该如何定性、追究何种责任，在《解释》中没有明确的规定。作为提供网络服务并对网络运行负有监管责任的运营商，如果对互联网涉毒犯罪行为置若罔闻，就不能

从根本上打击互联网涉毒行为,从而影响对互联网涉毒行为的治理成效。

2. 在互联网上传播吸毒视频还没有法律加以规制

虽然吸毒行为是个人行为,但是网络吸毒行为的聚众化趋势日益明显,吸毒者为获取认同感和满足感在互联网上传个人吸毒视频、照片,对未成年人产生了极为有害的示范作用,造成了恶劣的社会影响,应当将上网传播吸毒视频等行为纳入法律规范的范畴。

3. 电子证据侦查取证程序和操作流程缺乏统一规定

电子证据侦查取证规范散见于刑事诉讼法及《关于办理网络犯罪案件适用刑事诉讼程序若干问题的意见》,相关规定较为原则,以致在细节上各地做法不一。法律司法解释还需对现场取证手续、电子证据的在线分析、保护、固定、封存等程序进一步细化,以免因取证程序不规范而造成证据瑕疵或是作为非法证据排除,给指控犯罪带来了一定的难度。

四、办理互联网涉毒犯罪案件的应对措施及建议

(一)构建多方参与、多管齐下的"网络扫毒"侦查防控体系

1. 要始终坚持"科技强警"的建警方针和"信息导侦"的办案理念

积极探索运用新兴科技手段打击毒品犯罪模式,深入开展互联网涉毒违法犯罪专项整治活动,切断互联网涉毒犯罪的滋生渠道和途径。

2. 建立全国统一的互联网涉毒犯罪的侦查体系

公安机关要促进上下级情报、网监、技侦、物证鉴定等部门的协作,在提供情报信息、追查幕后毒枭、转化技侦证据、检验扣押毒品、鉴定生化证据等方面为禁毒部门提供有力支持,以实现网络监控与现实监控、网上取证与现实抓捕的密切配合,实现人、赃、证的立体控制与取得。

3. 公检法要建立健全与金融机构、互联网等行业的协作机制

一要与人民银行、互联网企业分别建立银行完善客户敏感交易记录通报机制和互联网企业对可疑交易线索特别监控机制,将打击互联网涉毒犯罪与打击毒品洗钱犯罪相结合,通过对毒资的流转轨迹提升案件客观证据证明力,深化打击毒品犯罪的力度。二要进一步完善电子数据保存、查询的相关制度。公检法三家可与互联网行业就电子证据的保存、远程查询及移送加强合作,针对关系重大的行业领域、信用度较差以及有违法记录的公司企业等主体,应该对其电子数据的保存期限有更严格的要求,可以对现行法律规定的60日保存期予以适当延长。

4. 建立互联网涉毒犯罪举报奖励机制

可在各大门户网站、论坛、各类交友软件上设置举报邮箱,鼓励广大网民积极举报,群策群力共同提升打击互联网涉毒犯罪成效。

(二)加强行业自律和监督,促使相关行业担负净化网络和堵源截流的社会职责

1. 倡导互联网行业协会和互联网巨头发挥行业引领作用,切实担负起净化网络的社会责任

各门户网站要自觉过滤不健康的涉毒内容,安排专门负责网络安全的安全员值守,提高对互联网涉毒信息的甄别能力,将毒品、易制毒化学品、制毒工具等敏感词汇定性为未经授权的信息或者危险信息,设定防火墙予以拦截和屏蔽。对贩卖毒品、易制毒化学品的网络商铺及容留他人吸毒的网络聊天室,要及时查封网络账号和冻结支付平台账户,并将犯罪线索移交给公安机关网监部门。

2. 进一步加强对快递行业的监督和管理

公安机关、工商等部门要监督快递行业严格遵守国家法律,按照快递服务国家标准的规定,切实落实货物运输实名制度,如实申报、登记运送货物品种等制度,规范市场管理秩序,提升货物运输安全。同时要督促快递业加大对快递从业人员的培训,在收寄相关物品时,严格执行验视检查规定,尤其对于可疑包裹或有不良记录的托寄人员以及寄往毒品泛滥的重点地区,要进行重点审查,及时发现问题并报告公安机关,努力切断互联网涉毒犯罪的运输途径。

3. 建立健全对易制毒化学品的监管机制

公安机关、安监部门要逐步建立数据平台将易制毒化学品纳入网络信息动态管理,对易制毒化学品的生产、供应、仓储等环节实时监督检查。同时要建立健全易制毒化学品流失追溯制度和企业信用等级管理制度,对非法贩卖相关原材料的企业和个人要加大惩治力度,充分运用行政、刑事等各种手段,规范市场经营秩序,防止易制毒化学品通过非法途径流入社会。

(三)完善法律法规,为打击互联网涉毒犯罪活动提供法律支持

一是要加大立法力度,对在互联网上传播吸毒视频、图片的行为,情节严重的适时入罪,弥补法律的空白。二是针对现阶段网站发送违法信息的现象,必须尽快将互联网运行商、网站监管责任纳入法律规范的范畴。三是要进一步完善电子证据取证和操作程序。

(四)强化禁毒职责,延伸检察触角,积极参与禁毒综合治理工作

一是认真履行检察禁毒职能,强化引导监督职责。二是积极参与社会综合治理,提升服务社会能力。三是建立禁毒宣传长效机制,提高网络禁毒意识。

青海省大通县近年毒品
犯罪案件的特点及对策建议

张 琴[*]

一、大通县毒品犯罪案件特点

一是涉毒人员主要为受教育程度低的青壮年，少数民族聚居地区为涉毒案件高发区。二是网络贩毒成为新趋势。毒品交易形式呈现网络化，贩毒人员利用QQ、微信等社交平台进行毒品犯罪。三是快递运毒成为新渠道。辖区内毒品零售主要通过吸毒人员相互介绍，约定交易地点或送货上门的传统方式进行，从外省购买较大数量的毒品则多利用物流快递。贩毒人员利用物流行业的管理漏洞，虚报物品名称、不如实填写发货人、收货人的真实姓名和地址、将毒品夹藏于合法货物之中，从而实现人毒分离、钱货分离，逃避执法机关查处。四是零包贩毒成为主要方式。毒品销售化整为零，分装为小包（通常每包约0.4克，售价200元），直接向吸毒人员出售。方便交易，毁证迅速，不易现场抓获，事后取证困难，易藏易散，又能促成吸毒人员增多。五是涉嫌罪名和毒品种类单一。近年大通地区涉毒案件，基本只涉及贩卖毒品罪、非法持有毒品罪两个罪，涉嫌罪名呈现集中和单一的特点。

二、大通县毒品犯罪案件高发原因

一是高额利润的诱惑。目前毒品市场，毒品零售价为70—100/元每克，贩毒人员购入价约为30—50元/每克，销售过程中通过添加其他药品或物质增加重量，分包零售时又缺斤少两，最终进销差价高达3倍以上。

二是不良环境的影响。交友不慎，被不良分子影响、教唆或家庭关爱教育缺失，都可能成为涉案人员走上违法犯罪道路的诱因。

三是高额毒资的压力。按目前冰毒销售平均价格和日吸食平均数量0.3克计算，每天吸食毒品开支约在150元左右，吸毒者每月至少需要4000余元的吸食毒品开支。由于劳动能力衰减或丧失，大部分吸毒分子，根本无力承担高额毒资，容易堕落为"以贩养吸"铤而走险，为缓解毒瘾发作时的噬骨之苦，不得不冒险贩毒牟利，维持毒资。

---

[*] 作者单位：青海省大通县人民检察院。

四是防治机制的薄弱。没有形成系统的预防打击巩固机制，戒毒手段单一，对吸毒人员的帮教措施还未全面落实，导致复吸率极高。

五是查处打击存在缺漏。对分包微量交易的贩毒案件，惩处较轻，侦查取证困难。

三、打击毒品犯罪案件对策建议

一是加大惩治力度，源头遏制吸毒和毒品犯罪。对吸毒人员采取系统的帮教措施；设法提高就业率，加大对返乡青年农民、吸毒人员的就业指导和管理；完善政府禁毒机构工作机制；建立吸毒、涉毒的举报奖励制度；公、检、法、司联动，形成禁毒合力。二是加强司法力量，重拳打击毒品犯罪。公安机关要深挖扩线，加大科技建设的投入力度，提高侦查能力；检察机关主动介入侦查，引导公安机关依法、全面、客观地收集、固定证据；法院在审判时加大毒品犯罪被告人的财产刑处罚力度，从重处罚毒品再犯人员；建立公、检、法联席会议制度，建设区域信息共享机制。三是完善立法，高压严惩毒品犯罪。加强毒品犯罪立法研究，制定和完善地方性的法规。四是加强物流行业的立法和监管。加强对物流快递业实名制运作、安全检查方面的治理和责任追究。

"舌尖上的罂粟壳"案件频发应当引起重视

江苏省常州市武进区人民检察院

江苏省常州市武进区检察院在办理8起因添加罂粟壳而涉嫌生产销售有毒有害食品案件中发现,一些商家为应对激烈竞争、牟取利益,不择手段,致使在火锅、麻辣烫、卤制品等食品中添加罂粟壳、粉现象明显增多。

一、非法添加罂粟壳案件的主要特点

一是乡镇食品小店居多。从查处的案件情况看,涉案商家主要是乡镇沿街的小餐馆、火锅店、卤制品店、烧烤店等餐饮场所。涉案商家有的是在鸭血粉丝汤、牛肉粉丝汤的佐料中加入罂粟壳或粉,有的则是在麻辣烫、卤制品的汤料中加入罂粟壳或粉。二是罂粟来源渠道复杂。罂粟壳或粉主要是从调味市场上购买,也有从家乡带过来的,或是陌生人上门推销的。三是添加使用手段隐蔽。由于涉案商家大多是将罂粟壳碾成粉末放入调味品中,或在熬制汤料时放入,一般人很难察觉。四是故意添加使用明显。涉案商家对罂粟的危害是明知的,也对在食物中添加罂粟行为的违法明知,但为争取更多回头客和牟利,心存侥幸,对其危害不管不顾或采取放任态度。

二、非法添加罂粟壳案件的多发原因

一是利益驱使。涉案商家明知罂粟壳不是调味品,是相关法律严禁使用的添加剂,但为吸引顾客、牟取利益仍执意为之。二是投机售卖。药用种植的罂粟壳客观存在,一些不法分子将药用罂粟壳流入农贸市场、调味品市场或是游走售卖。有的不法商贩为掩人耳目,将罂粟壳伪装成"大壳增香粉""樱酥粉"等,使罂粟壳销售更加隐秘,致使"舌尖上的罂粟壳"滋生蔓延。三是查处困难。食物中添加的罂粟壳,大都被商家磨成粉,添入香料、汤料之中,因"看不见、闻不到",一般客户很难发现。相关部门因人力、技术等因素,对该类违法犯罪的查处和取证也较为困难。四是监管不力。面对商家数量日益增多的餐饮业,食品安全监管、公安等相关部门的监管和惩处不力,致使食品添加罂粟现象越发严重,甚至添加罂粟壳成为餐饮行业的"潜规则"。

三、规范食品安全的对策建议

一是规范药用罂粟的种植、加工和使用,加大源头根治力度。对药用罂粟生产、加工和供应等环节细致梳理，查清管理漏洞和薄弱环节，严禁药用罂粟流入农贸市场、调味品市场。二是建立部门间协作机制，提高食品安全监测能力。食品安全监管部门应联合公安机关、市场监督管理等部门，定期对食物品种进行抽检、检测，重点加强对乡镇街边路口小餐馆、小吃店等的日常监管和检测力度，扩大抽检、监测范围，坚决打击一些商家的侥幸心理。三是定期开展专项整治行动，坚决惩治违法犯罪。公安机关、食品安全等部门深入开展专题调研，适时对重点部位、重点行业开展专题整治行动。四是深入开展宣传教育活动，构建社会监督机制。相关管理部门应定期对餐饮行业从业者进行法治宣传教育。新闻媒体、有关部门应经常对群众开展相关知识和法规的宣传教育，切实提高百姓识毒、拒毒的意识；建立食品安全电话、网络等举报平台，加大相关举报奖励力度，构建起群防群治的监督惩治机制。

强制隔离戒毒人员借"转刑"逃避强戒执行现状及对策

李雅龚克[*]

根据禁毒法的规定，强制隔离戒毒是公安机关对于吸毒成瘾人员作出的具体行政行为，是一种行政强制措施，期限为2年，实际执行最短为1年，最长可以为3年，其间可以亲友探视，参加生产劳动的应支付劳动报酬，虽然不如刑事拘留管理严格，但司法实践中会经常出现强戒人员强制隔离期间主动交代轻微刑事犯罪行为，从而转为刑事拘留，"转刑"而"以刑代戒"，以缩短被羁押期限。笔者结合所在地近3年所办理的此类审查逮捕案件，试析强制隔离戒毒人员借"转刑"逃避强戒执行现象高发的特点及原因，从机制建立等方面提出对策建议。

一、强戒人员强戒期间"转刑"案件特点

通过对襄城县检察院2015年1月至2017年6月所受理的32件强制隔离戒毒人员涉嫌犯罪案件开展调研，发现此类案件呈现五个特点：

一是通过自首转入刑事程序比例高。34名强制隔离戒毒人员在强戒期间通过自首转入刑事程序21人，占总人数的61.8%。

二是供述犯罪行为以侵财类犯罪为主。由于吸食毒品花费巨大，很多吸毒人员都因吸毒而耗空家业，而平时又无正当职业，没有稳定收入来源，实施侵财犯罪成了维持吸毒的主要手段，在34名强制隔离戒毒人员中，涉及盗窃、抢夺犯罪的26人，占总人数的76.5%。

三是供述犯罪行为大多较轻。强戒人员主动供述的一般为情节较轻的盗窃行为，此类犯罪有19件，占总件数的59.4%。

四是所供述犯罪判决结果一般较轻。32件34人中，法院判处管制、拘役或有期徒刑6至12个月的有18件，占总件数的56.2%。

五是刑事处罚执行期满后剩余强制隔离戒毒期限均未再执行。34名强制隔离戒毒人员涉嫌刑事犯罪中，"转刑"后所判处刑罚已执行完毕的26人，占总人数76.5%，刑满释放后26人剩余强制隔离戒毒期限均未再执行。

---

[*] 作者单位：河南省襄城县人民检察院。

二、强戒人员强戒期间"转刑"案件高发的原因

"转刑"作为一种司法途径,被一些强戒人员所利用,已然成为缩短和逃避强制隔离戒毒的"快速通道",发案原因在于几个方面:

(一)强制隔离戒毒与刑事强制措施之间缺乏有机衔接

戒毒人员在强制隔离戒毒期间被发现涉嫌其他刑事犯罪,需要被依法收监执行刑罚或者依法拘留、逮捕的,根据《司法行政机关强制隔离戒毒工作规定》《公安机关强制隔离戒毒所管理办法》及《戒毒条例》的相关规定,强制隔离戒毒所应当根据有关法律文书,与相关部门办理移交手续,由监管场所、羁押场所给予必要的戒毒治疗,强制隔离戒毒时间连续计算;刑罚执行完毕或者释放,强制隔离戒毒尚未期满的,继续执行强制隔离戒毒。但在司法实践中,强戒人员刑罚执行完毕后继续执行强戒,牵涉到法院、强制隔离戒毒所、侦查机关、看守所(监狱)等多个方面,由于缺乏相关信息通报机制,工作衔接不健全,强戒人员的剩余强戒期限往往不予执行。

(二)强戒人员能够有效规避处罚

强制隔离戒毒或是刑事拘留对于吸毒人员来讲无实质区别,均属羁押,被限制人身自由。强制隔离戒毒人员通过主动"自首"情节轻微的刑事案件"转刑"后判处轻刑,通过"吃套餐"(自己给自己增加一种或多种处罚)"吃快餐"(迅速快捷缩短被羁押期限),并享受从轻或者减轻处罚的"自首"待遇,实际上实现了规避较长的强制隔离戒毒期限的目的。

(三)公安机关考核机制所迫

现行公安机关的考核指标除刑事案件打击数、起诉数外,还有吸毒人员打击、强戒数的硬性指标,办案单位为完成任务,对于抓获的吸毒人员,特别是在已掌握吸毒人员涉嫌刑事犯罪事实时,对吸毒人员穷尽处罚措施,先是作出行政处罚,再作出强制隔离戒毒决定,随即再转为刑事案件,这样既完成了戒毒指标又完成了刑事犯罪打击指标。

(四)法律监督空缺

检察机关对被告人刑罚执行完毕后未执行的强制隔离戒毒措施缺乏监督。

三、加强强戒人员"转刑"监督的对策建议

鉴于强制隔离戒毒人员"转刑"逃避羁押的现状及特点,建议从严格履职、完善机制、区别量刑方面,规范相关部门程序,实现"强制隔离戒毒与刑事强制措施"无缝衔接,遏制"以刑代戒"现象,确保法律法规有效实施。

（一）加强检察监督

充分发挥检察机关法律监督职责，对强制隔离戒毒人员涉嫌犯罪、案件办理中存在的违法衔接漏洞，通过向公安、戒毒所、看守所下发纠正违法通知书、检察建议等方式，监督相关机关做好"衔接"工作；并通过适时开展强戒人员"转刑"案件专项检察，督促强戒人员剩余强戒期限执行完毕。特别是督促公安机关对办理的强制戒毒人员犯罪案件进行梳理排查，对刑满释放后没有继续执行强制戒毒的，尽快协调有关部门继续执行强制戒毒，确保不再出现刑满释放后没有继续执行强制隔离戒毒的人员重新犯罪。对正在执行刑罚的强制隔离戒毒人员犯罪案件进行梳理排查，督促协调有关部门做好刑罚执行完毕与继续执行强制戒毒的无缝衔接，确保剩余强制隔离戒毒期限继续执行。

（二）加强工作衔接

规范登记程序，建立"一表一册三台账"制度。

1. "一表"即"强制隔离戒毒人员涉嫌刑事犯罪案件信息登记表"，一人一表。由侦查机关详细记载强制隔离戒毒人员吸食毒品的次数、曾受过的行政刑事处罚、强制隔离戒毒情况及涉嫌刑事犯罪的性质、案件诉讼进展等。登记表随刑事案件卷宗一并移交，案件进展到每个诉讼环节，由办案机关补齐相关信息，如逮捕时间、起诉时间、判决时间等，后由法院随刑事判决书一并移交刑罚执行机关，由刑罚执行机关存档备查。

2. "一册"即"涉嫌刑事犯罪案件强制隔离戒毒人员诊断评估手册"，一人一册。强制隔离戒毒所在接到戒毒人员被依法收监执行刑罚或者依法拘留、逮捕的法律文书时，应根据戒毒人员吸食毒品的年限、次数及戒毒方式、康复疗程、日常行为等进行综合评估，填制诊断评估手册，经刑事案件侦查机关交由监管或羁押场所参考，进行必要的戒毒治疗，并继续对戒毒人员的戒毒情况实行动态监控。

3. "三台账"即由强制隔离戒毒所、刑事案件侦查机关、监管或羁押场所分别建立"涉嫌刑事犯罪案件强制戒毒人员台账"，专人负责。强制隔离戒毒所根据侦查机关提供的法律文书办理移交手续，登记侦查机关名称及办案干警信息，并通知原强制隔离戒毒决定机关。监管或羁押场所在收押强制隔离戒毒人员时，详细记录戒毒人员强制隔离戒毒起止期限、刑罚起止期限等，在戒毒人员刑罚执行完毕前或被释放前，结合强制隔离戒毒所出具的"涉嫌刑事犯罪案件强制隔离戒毒人员诊断评估手册"，通知原侦查机关。刑罚执行完毕或依法释放时，由侦查机关将戒毒人员移送强制隔离戒毒所，继续执行强制隔离戒毒。强制隔离戒毒所、侦查机关、监管或羁押场所可根据台账信息，互相督促，共同制约。对于检察机关不批准逮捕、不起诉或者不适宜羁押的，侦查机关应及时将戒毒人员送回强制隔离戒毒所继续执行强制隔离戒毒。

（三）严把量刑幅度

严格区别强戒人员与其他一般人员的自首量刑幅度，结合其一贯的社会表现、前科劣迹、社会危险性等因素，综合考虑认定自首从轻处罚幅度，最大程度引导强戒人员消除"吃快餐"以迅速缩短强戒期限的心理，从根本上打消其借助"转刑"规避较长强戒期限的意图。

强制隔离戒毒人员"以刑抵戒"问题多发亟待引起重视

王 瑶 刘建波[*]

四川省都江堰市人民检察院在办案中发现强制隔离戒毒人员在强戒期间自首现象突出。强制隔离戒毒人员企图通过自首轻微刑事犯罪转为短期有期徒刑，来逃避强制隔离戒毒两年的行政强制措施。在其刑罚执行完毕时强戒尚未期满，因强戒监管部门怠于履职未将其送回强制戒毒场所继续执行，导致不少强戒人员事实上脱管，引发毒品复吸、再次犯罪等严重后果，使禁毒法规形同虚设，损害了法律权威和法治的统一正确实施。仅2016年上半年，都江堰市院就发现疑似"以刑抵戒"的案件12件。

一、强制隔离戒毒有关法律法规

对于刑罚执行完毕时强戒期未满的吸毒人员，看守所、监狱、公安机关、强制隔离戒毒所依法分别负有相应的监管职责：一是《公安机关强制隔离戒毒所管理办法》《公安部关于〈公安机关强制隔离戒毒所管理办法〉第六十五条规定执行问题的批复》明确看守所、监狱应对强戒人员进行必要治疗，对于刑罚执行完毕时强戒期未满的吸毒人员负有提前七天通知原强戒所和强戒决定机关的义务，并转送强戒人员及其档案；二是根据禁毒法、《戒毒条例》《看守所条例》，公安机关作为强戒决定机关、送交执行主体及看守所主管部门，应对其决定强戒的吸毒人员实行动态管控，对刑罚执行完毕时尚未期满的强戒人员的送交执行负责，并对其下辖看守所进行监管；三是强制隔离戒毒所应严格执行《强制隔离戒毒诊断评估办法》，戒毒人员入所7日内建立诊断评估手册，执行强戒3个月后进行阶段性评价，执行强戒一年后进行综合诊断评估，并根据诊断评估结果报请强戒决定机关提前解除或延长强戒。

二、"以刑抵戒"问题多发原因

"以刑抵戒"问题多发，与强制隔离戒毒监管部门的怠于履职息息相关。一是看守所、监狱怠于履行对原强戒所、强戒决定机关、上级主管部门的通知、通报义务，致使

---

[*] 作者单位：四川省都江堰市人民检察院。

刑罚执行完毕时强戒期未满的吸毒人员脱离动态监管。如吸毒人员陈某某于2015年3月被强戒2年，同年5月被刑拘并转至市看守所羁押，同年10月被判处有期徒刑8个月并由市看守所执行余刑，因市看守所未履行通知、通报义务，陈某某于2016年1月被释放后脱管。二是公安机关怠于履行对下辖派出所、看守所的监管职责，未将刑罚执行完毕但强戒期未满的吸毒人员送回强戒场所继续执行，客观上导致强制隔离戒毒中断，吸毒人员回归社会后因未充分戒毒又复吸，甚至再次犯罪，造成社会治安隐患。如吸毒人员宋某某于2013年3月被强戒两年，同年5月被刑拘并转至看守所羁押，同年9月被判处有期徒刑8个月，2014年1月释放时脱管，并于脱管期间实施盗窃犯罪。三是强制隔离戒毒所未严格执行戒毒诊断评估要求，抑制了强戒人员接受矫治的积极性。经调研，实践中对强戒人员几乎无实质诊断评估，强制隔离戒毒期限一般按2年执行，而强戒人员通过主动交代一些轻微犯罪行为如盗窃，被判处6个月至1年有期徒刑即刑满释放，也未被送回强戒所继续执行，实际上执行强戒的时间往往不足1年，滋长了其"以刑抵戒"侥幸心理。

三、关于完善涉刑强制隔离戒毒人员管理的几点建议

（一）公安机关厘清内设机构职责，加强联动配合，完善对涉刑强戒人员的动态管控机制

派出所要及时报送强戒决定书、强戒人员刑事拘留等信息，积极做好刑罚执行完毕强戒期未满吸毒人员追回工作；看守所要及时报备强戒人员释放、送回强戒所继续执行等信息，依法履行提前通知、强戒人员转送义务；公安机关禁毒管理部门要确定专人梳理吸毒人员动态信息，实现对强戒期内吸毒人员的动态管理。

（二）严格落实戒毒诊断评估要求

强制隔离戒毒所依法开展诊断评估，掌握吸毒人员治疗情况，结合评估结果灵活增减强戒期限，引导其自愿、积极、主动接受矫治，为戒断人员重新回归社会打下坚实基础。

（三）健全涉毒人员行政强制、刑事执行衔接机制

加强公安机关、监狱、看守所等刑罚执行机关与强戒执行场所间的联系，建立强戒人员戒断信息共享、线索移送及强戒余期继续执行跟踪配合的衔接机制，重点做好刑罚即将执行完毕，尚有强制隔离戒毒余期的吸毒人员的通报、移交的收戒工作，确保及时跟进掌握强戒人员动向，收治强戒期未满吸毒人员，消除其投机心理。

（四）完善对涉刑强戒人员收治的司法监督

《中共中央关于全面推进依法治国若干重大问题的决定》明确提出，完善对涉及公民人身、财产权益的行政强制措施实行司法监督制度。检察机关加强对涉刑强戒人员收

治的司法监督,对堵住"以刑抵戒"漏洞,加强吸毒人员管控,根治毒品犯罪顽疾,优化社会治安秩序,保障法律统一实施,具有重要意义。都江堰市院民行部门与公诉、案管、刑事执行等部门开展协作,就首批调查结束的5件"以刑抵戒"案件,向公安机关发出了有针对性的督促履职检察建议,并就此问题与公安机关召开工作联席会,达成监督共识。目前,公安机关已正式书面回复,责成办案单位查找脱管人员下落,送回继续强戒,并承诺改进工作,切实履行法定职责。

二、改革调研

强化法律监督专题调研

上海市检察机关 2013 – 2016 年法律监督工作情况专题调研

曾国东　肖　宁　万海富　周　慧[*]

党的十八届四中全会提出要"完善检察机关行使监督权的法律制度",并赋予了检察机关行政违法行为监督、行政强制措施监督、提起公益诉讼等新的监督职能,检察机关的法律监督任务更加繁重,既是机遇,也是挑战。在各级检察院研究室的支持、配合下,笔者对 2013 年以来上海市检察机关开展法律监督工作的情况,进行了调查与研究,力求为服务检察工作、提高法律监督水平,提供参考。

一、上海市检察机关法律监督工作的基本情况

（一）主要业务数据情况

1. 立案监督与侦查活动监督方面

2013 年至 2016 年,全市侦监部门监督立案判处刑罚数和书面纠正侦查活动违法情形数波动上升,2016 年纠正漏捕判处 3 年以上刑罚数 39 人,同比上升 116.67%,监督力度和监督质量不断提升。

2. 刑事审判监督方面

在全市公诉案件数量呈逐年上升的情况下,2013 年至 2016 年 4 年,全市公诉部门纠正遗漏同案犯数分别为 521 人、451 人、333 人、405 人,2016 年同比上升 21.62%,呈 U 型回升趋势。全市公诉部门 2013 年提出抗诉 44 件,法院采纳 24 件;2014 年提出抗诉 49 件,法院采纳 25 件;2015 年提出抗诉 35 件,法院采纳 19 件;2016 年提出抗诉 49 件,法院采纳 26 件。在抗诉案件数保持基本平稳的同时,不断提升抗诉质量。

3. 刑事执行监督方面

近 3 年来,全市检察机关刑事执行监督部门书面监督纠正减刑假释暂予监外执行不当数均波动回落;书面纠正刑罚执行和监管活动违法数逐年上升。

---

[*] 作者单位：上海市人民检察院。

4. 民事行政检察监督方面

2013年至2014年，全市民事行政检察部门提出抗诉及法院采纳数连续下滑，2015年后近两年有所回升。2013年至2015年3年，三类检察建议（再审检察建议、执行监督检察建议、审判活动违法检察建议）的提出数连续波动下行，2016年有所回升。2016年，全市民事行政检察部门提出再审检察建议10件，同比上升100%，其中法院采纳再审检察建议数6件，创近4年新高。

（二）上海市检察机关的主要工作做法

1. 增强监督意识，提高监督动力

修改完善《上海市检察机关基层院建设考核办法》，根据《上海市检察机关关于检察官业务考核的指导意见（试行）》，强化对检察官法律监督工作质量的考核，科学设置考核指标，以考核促进法律监督工作水平提升。

2. 突出工作重点，凝聚监督合力

以开展破坏环境资源犯罪和危害食品药品安全犯罪专项监督活动、刑拘适用情况专项监督，脱管、漏管专项检查等工作为抓手，破解执法不作为问题。对法律监督的重点工作进行了总体部署，相关业务部门将工作重点列入工作计划并进行年度总结，以专题会议、检委会听取业务处业务工作分析报告等制度，有力推动了决策落地落实。

3. 完善监督机制，挖掘工作潜力

2014年，运用平台一体化收集、掌控、研判、共享监督数据，加强对案件的统筹管理。2015年，上海市检察院相关业务部门开展了司法办案六项制度建设，以进一步规范司法行为，加强刑事诉讼当事人诉讼权利保障。2016年，上海市检察院建立法律监督事项办案化工作机制，进一步建立健全办案流程，提高监督规范化水平。

4. 加强类案监督，增强监督效力

2014年，上海市检察院印发了《上海市人民检察院关于加强一类问题法律监督的意见》，为全市检察机关就一类问题开展法律监督提供指引。

5. 拓展监督渠道，注入科技活力

灵活运用纠正违法通知书、检察建议等多种监督手段，创新监督方法，运用科技手段规范司法行为，发掘监督线索。

二、上海市检察机关法律监督中存在的问题及原因分析

（一）主要数据波动回升，监督质量有待进一步加强

2013年至2015年，上海市检察机关法律监督主要业务数据呈现下降趋势。监督立案数、纠正漏捕数、公诉案件提出抗诉数及法院采纳数等反映检察机关监督质量的主要数据，均呈下行或者波动下行趋势。实践中较多的是对一般性程序违法的纠正，对放纵犯罪、侵犯人权、司法腐败等人民群众反映强烈的执法不严、司法不公问题的监督还需要加大力度，法律监督层次还有待提升。

(二) 部分业务量升质降，监督短板有待进一步补齐

从近4年该市检察业务核心数据看，上海市检察机关民事行政检察业务、社区检察业务部分业务数据持较大增幅，同时，对民事行政检察的抗诉数升高但法院采纳率下滑，行政法律监督工作和羁押必要性审查、指定居所监视居住执行监督、强制医疗执行监督等新增职能有待深入研究与展开。

(三) 软性监督后续乏力，监督效能有待进一步提高

除提出抗诉、退回补充侦查等措施之外，其他如检察建议、检察公函等都缺少"刚性"，后续落实的效果还需要进一步增强。检察建议回复率有提升空间，回复质量有待提高。

(四) 监督能力有待提升

随着上海员额制改革、办案组织改革、司法责任制改革的落实，部分检察干警的监督意识和监督意愿受到影响，监督主体的履职意识不强。部分检察干警的业务能力还需增强，在线索发现能力、证据审查能力、法律适用水平、案件跟踪力度、人际沟通能力等方面还有进步的空间。

三、完善上海法律监督工作的意见和建议

(一) 更新法律监督理念

坚持围绕司法办案中存在的重大问题和人民群众反映强烈的突出问题加大监督力度。在新刑诉法、新民诉法、新行政诉讼法实施的背景下，要加强民事执行监督、"两法衔接"、行政诉讼监督，科学确定监督项目、补齐法律监督"短板"不断提升监督质量和监督效果，抓好监督工作的平衡发展。

(二) 加强部门沟通，统一监督标准

公检法应当通过召开联席会议等形式加强沟通，通过相互交流，进一步完善案件的法律适用标准、证据规格和证明标准，以避免不必要的监督难点和司法资源浪费。完善外部沟通协调机制，深化行政执法与刑事司法衔接工作，拓宽监督的渠道。发挥检察长列席审委会等制度的积极作用，加强"两法衔接"信息共享平台的建设，提高监督信息收录的及时性、全面性、主动性。

(三) 优化法律监督机制

加强部门之间的联动，研究探索捕、诉内部联动的非法证据排除预警机制，加快建立完善规范的羁押必要性审查机制等联动化制度；完善本单位监督信息通报制度，对于行业领域具有普遍性的一类问题，可由各部门共同研究，进行项目化运作，减少重复监

督的次数。另外，各基层检察院加强与分院、市院、其他区县检察院的协作配合，确有必要由上级检察院制发检察建议的，通过条线上报；推动全市统一的法律监督平台建设使用，使三级检察院共同发挥监督信息的大数据效应。

（四）完善制度，应对司法改革新要求

科学设置考核方案，树立正确的工作导向。司法业务考核中，建议提高法律监督在综合业务考评中的权重，将诉讼监督任务的完成情况作为年度评优的重要参考。

（五）磨炼队伍，推动法律监督可持续性发展

在全市范围内全面推行专业化分类办案，对金融类、知识产权类、职务犯罪类案件以及涉及公共安全、食品卫生、侵犯群众合法权益等重大敏感案件，实行专组专办。

近3年广东省检察院监督纠正刑事错案情况的分析报告

方 炳[*]

广东省人民检察院刑事申诉处针对近3年来监督纠正刑事错案的情况开展调研。省检察院刑申处综合运用抗诉、再审检察建议、检察建议等方式实施多元化监督。审查办理不服法院生效刑事判决、刑事附带民事判决的申诉案件716件，提出刑事再审抗诉22件、再审检察建议6件，审查法院决定再审案件4件，对原办案单位存在的不规范司法行为提出整改意见或检察建议十余份，移送职务犯罪线索6起，办理刑事审判监督案件连续3年居全国省级院之首。截至目前，省高院已再审审结13件，并全部予以改判，占全国刑申检察部门成功监督纠正法院生效裁判错案的6.2%，其中5件改判无罪，7件加重刑罚，1件改判刑附民部分判决。监督纠正一批刑事错案，维护了申诉人合法权益，维护了法律权威，为促进司法公正，重塑司法公信作出了积极贡献。

一、监督纠正刑事错案的特点

（一）申诉权行使具有持久性与艰难性

在改判的案件中，申诉人对原错误刑事裁判反映强烈，多头申诉、多级申诉、多年申诉，历经数年甚至十余年，有的申诉虽经多次驳回，申诉人仍坚持申诉，直至司法机关依法纠错。透过这些刑事申诉，可以清晰地发现，申诉人的合法权利被原案错误的司法裁决所侵害后，其法定的申诉权利得不到足够的重视和保障，申诉或被推诿不受理，或被简单草率地驳回，给申诉人带来二次、三次甚至无数次的复加伤害，申诉人维权的道路走得异常艰难。

（二）生效裁判错误体现复杂性与集中性

在所改判案件中，原生效刑事判决、裁定存在的错误多样，分别有事实和证据类、法律适用类、程序严重违法类及上述各项叠加的复合类型，其中最集中的是定罪量刑的事实和证据类错误，占改判案件的90%以上，有的是因原审定罪事实不清、证据不足的疑罪案件被无罪改判，有的是因原审量刑事实不清或认定错误作加重或减轻刑罚的改

---

[*] 作者单位：广东省人民检察院。

判。透过这些刑事错案,可以清晰地发现,由于司法人员对证据的收集不全面、审查不严格、运用不严密以及认定存在重大瑕疵,导致一些案件在原案捕、诉及审判环节都客观存在"证据硬伤"。

(三) 错案单位呈现多元性和多级性

在改判的案件中,错案单位的分布涉及侦查、逮捕、起诉、审判多个司法环节,以及区、市、省多个审判层级,可谓"横到底、纵到顶"。透过这些刑事错案,可以清晰地发现,错案通关顺畅,行进无阻,出现"侦查部门起点错、捕诉部门跟着错、审判部门错到底"现象,导致横向的刑事诉讼制约机制失灵,没能有效发挥作用;与此同时,错案还在不同的审级单位游离,出现"初审错、终审接着错的层层皆错"现象,导致纵向的审级监督机制失灵,未能发挥制度的预期作用。由此可见,一个案件的审查单位往往涉及多部门、多审级,原办案单位都有可能出现司法错误或瑕疵。如沈某案,该案经过侦、捕、诉、一审、终审判决后,经申诉再审仍被判决有罪,直至广东省检察院审查监督,省高院提审再审,该案才得以改判。

(四) 平冤纠错过程具有对抗性与顾虑性

在抗诉后再审纠正的每一个错误裁判特别是纠正重大冤错案件,对于刑事诉讼过程中的原办案单位及其警察、检察官、法官,都是对其工作的否定,追责和追偿制度甚至可能导致其利益的损害或丧失。这些部门和人员往往不愿意承认错判,甚至会想方设法去阻碍错案的认定,在一定程度上具有对抗性。而复查案件的刑事申诉检察部门及其检察官由于各种因素的影响,责任和担当意识不强,不愿得罪"自己人",纠错动力不足,面对刑事错案在纠与不纠以及什么时候纠、在何种程度上纠,往往表现出顾虑性。如徐某案,一件本应依法及时纠错的案件就在再审审理和改判难的尴尬司法局面中久拖不决,省检察院刑申处从提出监督到跟进监督、督促纠错,一盯7年,面临了来自不同层级不同司法机关的纠错阻碍,过程艰辛曲折。

二、刑事错案的成因

一是刑事司法理念不正确。有罪推定、疑罪从轻、重配合轻制约、忽视人权保障等违背现代刑事司法理念的传统法律思维在部分检察人员头脑中占据主导地位,无疑为错案的发生埋下了深层隐患。

二是能力素质与公正司法要求不适应。执法水平不高,对案件定性不准,未能准确把握一般违法行为、民商纠纷行为与犯罪行为的界限,将一般违法人员或民商纠纷一方当事人作为刑事被告人错误指控,不当扩大入罪范围。部分检察人员对审查逮捕和审查起诉把关不严,重配合轻制约,已经发现问题本来可以避免错捕错诉的案件因责任意识不强而使其成为了错案。部分司法人员涉嫌滥用公权力。在审查申诉案件中,发现某些明显错误的案件在侦、捕、诉、审、执各个环节畅通无阻,涉嫌公权滥用或职务犯罪。

三是执行法律和相关诉讼制度不严格不规范。证明标准把控不严,在案证据均不能达到刑事诉讼证明标准。证据审查制度执行不严,偏信言词证据,迷信科学证据。将鉴定结论作为科学证据,视为刑事诉讼中的"免检证据",不予审查直接采信。容忍非法证据进入定案环节,为错案的发生埋下隐患。

四是对被告人权利保障制度执行不严。轻视被告人的辩解,轻视律师的辩护意见。

五是在外部压力下司法不理性。在被害方和舆论的压力下,易偏向性选择游离于证据之外的内心确信,从而偏离法律真实的认定轨道。专项治理活动的压力下,为完成指标,往往导致减弱职业理性,偏离法律框架。司法考核亦有压力,在诸如批捕率、起诉率、审结率、无罪判决率等各项办案数据的考核压力下,检察机关及其人员过于片面追求办案数量、追求考评成绩,忽视办案质量,甚至制造虚假案件。

三、防范刑事错案的对策

针对检察机关刑事错案防范,提出四个方面的对策:一是要加快刑事司法理念的转型。牢固树立现代刑事司法观念,切实做到惩罚犯罪与保障人权并重、程序公正与实体公正并重、全面客观收集审查证据与排除非法证据并重、司法公正与司法效率并重等"八个并重",坚守防范错案的司法底线。二是要严格执行法律规定,规范司法行为。三是要正确对待外部压力。加强完善刑事被害人救助工作、释法说理和宣传工作,制定科学的司法绩效考核机制,营造良好的执法环境。四是要落实完善司法改革推进司法能力和作风建设。坚持落实案件责任终身制,促使检察人员自觉强化司法能力和责任意识。

检察改革背景下人民监督员制度调研

广西壮族自治区鹿寨县人民检察院

广西壮族自治区鹿寨县人民检察院课题组针对检察改革背景下如何健全完善人民监督员制度进行调研指出，当前，人民监督员制度存在一些缺陷与不足。一是缺乏法治化，权威性不足影响检察权公信力。立法的滞后性，缺失具体、明确的法律根据导致人民监督员制度在落实监督检察权的司法活动中遭遇各种瓶颈。二是运行过程中检察权的过度主导。案件评议过程中，监督员仅凭检察机关单向的信息提供，难以对案件形成全面认识，因为其中可能存在对监督员的信息屏蔽，致使监督员无法对案件事实作出客观性判断和正确评价。三是监督人员的回避规定被删除。2016年修订的最高人民检察院《关于人民监督员监督工作的规定》中删掉了关于回避的内容，造成了参加案件评议的人民监督员存在回避问题时，因没有相关规定而可以不予回避的情况，影响检察机关办理案件的公正性。四是人民监督的范围狭窄。从当前人民监督员的监督范围来看，主要是围绕职务犯罪开展监督工作。在深化司法改革之后是否将普通刑事案件纳入监督范围仍存在争议。

针对上述问题，提出完善人民监督员制度的建议。一是要推进人民监督员制度的法治化。通过立法保障人民监督员享有充分的知情权、旁听权等权利，更好地体现检察机关司法活动的民主性、公正性，促使检察权的行使公开化。二是加大监督程序的开放性，提高检察机关司法活动的透明度。建议在人民监督员案件监督程序启动后，应该让人民监督员查阅案卷材料、了解案情，还应允许分别会见案件当事人各方，询问和了解相关案件的细节，并听取案件当事人各方以及各方律师的意见。重大案件人民监督员必须旁听案件审讯过程，在此基础上再出具客观公正的监督意见书。三是要重设关于监督人员回避制度的规定。回避的主体不仅包括人民监督员，还必须包括人民监督员办事机构工作人员，回避的情形可以参照人民陪审员的回避条件进行设定。还应当规定人民监督员私下不能会见案件当事人，不能接受当事人的财物、吃请，以及其他利益。四是扩大人民监督的范围，加强检察权的公信力。在改革的趋势下应突破检察机关的自侦案件范围，将检察机关进行刑事诉讼的其他诉讼行为逐步纳入人民监督员监督范围。

青海省大通县检察院"检调对接"办案情况剖析

李芝春[*]

随着社会经济的深入发展，各种利益关系的不断调整，社会矛盾和纠纷也呈现出多元化、复杂化的特点。为了立足新形势、适应新发展、谋求新突破，检察机关也因时、因势、因需的立足本职不断创新法律监督举措、拓展法律监督渠道、增强法律监督效果。"检调对接"机制正是在这种背景下应运而生。

一、"检调对接"的提出及概念

1983年以后，我国进入一个社会转型时期，犯罪现象较为严重，国家开始了长达十几年的"严打"斗争。1997年刑法删除了原刑法关于惩办与宽大相结合刑事政策，成为特殊历史背景下的刑事司法政策。2006年党的十六届六中全会指出，要实施宽严相济的刑事司法政策，不断促进社会和谐。检察机关作为法律监督机关，在维护社会和谐稳定中担负着重要的职责。为贯彻宽严相济刑事司法政策，最高人民检察院于2007年1月1日制订实施《关于在检察工作中贯彻宽严相济刑事司法政策的若干意见》《关于依法快速办理轻微刑事案件的意见》等文件，对检察机关如何贯彻宽严相济刑事司法政策提出了一系列指导意见。特别提出严格把握"有逮捕必要"的逮捕条件，慎重适用逮捕措施，对于"可捕可不捕的坚决不捕""可诉可不诉的坚决不诉"及对未成年人犯罪案中达成和解的处理方式作出了原则性规定，为"检调对接"机制的建立奠定了政策基础。2010年2月5日，最高人民检察院出台《关于深入推进社会矛盾化解、社会管理创新、公正廉洁执法的实施意见》，"三项重点工作"的提出，明确了要建立健全"检调对接"机制，进一步落实和推进宽严相济刑事政策，促进社会和谐稳定。如果说宽严相济刑事政策是构建社会主义和谐社会的重要组成部分，那么检调对接机制是宽严相济刑事政策的具体体现和重要依托，并且对民事申诉案件也划属于检调对接机制中。检调对接，是指检察机关在办理轻微刑事案件、民事申诉案件过程中，将具体的执法办案与深入化解社会矛盾相结合，通过与人民调解组织等各类矛盾纠纷调处工作平台相对接，密切配合，各司其职，有效化解社会矛盾，促进社会和谐稳定的工作机制。

---

[*] 作者单位：青海省大通县人民检察院。

一般意义上讲,检调对接工作机制的具体展开主要是在审查逮捕、审查起诉以及民事申诉等环节。

二、检调对接机制在大通检察院的运作情况

从2007年宽严相济刑事政策的实行至今经历了10年的司法实践,检调对接机制运作也经历6个年头,各地检察机关对于宽严相济刑事政策的把握和运用,及检调对接机制的建立运行,相信已趋于成熟,并积累了一定的办案经验,就青海省大通县人民检察院而言,运用检调对接机制办理了一批轻微刑事案件和民事申诉案件,并呈现出了一些办案特点。

(一)检调对接机制在审查批捕环节适用较为广泛

青海省大通县检察院自2007年来坚持探索和实践宽严相济刑事政策,贯彻"可捕可不捕的不捕""减少监禁刑,扩大非罪处理"的精神审查公安提请批捕的刑事案件,使宽严相济刑事政策和检调对接机制在该办案环节得到了较为突出的体现。办理的批捕案件中无逮捕要和存疑不逮捕的案件数量都稳步增长,在过去的7年中年受理公安机关提请批准逮捕案1214人,经审查,194人作出了不批准逮捕的决定,不捕率占到审查数的16%以上,其中最为体现宽严相济刑事政策的无必要不捕人数达到了107人,占不捕人数的55.%。且呈现出了逐年上升的趋势。

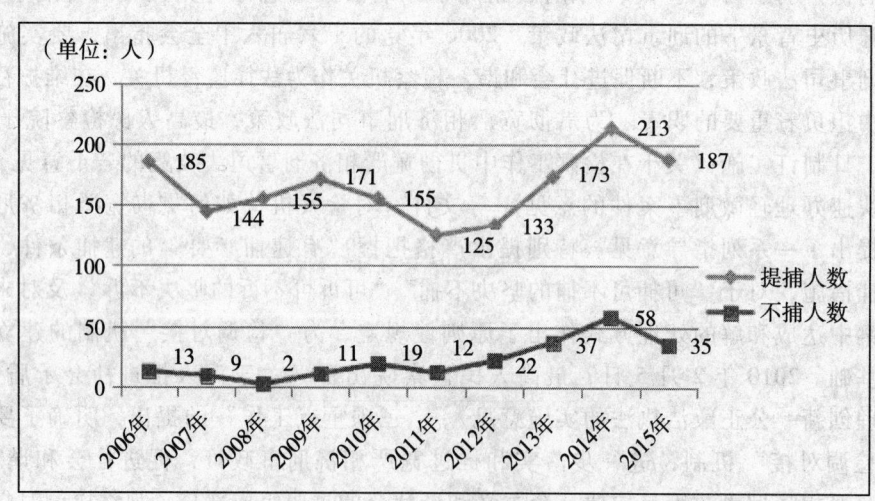

图1 2006年至2015年,公安机关提请逮捕与检察机关不批准逮捕人数对比

结合个案分析和数据研判,该院在审查批捕环节适用,检调对接机制具体做法及特点可归纳为以下几方面:

1.适用检调对接机制审查批捕轻型刑事案件经历两个发展阶段。第一阶段为2007年至2010年对宽严相济刑事政策初步把握和办案探索阶段。宽严相济刑事政策出台的前几年,由于对政策的适用程序及做法还不甚明晰,"严打"余温犹存,所以,必然要

经历办案理念的转变，办理过程的尝试探索阶段。这个阶段的无逮捕必要不捕案件率基本与前几年持平。第二阶段为 2011 年至 2015 年的突破发展阶段。也即检调对接和"三项重点工作"的正式提出和运行阶段。这个阶段对新的刑事政策有了全面的掌握，对检调对接机制也有较为成熟的认识，使宽严相济刑事政策在审查批捕程序中得到了全面而准确的落实，无必要不捕案件数大幅上升，同时不批准逮捕的案件质量也得到了相应的保证。

2. 检调对接的条件和范围。在办理轻型刑事案件时根据青海省人民检察院、青海省司法厅 2012 年 11 月联合下发的《青海省"检调对接"工作实施办法（试行）》，适用检调对接机制办理的不批准逮捕案件范围主要包括：（1）交通肇事、故意伤害致人轻伤、过失致人重伤、故意毁坏财物等轻微刑事案件；（2）未成年人、在校学生或老年人等特定主体所犯的轻微刑事案件；（3）因亲友、同学、同事、邻里纠纷等引起的轻微刑事案件。

适用检调对接机制不批捕需要具备以下条件：（1）事实清楚，证据确实、充分，适用法律无争议；（2）犯罪嫌疑人、被告人主观恶性不深，具有认罪悔罪表现；（3）被害人或其法定代理人有谅解意愿；（4）法定刑为 3 年以下有期徒刑、拘役、管制或单处罚金；（5）犯罪嫌疑人是未成年人、在校学生的，应当具备适当的帮教条件。

3. 适用检调对接机制不批准逮捕案件程序。办理检调对接案件通常为承办人经全面审查案件，认为可以引入检调对接机制的，就案件的民事赔偿部分及时征询涉案当事人是否同意进行调解，并告知当事人在调解中享有的权利义务和调解结案可能产生的法律后果。由此引导涉案当事人在民事赔偿等善后事宜达成一致意见，并取得受害方充分谅解后，形成书页协议。最后经办案检察官审查，协议的内容确为自愿、合法，依法适用不批捕、变更强制措施。按照司法理论，实现检调对接，需要检察院以外的第三方参与调解，或由检察机关设立专门的调解机构就案件民事部门进行调解，刑事案件的承办人依据所达成的调解协议，对案件作出不捕、不诉、非监禁强制措施。该院的检调对接并无第三方参与，实际是与涉案当事人的协商产生的对接，所以，从严格意义上讲，对接机制还不规范，需进一步完善。

4. 检察调对接效果。几年来，作出不批捕、不起诉的案件都经过了时间和事实的考验，检调对接效果良好，实现了"四无"的结果，即未捕、未诉之人回归社会后无重新犯罪，无因对刑事和解不服而与被害人再生纠纷，被害人因权益保护不到位而寻求刑事自诉，无加害人和受害人因对刑事和解不服而进行申诉、上访的情况，收到了好的社会效果。

（二）审查起诉环节谨慎适用检调对接机制。

与批捕环节广泛运用检调对接机制相比，该院审查起诉环节对此机制的运用却表现出了谨慎和限制的态度，宽严相济刑事政策在相对不起诉的运用上并未得到充分的运用。2011 年至今共受理公安机关移送起诉 1253 件 1948 人，经审查作出存疑不起诉的有 24 件 41 人，相对不起诉案件和人数率只相当于审查案件数的 2%。与无逮捕必要不捕案件相比，存在如此大的差异的原因大致归结为以下三点：

1. 法院、检察院办案中遵循宽严相济的刑事政策与公安机关追求立案数、起诉率、有罪判决率的做法形成矛盾。为调和这种矛盾，检察机关只能严格不起诉条件，凡构罪的案件，基本考虑提起公诉。对于民事部分得以赔偿，并得到受害方充分谅解的轻型刑事案件，检察机关只在起诉时，或在出庭公诉时，合并向人民法院提出从轻、减轻刑罚适用刑的量刑建议。

2. 受年终考核机制的影响和制约。检察机关办案的考核量化标准本身严格限制不起诉率，一旦不起诉数突破了限量，就会影响全年的考核成绩，很大程度上限制了检察机关对相对不起诉这一裁量权的有效发挥，也使"不该诉的坚决不诉"这一刑事政策未得以有效运用。

3. 作不起诉处理案件需要检察委员会讨论等办案程序相对繁琐，且将不诉的案件均纳入上级院对案件评查范围、不起诉后在社会上还存在一定的安全隐患等诸多因素限制了不起诉案件率，导致检调对接机制在审查起诉环节未得到应有的发挥。

（三）民事申诉案件上有限运用检调对接机制

2009 年，该院在全省范围内率先尝试"检察和解"这一检调对接办案模式，并相继成功和解了十余件有影响的不服法院生效裁判的民事申诉、缠诉案件。由此将对已达到再审条件，但抗诉意义不大的案件采取和解的方法，促使双方对法院判决再行协商，达成一致意见。并且也摸索出了"初次调解"和"正式调解"程序。曾作为办案经验在全省民事行政工作会上作了交流发言和推广。直至 2013 年 9 月，最高人民检察院制订出台的《人民检察院民事诉讼监督规则（试行）》中并未将检调对接作为民事检察办案方式写进其中。自此，自上而下不再提倡由检察机关直接参与对民事申诉案的调解，而只是对存在和解意向的当事人进行适当引导，使其自行达成和解。同时也未将检察和解的案件作为年终考评内容，从而检察机关积极参与民事申诉案件调解的工作便告一段落。

三、完善检调对接机制的几点建议

（一）进一步规范和完善刑事案件检调对接机制的程序

《青海省"检调对接"工作实施办法（试行）》规定了两种对接方式，认为第二种方式值得尝试，即检察机关与司法行政机关建立矛盾纠纷移送调处机制。检察院将需要由人民调解组织调处的轻微刑事案件、民事申诉息诉和解案件及时向司法行政机关移送，由司法行政机关指派基层人民调解组织配合检察机关共同调处，努力化解矛盾。2016 年该院在控申部门适用"检察官 + 律师"的方式有效化解了吴某缠诉、缠访案。本县朔北乡村民吴某故意杀人一案，其家属以大通县公安局侦查终结后只是随案移送部分证据材料为由，2014 年来先后多次到县政法委、检察院、公安局及西宁市有关部门上访。对于这个老上访户，该院及时引入"检察官 + 律师"调处机制，决定由律师介入此案，在检察办案人员和律师的合力调解下，消除了上访者的对立情绪，从而将该缠诉缠访案终结在检察接待环节。因而，审查批捕和起诉的轻微刑事案件，不妨采取折中的做法，即涉案当事人能自觉自愿达成民事赔偿协议的案件，可在承办检察官的指导下，合法有效达成协议。对和解内容存在争议的案件，可邀请司法行政部门的法律工作人员及人民调解员参与下，达成协议。

（二）加强与公安机关的沟通和协调

《刑事诉讼法》第 7 条规定："人民法院、人民检察院和公安机关进行刑事诉讼，应当分工负责，互相配合，互相制约，以保证准确有效地执行法律。"宽严相济是一种刑事政策，贯穿于刑事诉讼的整个过程。法院、检察院需要掌握和运用，公安机关在办理刑事案件时也要运用，因而，不能只追求立案破案率，起诉判决率，在对犯罪嫌疑人采取强制措施及诉与不诉的问题上也要充分考虑宽严相济。但目前形势下，公、检两方对部分案件是否达到逮捕和起诉条件的认知不尽相同，又缺乏必要的信息衔接与沟通。作为检察机关要及时与公安机关沟通协调，通过定期与公安机关召开联席会议、建立联系人员制度、同主管领导及办案人员个别沟通等形式，使办案人员的证据收集、案件定性和刑事政策把握能力得以不断提高。并通过提前介入，使审查逮捕、起诉工作重心前移，对重大、复杂、疑难案件及时提出需要补充的具体证据；对涉罪较轻的案件通过提前介入进行"过滤"，建议公安机关采取适当的强制措施，从源头上提高案件质量，节约司法资源，缓解和调解在此问题上存在的矛盾和对立之处，使法律政策得到全面、准确的实施。

（三）充分行使检察裁量权

不捕和不起诉的数量多并不意味着办案质量的好坏，所以，通过考核的方式限制不起诉案数量缺乏法律依据，而将未批准逮捕和决定不起诉的案件作为每年案件质量评查的首选也有失偏颇。办案一线的检察官大都认为检调对接后"四无"的效果才应该是决定不起诉，不批准逮捕案件的质量标准。所以，以各种方式限制不捕、不诉率的理念应得以纠正，否则就会束缚刑事政策的正确有效的运用和发挥。刑事司法观念的转变和更新程度有多深，刑事司法能力和水平就会有多高。

（四）借鉴民事检察监督经验

民事诉讼监督中作检察和解处理的案件，其实就是对存在瑕疵、又无法启动再审程序予以纠正的民事生效判决案件，在检察人员的引导下，当事人双方对判决确定的权利义务再行协商，达成新的执行和解协议。这种做法并不违背民事诉讼法立法精神。所以，不能将检察和解简单划归到息诉服判的结案方式中，因息诉服判是对裁判的整体认同和服从。作为检察机关，不能受检察和解不应当"招来不必要的麻烦"思想的干扰，对应当、而且能够和解的案件，而放弃化解矛盾纠纷的机会。几年检察和解经验也证明，检察和解不等同于服判息诉，有着抗诉和检察建议不可代替的作用，有必要在考核机制上做一定的调整，将检察和解单独作为一种办案方式予以认可和考核。这样，一方面，会激发办案人员工作积极性和创造性；另一方面，会丰富民事行政检察监督内涵，使民行检察监督更趋于多元化，达到检、法、当事人、社会等多方共赢效果。

当前法律适用请示工作开展困难的原因与对策

金 石 王东卫[*]

当前，甘肃省各级检察院研究室开展法律适用请示工作存在缺乏积极性、开展次数少、开展质量低，甚至变通开展等诸多问题。研究室开展法律适用请示工作的有效推进还需要进一步明确内涵、厘清思路、加强指导、规范程序、督促实施。

一、法律适用请示工作开展困难的原因

（一）混淆请示工作内容

主要体现在两个方面：一方面，与公诉、侦监等业务部门个案请示相混淆。研究室法律适用请示工作与公诉、侦监等业务部门个案请示工作在含义、范围、内容上均存在较大的区别，最高人民检察院研究室就研究室法律适用请示工作的具体范围也作了限定。但部分院研究室没有对《人民检察院案件请示办理工作规定（试行）》《关于进一步规范请示件报送工作的通知》、最高人民检察院法律政策研究室《办理法律适用问题请示件工作规定》等文件进行认真学习，想当然地将业务部门通过业务条线以院名义向上级检察院请示的案件作为研究室法律适用请示工作的内容，不再独立开展法律适用请示工作。另一方面，与法律适用研讨会等涉法律适用工作相混淆。部分检察院研究室将法律适用请示工作与现行各院开展的法律适用研讨会、法案研讨会以及撰写法律适用调研报告等工作相混淆，认为开展这些活动属于法律适用请示工作的一部分，因而有依托现有活动开展法律适用请示工作的误解，研究室法律适用请示工作被"合情合理"地虚置。

（二）缺少请示案件来源

业务部门办理的案件是研究室法律适用请示案件的来源，缺少业务部门的支持与配合，研究室法律适用请示工作就成为无源之水。由于条线考核的长期影响，研究室与业务部门长期处于一种业务相对隔离状态，缺乏应有的请示案件配合制度。业务部门办理案件过程中遇到的类案中共性法律适用问题、个案中带有普遍性、倾向性的法律适用问

---

[*] 作者单位：甘肃省人民检察院。

题,以及检察工作中有必要予以明确的其他法律适用问题,基本不向研究室通报,而是直接向上级检察院请示;研究室也没有相应的协调机制向业务部门搜集相应案例,致使请示案件缺乏来源,影响研究室请示案件制度的建立与发展。

(三) 研究室职责定位错位

请示案件是发现司法实践中的新型、疑难、典型案件,第一时间掌握法律适用中的重点、难点问题的重要途径,法律适用请示工作应定位为研究室核心职责之一。但是,长期以来,各检察院研究室的职责仅仅被定位为撰写调研论文,部分不设立研究室的基层检察院对研究室的核心职责更是知之甚少,致使包括法律适用请示工作在内的很多职责,均没有得到应有的重视,也没有得到有效的执行。

二、破解法律适用请示工作开展苦难的建议

(一) 加强法律适用请示文件学习

各级检察院研究室要进一步学习最高人民检察院、省检察院关于法律适用请示工作的文件,真正理解研究室开展请示工作的内涵、范围、程序,以及与业务条线个案请示的区别,为开展法律适用请示工作奠定基础。

(二) 依托检委会开展请示工作

由于业务部门向上级检察院请示的案件必须提交检委会审议决定,而检委会办公室又设置于研究室。各级检察院研究室可以依托这一机制,在提交检委会审议的案件中筛选符合研究室法律适用请示的案件。尤其是市级检察院研究室,可以定期对基层检察院从统一业务应用软件系统报送的检委会备案进行研究分析,筛选出符合研究室开展法律适用请示的案件。

(三) 建立案件报送工作机制

从省检察院的层面制定规范性文件,明确业务部门在办理案件过程中遇到类案中共性法律适用问题、个案中带有普遍性、倾向性的法律适用问题,以及检察工作中有必要予以明确的其他法律适用问题,应向同级检察院研究室通报。研究室应根据业务部门的通报进行审查,符合条件的,应纳入法律适用请示范畴;不符合条件的应按照程序回复业务部门。

(四) 建立请示工作激励机制

省级检察院与地、市、州检察院应设立法律适用请示工作先进集体评选机制,定期对下级检察院法律适用请示工作进行评价,将法律适用请示案件报送的质量作为评选的依据,以增强和激励各基层检察院研究室报送案件的积极性。

(五) 加强研究室队伍建设

大部分基层检察院普遍没有设置研究室,研究室的工作一般由办公室、政工科代管。办公室、政工科的干警一般缺乏专业的法律素养,在法律适用请示工作方面往往采取拖延、迁就的心态。部分市级检察院研究室人才匮乏,工作长期处于停滞、应付状态,致使研究室法律适用请示工作得不到开展。要进一步加强基层检察院研究室人才建设,培养高素质的工作队伍。

完善检察建议权问题之探讨
——以人民检察院组织法修改为背景

孙荣杰 张树圃[*]

司法实践中,检察建议已成为检察机关履行法律监督职能的一种重要手段。多年来,检察机关运用检察建议成功解决了许多与法律监督职能密切相关、需要解决而且能够解决,但在法律上缺少具体规定的问题。[①] 然而,检察建议在检察工作实践中始终面临着法律依据缺位、适用范围不明、实效性不显、救济途径不足等种种缺陷。这些缺陷的存在严重制约了检察机关法律监督职能的充分发挥,影响着我国法治现代化的进程,对此应当高度重视予以研究解决。正视和解决检察建议工作中存在的上述问题,以人民检察院组织法修改为契机,深入探讨检察建议法治化、规范化问题,对于完善中国特色的检察制度,进一步强化检察机关的法律监督职能具有非常重要的意义。

一、检察建议之历史沿革

从规范层面考察,检察建议的由来最早始见于1931年土地革命时期中华苏维埃共和国制定的《工农检察部的组织条例》。[②] 1954年第一届全国人民代表大会第一次全体会议通过的人民检察院组织法,在总结实践经验的基础上,科学界定了检察机关的职责。虽然在法律条文中未直接出现"检察建议"的字样,但检察建议作为一种与履行检察职能密切相关的法律文书被大量使用。1978年,检察机关恢复重建以后,在打击刑事犯罪和职务犯罪的斗争中,基于对社会治安实行综合治理的现实需要,各级检察机关积极参与开展各种形式的综合治理活动。检察建议是其中的主要形式和手段之一。与此同时,最高人民检察院还将检察建议这种形式运用到预防贪污贿赂、渎职侵权等职务犯罪案件之中。1992年10月最高人民检察院发布《关于加强贪污贿赂犯罪预防工作的通知》,其中提出各地检察机关要"结合办案,提出有针对性地检察建议,帮助发案单位总结经验教训,堵塞漏洞,改善管理,加强防范,特别是要采取措施推动在执法部门

---

[*] 作者单位:江苏省扬州市人民检察院。

[①] 比如,结合办案通过发放检察建议的方式,帮助相关单位堵漏建制,从而达到预防违法犯罪目的。

[②] 该条例第二章第5条第4款规定,"有向各该级执行委员会建议撤换或处罚国家机关与国家企业的工作人员之权,但对于该企业或机关的工作设施,有直接建议之权"。

和直接掌握人、财、物的岗位,建立有效的防范贪污贿赂等犯罪的约束机制",检察建议自此成为检察机关预防职务犯罪的有效工作方式开始广泛运用和发展。

然而,与实践中检察建议运用风风火火形成鲜明反差,立法上对检察建议却是沉默不语。长久以来检察院组织法和其他相关法律里都未对检察机关的检察建议权作出明确规定,检察建议权似乎是一种"无法可依"的权力。第一次在我国法律中出现"检察建议"一词是1995年颁布的《检察官法》第31条规定了对检察官的哪些表现应当给予表彰,其中第(二)项是"提出检察建议或者对检察工作提出改革建议被采纳,效果显著的"。不过,这一条文是针对检察官个人作出的规定,并非对检察机关进行授权。况且,这一条文也没有明确检察建议的内涵、提出方式、具体程序等方面的内容,因而很难作为检察建议的法律依据来理解。2009年,最高人民检察院制定下发了《人民检察院检察建议工作规定(试行)》(以下简称《检察建议规定》),界定了检察建议的属性和功能,从形式、程序、内容、质量要求等方面对检察建议工作进行了规范。但该规定只是检察机关内部的规范性文件。迄今为止,有关检察建议立法最重要的进展是2017年新修订的《民事诉讼法》第208条规定,地方各级人民检察院对同级人民法院已经发生法律效力的判决、裁定,发现有本法第200条规定情形之一的,或者发现调解书损害国家利益、社会公共利益的,可以向同级人民法院提出检察建议,并报上级人民检察院备案;也可以提请上级人民检察院向同级人民法院提出抗诉。各级人民检察院对审判监督程序以外的其他审判程序中审判人员的违法行为,有权向同级人民法院提出检察建议。修订后的民事诉讼法首次以法律的形式正式规定检察建议,从制度上、权能上对检察机关予以明确授权,可谓终结了检察建议这种监督方式"于法无据"的尴尬状态。

二、人民检察院组织法增加检察建议规定之必要性和可行性

(一)必要性分析

《检察建议规定》第1条规定,检察建议是人民检察院为促进法律正确实施、促进社会和谐稳定,在履行法律监督职能过程中,结合执法办案,建议有关单位完善制度,加强内部制约、监督,正确实施法律法规,完善社会管理、服务,预防和减少违法犯罪的一种重要方式。据此定义,检察建议以检察机关的法律监督权为基础,反映了检察机关参与诉讼、法律监督和预防违法犯罪等多种职能,是检察职能的延伸,也是检察机关参与社会治理创新的有效途径。

既然检察建议是由公权力的检察机关以国家的名义发出的,本质上属于非诉讼监督法律文书,[①] 那么检察建议就应当理所当然地具有法律上的基础而具有法律效力。但可惜的是,直到2012年民事诉讼法修订才首次以法律的刑事明确检察建议,而且只是明

---

① 韩成军:《检察建议的本质属性与法律规制》,载《河南大学学报》(社会科学版)2014年9月。

确了检察建议在民事诉讼中的运用，难以凭此推而广之到其他领域。对于检察建议在其他领域的运用，法律规定仍然处于阙如的空白状态。① 梳理考察检察建议的历史沿革，不难发现检察建议是一种在检察实践中逐渐发展而来的检察工作方式。正是由于检察建议成于实践、于法无据的"先天不足"，其在实践中暴露出适用范围不明、实效性不显、救济途径不足等等问题。这些问题仅仅依靠实践中提高检察建议的质量、增强检察人员素质是难以从根本上解决的，亟待立法上予以回应。检察院组织法作为检察机关的根本法，肩负着贯彻宪法统领诉讼法重任。在检察院组织法中有必要增加关于检察建议的内容，作个宏观性、统领性的规定，以使检察建议制度真正地实至名归，与诉讼监督共同构成我国完整的检察监督体系。

（二）可行性分析

根据宪法及有关法律，检察权既包括批捕、起诉等诉讼监督权，又涵盖非诉讼监督的内容，检察建议作为非诉讼监督的重要手段纳入检察权应是题中之义。从法理上来看，在中国的法治语境中，检察建议是与检察机关的法律监督权紧密相连的，是中国检察权中特有的一个功能性权力。因此，检察院组织法将检察建议明确规定为检察机关法定职权，既无法律上的冲突也无理论上的障碍。

现有的法律体系中，修订后的民事诉讼法已加入了检察建议的规定，这充分说明了检察建议已经具备了进入法律系统的条件，可以预见在行政、刑事诉讼领域增加关于"检察建议"的法条，也是指日可待的事。随着检察建议应用日趋广泛，检察院组织法加入检察建议规定的外部条件也很成熟。不管是现实倒逼立法抑或是立法回应现实，检察建议"登堂入室"写进检察院组织法已是水到渠成之事，而这将会促使宪法赋予检察机关的法律监督职能更加全面，更加适应时代发展的需要。

三、检察建议效力之明确

囿于检察建议"法无明文规定"的先天不足，其在实践中存有效果不明显、救济途径缺失的问题。例如，众多检察建议制发出去之后，往往如石沉大海般没有任何回音，纵使对方单位有所表示，也是敷衍应付了事、整改落实不到位，这不仅使检察建议失去了实际意义，使检察建议书如同一纸空文，也在客观上造成了有限的司法资源的浪费。有鉴于此，未来的检察院组织法修改中，除了要明确赋予检察机关检察建议权之外，还需合理界定检察建议效力问题。

---

① 值得说明的是，在刑事诉讼活动中，刑事诉讼法虽然未出现"检察建议"字样的直接规定，但在第173条第3款规定，"对不起诉人需要给予行政处罚、行政处分或者需要没收其违法所得的，人民检察院应当提出检察意见，移送有关主管机关处理"。除此之外，刑事诉讼法和《人民检察院刑事诉讼规则（试行）》还规定了大量由检察机关发出的其他种类的建议，如建议法庭延期审理、建议法庭适用简易程序等所谓的"特定建议"。对于这些意见、特定建议与检察建议有何区别和适用范围等，法律未有规定，理论上解读也比较混乱，如果不在检察院组织法中予以进一步明确，很可能会导致司法不明、执法混乱的局面。

我国学术界在探讨检察制度和检察权时，普遍认为检察权刚性不足，检察机关"说了不算"，难以体现监督效果。例如，有学者提出，检察机关监督的刚性必须加强，监督如果不能发生效果，这样的监督无疑是"隔靴搔痒"，检察机关表面忙碌，但影响力极为有限，因此要赋予检察机关"惩戒权"，确保检察机关能够对社会产生确定的影响力。① 还有学者提出，应当赋予检察机关"检察裁决权"，对于具体违法行政行为，检察机关有权作出检察裁决，要求行政机关改变或撤销原具体行政行为。② 与此相类似，对于检察建议也有同样的呼声。为了充分发挥检察建议的职能作用，必须赋予其应有的法律效力，即对监督对象的强制约束力，不能完全依赖于监督对象对它的认可程度。③

关于检察建议效力的界定问题，必须与检察建议的属性特征相符。检察建议从功能上来讲，主要是一种纠正建议权和程序启动权，并不具有实体上的决定性效力。上述观点过于强调检察建议的终裁性和刚性，显然与检察建议的属性特征不符。对于被建议单位而言，检察建议的内容并不具有必须服从或接受的强制力。建议即使不被采纳，充其量也只是告知其上级主管知悉，由上级主管单位负责处理，从而达到监督的目的，没有必要也无可能诉诸国家强制力予以"强制执行"。目前司法实践中，众多地方的检察机关在提出检察建议之前要和被建议单位以约谈的方式进行协商、沟通，以更好地发挥检察建议的作用。检察建议内容和目的的实现依赖于被建议单位的自愿接受和自我纠正，充分尊重其主体地位，指明暴露的问题，用"提醒"的方式引发对方的自觉行动，而非强迫接受。概括而言，检察建议在法律上具有"弱权力性"，是一种"温柔的监督"。否则，检察建议就不应称"建议"，而应称"检察裁决"或"检察通知"。作为一种法律监督权，检察权在司法运行中已明显体现出"栽刺多、栽花少"的生态格局。④ 出于检察权能够健康良性运作的考量，检察机关在与行政机关、司法机关建立法律监督关系的过程中，更多地需要对话沟通而非对立隔绝，需要分工协作而非抗衡制约，需要善意提醒而非生硬制裁，唯此才能促进检察机关在相对和谐的气氛中履行对被监督者的监督职能。因此，在检察机关履行监督职能已有诸如职务犯罪侦查、纠正违法通知、抗诉等强硬手段的前提下，应当明确检察建议作为一种"柔性"法律监督手段，合理界定其非强制性、弱权力性，这对检察机关实现"刚柔并济"的全面监督具有重要的现实意义。

四、人民检察院组织法修改关于检察建议之具体内容

现行检察院组织法是1979年制定通过的，于1983年的对某些条文进行了细节性微调。本法共有正文28条、2900余字，受制于时代背景的限制，带有一些当时历史环境

---

① 华关根、邹积超、肖亮：《中国检察制度印象评析》，载《政治与法律》2009年第8期。
② 谢志强：《行政检察制度比较研究》，载《河北法学》2010年第9期。
③ 林贻影：《中国检察制度发展、变迁及挑战》，中国检察出版社2012年版，第135页。
④ 王玄玮：《中国检察权转型问题研究》，法律出版社2013年版，第185页。

的印记。其中最为典型的是，带有浓厚的"重刑轻民"色彩。比如，第一章"总则"第 5 条对检察机关的职权规定中，其内容突出强调了检察机关打击刑事犯罪的功能，规定的全部是检察机关参与刑事诉讼的职权。对于检察机关的其他职能（民事诉讼法律监督权、司法解释权等），组织法未予涉及。如前所述，至于检察机关在司法实践中自发发展起来的检察建议权，就更加处于组织法上缺乏依据的状态。值得欣喜地是，在 2013 年第十二届全国人大常委会公布的立法规划中，检察院组织法业已列入一类立法项目，本届常委会任期内有望提请审议通过。

首先，从法律体系来看，在检察院组织法中，无须对检察建议作过多细节性、程序性的规定，只需综合规定人民检察院的检察建议权，明确检察建议的法律地位，从立法源头上解决问题，使检察建议得到最权威的法律保障。由检察院组织法明确赋予检察机关检察建议权能，由刑事诉讼法、民事诉讼法和行政诉讼法规定各自领域的检察建议的相关内容，由全国人大颁布《关于认真落实人民检察院检察建议的决定》来明确各有关机关相关的权力义务，确保检察建议的实际效果，再由最高人民检察院出台的《检察建议规定》来具体规定检察机关适用检察建议的程序规则。

其次，从条文位置上来看，关于检察建议的规定应当放在检察机关职权一章当中。考察世界各国立法例，凡是检察机关承担法律监督职能的国家，其检察院组织法大多都用单独一章甚至几章，系统全面地规定检察机关的职权。况且，我国检察权内涵丰富，外延广泛，包括多种形式的监督手段，亦需要专门设立一章来规定检察职权，而检察建议应属其中。

再次，从条文内容来看，可以参考《检察建议规定》和卞建林教授主编的《〈中华人民共和国人民检察院组织法〉修改专家建议稿》具体表述如下："人民检察院在在履行法律监督职能过程中，结合执法办案工作，可以向涉案单位、有关主管机关或者其他有关单位提出检察建议。"有观点认为，因履行法律监督职责的需要，检察机关可以向当事人或者案外人发出检察建议。[1] 该观点认为，检察建议的适用对象既可以是单位也可以包括个人。但是，检察建议作为检察机关代表国家机关公权力制发的具有法律效力的文书，对个人提出意见恳请其吸取教训改正问题，这既不现实也不符合情理。另外，针对检察建议书面回复落实情况的期限，《检察建议规定》未予明确该期限有具体多长，实践中各地做法不一，有的规定 1 个月，有的规定 2-3 个月，较为混乱。比较考察国外关于检察建议的回复期限，俄罗斯联邦检察组织法和保加利亚检察院组织法均规定在 1 个月内将反馈结果书面通知检察机关。因此，为统一司法尺度，在人民检察院组织法中可作如下规定，"被建议单位应在收到检察建议后的 1 月内将落实情况书面告知检察机关。"

最后，基于建议的自愿性、提醒性的特征，不宜直接规定检察建议的强制约束力。关于检察建议的效力和救济途径，可作如下规定，"被建议单位对检察建议有不同意见的，应当向人民检察院书面说明理由；对检察建议没有正当理由不予采纳的，人民检察

---

[1] 王守安：《法律监督方式与检察院组织法的修改》，载《国家检察官学院学报》2015 年第 2 期。

院可以向其上级主管机关反映有关情况,有关主管部门应当将处理结果及时通知人民检察院;人民检察院在制发检察建议之前,可以与相关单位进行约谈。"通过检察约谈方式,与相关单位进行充分沟通协商,这样避免了检察建议的"一厢情愿",在双方充分沟通的基础上达成"情投意合",更好地实现检察建议的目的。当然,检察建议最终采纳与否还在于被建议单位或其主管部门,亦未侵害其独立的主体地位。

对提升检察建议使用实效的调研思考

戴 勇 万晓锋[*]

检察建议是新时期检察机关服务经济建设、创新社会治理、促进和谐稳定的重要手段和途径。从基层检察工作实践来看，由于检察建议法律强制力欠缺，部分基层检察机关和被建议单位没有给予足够重视，存在管理混乱、质量不高、个别被建议单位敷衍应付等问题。有鉴于此，笔者尝试就提升检察建议的使用实效进行一些探讨，以期对理论和实践有所裨益。

一、检察建议的内涵和定位

2009年11月，最高人民检察院制定颁布《人民检察院检察建议工作规定（试行）》（以下简称《规定》），对检察建议的定义和适用范围予以明确。将检察建议与"适用简易程序建议""再审检察建议"等"建议类"特殊诉讼法律文书中剥离出来，强调其在非诉讼检察活动中的重要地位，便于充分发挥检察建议针对性强、灵活度大、应用面广等独有"软性"优势，成为检察机关职务犯罪侦查权、审查批准逮捕权、公诉权等"硬性"权力的配合、辅助和补充，确保检察法律监督体系得到进一步健全和完善，全面提升检察机关在社会治理中的地位和作用。

二、检察建议适用中存在的问题

一方面，缺乏强制力是制约检察建议发挥实效的"瓶颈"。《规定》明确：检察建议发出后，被建议单位无正当理由不采纳的，"人民检察院可以向其上级主管机关反映有关情况"。说明检察建议并无强制执行的权力。导致一方面部分基层检察院认为检察建议缺乏实用价值，将检察建议工作视为"鸡肋"，仅在目标考核层面引起重视。另一方面，个别被建议单位将检察建议视为一般的公文往来，对检察建议敷衍应付，消极对待，甚至置之不理。将其束之高阁。导致检察建议处于形同虚设的尴尬境地。

三、提升检察建议实效的对策建议

检察建议是检察机关实现宣传法治、预防犯罪等职能的重要非诉讼活动手段。笔者

---

[*] 作者单位：四川省叙永县人民检察院。

认为，当前检察建议在基层工作实践存在的主要问题，应当从以下几方面解决和改进：

（一）落实检察建议的规范化管理

由于对检察建议定位作用的认识和重视不足，导致基层检察机关院与院之间、机构与机构之间使用检察建议时各行其道、流于形式，其内容过于随意化，影响了检察建议的严肃性和权威性，也为档案查阅、效果反馈、统计分析带来诸多不便。因此，建议对《规定》进一步细化落实，强化检察建议的规范化管理，完善检察建议的编排、审核、签发及登记备案管理机制，避免检察建议的重复使用以及职能盲区，确保检察建议在适用中有规可依。

（二）加强检察建议的针对性和可操作性

近年来个别基层院为了应对目标考核大量滥发检察建议，部分检察建议泛泛而谈、内容空洞、流于形式。被建议单位缺乏明确的落实方向和目标，只好随意应付回复交差了事。因此，建议加大对检察建议的教育培训力度，强化承办人员的工作责任心和业务水平。尤其在检察建议中要明确检察建议的依据、建议的具体内容和整改的明确期限，以及被建议单位回复的期限和回复方式，确保其实效性、针对性和可操作性。

（三）建立检察建议的督查督办机制

实践中制约检察建议发挥实效的原因之一，在于检察建议发出后没有建立、规范相关配套机制。一是对内督查督办机制没有落实。没有明确责任人员、调查方式、回访期限、问责方式，个别承办人员敷衍应付，使监督和回访流于形式。因此，对内要优化目标管理、强化督查、落实责任。督促开展后续跟踪回访，确保及时掌握检察建议的采纳、落实情况。二是反馈机制没有规范统一。当被建议单位对检察建议没有正当理由不予采纳或反馈时，对应当自行直接反映还是通过上级检察机关向被建议单位上级主管机关反映有关情况，缺乏统一认识甚至导致干脆放任自流。建议对《规定》第7条进行细化明确，对上述情况统一层报至被建议单位上级主管部门的同级检察机关，从平级沟通、通报的层面开展反映工作，更有利于确保检察建议落到实处、收到实效。

（四）探索与地方领导机构建立"事前备案"长效机制

避免被建议单位"无正当理由逾期不采纳检察建议，不给予书面回复"的情况发生，关键在于事前预防。一味事后向其上级主管部门反映，必然导致面临成本大、效率低等诸多弊端。检察机关可以探索将"事后反映制"创新为"事前备案制"。即在对被建议单位发出检察建议的同时，将检察建议同步报送当地党委政法委、人大常委会。通过加强汇报、沟通、协调，将检察建议工作置于当地党委和人大的领导和监督之下，巧妙借助领导权、监督权和管理权形成监督合力。督促被建议单位引起高度重视，及时整改落实，确保检察建议的政治效果和社会效果得到全面发挥。

基层检察机关如何有效
应对和处置涉检网络舆情

杜留栓[*]

随着互联网的扩张,网络变得越来越便捷,越来越无处不在。同时网络舆情作为网络时代的衍生品,在群众中的影响日益增强。基层检察机关处于执法办案的第一线,案件的查办和诉讼、检察人员的纪律和作风,通过网络迅速传播成为社会各界和人民群众的监督重点,也最容易被推到网络舆情的风口浪尖上。在这种形势下,如何积极科学应对网络舆情,成为当前基层检察机关面临的一项崭新而又严峻的课题。

一、网络舆情的特点

网络舆情,是指围绕某一或某类事件的发生、发展和变化,通过互联网表达和传播的,公众对自己关心或与自身利益紧密相关的社会中各种现象、问题所表达的态度、意见和情绪等表现的总和。网络舆情具有以下特点:

(一)突发性

通过众多网络事件可以看到,网络舆论的形成往往非常迅速,一个热点事件的存在加上一种情绪化的意见,就可使一个普通事件或个别言论,在极短的时间内传遍世界任何一个网络所能够延伸到的角落,从而使"普通"事件升级为"焦点"事件,甚至演变为"炸点"事件。

(二)偏差性

由于网络社会中发言者身份隐蔽,成员复杂,网民对一个事件的受注面不同,再加上不满情绪的加注,造成网络舆情走向呈现不可预知性,形成不同的炒作热点,特别是个别问题扩大化、单一问题复杂化、一般问题政治化。

(三)难控制

网络舆情表达快捷、信息多元、方式互动,并且信息平台的给付者数量庞大,缺少

---

[*] 作者单位:河南省伊川县人民检察院。

必要的规则限制和有效监督。使网络舆情的掌控很难用单一强硬的方式解决，小网删、大网发，此网堵、彼网冒，且声援广泛，影响力大。

（四）深远性

网络舆情可以对人们的人生观、价值观起到潜移默化的作用，影响、改变人们对政府、司法机关的看法和评价，在意识深层打上烙印。涉及检察机关的坏消息多了，经过网络发酵，就会量变到质变，一点点降低检察机关的公信力。

二、基层检察机关涉检网络舆情处置面临的困境

（一）检察机关对涉检网络舆情的负面性认识不足

对于涉检热点问题和现象，众多网民在网上提出自己的认识和看法。这固然体现了网上舆论多元的特点，但是由于受各种因素的影响，一些网民的发言缺乏理性，趋于感性化和情绪化，甚至有些人把互联网作为发泄情绪的场所，从而引发有害舆情，具有很强的煽动性和破坏性，由于检察机关没有及时采取应对措施，这些言论给检察机关造成极大的负面影响危及检察机关的权威和公信力。

（二）应对涉检网络舆情危机处置机制不健全

由于一些基层检察院组织保障不全，对网络舆情不关注，没有建立必要的组织机构和专业的网络设施保障，缺乏相应处置机制，一旦发生负面网络舆情情况，不知如何应对，不能及时地引导和有效控制事态发展，负面影响难以及时消除。

（三）应对涉检网络舆情措施不力

涉检网络舆情存在法律缺失、预警处置机制真空、正面引导不力、信息失控失真、预防和应对无措等问题，一些基层检察院面对涉检网络舆情缺乏有力措施，不少失真的涉检网络舆情严重的影响了检察机关的执法公信力及社会形象，并涉及检察机关健康发展和检察队伍的全面建设。

三、涉检网络负面舆情产生的原因

（一）执法办案中的失误与瑕疵未能及时妥善处理

近年来，随着犯罪分子作案花样越来越多、手段越来越高明、反侦查能力越来越强，案件侦破和诉讼受到了很大挑战。虽然近年来检察机关办案水平整体上有明显提高，但仍有个别检察干警在执法办案中手法单一、缺少谋略、顾此失彼，办理的案件存在漏洞和瑕疵，不能较好地做到案件的法律效果、政治效果、社会效果三者之间的有机统一，致使案件当事人对处理结果不满意，在得不到有关部门妥善处理后，就四处上访告状，或借助网络等新闻媒体进行报道和炒作，严重损害了检察机关的良好形象和执法

公信力。

(二) 检察队伍中个别干警存在违法违纪行为

虽然近几年来各级检察机关都十分重视检察队伍建设，整体检察队伍的政治理论水平和业务素质有了全面的、大跨度的飞跃和提高，但仍有个别干警跟不上队伍前进的步伐，自甘落伍和堕落，为图私利而违法违纪、以权谋私、权钱交易，办关系案、人情案现象时有发生。一旦事情暴露，就极易被各种新闻媒体争相报道，引起不明真相事实的网民的高度关注，甚至炒作，从而放大了队伍形象的负面影响，给检察机关带来了难以想象的巨大损害。

(三) 检务公开方式及速度不能满足信息传播需要

近年来，尽管检察机关一直推行阳光检务，加大检务公开力度，增加工作透明度，但是检务公开方式单一，公开速度较慢，相比负面消息传播速度更慢，不能让群众第一时间增加对检察机关的了解和共识，不利于公平性、公正性、公开性的实现，一旦出现负面涉检舆情信息，社会上就会对检察机关执法办案的公正性持怀疑态度，而当这些怀疑又没有得到很好的合理解释时，就会引起网民的共鸣。

四、基层检察机关应对网络舆情的对策与措施

(一) 积极正确地应对涉检网络舆情

一是积极应对，不能回避。凡事预则立，不预则废，未雨绸缪，防患于未然。不能因为检察机关目前少有网络舆情涉检事件，就疏于懈怠。网络舆情有其突发性和急剧骤变性，只有提前准备，正确应对网络舆情，防微杜渐，积极引导，迎难而上，变被动为主动，才能取得应对涉检网络舆情事件的最佳效果。二是扬利化弊，为我所用。针对网络舆情的两面性特点要扬利化弊。利害相权取其利，害害相权取其轻，利利相权取其优。必须采取及时、有力、有利的应对措施，才能使检察机关实现应对网络舆情的有利最大化，有弊最小化。充分利用群众网络反腐正面监督作用，广扩发现案件线索、搜集证据的渠道，同时，采取有力措施防止涉检事件被网络炒作的负面作用，影响检察机关的执法公信力和社会形象。

(二) 建立工作机制

一是建立网络涉腐舆情组织领导机制。组建网络舆情监测处置的日常管理机构，专门负责对有关网络媒体的相应反腐倡廉舆情进行收集和分析，组织协调有关舆情核查、督办及处置工作。二是健全网络涉腐舆情预警处置机制。建立敏感事件预警和应急处置机制，做到早预防、早发现、早处置。三是建立涉检网络舆情逐级报告制。发现涉及检察院尤其是关系到本检察机关的网络舆情出现后，应及时报告单位领导供其参阅，由单位领导进行正确甄别筛选，保证舆情的客观性。

(三）开展检务公开

一是强化"检务公开"意识，实行阳光检务。认真执行最高人民检察院《关于进一步深化人民检察院"检务公开"的意见》，凡是与检察职权相关而又不涉及国家秘密、商业秘密和个人隐私的事项都应当公开。二是要重视门户网站的建立和维护，及时发布信息，开设网民诉求通道，真诚回应网民反应的各种问题，化解矛盾、缓和对立情绪。主动公开人民群众关心的热点问题、涉及到人民群众切身利益的一些决策的结果，并做好充分的解释工作，赢得社会各界对检察工作的广泛认同，提升维护公平正义能力和执法水平。

（四）提高自身素质

一是检察干警要加强自身素质建设。身正不怕影子歪。时刻谨记"忠诚、为民、公正、清廉"的检察官职业道德。要对时代背景有基本的判断，时刻提醒自己注意自己的身份，不说与自己身份不符的话；不断地聆听并吸收群众意见，尊重民意，不说"雷人"的话。二是检察干警要强化检察责任意识。检察机关应负有强烈的责任意识，随时思考为什么网上会有涉检舆情，从自身抓起，发现问题、解决问题，加强检察队伍建设，并及时主动做好正面舆论引导，做到检察舆论引导不缺位。对网络舆情要敢于担当，快速反应，及时介入，有效减少舆情的负面影响。

"案多人少"问题的困境与缓解路径

陶深明　张　峰[*]

2015年浙江省嘉兴市检察机关侦查监督部门人均办案量为91.33件。公诉部门人均办案量为89.12件，公诉人员人均出庭次数为72.16次，其中，嘉善县检察院公诉部门人均办案量为120.22件、出庭次数为112.22次。"案多人少"的矛盾突出，易造成办案效率降低、办案质量受损、检察官职业荣誉感降低、能力水平提升受制约、人才流失等消极后果。"案多人少"问题直观体现了司法资源供给的现状，不仅是简单的检察官个人工作量的问题，更是一个系统性的现象。"案多人少"问题具有地域性的特点，浙江省流动人口犯罪占到60%左右，而以户籍人口为基础的司法人员编制设定也决定了"案多人少"问题发生的必然性。

一、"案多"的原因

一是新的法律、法规实施。如《刑法修正案（八）》《刑法修正案（九）》先后颁布实施，降低侵财类犯罪入罪门槛，增设危险驾驶等新罪名，导致案件绝对数量增多。刑事诉讼法的修改，增加了非法证据排除规则、捕后羁押必要性审查、刑事和解、未成年人案件办理流程等程序、内容，对于检察权的运用提出了更高的要求。

二是新型疑难复杂案件频发。网络、微信红包类赌博、金融诈骗、走私犯罪等一批新型案件多发、高发；社会影响重大的金融诈骗类犯罪影响面广，处理复杂，需要投入大量的精力和时间。

三是侦查机关专项行动常态化。侦查机关在一定时间内集中各方面的资源，集中打击某类犯罪的行动方式虽然效果明显，但带来的案件质量隐患不容忽视，也是导致"案多"骤然"井喷"的因素。

二、"人少"的原因

一是按照人才成长规律，办案经验累积需要时间、办案量的累积。从实践看，在证据审查判断能力、法律适用能力、出庭公诉能力、应对敏感事件等能力方面，只有经过5-10年的培养、实践，才能真正提升个人的素质和能力水平，这是一名优秀公诉人的

---

[*] 作者单位：浙江省嘉兴市人民检察院。

成长黄金期。

二是人力资源配备欠科学。作为司法机关的检察院在内设结构设置上存在"专门不专业"的问题，更多地体现为一种行政化的倾向，司法资源过于分散，而专业性却并未显现。

三是行政性、事务性工作繁多。检察机关在完成本职工作的同时，还要积极参与地方党委、政府的社会管理服务职能，尤其刑事检察业务部门涉及未成年人、妇女、毒品犯罪、经济犯罪等，基本上都需要参与党委、政府相关部门的会议、活动、调研等，有时每周要参加3—4次地方会议工作。上级检察机关的调研、征文等工作也很繁重，公诉部门有时在不到一个月的时间内，会收到上级检察院相关调研通知20余次，往往疲于应付，陷入被动状态。除此之外，检察事务性工作也挤占了检察人员不少时间，直接影响到个案的办理效率。行政性、事务性与业务性混杂，影响了检察事务的专业性、职业性。

三、解决"案多人少"问题的对策建议

一要合理优化人员结构。通过司法体制改革，实行人员分类管理、员额制管理等，优化人员结构。

二要科学行使检察权，有效控案。检察机关应当发挥法律监督职能，通过侦查监督、审查起诉权形成对侦查权事实上的制约，加强检察权对侦查权的引导和规制。对于司法实践中出现的侦查机关"直诉"案件包括因证据不足未予批捕仍移送起诉的案件，检察机关要整合内部监督资源，各相关部门及时互相通报信息，尤其是案件管理部门可以根据具体情形拒绝收案。

三要完善相关工作机制制度。要进一步加大刑事和解、相对不起诉、绝对不起诉的工作力度，对于不起诉案件应当通过公开听证的方式来释法说理，化解社会矛盾、争取息诉罢访，并注重将相对不起诉纳入社区矫正的范畴，分流"直诉"案件。

四要合力推动繁简分流。对于基层检察院受理的案件，在保证公正的前提下简化工作程序和内容，加强与侦查机关、审判机关的沟通联系，将简繁不同的案件相对集中分在不同的承办人手中，规范集中移送、集中起诉、集中开庭的办案机制。加强刑事案件速裁程序试点，推进公诉部门"集中出庭"模式建立。积极推动律师参与刑事和解、认罪协商机制。

五要加强办案信息化建设，提升司法能力。采用远程视频提审、讯问，借助办案信息化平台，解决侦查机关、检察机关、审判机关之间的电子文书传输问题、完善证据电子转换机制，实现信息资源共享，提高诉讼效率。弘扬检察"工匠精神"，精益求精，提升司法精细化水平。

关于检察官联席会议工作机制的调研与思考

江苏省南通市通州区人民检察院

一、检察官联席会运行中存在的问题

一是检察官联席会的功能定位不明。一些员额检察官将检察官联席会议讨论视为走过场,当成疑难案件报请检察长批准、提交检委会决定的形式前置。

二是检察官联席会作用没有发挥到位。由于案件最终决定权在承办检察官,责任亦由其本人承担,其他员额检察官无需为自己的观点承担责任,导致一些员额检察官对问题不加思考,讨论的时候人云亦云,敷衍了事。

三是检察官联席会讨论质量不高。员额检察官都面临繁重的办案任务以及各种培训学习等事务,如果没有足够的重视,开会前实在难以花太多的时间认真研究案件问题,细致准备发言材料,而往往是开会之前或开会时匆匆扫一下材料,其发言质量自然不甚理想。对于专业知识背景要求较高的新型犯罪,如果不是经常办理此类案件的检察官,对新型案件缺乏研究,短时间内难以发表实质意见,从而影响了检察官联席会议讨论的质量和效果。

四是检察官联席会运行程序不规范。联席会的提起没有专门的报告格式,实践中由承办检察官将案件相关审结报告或证据材料发给各员额检察官,并简述相关问题;会议召开往往较为仓促、随意,事前的准备时间不够充分;参会人员除了固定的科室负责人和各员额检察官外,列席旁听的人员较为随意,没有明确的标准;会议记录内容较为随意,甚至混乱。有的记录倾向性意见不明确,不便于事后查阅。

二、完善检察官联席会议的对策建议

一是建议及时出台规范意见,明确检察官联席会议制度的功能定位。检察官联席会并不是一级独立的检察办案组织,其所形成的意见并不能作为具有强制执行力的法律依据。检察官联席会议制应定位为"办理疑难复杂案件的决策参考""统一法律适用的交流平台""知识学习和理论研讨的平台"等功能,同时为上报检委会和检察长的疑难案例提供意见参考。

二是要进一步探索和完善检察官联席会议制度运行的程序规范。

三是要充分发挥检察官联席会议制度的监督把关作用。一般情况下,上报检委会的案件须有检察官联席会作为前置程序,为检委会提供各种意见参考,切实发挥联席会在讨论疑难案例方面的作用。

公益诉讼诉前程序机制的完善路径

尹 畅[*]

一、完善立案受理机制

要做好民事行政公益诉讼立案线索的初步审查、分类登记,按照属地管辖原则,进行管辖审查。做好反馈监督,如果有告发人或举报人的,国家机关立案受理后,应书面通知告发人或举报人,以便其向该国家机关进一步提供情况或证据材料,并监督该国家机关的活动。由民行检察部门对公益诉讼案件线索进行微机加密处理后,实行归口建档管理。

二、完善调查核实机制

一是调查核实启动。民行检察部门根据所掌握的案件情况,认为对案情和提供的证据需要调查核实的,应当依法及时启动调查核实工作。二是调查核实方案制订。根据民事、行政公益诉讼案件的具体类别和案情,列出走访单位、部门、处所的清单,制定询问被害人、证人的详尽方案。询问被害人、重要证人,应经部门负责人和主管检察长批准后进行。三是调查核实重点。一般情况下,公益诉讼案件的事实、证据是调查核实的重点。四是调查核实方式。根据诉前程序的特定性,可以进行必要的调查取证、询问有关当事人、证人和被害人等调查核实工作,还可以聘请有关专家协助调查,对有关材料进行技术鉴定,以便判定危害公共利益的具体程度。但不得对涉案嫌疑人使用限制人身权利和财产权利的措施和手段,不得对证人诱供、逼供,并注意做好保密工作。五是调查核实分工。民行检察部门进行调查时,司法警察部门可以视情派员提供安全保障,技术部门可以派员提供技术支持。不应由检察机关受理的案件线索,应及时转各级环保、市场管理、药品质量管理等有关行业主管部门处理。六是调查核实期限。调查核实一般应在一个月内完成。

三、完善流程管控机制

一是有关组织提起。辖区内符合法律规定条件的有关组织提起民事、行政公益诉讼

---

[*] 作者单位:重庆市人民检察院第二分院。

时，有关组织提出需要检察院支持起诉的，可以依照相关法律规定支持其提起民事、行政公益诉讼。二是提起行政公益诉讼之前，检察院应当先行向相关行政机关提出检察建议，督促其纠正违法行为或者依法履行职责。

四、完善鉴定评估机制

一是鉴定评估的提出主体。依据民事诉讼法、行政诉讼法及相关法律规定，有关公益组织、团体、行政机关和检察院，都可以成为诉前鉴定评估的提出主体。二是鉴定评估的范围。民事行政公益诉讼受案范围内的案件，凡国家或社会公益受到严重损害的案件，应纳入诉前鉴定评估的范围。三是鉴定评估的机构。鉴定评估机构须具备相应资质和业务水平，有相当数量的高、中级专业鉴定评估人员，其鉴定评估结果具有较强的公正性和较高的公认度。必要时，有关公益诉讼组织、检察机关以及行政机关可以协商建立公益诉讼咨询机构，聘请相关专家为本组织成员，为鉴定评估提供参考建议。四是鉴定评估的标准。民事、行政公益类案件，应确立侵害行为和结果标准，可参照有关组织和行政机关制定的相应标准执行。五是鉴定评估的程序。依据有关法律或行政法规规定，规范诉前鉴定、评估意见之证据能力和证明力的判断程序。自行委托鉴定的，须符合相关程序。六是鉴定评估费用。检察机关提起公益诉讼免缴诉讼费，但不少公益诉讼案件侵害范围广、取证难度大，危害行为和结果鉴定评估费用相对较高，可由财政预算、划拨专项经费进行支出，或有关公益组织捐赠、有关行业领域提取专项经费、个人捐助等渠道，筹集并成立公益基金，解决鉴定评估经费问题。七是复议及重新鉴定评估。参照民诉法、行政诉讼法的相关规定处理此类诉求。八是鉴定评估结果的利用。鉴定评估结果可以作为有关公益组织、团体、行政机关提起公益诉讼的重要依据，可作为调解、判决的重要证据。

五、要健全完善内部监督机制

上级检察院要加强对下级检察院诉前程序的监督工作。机关各部门要加强内部监督，推行线索提供与处理双向监督机制。决策实行检察官办案组、民行部门负责人、分管检察长三层讨论监督制。凡下级检察院启动诉前程序处理的公益诉讼案件，须呈报上级检察院备案。

六、完善协调反馈机制

一是对相关主体的及时书面回复，检察机关可以根据具体工作需要继续开展沟通交流、后续监督工作，积极督促或支持相关主体行使法定权利、履行法定职责。二是对相关主体逾期未予回复或消极回复的，如确有必要，检察机关也可以进一步强化沟通协调与督促力度，力争能在诉前程序中实现维护公共利益的目的。

七、完善诉讼衔接机制

一是加大与相关法定主体、法院的沟通协调力度,充分听取合法权益受损害群体和社会公众的意见建议,做好必要性、可行性分析。二是加大诉讼时效把关力度,依据民事诉讼法和行政诉讼法规定,提示有关社会团体、有关行政组织把握好诉讼时间节点,在规定的时间内与人民法院做好诉讼衔接。三是加大诉讼决定的行使力度。对于经诉前程序仍无法及时维护受损社会公共利益,检察机关应当层报最高人民检察院审查批准,及时作出提起公益诉讼的决定。

浅析大数据时代检察工作理念与方式的更新

魏玉铭　陈碧瑜[*]

"大数据"意味着海量数据的收集、判断、传播、使用,它将带来思维方式的转变。检察机关通过整合信息资源、加强大数据运用,对提高检察效率、提升工作成效具有重要意义。

一、大数据时代的"高效检察"

大数据的自身特征可以很好满足检察业务管理的特殊需求,能够通盘链接各部门、各管理主体、各个具体业务,使之成为一个有机联系的巨大系统,从而优化管理资源,提高工作效率,让检察机关综合利用政府和社会信息资源,提高检察效率,以科学制定和调整检察制度和政策。

二、大数据时代的"精准检察"

精细化管理是建立在常规管理的基础上,并将常规管理引向深入的基本思想和管理模式,是一种以最大限度地减少管理所占用资源和降低管理成本为主要目标的管理方式。在社会矛盾凸显期,检察机关要通过执法办案精细化管理,在坚持严格、细致、深入的基础上,实现多层次的监督目标,既要做到实体准确、程序到位、证据合法,又要实现定纷止争、案结事了,更要延伸职能、促进社会管理,服务社会经济发展。运用大数据能够从三个方面帮助检察机关实施"精准检察"。

（一）精确预防犯罪

在大数据时代,网络传播快捷,人们对信息的把握不再囿于地域、时间限制,瞬息便可知信息的来源和扩散途径,为及时制定预防对策提供充足的时间。大数据可以预先从多维度发现犯罪信息,例如,如果某一区域内对犯罪方法的搜索量超出往常的量,就可以确定犯罪分子大多住在该区域内,这是一个空间的维度。当分析维度足够多时,检察机关对于犯罪行为的预测就会越来越趋向于精确。借助超大功能的云计算优势,可以将人们碎片化的搜索记忆还原为较为精确的关联因子,基于对这种关联因子的客观分

---

[*] 作者单位：福建省安溪县人民检察院。

析，可以使犯罪预防对策的制定更为科学。大数据可以使"社会治安综合治理"的刑事政策变得更加具有可操作性，其关键在于在治理犯罪问题上，可以通过各种社会政策的完善来减少犯罪。

（二）精确风险预警

执法办案风险评估预警机制是指检察机关内设部门及案件承办人在执法办案过程中，对拟决定事项或其他检察行为是否存在影响办案质量、易于引起社会矛盾或涉检信访风险进行论证，对可能引发社会不稳定因素，制订风险化解、处置方案，及时解决矛盾、并在必要时发出预警通报，从而把握工作主动权，有效预防和减少社会矛盾、涉检信访发生的工作机制。通过对"大数据"进行分析，可以精确掌握哪些案件风险较大，从而提前发出风险预警。

（三）精确搜集犯罪信息

大数据挖掘技术在分析犯罪规律、搜集犯罪信息方面具有很大的优势。以对国家、社会和普通民众危害最严重的恐怖主义犯罪为例，反恐侦查部门就通过信息社会中设置的各类数据中心全方位收集现实与网络环境下的有价值数据，然后从中过滤筛选反映涉恐思想动态、案件具体线索以及恐怖组织活动轨迹等的关键信息，最终实现恐怖主义犯罪之有效监控。除了恐怖主义犯罪之外的普通案件，大数据挖掘技术分析犯罪规律也大有作为。温州市检察机关和公安局就曾对 1990－2009 年间温州全市的刑事案件数据进行全面分析，发现温州市盗窃和"两抢"案件发案率较高，18－25 周岁和 36－60 周岁之间犯罪人数所占比例最大，这为当地公安机关打击犯罪提供了有价值的参考意见。

三、大数据时代的"规范检察"

建立严格规范的案件受理、办理、管理工作机制，既是完善检察权运行机制的重要内容，也是坚持严格公正文明规范执法、提高办案质量和效率的重要途径。检察权规范化运行需要进行有效的内部监督和外部监督。大数据可以通过云计算的理念和构建模式，充分发挥案件管理中心和办案部门双重监管力量，保证办案质量，使每个办案部门能够在案件管理中心的统筹下，都变成案件管理的"云"，实现最低的资源投入，发挥最大的案件管控效果。

现代管理学认为，科学化管理有三个层次：规范化、精细化、个性化。精细化和规范化互相促进，规范化是精细化的基础，精细化又为更高层次的规范化提供了新的发展平台。检察工作精细化管理是推进检察机关规范化建设的必然要求。执法办案精细化管理是推进检察机关提高办案质量的必然要求。检察办案规范化可以堵住质量管理体系漏洞，建立案件质量事后评估、纠错机制则可以明确各个环节办案人员的职责，极大提高案件办理效果和效率。因此，大数据在检察办案规范化方面将起到极大的推动作用。

关于上海社区检察工作的探索

上海市人民检察院法律政策研究室

上海社区检察工作自 2010 年开始探索，依照职能规范化、机构正规化、执法标准化、队伍专业化、保障现代化的要求，深入推进基层法律监督，打通检察工作下基层、进社区的"最后一公里"。

一是准确定位社区检察职能。结合基层执法特点和法治需求，将公安派出所刑事执法活动监督、监外刑罚执行监督、基层职务犯罪社会化预防、推动基层治理法治化确定为上海社区检察工作的 4 项职能，并且与原有检察职能部门形成了较为明晰的配合衔接机制。

二是积极构建社区检察三级体系。制定《社区检察诉讼监督案件办理工作细则》《上海检察机关派驻社区检察室窗口接待工作规范》，以"规范化、上等级"的动态管理方式促进社区检察室的专业化、规范化、制度化建设。上海市人民检察院设立了社区检察指导处，各区院设立了社区科（处）、室两级机构，形成了社区检察指导处——社区检察科（处）——社区检察室三层机构体系，并配备了相应检察人员。截至 2017 年 6 月，上海市已设立 46 家社区检察室。

三是聚焦社区检察工作重点。强化对公安派出所刑事执法活动的监督。与公安部门会签《关于进一步加强对公安派出所工作协作配合的若干意见》，以派出所刑事立案和侦查程序合法性为监督重点，形成日常检察、案件检察、专项检察和受理控告申诉四种检察手段相结合的监督模式。与市司法局会签《关于加强社区矫正监督工作支持配合的意见》，强化对监外刑罚执行的监督。依托全市三级社区检察部门，构建三级分层对应监督机制，以防纠脱漏管和控制重新犯罪率为目的，开展针对重要执法环节和重点人群的日常检察、针对奖惩和变更执行环节的同步检察以及针对重点、难点、热点问题的专项检察。

四是推动形成"专群结合"的职务犯罪预防体系。上海社区检察形成以常态化广泛宣讲为主要手段的基层职务犯罪社会化预防工作模式。在广泛开展社区层面的预防宣讲活动的同时，推动"面对面"预防服务，提供针对个体的预防谈心咨询活动，借力多种媒体，传播廉政文化。

五是发挥检察室窗口作用，完善基层法治建设。上海社区检察室通过发放检民联系卡、公示联系方式、开放接待窗口等形式，为群众反映诉求提供方便；通过参与社会治安综合治理，向地方党委、政府、人大、政协等部门汇报、通报，提出堵漏建制、依法管理的建议，帮助化解地区突出矛盾，消除社区稳定隐患；通过建立社区检察干部联络基层市人大代表工作机制，邀请市人大代表、政协委员参加社区检察室等级评审、专项工作评议等活动，主动接受监督，宣传检察工作，促进职能履行；通过广泛开展检察宣传，优化基层法治环境。

新形势下做好乡镇检察室工作的思考

王晓玲　高卫东[*]

加强乡镇检察室建设，是在新形势下加强检察监督职能的一项重要举措，也是检察工作"重心下移，检力下沉"的重要改革措施。近年来，河南省林州市检察院针对国家惠农政策不断加大，各级各部门对"三农"投入、扶持、补助资金逐年提高；辖区内铁路、高速等占用土地补偿款逐年增加；国拨资金的使用情况缺乏有效的监督；农村社会稳定出现新情况、新问题等形势要求，加强乡镇检察室建设，充分发挥乡镇检察室监督职能。

一是着眼于服务新农村建设工作开展。积极参与社区矫正和未成年犯帮教工作，根据刑罚执行监督程序，对社区矫正执法活动实行监督，使矫正对象在社会化教育改造中顺利回归社会。对综治中心成员、村"两委"及治安员、调解人员进行法律培训，重点加强轻微刑事案件诉前移送人民调解的个案辅导、民事纠纷法律法规辅导、民行申诉问题法律咨询，帮助综治人员提高法律素养和执法水平。着力开展"法律进乡村"活动，成为信访工作、预防各类犯罪、化解矛盾的前置关口。

二是当好基层信息收集和联络员。加强与乡镇综治办和联络员的沟通，注意收集人民群众反映强烈的不服人民法院已生效的民事、行政判决案件，反映未被司法机关掌握的侵犯公民财产权利、人身权利、民主权利的刑事犯罪案件，反映监督公安机关立案信息或职务犯罪等信息线索。引导群众正确使用法律手段维护自身合法权益，减少涉法信访。加强与辖区内党代表、人大代表和政协委员的联系，征求对检察工作的意见建议，不断改进和加强检察工作。

三是加强对基层组织的法律监督。完善和加强对农村基层公安派出所、人民法庭的法律监督以及对税务所、司法所、工商所等行政执法单位的监督，积极参与社会治安综合治理，落实检察环节基层综治工作，配合有关部门开展禁毒、禁赌等专项斗争，净化社会环境，促进文明风尚。同时，紧密结合检察职能，加强对乡镇基层社会治安动态的调查研究，积极向党委和有关部门提出检察建议，推动健全完善社会治安防控体系。

---

[*] 作者单位：河南省林州市人民检察院。

基层检察室的建设实践及完善分析

李 佳[*]

一、基层检察室的主要职责

一是开展职务犯罪预防和法治宣传教育,引导群众知法懂法守法。二是畅通群众诉求渠道,做好矛盾纠纷排查化解。三是强化基层法律监督,实现检察工作机制新突破。四是严格执行检察工作一体化,协助业务部门开展工作。

二、基层检察室面临的问题

一是工作职能定位不清,自身特色不突出,职能泛化、虚化甚至被异化为当地党委政府的一个职能部门,不能发挥法律监督作用。二是工作机制不健全,内外部关系有待完善。检察系统内部,检察室与检察院各部门的关系尚未理顺,存在职能重叠、交叉或者冲突之处;外部主要依靠部门间或个人间的感情维系,未能形成一套具有普适性的外部联动工作机制。三是缺乏监督制约机制,检察职能运行不规范。四是人员配备不专业,综合素质有待提高。

三、基层检察室的发展完善路径

一是要科学定位检察室职能。职能设定要充分考虑该地区的司法需求,探索出适应本地、当地特色的检察室发展之路,因地制宜选择职能配置侧重点。履职方式要努力实现从坐堂办案向走村入户的转变。采取巡回检察、走访解决问题的形式,切实掌握该地区社会治安、特殊人群、维稳难题等情况。

二是要规范运行,正确处理内外部关系。正确处理与基层检察院内设机构的关系。派出院建立检察室与内设机构的工作衔接机制、业务沟通机制等。如内设部门决定不立案、不批捕、不起诉的案件,及时告知涉案人员所在基层检察室,由检察室协助有关业务科室做好息诉罢访工作。

三是要细化工作制度,完善监督考核机制。建立接待登记制度,做到接待有记录、反馈有登记;建立信息报送制度,对于在工作中发现的职务犯罪案件线索或者刑事案件

---

[*] 作者单位:湖北省大冶市人民检察院。

相关线索及时报送至基层院。完善监督考核机制。采取定性与定量相结合的方式探索对基层检察室的考核。

四是要提高队伍素质，合理配置人员结构。建立健全"基层检察室、检察工作联络站、检察信息员"三位一体工作网络。在人口集中、问题突出、信访量大的乡镇设立基层检察室，在基层检察室辖区范围内非驻点乡镇设置检察工作联络站，在每一个行政村发动与聘任村干部或者擅长法律知识的村民担任信息联络员，建立全面覆盖农村、点面结合的检察工作网络体系。

检察机关法律图书资料室建设运行情况调研

赵鹏程[*]

近年来，检察机关图书资料室对提高检察队伍整体素质、促进检察文化建设起到一定推动作用，但在规范管理、整体运行、持续建设以及有效利用方面仍然存在一定的欠缺，需要进一步加强指导、规范建设，促进其有序运转。

一、检察机关图书资料室存在的问题及原因

（一）藏书量少，更新速度慢

根据统计数据，80%以上的法律图书资料室图书期刊馆藏量在3000册以下，一半以上的资料室近3年内未购置新的图书资料，大多数资料室馆藏资源主要是年代比较久远的旧书，仅极个别地区能够按照一定比例每年购置新书。造成上述情况的原因主要是各级院对法律图书资料室的建设重视程度不高，大多数县区级院因经费保障不足，无法在图书室建设上投入更多资源。

（二）年均借阅次数低，使用率不高

根据统计数据，70%以上的法律图书资料室年平均借阅次数低于150次，50%左右的院年平均借阅次数低于50次，甚至有13个院年平均借阅次数低于10次，反映出法律图书资料室在实际运行中使用率并不高，未能在实际运行中发挥应有的作用，造成这一问题的原因主要包括：一是受到新媒体的冲击。随着互联网、手机等知识信息来源新渠道的快速发展，传统纸质读物面临的挑战愈加严峻，图书资料室资源相较网络资源、电子化读物等具有信息更新慢、时间成本高、手续繁琐等明显劣势，导致干警不愿进入资料室借阅资料，更喜欢利用新媒体获取资源。二是藏书更新慢，可供资源有限。现有法律图书资料室藏书量少且陈旧的问题突出，导致其实际作用大打折扣，无法为干警在知识信息获取上提供有力支持。三是资料室工作欠缺抓手，干警借阅的积极性低。各地法律图书资料室在实际运行中被动服务性较强，缺乏有效调动干警阅读图书期刊的积极性也是资料室使用率不高的重要原因。

---

[*] 作者单位：甘肃省人民检察院。

（三）管理维护水平低，持续建设动力不足

由于经费保障及人力资源投入不足，各级院资料室普遍未配备专职人员进行长期持续的管理和维护，相当一部分院资料室自建成后就基本处于空转状态，资料类目编制不完善、借阅管理制度不科学的现象比较突出，大多数院对资料室建设缺乏中长期规划和思路，甚至部分院资料室沦为任务工程、面子工程，实际运行中不愿给予持续性资源投入，限制了资料室的发展。

（四）独立封闭运转，缺乏对外交流

各级院资料室普遍处于独立封闭建设运行的状态，即使在本市州范围内的各院资料室之间也缺乏交流沟通的共建共享机制，导致资料室资源配置和利用的效率较低，不利于长远建设和科学发展。

二、完善图书资料室建设运行的对策

（一）创新思路，挖掘潜能，提升现有资料室使用效率

一是整合资源，统一管理。建议以市、州为单元，以"数据化管理"的思路整合各级院法律图书资料室资源，配备专职人员进行统一管理，编制详细的资料类目、内容电子化清单，利用电子化扫描件、快递物流等手段实现市、州区域范围内资料室资源的共享。二是统筹指导，更新资源。建议由市级院统筹指导，地区间适当差异的方式，按照"做精、做新"的思路，更新现有资料室资源，用有限的资源储备一批时效性强、实用性强的法学理论实务指导资料，为检察业务开展提供更好的支持。三是多措并举，有效利用。建议督促各级院加强对法律图书资料室建设和运行工作的重视，创新载体，丰富手段，与业务学习培训等紧密结合，培育良好的学习风气，开展"读经典、写心得""读书月"等形式多样的活动，促使干警积极主动使用图书资料室开展日常或集中学习，提高资料室利用率。四是提供平台，增强阅读动力。在《陇原杂志》上开辟"读名著名刊、谈心得体会"专栏，鼓励干警认真阅读优秀著作期刊，撰写心得体会，更积极地使用现有图书资料。

（二）调整工作重点，大力发展电子信息化资源

一是在检察内网开通北大法宝、中国知网、万维等电子资源数据库，面向全省干警提供图书期刊电子资源。二是建设以电纸书为载体的电子资源图书资料室，利用电纸书相似于传统纸质图书阅读感、可装载资源信息量巨大的优势，促进资料室资源更契合干警阅读偏好和实际需求，降低建设成本，发挥更大效益。

（三）探索合作共建，拓宽借阅渠道并丰富资源

一是鼓励各级院同地方城市图书馆、高等院校等探索建立图书资料室合作共建模

式，借助更广泛的资源和平台为干警提供更丰富的阅读资料。二是在省级层面与省内重点政法院校合作建设省级法律图书资料平台，可以考虑以经费补助、资料划拨等形式支持院校图书馆建设，实现检察干警对高校馆藏资源的共享，使资源投入取得效益最大化。

"如何理解办案" 专题调研

关于检察官司法办案亲历性问题的研究报告

闫俊瑛　孙利国*

一、司法亲历的内涵及要求

司法亲历性，是指司法人员应当亲身经历案件审理的全过程，直接接触和审查各种证据，特别是应直接听取诉讼双方的主张、理由、依据和质辩，直接听取其他诉讼参与人的言词陈述，并对案件作出裁判。主要有以下基本要求：一是直接言词原则或传闻证据原则。要求一切证据材料都必须在法庭上以直接、口头的方式进行陈述、讯问、审查和辩论。二是审理者裁判、裁判者负责。三是亲历职责不可移转或承继给其他法官或法官助理。

二、检察官办案亲历的意义

（一）推进司法责任制改革的需要

司法责任制改革的核心是落实检察官的职责、权限和责任，为此需组建办案组织，重新划分司法办案权限。改革后的基本办案组织，由一名检察官和必要数量的检察官助理和书记员组成，其中，书记员主要承担事务性工作，其职责界限较为清晰，而检察官助理既可以协同检察官办理办案事项，也可以独立承担相关办案事项，同检察官在职责范围上存在一定重合。实际运行中可能导致两种倾向：一方面，为应对案多人少的矛盾，检察官将大量工作交由助理完成，甚至做"甩手掌柜"，演变为一级案件审批层级；另一方面，在严格的司法责任约束下，检察官"事必躬亲"，使助理无事可干，等同于书记员，难以发挥应有作用。为避免上述两种现象，需以司法亲历为基础，合理界定检察官与助理各自的办案事项范围，以及办案组织的内外部关系，建立科学的司法责任体系。这是推进责任制改革的重点和难点。

（二）适应以审判为中心刑事诉讼制度改革的需要

推进以审判为中心的刑事诉讼制度改革，侦查、起诉活动应当面向审判、服从审判

---

* 作者单位：北京市人民检察院。

要求，发挥审判特别是庭审在认定事实、适用法律上的决定性作用。然而，在刑事司法实践中，证据标准"一头粗一头细"的矛盾依然突出，公安在严厉打击刑事犯罪的压力下，证据质量没有切实的提高，法院更加坚决地贯彻证据裁判原则，庭审日益实质化。检察机关夹在中间，面临诸多困难和压力，检察官若不亲历重要的证据、事实审查活动，无法保证案件经得起法律的检验。

（三）完善检察一体化的需要

责任制改革的一个重要任务，是将现行法律赋予检察长的案件决定权赋予检察官行使。带来的问题是，授权的边界在哪里？如何理解检察长审批审核和指挥指令的正当性及其范围？是否与亲历性原则存在冲突；等等。这些问题的解决，需要厘清亲历的边界，合理确定案件决策模式，协调好检察官主体地位与检察一体化之间的对立统一关系，进一步丰富和发展检察一体化理论和实践。

三、检察官亲历的内容和要求

（一）亲历范围应限于证据收集审查运用和事实认定环节

认定事实是适用法律的前提，尤其是事实认定有争议、被告人不认罪的案件，事实认定往往是关键。诉讼是以证据为中介，逆向回复、再现案件事实，对证据的审查判断要受多种因素的制约。检察官只有深入到重要、关键证据的收集、审查、运用过程当中，亲自听取双方的主张、理由和依据，精心审查、仔细甄别，才能辨明个中的真假和是非曲直，形成心证。而对于程序和法律适用问题，主要解决案件事实和法律规定之间的符合性、思考案件处理结论的合法性、合理性等，具有明显的外在性，对亲历依赖程度较低，可以采取书面和间接审查的方式，不一定都要求亲历。

（二）在检察办案各个环节都应坚持亲历性办案

在批捕环节，检察官要通过依法讯问确有必要讯问的犯罪嫌疑人，听取辩护意见，全面审查、核实证据，主持公开审查等多种方式，增强审查案件的亲历性。在公诉环节，检察官对庭前证据的审查，要从"书面审查"向"亲历审查"转变，通过当面开展重要的讯问和询问，听取辩护意见，全面审查核实关键证据，积极构建以口供之外客观证据为中心的证明体系。特别应当亲自出庭应诉。司法亲历的核心场所是庭审，在刑事、民事、行政诉讼过程中，庭审不管从形式上还是实质上，都是最重要的一个诉讼环节，只有检察官有资格代表法律监督机关发表意见；只有通过出庭，才能最终检验和认定事实；只有通过庭审，才能发现前期审查案件存在的纰漏和不足，倒逼检察官不断提升办案能力。

（三）亲历幅度因案、因人而异

主要适用于重大疑难复杂案件及犯罪嫌疑人、被告人不认罪的案件。认罪的案件，不是司法亲历性严格适用的范围，但要保证案件质量，检察官还是要履行亲历性的最低要求，在重要的办案节点，亲历性地办理相关事项。重大疑难复杂案件、不认罪的案件，常伴有对案件事实认定的较大争议，要准确认定争议事实，检察官必须要尽可能深入地亲历案件办理的全过程，保证质量。此外，检察人员分类管理改革后，检察官助理将是一个跨度很大的群体，既包括刚入职的法学院校毕业生，还包括即将入额的检察官后备，在划分检察官与助理职责上不宜一刀切。对于资历较浅的助理，检察官亲历的范围自然要多些，对于资历较深的助理，检察官亲历的范围相应要少些。

（四）亲历事项及后果

检察长负责制以及上下级检察机关之间领导与被领导的关系，以及检察办案所处的非终局性环节，决定了检察官亲历的法律后果与法官不同。检察官亲历职责，在特殊情况下，可以由其他检察官代为承担，除案件决定权外，还可以由助理代为行使，代为行使的事项均具有法律意义。就北京而言，责任制改革后，依据"抓两大、放两小"的原则，检察官对一般案件的处理具有决定权，对所有案件的非终局性事项、事务性工作具有决定权，这些决定权，是检察官办案相对独立主体地位的体现，只能由检察官行使，检察官助理不能行使。在办案过程中，一些重要的办案事项，检察官原则上应当亲历，但不能排除检察官助理办理或者协同办理。

据此，可以将检察官在司法办案过程应亲自承担的事项分成五个层次：一是案件决定权。必须由检察官行使，但不一定必须是审查案件的检察官，分管副检察长和检察长也可以行使。二是上级文件要求必须检察官亲自承担的事项。根据最高人民检察院《关于完善人民检察院司法责任制的若干意见》（以下简称《意见》）第17条的规定，"检察官承办案件，依法应当讯问犯罪嫌疑人、被告人的，至少亲自讯问一次""主持公开审查、宣布处理决定""代表检察机关当面提出监督意见""出席法庭"这四项属于硬性规定，原则上应由检察官亲自承担，确实不能承担的，可以由其他检察官代为承担，但检察官助理不宜代为行使，可以协同办理。三是检察官原则上应当亲自承担，但可以适当灵活掌握范围的亲历性事项。《意见》第17条中的"询问关键证人和对诉讼活动具有重要影响的其他诉讼参与人""对重大案件组织现场勘验、检查、组织实施搜查，组织实施查封、扣押物证、书证，决定进行鉴定""组织收集、调取、审核证据"等三项检察官应亲自承担的事项规定，都以"重大"或"组织"等进行了限定，表述得较为灵活，检察官可以视情况自己亲自承担，也可以由检察官助理办理。四是在最高人民检察院规定的基础上，各地可以根据实际需要，新增鼓励检察官应亲自承担的事项，如阅卷、审查未采纳检察机关公诉意见的判决裁定等，这些新增事项，检察官在办理重大疑难复杂案件过程中，应尽可能亲历，在办理一般案件过程中，检察官是自己亲历性办理还是交由检察官助理承担，可依据实际，灵活掌握。五是检察官可以完全不参加的一些事项，主要涉及办案过程中的一些程序性、实务性的工作，如依法告知诉讼权利，送达相关法律文书，接待相关案件当事人等。

四、检察长审批审核案件以及检委会决策案件的正当性

实践中,检察长决定案件的主要方式是审核、审批案件,有观点认为与司法亲历性要求存在冲突,不属于严格的司法办案。笔者认为,检察长审批审核决定案件,检委会讨论决定案件,都是检察机关司法办案的核心组成部分,是检察机关办案的重要组织和表现形式。

(一)符合案件决策模式

对于"事实清楚、证据确实充分"的判定,涉及证据经验、常识等的综合运用,但总体上属于宏观证据运用的范畴。绝大多数一般案件,应由检察官基于证据审查后形成内心确信,自行判断,必要时,可以由检察官联席会议或检察长提供经验支持和意见参考;而对于涉及国家安全、外交、社会稳定等的重大案件,现阶段,由检察委员会全面审议决定案件的事实、证据、法律适用,有利于统筹考虑案件的证据、经验、处理等因素,实现办案的最佳效果。

(二)符合检察机关领导体制和检察权运行规律

一是不同属性的权力运行规律不同。如部分行政属性检察权,要求检察官上命下从、职能代理和职务承继,并不强调亲历性;批捕、公诉权的司法属性要求检察官相对独立和司法亲历。二是应在坚持检察长负责制和上下级领导与被领导关系的前提下,研究检察官亲历和独立办案。亲历和书面都只是办案的具体形式,是否属于独立的办案行为,关键是看其是否具有法律效力,或是决定案件的诉讼进程,或是对案件处理进行裁决。检察长是独立的司法办案主体,审批审核决定案件并依法承担司法责任,是司法办案的重要形式。三是检察环节属于中间环节,事实、证据尚处在变动之中,要求绝对的亲历,既不现实也无必要。

关于检察机关"办案"的理解与改革实践

北京市人民检察院法律政策研究室

落实检察官办案责任制,是司法责任制改革的核心。按照司法责任制改革的精神和最高人民检察院有关规定,无论是一般检察官还是入额的检察官领导干部,都必须办案。那么,何为"办案"或"案件",就成为检察机关必须要明确和解决的重要命题。笔者认为,新形势下的检察"办案",既不能囿于传统上的办理批捕、公诉等诉讼案件,也不能泛泛地将检察机关的所有业务工作都看作是办案,而是应紧紧围绕检察职能范围、围绕检察工作规律、围绕司法责任制改革的精神要求,对检察办案作出科学合理的界定。北京市检察机关在改革探索中,从不同维度对"办案"的内涵和分类进行了研究和探索,并在相关改革文件中予以了规定,总的原则可以概括为"三种分类,六种形态":

一、从工作内容上说,可以分为司法案件和监督案件

这一分类主要着眼于检察基本职能。检察机关是国家的法律监督机关,同时也是国家的司法机关。但在具体检察权能方面,主要包括司法(诉讼)职能和监督职能两大类。传统上,仅根据诉讼流程或不同的诉讼环节将检察机关的案件分为侦查案件、批捕案件、公诉案件等,很大程度上忽视了检察机关的监督职能。检察监督是检察机关的重要职能,新修改的三大诉讼法及中共中央《关于全面推进依法治国若干重大问题的决定》均加强了检察机关的监督职能,并赋予了检察机关新的监督职责。特别是在中央推进监察体制改革的背景下,聚焦监督主责主业,必将成为检察工作的重要发展方向。而司法办案与检察监督工作,既有不同的工作内容,也有不同的工作规律、工作程序及工作方式。因此,不但传统的追诉是办案,审查、监督也同样是办案。而且需要明确的是,检察监督案件,既包括对各种诉讼、行政执法违法行为的监督案件,也包括对事项(如死刑临场监督等)的监督案件。

二、从责任承担上说,可以分为直接办理案件和审批决定案件

这一分类主要着眼于责任制。一些检察人员将"办案"狭义地理解为检察官只有直接办理案件才是办案,这是对责任制改革精神的理解有偏差。根据检察官权力清单,一般案件由检察官决定,重大疑难复杂等案件由检察长(副检察长)或检委会决定。

根据"谁办案、谁负责,谁决定、谁负责"的司法责任制基本原则,检察长(副检察长)审批决定案件要承担司法责任,如果检察长(副检察长)承担了司法责任还不算办案,那这个责任算什么?检察长(副检察长)审批决定案件,与检察机关的领导体制和办案机制也是相适应和协调的,绝不能简单参照法院的办案模式来界定检察机关的办案。另外,检察长主持检委会讨论决定案件也应当作为检察长审批决定案件的一种特殊方式。

三、从办理方式上说,可以分为亲历案件和指导案件

这种分类主要着眼于检察官与案件的关系,有的办案是直接亲历、亲力亲为,有的办案可以指导、督办,只要给出明确的意见,对案件最后处理发挥了实际作用,就要承担一定的责任,就是在办理案件。"司法亲历"作为重要的司法活动原则,有特定的含义和适用范围,其适用范围主要限于法官审理案件事实的审判程序,集中在第一审普通程序以及涉及实体审的二审、再审程序。检察办案中遵循司法亲历原则,有利于检察官全面、客观审查和认定案件事实和证据,但要防止过于绝对和泛化。特别要明确的是,检察机关的办案并非检察官个人,而以检察官为主体的团队办案,除了检察官,也包括检察官助理、书记员等检察辅助人员,各有不同分工,检察官不可能做到事事亲力亲为,最关键的是要发挥组织指挥和决定拍板的作用及按照规定亲自办理关键事项。因此,检察官"亲历"办案只能是相对亲历,不是绝对亲历。如果以检察官亲力亲为、自己直接干了多少事来界定办案就过于狭窄和偏颇,也容易滋生办案中的形式主义。另外,基于检察一体原则,对于重大疑难复杂或敏感案件,上级检察机关进行指导和督办,主要是从准确适用法律和政策的角度进行,一般并不涉及对案件事实和证据的直接认定,案件事实和证据仍然由承办检察官负责,上级检察机关的检察官是否亲历意义不大。而且根据相关规定,对个案指导、督办意见一般应书面方式作出,上级人民检察院不采纳或改变下级人民检察院正确意见的,应当由上级人民检察院有关人员承担相应的责任。因此,上级检察机关对案件进行指导或办理答复也是办案。

附件:
《北京市检察机关检察官领导干部办案工作规定(试行)》(节选)

第三条 检察官领导干部应当依法办理案件。检察官领导干部办理的"案件",包括以下分类和形态:

(一)司法案件和检察监督案件;

(二)审批决定案件和直接办理案件;

(三)亲历案件和指导案件。

第四条 检察官领导干部办理案件的具体类型包括:

(一)审查逮捕、公诉类案件;

(二)职务犯罪检察类案件;

(三)立案监督、侦查活动监督、刑事审判监督、刑事执行检察等刑事诉讼监督类

案件、事项；

（四）民事检察类案件、事项；

（五）行政检察类案件、事项；

（六）控告、申诉、国家赔偿、司法救助、涉检信访类案件、事项；

（七）请示、督办、（书面）指导、复查类案件；

（八）其他司法案件和检察监督案件、事项。

第五条　审批决定案件，是指按照"谁办案、谁负责，谁决定、谁负责"的要求，承办检察官提出处理意见后，由检察长、副检察长审批作出决定并对决定负责的"两大"案件。

对于检察官授权范围内的案件，检察长、副检察长经审查另行作出决定或要求检察官重新审查，检察官根据其要求进行重新审查并改变原处理意见的，属于检察长、副检察长审批决定案件。

检察长主持检察委员会审议案件并按照审议结果决定案件，属于审批决定案件。

第六条　直接办理案件，是指检察官领导干部作为检察官在司法办案和检察监督中按规定需亲自办理事项。

第七条　指导案件是指上级检察院检察官依法对下级院办理的案件进行指导、督办的案件。

第十一条　检察官领导干部应当带头办理重大、疑难、复杂及有重大影响的案件。

《北京市检察机关检察官在司法办案和检察监督中需亲自办理事项规定（试行）》（节选）

第三条　以下事项，只能由检察官亲自办理，检察辅助人员不得替代办理：

（一）依授权对案件或事项作出处理决定；

（二）对办案组进行组织、指挥和管理；

（三）对检察辅助人员承担的审查、调查等活动进行审核确认；

（四）依授权签发法律文书；

（五）其他依法只能由检察官亲自办理的事项。

第四条　以下事项，应当由检察官亲自办理，检察辅助人员可以辅助办理：

（一）全面审查卷宗和证据材料、监督线索材料等；

（二）开展重要的讯问、询问、听取意见工作；

（三）组织开展重要的勘验、检查、鉴定等审查、调查活动；

（四）主持公开审查、公开听证等；

（五）出席庭前会议，出席法庭；

（六）对重大监督事项开展现场、临场监督；

（七）宣布不起诉等处理决定；

（八）起草重要的法律文书；

（九）其他应当由检察官亲自办理的事项。

司法责任制背景下检察办案内涵研究

浙江省人民检察院法律政策研究室

尽管我国检察机关一直承担着繁复的办案任务,但对于检察办案内涵的研究与认识,无论从应然还是实然层面看均显不足。十八届四中全会以来,随着司法责任制的贯彻落实,检察办案的理论和实践价值日益凸显。

一、正确界定检察办案的内涵

首先要认识到检察权与检察办案之间具有本根与枝叶、前提与结果的关系。易言之,检察办案的内涵和外延,归根结底是由检察权的属性所引起和决定的,不以人的主观意志为转移。我国检察权是集法律监督、司法、行政属性的"三位一体",决定了检察办案的性质不可能线性、单一,而具有多元复合的属性。如果认识不到这一点,界定和评价检察办案都不会全面。界定检察办案的内涵应遵循以下思路:

(一) 要充分体现我国检察制度的根本属性

我国检察机关作为法律监督机关的宪法定位,尽管具有特殊性,但这是与我国的历史和国情相适应的;无论怎样改革,法律监督这一根本属性都只能坚持而不可动摇。中国特色社会主义检察制度体现了政治性、人民性和法律性的有机统一,这是区别于西方国家检察制度的本质所在。我国检察制度的根本属性决定了检察权的特性,决定着检察办案的特点,即不但有司法属性,有行政属性,还有法律监督属性,因而,检察办案与司法办案不能划等号,不宜简单套用审判机关的办案标准来衡量检察办案。

(二) 要在遵循司法责任要求的基础上充分考虑不同检察业务的特点

司法责任制落实,最根本的就是要落实"谁办案谁负责、谁决定谁负责"的要求。对检察办案的深入理解和准确界定必须落脚于贯彻落实司法责任制。同时,要充分考虑不同检察业务的特点,不能一刀切地将某一种办案形式认定为办案,而排斥其他办案形式,应在充分考虑不同检察业务特点的基础上,最大程度地在检察机关内部消除分歧达成共识。

(三) 要统筹内部外部两大现实需求

如何科学界定检察办案并使之符合绩效考核制度的要求,是界定检察办案的内部需求。从这一层面上讲，对检察办案的界定不宜"大而无边"，必须遵循司法规律，遵循司法责任制的要求，合理限制其范围，以充分发挥员额制和办案责任制的制度功能，确保员额检察官必须亲自办案。但同时科学界定检察办案也是检察工作科学发展的必然要求，对检察办案的界定也不宜"缩手缩脚"。必须立足检察办案实际，反映检察办案全貌，从有利于调动全部检察人员的积极性、有利于检察工作的长远发展的高度统筹好关系、把握好尺度。

二、界定检察办案的标准

（一）亲历性

亲历性，即亲身经历办案的过程。根据"检察一体化"原则，检察官的职权具有承继性、事务移转性、指挥性，因此，只要是经历了上述环节中的部分内容，且作出了相关指令或者决定，就应当认为亲历了办案过程，而不需要亲身经历办案的全部过程。因此，对检察机关办案亲历性的理解应当结合"检察一体化"的要求和检察实践活动加以认识，不能将亲历性限于亲自提讯、亲自出席法庭等，只要不是待整个案件处理完毕才翻看卷宗、了解情况、研究理论与法律适用问题，都属于亲历。在此，有两个与之相关的问题需要一并说明：一是检察长或者副检察长审核案件，是否违反了亲历性的要求？笔者认为，上述人员审核案件时虽然没有全程跟踪、办理案件的每个环节，但由于在关键节点发挥了作用，决定了案件的走向，因而属于亲历。二是亲自指挥、亲自听汇报、亲自决定等活动是不是亲历？笔者认为，只要是以直观、亲身经历的形式了解了案件信息，并作出了相应的意思表示、决策部署，即属于亲历。对于有权对案件作出决策的相关办案人，只要在需要时可以随时阅卷或者进行相关调查，即使其并未行使该项权力，均应当认为其亲历了办案。

（二）智力性

办案不等于对案件的一般性了解与听取，而是经过智力加工，反映办案人员的独立思想和理性判断。因此，检察办案必须是经历了人类认识过程的升华提萃的行为。对证据的审查、判断与运用，对于案件事实的认识和对法律适用的论证等，都需要办案人员发挥主观能动性，运用自己的知识，提炼出对案件的认定与处理的意见。如果没有这些思想内容，就难以认定为是办案行为。如一般的案件收发、简单的法律表格填写等均不具备智力性，不应认定为办案。而相关人员对于案件的决策必然是经历了思维的权衡、法条的对照和案件处理效果的考量，基此作出的结论，即使与案件承办人意见完全一致，也是办案决策，应认定为办案行为。

（三）责任性

这是办案的核心内容所在。"有权必有责，有责要担当"是办案的基本要求。因而，办案必须是要承担司法责任的行为。需要强调的是，根据最高人民检察院《关于完善人民检察院司法责任制的若干意见》的规定，司法责任不是狭义的办案责任，还包括监督管理责任。因为在检察一体的框架下，检察官仍然应听命于检察长或者副检察长、主任检察官以及检察委员会，上述人员或者群体应当对自己作出的案件决定负担相应的监督管理责任，也即司法责任。既然让其担责，其决定行为当然应当属于办案行为。

新型侦诉审关系专题调研

基层检察院新型侦诉关系的构建

韦 凯*

为解决检察机关对公安侦查工作监督问题，广西壮族自治区柳州市检察院探索成立驻县（区）公安局侦查监督室，加强对公安机关办理刑事案件的监督、引导。

一、派驻侦查监督室建设情况

柳州市所辖的10个基层检察院已全部在辖区公安局挂牌成立驻公安局侦查监督室，均设有1—2间单独的办公室，制定驻公安分局侦查监督室工作职责，获取侦查监督室公安内网使用权限，实现案件信息资源共享，建立提前介入机制、信息共享机制、定期巡查机制、建立联络员机制、联席会议机制等五项制度。2014年以来，柳州市10个基层检察院共到驻公安局侦查监督室开展工作368次，提前介入侦查265件279人，通知立案160件203人，要求说明不立案理由300件350人，向公安机关发出检察建议12件，提出纠正违法行为154件。

二、侦诉关系存在的主要问题

一是侦查监督检察室的职责不够明确，影响了监督室功能发挥。二是监督室没有建立与公安机关的案件信息共享平台，查询案件信息，只能通过对案卷卷宗的查阅，只能有选择性查询部分案件信息，不能全面查询，全面掌握，影响了监督的全面性。三是由于基层检察院普遍案多人少的矛盾突出，办案压力大，人员力量有限，致使侦查监督室的工作不能常态化，更多的是临时性、不定期地开展工作，影响了对侦查监督的效果。四是工作观念上还存在"重配合，轻监督"思想。五是监督手段不多。《纠正违法通知书》门槛太高，口头纠正随意性太强，监督刚性不强。

三、构建基层新型侦诉关系的建议

一是增强监督意识，提高监督能力。检察机关办案人员要改变重办案轻监督的思

---

* 作者单位：广西壮族自治区鹿寨县人民检察院。

想，加强对公安机关监督，敢于监督，善于监督；加强办案人员对法律规定的全面掌握和监督指引，做到规范监督。二是改进侦诉协作的方式，建立提前介入机制，真正发挥公诉的引导作用，建立重大、复杂案件检察机关提前介入侦查机制。三是加强公安机关审判程序中的证明责任，提高刑事案件证人的出庭率。四是改进监督方式，提高监督成效。五是完善检警沟通协调机制，提高案件质量。不断探索建立新型侦诉关系，通过建立健全侦诉联席会议制度，保证侦诉工作正常进行。同时，共同制定公诉证据参考标准，提高侦查取证效率，保证侦查证据质量，避免侦查证据灭失、无法收集结果的出现或发生，确保案件侦查质量和公诉质量。六是厘清派驻检察官的具体权能、介入案件范围的选择，把握好接入时间和工作方式。建立资源共享机制，加强捕前捕后的监督。建立检察联络员制度，拓宽监督路径。

司法改革背景下建构新型诉审关系的路径选择

吴永河 黄 胜 赖冬水*

以审判为中心是司法改革的必然选择，也是新型诉审关系构建的基础。新型诉审关系必须坚持分工、配合、制约的宪法原则，更加注重制约，新型诉审关系的实质就是建立法官主导庭审，公诉人充分发挥诉讼主体作用的刑事诉讼机制。新型诉审关系的建立面临众多难题，检察机关特别是基层检察院应该迎难而上，通过转变司法理念、革新办案模式、提高公诉技能等方面入手破解难题。

一、制约新型诉审关系的难点问题

一是司法实践中形成的检法配合协调的思维定式阻碍新型诉审关系的实现。公诉人和法官虽然同为"法律人"，却并非"一家人"，如果控审一体，不仅无益于以审判为中心诉讼制度的建立，也损害司法权威，导致职业尊荣丧失。二是刑事案件考评制度的不合理设计导致诉审关系异化。考核指标不合理、标准过高致使有的地方检法为了完成考评，结成利益共同体。三是传统法文化忽视程序正义、忽略人权保障，导致被告人、辩护人的诉讼主体地位边缘化。四是公诉人、法官的人员结构不合理、素养能力不足制约着新型诉审关系的实现。五是民众无法真正参与司法，外部监督机制的失灵导致异化的诉审关系自我修复能力不足。

二、构建新型诉审关系的路径选择

一是应该抓住办案责任制的牛鼻子，建立和完善以审判为中心的配套制度。要落实司法责任制，建立起办案质量终身负责制和错案责任倒查问责制度，并通过整合内设机构等措施来去除行政化，建立健全领导干部及司法机关内部人员插手具体案件处理的记录、通报、责任追究制度来斩断外部司法干预的黑手，从而真正实现司法人员的自主办案。要按照"有利于办案"的原则来推进员额制，将办案能手留在办案一线，充分发挥公诉人在刑事诉讼中的主体地位和能动作用。要贯彻直接言词证据等原则，完善相关证据制度与证据规则。健全和完善证人出庭作证制度、确立交叉询问规则、制定非法证据排除庭审规则，确立自白任意性和传闻法则，确保法官在审判中严谨适用证据规则、

---

* 作者单位：江西省赣州市南康区人民检察院。

排除非法证据并以此遏制侦查中的非法取证行为,提高证人出庭率,防范出现审判空洞化。

二是要强化"五个意识",革新司法理念。强化人权保障意识,从一元片面打击犯罪向打击犯罪与保障人权并重的二元平衡诉讼价值观转变;强化证据裁判意识,从依赖口供印证事实的书面式审查模式向综合运用客观性证据证明事实的亲历性审查模式转变;强化程序公正意识,从偏重实体向实体与程序并重的司法公正观转变;强化当庭指控意识,从以审查起诉为重心的办案观向以审查起诉与当庭指控并重的办案观转变;强化司法公开意识,从封闭孤立的司法观向公开透明的司法观转变。

三是检察机关(公诉人)应当主导审前程序,积极行使公诉裁量权,强化审前调节职能。公诉人要以传导庭审证明标准为导向加强侦查取证的引导,以客观公正的视角,针对性地引导侦查人员及时、全面、客观、依法收集证据;要逐步建立介入命案现场勘查、分类分级提前介入侦查制度,通过健全完善重大疑难复杂案件邀请侦查人员列席讨论、侦查人员旁听庭审、存疑不起诉案件说理等配套制度,以个案研讨来引导侦查从而增强查证犯罪的合力。

四是要坚持以证据为核心,提升公诉工作质效。要重视审查物证、书证这两类直接原始的客观性证据;通过文证审查、听取专家意见来印证鉴定意见、勘验检查侦查实验等笔录、视听资料、电子数据等技术性证据,针对程序瑕疵,进行补强或补正;最后通过"印证""心证""法证"三种证明方式合而为一的模式来证明被告人供述、被害人陈述、证人证言等言词性证据的真实性、合法性,排除可能存在的非法证据,以客观全面、科学的证据审查来打牢案件质量基础。发挥庭审的实质作用,加强检察机关公诉人员出庭能力建设,着力提高发表公诉意见和辩论意见能力,提高出庭应变能力,提高运用现代科技手段出庭能力,加强对公诉主张的说理,加强对证据合法性的证明。同时,充分尊重被告人及其辩护人的合法权益,注意听取辩护人的辩护意见,做到文明、规范、平和、理性地对抗,共同促进审判公正。

五是检察机关(公诉人)应当充分履行法律监督职能,实现对刑事诉讼的全面无缝监督。监督内容要程序结果并重,不仅要强化审判结果的监督,更要强化庭审中程序违法的监督。监督手段要多样,不仅要用好纠正违法、检察建议等常规手段,更要利用高科技手段对庭审实现有效监督。监督领域要拓展,要将庭前会议、当庭裁判、文书公开、裁判文书充分说理等司法改革措施纳入监督范围。监督重点应聚焦在司法透明公开。监督的重点要放在强化量刑情节特别是酌定情节的运用方面,防范法官在量刑上的幅度适用自由裁量权过大,导致同案不同判现象的发生。此外,公诉人既要对庭审活动依法履行监督职责,更要倒逼对侦查人员实施的取证、强制措施等侦查活动的合法性进行审查监督,强化公诉人对刑事诉讼整个阶段的法律监督职能。

检察官权力清单与内设机构改革调研

各省检察官权力清单调查研究报告

梁山林*

2015年9月，最高人民检察院向各个省院、新疆建设兵团检察院和军事检察院印发了《关于完善人民检察院司法责任制的若干意见》（以下简称《意见》）。在健全司法办案组织和运行机制、严格司法责任认定和追究的同时，《意见》明确了检察长、检察官等办案主体的部分职权，并授权各个省院制定辖区内各级院的检察官权力清单。其实，检察官权力清单不是一个新鲜产物，早在2014年最高人民检察院推行主任检察官办案责任制的过程中，上海市院、成都市院等试点院已经开始了对检察官办案划定权限、制定权力清单的尝试。权力清单作为认定检察官办案责任的基础，在完善司法责任制这个"牛鼻子"中具有十分重要的意义。

一、各省检察官权力清单情况与特点

（一）权力数量的差异较大

各省院制定的权力清单在数量上呈现出较大的差异。多数权力清单为检察官配置的办案权力约300项。其中，广西壮族自治区院的检察官权力数量最大，达到491项；安徽省各级院的检察官办案权力数量最小，仅110项。以四川省院运行的统一业务应用系统为例，系统罗列的检察办案权力数量达到1176项。

从数据价值来讲，检察官权力数量的大小系办案权限明确程度的体现。检察官权力清单的目标在于明确检察官的办案权力，突出其办案主体地位。一般来说，清单罗列的权力数量越大，越能细化办案权限规定，更能提高不同办案主体职责范围的明确程度。

（二）检察官办案授权幅度不一

所谓授权幅度，是指检察官根据权力清单获得的办案"授权范围"。各省权力清单多数将半数左右的办案权力交由检察官行使。重庆市各级院检察官的办案授权幅度最高，达到清单权力数量的67.4%；安徽省各级院由于未明确检察官的办案权限，暂且

---

* 作者单位：四川省人民检察院。

认为授权幅度为 0；统一业务应用系统将 20% 的办案权力交由承办检察官行使。

从当前司法国情来说，各省市经济发展极不平衡，各地检察官的办案整体水平也参差不齐，检察官办案授权应当体现地区司法实际。但从具体办案授权来看，检察官整体素质较高的地区并不必然作出了较大幅度的办案授权，部分经济较为发达、检察官办案水平较高的地区在一些重要办案权力的设置上往往更为谨慎。以侦查监督为例，江苏省将所有案件的批捕都交由检察长或检委会决定，而广西、贵州等省份却将一般案件的批捕交由检察官决定，重大案件的批捕才需经检察长审批。

（三）行权主体种类不统一

在检察办案行权主体上，各省权力清单规定的主体种类较多且差异较大。贵州权力清单规定的办案行权主体最多，共计六种，分别为检委会、检察长、副检察长、主任检察官、检察官和检察官助理。山东、广东和重庆权力清单规定的办案行权主体最少，均为检察长和检察官两种。其他省份中，较常见的模式是将检察办案权交由检委会、检察长和检察官三种主体行使。此外，贵州和上海将部分办案权力交由主任检察官行使，福建的权力清单规定职务犯罪侦查部门负责人享有案件审批权限。除了上述做法，统一业务应用系统也将检委会专职委员设置为办案审批主体。

（四）印发形式有两种模式

各个省院印发权力清单时，采取条文形式印发的有 10 个，占比 77%，具体有：上海市院、江苏省院、福建省院、安徽省院、山东省院、广东省院、广西区院、贵州省院、云南省院和宁夏回族自治区院。采取图表形式印发权力清单的省院有 3 个，占比 23%，具体有：湖北省院、四川省院和重庆市院。印发形式的不同并不必然影响检察官权力清单的内容或实施效果，只是以条文形式罗列权力内容符合司法机关的文件印发惯例。但从直观效果来看，以图表形式分业务类别表述权力内容更为简洁清楚，在图表对比中容易判别不同业务类别办案权力的差异。

二、当前各省权力清单存在的不足及相关考虑

（一）检察权力界定不清

《意见》第 21 条规定"省级人民检察院结合本地实际，根据检察业务类别、办案组织形式，制定辖区内各级人民检察院检察官权力清单，可以将检察长的部分职权委托检察官行使"。制定检察官权力清单应当有三个方面的考虑：一是制定检察官权力清单的主体应当是各省级人民检察院。二是制定检察官权力清单应当结合各省、直辖市、自治区的实际情况，这种实际，应当是要考虑各省份之间的地区差异，"不同地区检察机关之间案件数量、检察官整体素质、基层检察院规模的大小等，都会对业务工作运行方式和检察官职责范围产生影响"。三是制定检察官权力清单的依据是检察业务类别和办案组织形式。对于"检察业务类别"的内容，《意见》没有作出进一步的解释，时任胡

泽君副检察长在讲话中列举了"批捕、起诉业务""刑事执行检察""民事行政检察"等类别。对于"办案组织形式",《意见》第4条将办案组织划分为"独任检察官"和"检察官办案组"两种形式。两种办案组织形式在人员配置和办理案件类型上有所区别。

从最高人民检察院的要求上来看,制定权力清单应当把握"检察业务"和"办案"的要求,即检察官权力清单应当规定检察业务办案的权利内容,这也与规定检察官"必须在司法一线办案"的要求相一致。然部分省院在制定权力清单过程中是否吃透了上述政策值得怀疑。如《广西三级检察机关司法办案权力清单》将"检察技术业务"列为其第九部分,这种做法就值得商榷。首先,无法解释检察技术部门的业务性,检察技术部门的定位,为辅助办案而设置,具有业务相关性,但通常都认为其不属于检察业务的范畴。将检察技术归类为"检察业务"则需要考虑设置检察官的问题,若技术人员与承办检察官在人员类别上产生同等身份,可能导致技术人员在辅助办案过程中与承办检察官的地位失衡,难以实现辅助功能。其次,还需要考虑检察技术部门是否设置检察官员额的问题。根据现行改革方案,检察技术人员属于检察辅助人员系列,并不设置检察官员额。检察官权力清单系检察官权力的"宪法",书写的是检察官的办案权限。将并不设置检察官员额的岗位纳入其中并不适宜。与此相类似的还有将司法警察纳入检察官权力清单的做法。

(二)检察官授权幅度不高

非试点院正在运行的统一业务应用系统也明确了各行权主体的办案权限。在三级审批办案模式下,检察长行权数量最大,对核心办案程序进行把关,享有办案主体地位。以四川省院所采用系统为例,在1547项办案权力中,需要检察长级别(含副检察长、检委会专职委员)审批的达到939项,行权比例高达61%。制定检察官的权力清单,既要明确各办案人员的权限,也要将原由检察长行使的部分案件审批权限交由检察官行使,突出其"办案主体地位",即检察官办案授权幅度应有明显的提高。十三个印发权力清单的省份中,仅有广东、广西、福建、四川、福建和重庆六个地区的检察官授权幅度超过50%,幅度最高的重庆也仅达到67.4%。与此相对,最高人民检察院在推行主任检察官办案责任制的试点过程中,成都、上海等试点院的主任检察官授权幅度均超过了70%。

如何科学合理确定检察官办案的授权幅度,目前缺乏相关研究。从最高人民检察院要求制定检察官权力清单的目标来看,权力清单要"体现检察官的办案主体地位"。"办案主体地位"如何体现,可以从两个方面予以考量。首先,提高检察官的办案授权幅度,若检察官在办案过程中有较高的行权比例,在案件办理过程中可以充分行使定案权,实现办案者可以定案,可认为实现了《意见》"坚持突出检察官的办案主体地位"要求。若检察官权力清单列举的300项权力,仅有10%可由检察官自行决定,显然难以满足上述要求。其次,检察官在主要办案环节中享有话语权,能够行使行权频率较高的办案权力。虽然缺乏相关的量化研究,但可以确定权力清单中列举的各项权力的行权频率存在较大差异。以侦查监督业务为例,《四川省检察机关检察官权力清单(试行)》

梳理出"批准或决定逮捕""要求侦查机关立案或撤销案件""层报最高人民检察院核准追诉"等多项办案权力。以四川省检察机关的 2015 年的办案数据为例,"批准或决定逮捕"在全省三级检察院行使了 37514 次,"要求侦查机关撤销案件"被行使 84 次,"要求侦查机关立案"被行使了 42 次,而"层报最高人民检察院核准追诉"则仅被行使 1 次,行权频率差异极大。如果检察官行使的多数是行权频率较小的办案权力,即便比例较大,也仅仅是将权力停留在纸面上,无法实现"办案主体地位"。

(三)行权主体设置的合理性不足

从各省权力清单来看,检察办案行权主体主要有检察委员会、检察长、副检察长、部门负责人、主任检察官、检察官、检察官助理等七种。上述行权主体是否都应当列入检察官权力清单,研究这个问题时应当考虑以下几个关系:

1. 检察长和副检察长之间的关系。除自己作为检察官承办案件外,检察长和副检察长的办案审批权是否应当分开设置,即权力清单是否应当为检察长和副检察长作不同办案授权。这个问题可以从三个方面来思考:其一,《意见》第 16 条第 2 款规定了检察长领导工作时应当履行的十项职责,该条第 2 款规定了副检察长和检委会专职委员根据检察长的委托可以代为履行上述所有职责。由此可见,《意见》规定的检察长、副检察长的职权范围具有高度的重合性,检察长能审批的办案事项均可由副检察长根据授权自行决定,分开设置权限的必要性不强。其二,从案件和业务的熟悉程度来看,副检察长在审批案件前可能已对检察官进行的部分指导,对案情和该类业务的司法实践更为熟悉。检察长难以分配太多时间听取案情汇报,其对办案事项的决定往往直接采纳了副检察长的信任。将办案事项交由检察长决定,既降低了决策效率,也不符合办案审批实际。其三,从第四部分"明确检察人员职责权限"的体例结构来看,《意见》并未给副检察长单设条文表述,似乎也说明《意见》有意将副检察长与检察长划分为同一类办案主体。

2. 主任检察官与检察官之间的关系。主任检察官系最高人民检察院推行主任检察官办案责任制改革试点产生的制度成果。这种制度的出现,促进了检察官队伍的专业化职业化建设,突出了检察官的办案主体地位。贵州、上海等省市将主任检察官写入权力清单之中,这种模式可能借鉴了《意见》第 18 条的做法,有其法理依据,但笔者对此做法持保留意见。最高人民检察院对于主任检察官的定位是明确的,"主任检察官是检察官作为执法办案主体依法行使检察权时的责任形式,而非单独的职位类别,实行检察人员分类管理之后,员额内的检察官均可以作为主任检察官"。上述意见表明,员额内的检察官都可以成为检察官办案组中的主任检察官,两者具有同质性。《意见》和各省检察官权力清单一般适用于四项改革试点检察院,这里的检察官就是独任检察官或者主任检察官办案组中的主任检察官,没有区分设置权限的必要。《意见》第 18 条没有在检察官办案权限的基础上给主任检察官更多办案授权,也正好印证了上述观点。

3. 检察官与检察官助理之间的关系。贵州和广西的权力清单为检察官助理配置部分办案权力,可能借鉴了《意见》第 20 条的相关内容。第 20 条规定检察官助理主要有三种职责:收集证据、协助检察官完成接待和出庭等工作、草拟文书。从上述规定来看,检察官助理在检察官的指导下办案,履行办案辅助义务。检察官助理对检察官负责,办案事项来源于检察官的"交办",没有"明确"的办案职责和权限,案件办理效果也归属于检察官,在职权体系中缺乏独立地位。权力清单意义在于通过合理放权、强化检察官的办案地位问题,并不需要明确检察官助理的职责范围。因此,笔者认为检察官助理不宜列为权力清单的行权主体。

4. 部门负责人。根据《意见》第19条的规定,除自己承办的案件外,业务部门负责人改革后主要承担的部门的行政管理工作。而《意见》第6条规定:"决定初查、立案、侦查终结等事项,由主任检察官或独任检察官提出意见,经职务犯罪侦查部门负责人审核后报检察长(分管副检察长)决定。"可见,除职务犯罪侦查部门的负责人享有初查、立案和侦查终结等事项的审核权限外,其他业务部门的负责人没有案件审批权限,不宜作为行权主体纳入权力清单。同时,即便职务犯罪侦查部门负责人行使了审核权限,这种审核仅属于审批程序的中间环节,案件最终审批权限仍由检察长决定。这种审核权体现更多的是监督把关的义务,而非办案权力。"审核"的含义如何理解,应当达到怎样的审查要求,这些都无法在权力清单中进行明确,与《意见》第四部分"明确检察人员职责权限"的"明确"背道而驰。因此,即便职务犯罪侦查部门的负责人也不宜写入权力清单。

结合《意见》的规定和当前改革,湖北、江苏、四川和云南四个省份的办案主体模式更符合当前改革思路,即将检察办案权交由检委会、检察长和检察官三种主体行使。

(四)部分委托授权有违立法原意

《意见》第21条规定各省制定检察官权力清单时"可以将检察长的部分职权委托检察官行使"。从上述规定来看,《意见》允许突破现行规定下放办案权限的范围仅仅是"检察长"的"部分"职权。可分两点进行理解:

1. 委托授权的原行权主体仅仅是"检察长",不含检察委员会的审批权限。刑事诉讼法规定由检察委员会行使的办案权力主要有两项:第30条的回避决定权,第87条的重大案件逮捕批准(或决定)权。上述两种办案权限,均存在部分权力清单将其交由检察长或检察官行使的做法。

2. 委托授权的范围仅仅是"部分职权",对于部分职权的范围,《意见》没有限定,各省权力清单也未限定或说明。笔者认为,《意见》未限定"部分职权"的范围并不必然意味着检察长的所有职权均可交由检察官行使,至少从《意见》的效力层级上无法得出此结论。以刑事案件的批准(或决定)逮捕为例,《刑事诉讼法》第87条规定"人民检察院审查批准逮捕犯罪嫌疑人由检察长决定。重大案件应当提交检察委员会讨论决定"。立法原意已将检察机关审查批准逮捕的决定最低权限设定为检察长。实践中,多数省将此项权力交由检察官行使(如《重庆市检察机关检察官办案权力清单》侦查监督部分第3项)。《意见》由最高人民检察院印发,具有司法解释性质的规范性文件,能否直接突破刑事诉讼法基本法的规定,此做法值得商榷。最高人民检察院张德利专委在《关于〈关于完善人民检察院司法责任制的若干意见〉的说明》中指出,

"除法律规定必须由检察长行使的职权外，检察长可以将司法办案职权委托普通检察官行使"。批准或决定逮捕权，通常理解就属于"法律"规定必须由检察长行使的办案职权。

（五）行权方式不明确或合理性不足

部分权力清单规定的行权方式不够明确或合理性不足，有待进一步的研究。以《安徽省检察机关办案职权清单》为例，该省权力清单只规定了检察委员会、检察长、副检察长的职权，而没有规定检察官的职权。从另一方面来讲，是否所有未列举的职权都可以交由检察官行使也有待研究。若中央再授权开展提起公益诉讼等类似试点项目，根据这种授权模式则无法由检察委员会或检察长进行监督把关。《上海市各级人民检察院检察官权力清单》规定了部分办案权力"检察官决定（行使），但需提请检察长（副检察长）审核"。这种行权模式的明确性值得怀疑，如何理解"决定"与"审核"的关系，若检察长在"审核"中可以改变检察官的"决定"，则应为检察官提出意见由检察长"决定"；若检察长在"审核"中不能改变检察官的"决定"，则"审核"缺乏必要性。

检察官权力清单设置的考量重点

杨玲娜[*]

湖北省武汉市人民检察院法律政策研究室针对检察官权力清单设置开展调研，指出检察官权力清单制定，重点应明确几个问题：

一、检察官权力清单的功能定位

权力清单是固定司法责任制改革成果的重要载体，各试点单位对此都进行了积极探索，相继制定出台了检察官权力清单。各地的探索实践，既具有以明确检察长职权为前提、检察业务条线为脉络、地方改革试点工作为补充的共性特点，也存在对其功能定位认识分歧，对于检察官负责的事项内容、权责范围的规定也千差万别。建立检察官权力清单制度重点在于解决司法办案中"谁决定"的问题，科学合理划分各层级检察官职责权限。对于各层级检察人员责任划分、承担，即"谁负责"问题，应由司法责任认定和追究机制解决。且检察官权力清单仅是司法责任制的内容之一，其制度核心应当是在检察官、检察长、检察委员会之间合理配置检察职权，明确各类办案主体有权决定的事项内容，对于检察机关自身的行政管理问题不宜过多涉及。

二、检察官权力清单的事项范围

全面梳理、合理配置各项检察事项的决定权是科学制定权力清单前提。一是要根据检察具体权能的属性特点，分门别类制定权力清单。实践中，各地检察机关针对检察权的多样性实行了类型化的授权模式。如对于批捕、起诉等司法属性较强的权能放权较多，对于职务犯罪侦查等行政属性较强的权能放权相对较少。这些共识和经验在统一规范检察官权力清单制度时应进一步坚持和吸收，即根据检察权能具有的司法权、行政权、监督权等不同法律属性，在"放权"与"收权"的范围和方式上有所区别。二是要根据检察权能事项，明确各层级职权划分。依照法律、司法解释的规定，全面梳理检察权运行涉及的具体权能事项，找准检察权运行的关键节点，优化运行流程，做到"底数清、节点明、流程简"。重点把握两点：

---

[*] 作者单位：湖北省武汉市人民检察院。

（一）司法办案的外延

实践中，有的地方将司法办案简单理解为办案，将控告申诉、案件管理、法律政策研究等综合性业务条线工作排除在权力清单之外。尽管这些工作不直接影响具体案件的诉讼进程，但其与检察机关法律监督、司法办案关系密切，是检察职能履行的综合体现，也是司法办案的重要内容，理应纳入权力清单。但是应对这些条线的业务性工作与事务性工作进行区分，将纳入权力清单的内容严格限制在司法办案范畴。

（二）权能事项的梳理层面

实践中，有的地方检察官权力清单全面铺陈检察事项的决定权、建议权、执行权，有的则重点列明检察官的决定权。司法责任制改革的目的在于使检察官成为办案主体，而主体地位主要通过对案件事项的决定权来实现，建议权和执行权服务于决定权。如果将建议权、执行权作为检察官权力清单的主要内容，这和在"三级审批制下"的"审定分离"无实质区别。因此，权力清单应重点罗列检察官对哪些事项有决定权，关于建议权和执行权的内容，可以通过岗位责任书等形式呈现。

三、检察官权力清单的主体素能

在制定检察官权力清单时，还应充分考虑检察官素能水平和检察官办案组织的构建等情况。

（一）要理性认识检察官能力水平，积极放权

从各地权力清单看，检察官权力主要是案件事项的建议权和执行权，真正下放到检察官的决定权非常有限。不可否认，在实行检察官司法责任制初期，根据检察官素质能力的差别分层授权有其合理性和必要性，但也要看到，经过多年职业化、专业化建设，检察队伍的学历水平、法律素养、业务技能都有了显著提升。因此，应克服放权难的心理障碍，更加大胆积极放权于检察官。

（二）要科学配置办案组织，合理放权

办案组织健全人员配比合理的，可以多放权；检察官与检察辅助人员配比严重失衡的，则需适当限制检察官的职权，防止检察官将其分内的亲历性事务，交由检察官助理执行，形成新的行政审批，或者职责事项超出检察官能力负荷限度，降低办案质量。

（三）要正确处理检察官与检察长、检察委员会的关系

目前，各地一般都根据事项的性质，特别是影响大小来决定放权程度。事项对当事人的人身、财产权利，对其他国家机关、部门的执法活动影响越大，越需要经过多个层级审查，最终由检察长乃至检委会决定。然而，检察长、检委会委员主要依赖承办人口头或书面汇报了解案情，缺乏提讯等亲历性体验，存在信息交流不充分问题，其对于事

实证据，尤其是言词证据的判断并不一定优于承办案件的检察官。因此，建议适当调整检委会的议事范围，明确仅在事项处理有多种选择，即对案件或者案件处理环节证据采信、事实认定或者适用法律有分歧，需要通过集体决策优选最佳方案时，才应提交检察委员会讨论决定；其他的案件，只要没有分歧，不管涉案金额或者涉案人员数量多大，都应由检察官自主决定。

检察机关办案组织形式、运行方式及管理模式研究

安徽省阜阳市人民检察院

检察机关办案组织应着眼于解决案多人少矛盾，厘清检察官与检察官助理之间的责任。当前，对办案组织形式，除改革前后办案模式差别不大的职务犯罪侦查外，其他业务部门尤其是侦监、公诉部门对该如何设定办案组织没有清晰认识，不清楚具体职责权限，不清楚员额检察官的职责权限，仅知"权力下放"不知如何下放，仅知"谁办案谁负责、谁决定谁负责"，不知自己到底有哪些职权。不清楚办案新模式的运行方式，对新的办案模式如何运行、绩效怎么考核、奖金如何发放不清楚，不清楚检察官与助理如何分工。针对问题，提出完善检察官办案组织的意见及建议：

一是要健全优化办案组织设置。在保质保量完成办案任务的前提下，根据不同业务类型、案件复杂程度配备检察辅助人员，健全优化办案组织设置。（1）侦查部门一般宜采用办案组形式。办案组不宜固定，应合理组合与搭配员额检察官、检察官助理、书记员及其他辅助人员，在办案期限内临时组建。（2）对侦监、公诉部门一般情况下采用独任制形式，独任检察官原则上只接受检委会、检察长及分管检察长的领导，组织机构进一步向"矩阵式"转化，以进一步淡化行政色彩的方式实现检察长领导下的扁平化管理。但基层院侦监公诉部门在应从主任检察官模式逐步过渡到主任检察官和独任检察官相结合的模式，而非一概使用独任制。（3）就其他业务部门而言，原则上使用独任制，且不一定所有案件都需要配备辅助人员。

二是要明确检察人员职责权限。建议参照检察机关统一业务应用系统中配置的法律文书种类、数量来编制每一项具体职权，并规定每一项具体职权的办理主体、流程、时限和要求。从而保证各职权相互协调、内在统一，形成明晰的权力体系。同时，在权责明晰的前提下，充分下放程序性法律文书签发权。

三是要完善检察工作绩效考核机制。要体现案件疑难复杂程度的差异性。要合理运用与限制主观评价。对独任检察官的考核应偏重于案件数量（重大、疑难等特殊案件可以对应折合相应数量案件）；同时考评办案质量效果。

四是要加强检察官岗位风险防控。要处理好"放"与"管"的关系：既要突出检察官办案主体地位，又要加强监督制约，又要进一步提高监管的主动性，强化案管部门职能作用发挥。

五是要严格司法责任界定和追究。应当严格按照司法责任追究的有关规定，准确界定错案，科学划分司法责任，严格区分故意违法法律法规责任、重大过失责任、监督管理责任，健全和严格执行责任追究机制。

检察机关内设机构改革的路径、反思与完善

江苏省人民检察院法律政策研究室

随着司法责任制改革的深入推进，检察机关内设机构迎来新的调整，以适应新形势下检察权运行机制。2016年8月以来，中央编办、高检院联合下发开展《省以下人民检察院内设机构改革试点方案》的通知。截至2017年9月，全国1854个检察院已完成相应改革，内设机构大幅精简。江苏省人民检察院法律政策研究室对各地改革经验做法作了梳理归纳，进一步检视改革的总体目标和具体路径，提出建议和思路。

一、检察机关内设改革试点的进路梳理

（一）改革试点架构

中央政法委、最高人民检察院多次要求，以县级检察院为重点，推进内设机构改革试点。2016年8月，中央编办、最高人民检察院联合下发《省以下人民检察院内设机构改革试点方案》。2017年4月，最高人民检察院召开的司法责任制改革推进会，再次对内设机构改革进行了具体部署。归纳起来，改革的总体框架是：

1. 总体原则。遵循坚持以强化法律监督为中心、精简务实效能、积极稳妥、协同推进、试点先行五项原则。

2. 区分层级统筹推进。省级院突出领导、指导职能，兼顾精细化、专业化建设。市级院体现直接办案、业务指导并重的特点。基层院以解决案多人少矛盾为重点，突出一线办案特点，以整合机构设置、优化职能配置、推行扁平化管理为主线展开。

3. 遵循司法规律，精简内设机构。按照机构设置规范和要求，综合考虑职能相关性、整合职能交叉、业务相近的机构，撤并与检察机关职能无直接关联的机构。合理划分内设机构之间的职责，完成工作流程和工作规范，强化内部监督制约。

（二）典型改革模式

1. 湖北模式。湖北模式主要有以下几个方面特点：一是凸显"两个特色"。（1）凸显司法行政事务管理权与检察权相分离，基层院统一设立司法行政事务管理局，实行与检察权相分离；（2）凸显大部门制改革方向，试点基层院对原来的15个至20个内设机构进行整合，统一设置为"五、七、九部制"。二是实现"三个规范"。（1）规范三级检察院所有内设机构名称；（2）规范机构职责，省编办授权省检察院对基层院

各个内设机构职责进行了统一;(3)规范领导职数,对各地原来各地核准的领导职数进行规范,原则上实行"五、七、九部制"的院分别配备3、4、5名副检察长。

2. 北京模式。北京已率先完成内设机构改革,经验做法得到中央领导肯定,主要有三个方面特点:一是坚持"三个适当分离"原则。(1)坚持诉讼职能与监督职能适当分离,成立单独的诉讼监督机构;(2)坚持案件管理与案件办理适当分离,设立单独的案件管理部门;(3)坚持司法行政事务管理权与检察权适当分离,明确司法行政服务保障定位。二是坚持专业化原则。针对北京各区域案件类型,组建办理国家安全和公共安全、经济、金融、知识产权、科技、网络电信、轻罪等犯罪案件的专门机构。三是突出精准设置。针对三级院职能不同,基层院案件类型、办案量和人员编制规模差异大的实际,坚持因地制宜,根据职能需要设置,不要求上下完全对应。

二、内设机构改革试点中存在的问题与不足

(一)内设业务机构设置标准不统一

有的试点地区遵循精简原则,大刀阔斧地撤并了机构,最少的如湖北的"五部制"模式和重庆渝中的"三局两部一办"模式。有的则在机构数量上无大的变化。有的在内设机构归类上存在分歧,如湖北和北京均将审查逮捕与诉讼监督分离;有的将审查逮捕权与公诉权合并行使,实行"捕诉一体"。

(二)内设机构改革简单等同于大部制

大部制改革的核心是促进政府职能转变,通过精简机构优化政府组织结构,提高管理与服务效率。而检察机关内设机构改革的目标在于理顺不同检察权能,去除行政化,确保检察权的依法全面行使。而反观各地改革试点情况,一些地方更多地注重对机构进行简单合并,把内设机构改革简单地理解为"大部制",过分强调精简。

(三)部分职能融合程度不高

改革试点中,部分职能融合度较低,仅仅是形式上简单合并,原有职能仍然分割行使,出现"名亡实存"现象。突出表现在诉讼监督部门,原分布在侦查监督、民行监督、刑罚执行监督以及控告申诉的权能统一并入诉讼监督部门,形式上由分管检察长担任部门负责人,设置若干办案组分理各项权,实质上各办案组仍按原职能设置,组长为原科长仍然沿袭原条块体制,未能有效实现监督职能一体化。

(四)部分业务机构出现相对弱化倾向

改革后,案管部门、法律政策研究室、检委会办公室等综合业务部门,一般合并为检察业务管理部,专司综合业务工作。实践中,基层综合业务机构几乎没有员额或者员额很少,部分入额检察官也更愿意选择去一线业务部门办案,导致综合业务工作被弱化。

（五）去行政化的目的并未完全实现

改革试点后，业务机构内部仍然存在大量行政事务，包括地方党委、政府、上级检察机关的任务，以及院内行政部门摊派的行政事务。此外，当前改革更多的强调内设机构本身的扁平化，撤科（处）并部、取消科（处）长、组建办案组，但为了"确保案件质量"，不少案件进入检察官联席会，少数地方暗地里设置过渡期，领导仍然对案件进行审核把关。

三、改革目标与路径反思

（一）改革目标重估

检察机关内设机构应探索从组织功能的角度出发，促进检察工作机制的完善，从而达到强化检察职能的目的。针对改革实践中的问题，有必要校正改革目标的偏离倾向。一是改革的主要目的应是更好地落实司法责任制，而不是重构检察组织机构。我国宪法将检察权定位为法律监督权，包括批捕、起诉、侦查活动监督、诉讼活动监督等多项具体职能，原有检察内设业务机构基本承载了职能要求，改革重点应当放在去业务部门行政化、整合综合行政部门上。二是改革的重要目标应是去行政化，减少业务部门行政性事务，而不是片面追求"内设机构"数量。原有内设机构运行模式的弊端是，与三级审批的旧运行机制相对应，行政层级繁多，制约了司法运行效率。一味地缩减机构，并不能完全解决行政化的问题。

（二）职能优化融合

关于检察职能的优化融合可以从以下三个方面着手：一是综合考虑各项检察职能的目标价值、运行特征与法律属性，合理分解整体的检察权，避免陷入诉讼理论化、概念化的误区。如诉讼监督，涉及侦监、民行、执检等多项业务，不宜以诉讼监督类业务简单归类。二是遵循诉讼规律，分解和配置各项检察职能。法律赋予检察机关的职能主要是法律监督职能，包括侦查活动监督、审查起诉、审判监督、刑罚执行监督等。权力制约理论要求各诉讼阶段的职能之间相互制约和监督，因此不应任意合并或分立内设机构，如批捕、起诉职能不宜合并，更不宜采用"一竿子到底"的办案模式。三是专业化办案机构设置应考量司法办案实际。专业化是检察工作发展的重要目标，但专业化办案与设置专门机构要有所区分，机构设置除要细分出职能外，还应考虑案件数量、人员配比等问题，不宜追求专业化造成机构虚置。

（三）处理好内设机构与办案组织关系

作为检察机关组织体系建设的重要内容，内设机构设置与办案组织建设二者整体相互关联、并行不悖。一是内设机构是根据检察职能划分设立的功能单位，以案件管理和综合事务协调为其主要职责，不能成为办案主体。二是办案组织是基本办案单元，承担司法办案主体任务。办案组织分为独任检察官、检察官办案组两种形式，组内事务应以协调办案为主，其他行政事务由内设机构承担。三是防止办案组织成为实质上的内设机构倾向。根据检察职能特点，科学设定独任检察官、检察官办案组，厘清办案组设立标准，防止成为新的内设机构替代形式。同时，应破解内设机构职能重叠与办案组织之间的矛盾，科学配置司法资源，突出检察官的办案主体地位。

四、检察机关内设机构改革具体建议

（一）准确把握规律特点

1. 分级区分设置。充分考虑本单位定位、编制数量、办案总量等因素，遵循司法规律和组织构建基本规律，结合各地各层级实际设置，不要求上下完全对应。

2. 明确整合重点。建议以综合业务部门、司法行政部门、检察辅助部门为整合重点，检察机关现有一线直接办案部门，原则上只作职能优化，不进行裁撤合并，推动检察主责主业更好发展。

3. 突出专业化方向。建议科学估算司法办案量、人员编制等情况，立足实际、因地制宜设置金融检察、知识产权检察等专业化办案机构，不宜求新求全，造成机构虚设，司法资源浪费。

（二）合理设置内设机构

建议在机构种类上，设立司法办案部门、综合业务部门、司法行政部门、检察辅助部门四种类别。关于司法办案、综合业务部门设置，应把握整合重点，尤其司法办案部门是检察业务工作发展的重要载体，建议在原有办案部门基础上，不做大的调整，实行省、市院适度扩张、基层院有限整合的操作方式。综合业务部门不直接承担司法办案任务，但法律政策研究、案件监督管理等业务对检察工作发展具有重要的助推作用，尤其是省、市院综合业务部门的业务研究、指导、监督作用不可或缺，建议在省市院以及人数较多的基层院统一设置。关于司法行政、检察辅助部门设置，建议省级人民检察院设置行政管理部、政治工作部、检务保障部，纪检监察机构按有关规定设置。同时，设置检察辅助部，承担司法警察、检察技术等检察辅助职能。设区市级人民检察院设置行政管理部、政治工作部；设置检察辅助部，承担司法警察、检察技术等检察辅助职能。县级人民检察院根据编制人数区分设置，统揽办公室、政工党务、综合业务等职责。

"大部制"改革背景下检察
机关内设机构整合问题研究

马琳琅 张 梁[*]

在全面推进司法体制改革的背景下,检察机关开展的内设机构改革,应当厘清以下三组基本关系:一是大部制改革与检察机关内设机构改革的关系,大部门体制是否意味着所有内设机构都应当整合;二是检察机关内设机构改革与消除检察权行使中的过度行政化的关系,大部门体制抑或内设机构整合能否真正破解检察权行使的行政化、碎片化现象;三是检察机关内设机构改革与落实司法责任制的关系,从改革效果来看,检察机关内设机构整合与检察官办案责任制改革的落实有没有必然联系。

当前我国检察机关内设机构设置在总体上科学合理的前提下,也存在一些突出问题,主要表现在地方特别是基层检察院的内设机构设置过多和设置不够规范两个方面,影响到检察权的统一、高效行使。因此,对于如何解决地方检察机关内设机构设置中存在的突出问题,基本的看法是仿照行政机关实行的"大部制"改革,大幅度整合和统一内部机构,从而实现所谓的扁平化管理。然而,当前各试点检察院围绕此目标开展的内设机构改革,由于缺乏顶层设计的科学统筹和有序引导,仅仅是在满足自我实用需求这一局部情境下进行的改革,因而不可避免地产生了违背司法规律或者检察规律的问题。

一、我国检察机关内设机构改革的背景与现状

(一) 大部制改革:社会流行的组织机构改革理念

党的十七大报告在论述行政管理体制改革时提出:"加快行政管理体制改革,建设服务型政府,加大机构整合力度,探索实行职能有机统一的大部门体制,健全部门间协调配合机制。"[①] 有研究者认为,大部制是大部门体制的简称,即在政府的部门设置中,将那些职能相近的部门、业务范围趋同的事项相对集中,由一个部门统一管理,最大限

---

[*] 作者单位:重庆市渝北区人民检察院。
[①] 参见《中国共产党第十七次全国代表大会文件汇编》,人民出版社2007年版。

度地避免政府职能的重合性,从而提高行政效率,降低行政成本。① 大部制改革本质上并非部门的简单合并,而主要是为了解决政府部门设置过多而导致的职能重叠、交叉的问题,通过适度集中行使行政权力,转变政府职能,提高工作效率。一般来说,"大部制"改革特指各级政府实施的以精简部门、提升效能为主的组织机构改革,目前正由国务院逐步推广到省市一级地方政府。

虽然我国的检察机关并非行政机关,但其开展的内设机构改革也往往被解读为"大部制"改革。应当承认,检察机关的内设机构改革与国家行政机关推行的"大部制"改革既有明显区别,也有共通之处。首先,两者的相似性在于,背景相近,都是在机构臃肿、效能不足的客观状况下实施的改革;其次,目的趋同,都是为了更为科学地划分自身职能,更好地发挥自身作用,进一步优化资源配置,提高工作效能。虽然检察机关的内部机构改革与行政机关的"大部制"改革存在概念上的差异,但本质上,两者的改革理念却具有内在一致性,而从社会接受角度看,两者也几乎没有差异。因此,近年来,随着"大部制"改革成为流行的国家机关组织机构改革措施,检察机关也纷纷探索实行"大部门"管理机制,对原有内设机构进行不同程度的重组和整合,从而被社会各界解读为"大部制"改革。

(二) 我国检察机关内设机构改革及其在检察改革中的地位

内设机构,一般来说指的是独立机构的内部组织,与内部机构的概念一致。我国从中央到地方,各级检察院都设置了领导机构、业务机构和非业务机构等内设机构。我国检察机关的内设机构在检察制度中具有重要价值:一是其作为检察院和检察官的中间纽带,能够对检察权的内部配置产生至关重要的影响,从而在一定程度上决定着检察权运行的基本形态;二是正由于其设置体现检察职能的实际分配,从而能够决定检察工作的效能。从某种角度可以断言,检察机关的内设机构是检察权内部配置的形式和载体。因此,检察机关的内设机构设置既是检察职能内部分工是否科学的表征,也实际影响到检察职能的发挥和工作效率的高低。

我国检察机关内设机构改革与我国检察制度的改革完善在步调上基本一致。"我国检察机关内设机构的设置伴随着我国检察制度的发展而不断发展变化,经历了建国初期的初建、1978 年检察机关恢复重建至 1983 年内设机构进一步发展和规范、1983 年至 2000 年内设机构调整以及 2000 年至今不断改革完善等四个发展阶段。"② 从检察机关内设机构改革的过程看,其是作为我国检察改革的一个重要方面而不断推进的。近 20 年来,因与检察相关的法律不断完善,我国检察制度基本实现了现代化转型,以前并不突出的检察机关内部组织机构和工作机制完善问题成为近年来检察改革的主要矛盾。一方面,作为检察权运行的组织载体,检察机关内设机构设置成为关系到检察制度完善的一

---

① 黄尹、刘勇进:《我国大部门体制改革中的问题探讨》,载《中国青年政治学院学报》2009 年第 3 期。

② 徐鹤喃、张步洪:《检察机关内设机构设置的改革与立法完善》,载《西南政法大学学报》2007 年第 1 期。

个瓶颈性问题。另一方面,在中国特色检察制度探索中形成的关于我国检察机关的性质、检察权的定位和检察权的内容等诸多方面的研究成果,事实上都需要通过具体的内设机构改革加以论证、落实,如当前进行的检察官办案责任制改革,就直指关系到检察官管理体制改革和检察机关内设机构改革,当前检察改革中的许多困惑,也都与检察机关的机构设置问题相关。① 这在某种程度上决定了我国检察机关内设机构改革在检察改革中的地位极其重要。

二、我国检察机关内设机构改革的基本原则与可采模式

客观来说,当前我国检察机关内设机构的设置在总体上是科学合理的,但不可否认,也存在一些突出问题,主要表现在地方特别是基层检察院的内设机构设置过多和设置不够规范两个方面,影响到检察权的统一、高效行使。因此,对于如何解决地方检察机关内设机构设置中存在的突出问题,基本的看法是仿照行政机关实行的"大部制"改革,大幅度整合和统一内部机构,从而实现所谓的扁平化管理。然而,当前各试点检察院围绕此目标开展的内设机构改革,由于缺乏顶层设计的科学统筹和有序引导,仅仅是在满足自我实用需求这一局部情境下进行的改革,因而不可避免地产生了违背司法规律或者检察工作规律的问题。

(一) 检察机关内设机构改革应坚持的基本原则

关于我国检察机关内设机构改革应坚持的原则,可从 2001 年中央批准的《地方各级人民检察院机构改革意见》中找到具体规定:一是依法独立行使检察权原则;二是精简、统一、效能原则;三是优化队伍结构、提高人员素质原则;四是实事求是、因地制宜原则。② 此外,有观点则把全面履行法律监督职能、检察一体、检察官相对独立、内部制约原则、加强业务部门精简非业务机构、地县两级人民检察院内部机构设置因地制宜作为检察机关内部机构设置的指导思想和六大原则。③

综合上述原则来看,精简是最为直接、认可度最高的原则,表明检察机关内设机构改革与国家政治体制改革中普遍强调的大部制改革的精神是相适应的。与此同时,检察机关内设机构改革也凸显出自己独特的价值取向,如"独立行使检察权原则",其一方面体现出检察机构改革要注重整体职能作用的发挥,另一方面也体现出检察机关去行政化趋专业化的独特价值目标。而对检察官相对独立、内部制约、检察一体等原则的强调,也反映出检察机关机构改革在注重整体效能提高的同时,也关注检察权运行规律的

---

① 徐鹤喃:《检察改革的一个视角——我国检察机关组织机构改革论略》,载《当代法学》2005 年第 6 期。
② 徐鹤喃:《检察改革的一个视角——我国检察机关组织机构改革论略》,载《当代法学》2005 年第 6 期。
③ 邓思清:《检察权内部配置与检察机关内设机构改革》,载《国家检察官学院学报》2013 年第 2 期。

遵从和对检察制度科学化的塑造，意图通过内设机构改革激发检察权行使主体——检察官的积极性，从而增进检察机关整体的法律监督能力，推动检察机关更好地实现其法治功能。因此，精简和效能原则当是检察机关内设机构改革的基本原则和必然要求，而全面履行法律监督职能、检察官相对独立行使检察权与检察一体相互协调、因地制宜等原则则是重要导向和必要约束。

（二）我国检察机关内设机构改革应采取的基本模式

世界各国检察机关内设机构的设置，主要有四种模式：一是以前苏联和东欧国家为代表的以法律监督为中心设置内部机构；二是以日本等东亚国家为代表的以公诉为中心设置内部机构；三是以意大利为代表的含有相当数量的刑事警察组织的内设机构设置模式；四是以美国为代表的弹性编组模式。上述国家的检察机关内设机构设置模式与其所在国家检察权的性质、定位和检察职能密切相关。当前，我国检察机关的内设机构设置模式是以法律监督为中心的模式。①

有论者指出，检察机关内设机构改革，必须在科学分解、配置检察权的基础上和在强化检察官的主体性方面寻找理论基础和实践突破。在我国独特的检察制度框架下，全面履行法律监督职能、健全检察权内部运行机制和消除内设机构过度的行政化、强化检察官的相对独立应成为当前我国检察机关内设机构改革要考虑的重要因素，这既是健全和完善我国检察制度的必然要求，也是适应当前司法体制改革的现实需要。我国检察机关内设机构主要由领导机构、业务机构、非业务机构组成，正是在上述要求和需要的直接影响下，当前的检察机关内设机构改革，采取的主要是加强业务机构、精简非业务机构的方式。应当说，这样的改革思路不仅符合我国检察制度改革的宏观要求，也贴近基层检察工作的实际需求，即通过资源配置性的机构调整，将人力资源向一线办案部门配置，以增强检察机关的整体效能。

三、当前检察机关内设机构改革中的问题——以重庆 Y 区为例

（一）重庆 Y 区检察院内设机构改革的主要做法

2005 年 4 月，重庆市 Y 区检察院在试行检察人员分类管理改革中，按照突出业务部门、精简综合部门的原则，将内设机构整合为职务犯罪侦查局、刑事检察局、诉讼监督局、政治部、检察长办公室、检察事务部，形成"三局二部一室"模式。2011 年，根据相关要求增设了未成年人刑事检察局，并按规定设置了监察室，形成了"四局二

---

① 徐鹤喃：《检察改革的一个视角——我国检察机关组织机构改革论略》，载《当代法学》2005 年第 6 期。

部二室"模式。①

考察重庆市 Y 区检察院的内设机构运行情况，不难发现，该院的内设机构改革呈现以下特点：（1）大大减少了内设机构数量，内设部门由过去的 20 余个缩减为 8 个，避免了综合后勤部门人员过多的情况，增强了业务部门的办案力量，统计显示，目前该院行政人员仅占全院在编人员的 12%，保证了 88% 的检察工作人员投入办案一线，有效化解了案多人少的矛盾。（2）通过对业务部门进行整合，明确了业务部门的分工，避免了内设机构职能的交叉，从而提高了检察办案效率；同时，由于行政人员减少而行政工作量增加，检察行政工作的效率也不断提高，一人多岗的高强度锻炼提高了行政人员的综合素质，培养出了一批优秀的检察行政人员。（3）通过大量取消中层领导这一层级和实行检察官办案责任制，淡化了检察权内部行使的行政化色彩，进一步突出了检察官的办案主体地位。（4）在目前我国检察官的工资待遇仍然与行政级别挂钩的情况下，在取消中层领导层级，实行检察官办案责任制的同时，仍旧保留检察官的行政级别。

（二）重庆 Y 区检察院内设机构改革的可借鉴之处

重庆市 Y 区检察院的内设机构改革，采取的是加强主要业务机构、精简非主要业务机构的一般模式。该院采取这种内设机构整合模式，需要对我国检察机关的法律监督职能进行科学的概括和恰当的分解。从该院的实践来看，其内设业务机构主要依据我国检察机关的三项基本职权进行设置和调整、归并，即将作为法律监督权的检察权分为职务犯罪案件的侦查权、公诉权和诉讼监督权三项，从而将业务机构设置为职务犯罪侦查局、刑事检察局、诉讼监督局三部分（需要指出的是，该院的未成年人刑事检察局是为试点未成年人专业化办案机构改革而被上级要求设置的）。客观上说，按照这样的思路调整业务机构，不仅能够产生精简机构的效果，也体现了对我国检察机关基本职能的把握。

同时，需要说明的是，该院在通过内设机构整合弱化行政管理色彩的同时，也通过推行检察人员分类管理改革和检察官办案责任制改革，突出检察官的办案主体地位，促进内设机构按照现代的司法规律管理检察业务和检察官。一方面，通过建立在科学的职能分解基础上的内设机构整合促进职能转变，符合我国政治体制改革中政府机构横向的大部制改革的价值取向，即依照法律监督职能分解检察权，基本采取按照案件流程的标

---

① 在该内设机构设置模式中，刑事检察局承担侦查监督和公诉部门的原有职责（除涉及未成年人犯罪案件外），包括立案监督、侦查活动监督和刑事审判监督；诉讼监督局，负责民事行政诉讼监督、刑罚执行和监管活动监督、刑事再审监督等工作；职务犯罪侦查局，负责侦查职务犯罪案件的查办和预防；未成年人刑事检察局，承担原侦查监督和公诉部门办理的涉及未成年人犯罪的案件，包括该类案件的审查逮捕、审查起诉和除刑罚执行监督外的刑事诉讼监督工作；政治部，负责队伍建设、检察宣传和干部人事相关工作；检察事务部，负责档案管理、财务、技术装备和后勤等事务工作；检察长办公室，负责案件管理、检察调研、检察委员会、文秘机要、检察技术以及人民监督等工作；监察室负责原纪检监察的相关工作。参见张和林、严然：《检察机关内设机构改革若干问题探究》，载《人民检察》2014 年第 6 期。

准划分业务机构,如分为侦查、公诉、诉讼监督等主要部门。① 另一方面,在每一项具体的职能部门之下,辅之以检察官办案责任制,通过采取"谁办案谁负责、谁决定谁负责"的方式确定业务和责任分工,使检察机关内设机构职能设置与检察官的职权配置结合起来,凸显"检察官相对独立行使检察权",反而有助于实现内设机构自身所被赋予的检察职能。

该院针对非业务机构的设置,总的思路是实现精简、统一、高效,更多体现出检察一体所要求的上命下从。重点围绕行政事务管理、检察队伍管理、检务保障管理三项职责,整合工作性质相同或相似的内设机构,突出检察管理对检察业务工作的保障作用。② 该院对非业务部门进行了深度整合,如设立检察长办公室承担行政事务管理等职责,整合机要文秘、检察调研、检察委员会、人民监督、案件管理等工作;设立政治部承担队伍管理职责,整合组工人事、教育培训、党务宣传等工作。通过非业务部门的机构整合,减少了职能交叉,整合了信息资源和人力资源。在减少过多、过细设置的部门的同时,把分散管理的人员集中到几个部门统一管理,将多个部门的各自为战转变为在一个部门内部的统一协调、统一调度、统一标准,有效破解了原来检察行政部门过多、权责脱节、推诿扯皮、忙闲不均、人浮于事等弊端,工作流程更加顺畅,工作效率迅速提高,干警全局观念得到增强。

(三)重庆 Y 区检察院内设机构改革中存在的问题

虽然重庆 Y 区检察院的内设机构整合为该院的检察工作发展注入了新的活力,但也面临着一些迫切需要认真思考和解决的问题,主要表现在以下几个方面:

1. 内设机构整合有可能削弱内部监督。虽然该院在内设机构整合中基本上是以检察职能的科学划分为主要标准的,将检察权分为侦查、公诉、诉讼监督权三大类别而分别设定内设机构,但该院在行使公诉权的刑事检察局中,却实行了"捕诉合一"机制。对此,人们普遍认为,基于我国检察监督职能的诉讼化特点,内设机构的设置应当尊重诉讼规律,捕、诉职能合并行使有违程序公正,不利于检察机关诉讼环节的内部监督制约,因此,批准逮捕和起诉职能需要分离设置而不能合二为一。Y 区检察院设置的刑事检察局没有再设置三级机构,而采取整合审查批捕部门和公诉部门的方式,这是值得商榷的。人们担忧,内设机构整合后,本来不同科室分工负责的工作改由一个科室负责,相互之间的监督制约更多是转变成为内部协调,有可能使内部监督流于形式,致使执法办案工作出现偏差。

2. 内设机构整合难以应对司法改革带来的矛盾。一方面,虽然 Y 区检察院确立了检察官在检察院的中心地位,以及以检察官为中心的岗位考核奖励机制。但是目前检察官晋升与行政职级晋升是在各自不同轨道上运行的,行政职级待遇并不与检察官岗位直

---

① 徐鹤喃:《检察改革的一个视角——我国检察机关组织机构改革论略》,载《当代法学》2005 年第 6 期。

② 汪建成、王一鸣:《检察职能与检察机关内设机构改革》,载《国家检察官学院学报》2015 年第 1 期。

接挂钩,因此,内设机构整合后,检察官的职业地位需要得到相关制度保障。另一方面,由于内设机构整合,大量内设机构和中层领导职数撤销,而实行员额制后,一大批检察人员无法进入检察官员额,只能留在检察行政和检察辅助岗位,在只有有限的几个中层领导岗位可以竞争的情况下(Y区检察院每个内设机构仅保留一正一副两个中层领导职数),职业发展空间将十分有限,这无形中会影响到检察业务综合保障工作的正常开展,不利于司法责任制的推行。

四、我国检察机关内设机构改革的几点反思与展望

从根本上说,检察机关内设机构的设置只有符合检察权的科学分解,才能够保障检察职能依托内设机构得到充分发挥。检察机关内部业务机构作为承担具体检察职能的主体,根据我国检察权分解的一般模式已经形成了较为统一的形态,当前只能在不违反检察规律的情况下进行相对谨慎的微调。而检察机关内部行政性机构作为承担检察综合保障职能的主体,相互之间不存在检察权意义上的职能冲突,因此,可以根据不同层级检察院的实际情况进行相对灵活的设置。

(一)刑事检察部门应"捕诉合一",还是"捕诉分离"

刑事检察局是重庆Y区检察院最为重要的内设机构,该院刑事检察局没有再行设置三级机构,而采取了"捕诉合一"机制。考察建立这一机制的原因可以发现,其主要凸显的是效率因素,即"以职权联系的紧密程度为标准,以减少权力运行中间环节、减少办案资源投入、提高职权行使的便捷和效率为目标,决定机构设置和职权配置"。[①] 此种设置方法的合理性解释在于,捕诉分离会导致检察机关刑事检察部门办案人员在同一个案件上重复阅卷、审查取证、制作法律文书等,造成人力、物力、财力不必要的重复投入,而"捕诉合一"则让办案人员一开始就站在起诉的高度,更能保证案件质量,因此,刑事检察局采取"捕诉合一"而非捕诉分离,能够节省司法资源、提高办案效率。然而,不得不承认,虽然"捕诉合一"凸显了效率,但却有违"谁来监督法律监督者"的内部制约原则。

应当说,在理想的状态下,检察机关内设机构改革应当兼顾公正和效率两种价值原则,但是在具体的内设机构设置方案上很难做到两者兼顾,很多时候必须对其中的一个价值目标更加关注。特别是当两种价值取原则发生冲突时,必须将一个价值作为优先标准,而在绝大多数情况下,检察权的公正行使原则当属首要价值。笔者认为,当前应当以检察权的科学配置作为检察机关内设机构设置的主要依据和导向,因此,内设机构设置遵循以下原则:一项检察职能可以由一个或两个以上的内设机构行使,但一个内设机构一般不行使两项以上的检察职能,特别是不能由同一内设机构行使两项以上存在相互监督制约关系的职能。

---

① 汪建成、王一鸣:《检察职能与检察机关内设机构改革》,载《国家检察官学院学报》2015年第1期。

以重庆 Y 区检察院的"捕诉合一"机制为例,批捕权和公诉权两种职权由同一机构行使,在一个案件中,自始至终都由同一名办案人员承担审查批捕和公诉工作,虽然看似能够消除所谓的"重复劳动",但实践表明,这一机制对办案效率的提升并不十分明显,① 另外,也不符合现代诉讼规律和检察权内部监督制约原则。应当说明的是,提高检察办案效率和尽量减少司法资源的消耗并非检察司法活动最重要的价值目标,从某种角度上说,不同检察权行使主体的"重复劳动"和适当的司法资源投入本就是实现公平正义的客观需要。"捕诉合一"机制虽然具有简化检察权运行环节、节约检察人力资源等优点,但可能带来不同的检察官主体内部角色混同的困境,从而违背诉讼规律和检察权内部监督制约原则。这一点也启示我们,如果检察机关内设机构改革不顾诉讼规律的要求,随意对内设机构进行合并,尽管会取得某一方面的效果,但可能违背检察职能的整体价值。

(二) 非业务内设机构应当整合还是进一步细分

检察机关业务机构的设置应当以检察权的科学划分为基本依据和导向,并为检察权的规范运行和检察职能的实现提供保障。当前,随着各项检察业务日益呈现出专业化、精细化的态势,一方面,需要在坚持法律监督这一根本职能的前提下对具体的检察职能进行进一步整合或者分解;另一方面,检察业务的专业化和精细化,虽然强调检察官的专业化、职业化和精英化,但恰恰由于检察官是专业的法律官,而不可能对于法律之外的知识样样精通,这一悖论启示我们,应当通过非检察业务内设机构的专业和精细划分,来强化非检察业务部门的专业化保障作用,而不是让专业从事法律判断的检察官将有限的精力投入其他可通过辅助机构进行保障的工作,如设置专门的司法会计、检察技术、金融证券等检察事务官、检察技官岗位或者部门。② 考虑到这一点,当前对于检察机关非业务部门的整合,就必须保持足够的慎重。

过去,在缺乏统一标准的情况下,检察机关内设机构的设置较为功利和混乱,很多时候并没有体现检察权的内部科学配置,而是出于行政管理、安抚人心的需要。产生这种状况的原因主要在于当前的检察官管理体制不够科学,检察官的身份和职业保障与检察机关的内设机构唇齿相依、难以分离,导致各级检察机关不得不以实用主义为导向,具有增设而不是合并内设机构的动机,这成为当前对内设机构进行整合的最大阻力。从实践看,检察机关的内设机构改革困难重重,有的试点单位因为担心影响干部的职级待遇、影响干警的工作积极性而不愿意整合机构,或者虽按照新的要求采取整合动作,但现有的内设机构暂时不撤,搞成"两张皮"。

然而,构建"多检种联合作战"大兵团发展模式的检察组织形式演进趋势,可能

---

① 上述论断主要来源于对该院刑事检察局办案干警的调查问卷,虽然可能并不客观,但在某种程度上说,能够说明一些问题。

② 传统的书记官等辅助角色,虽然可以为检察官提供后勤保障,但却无力为检察官提供专业和技术上的支持,检察官迫切需要精通专业技术的助手,如此才能形成打击犯罪的合力。参见万毅:《三个特征凸显检察制度发展的东亚模式》,载《检察日报》2016 年 3 月 29 日。

使我们对于检察机关内设机构的设置可以由以上的被动局面变为更加积极主动。在检察官"单兵作战"的传统办案模式已经无法有效应对现代犯罪情势之发展,① 检察业务日益呈现出专业化、精细化的情境下,通过强化对检察办案部门的专业辅助和综合保障而进一步优化非业务内设机构,无疑是科学而且合理的。这要求,一方面,按照符合现代检察制度发展趋势,促进检察职能更有效发挥的要求,对现有非业务内设机构进行更加科学的整合;另一方面,适当借鉴域外先进经验,增设符合检察办案专业化、职业化要求的非业务保障机构,从而既能够有利于满足检察办案的现实需要,又能够促进我国检察组织制度的不断完善。

(三) 内设机构改革与检察官管理制度改革是何种关系

地方人民检察院特别是基层人民检察院,其主要角色是办案机关,因而,需要特别强调其行使检察职能的科学性和高效性。然而,检察机关内设机构科学性和高效性的现实体现,很大程度上依赖于检察官的角色定位和检察官与内设机构的关系。在司法责任制改革和检察官办案责任制改革的背景下,检察官的相对独立成为检察改革的核心所在,其实现不仅依赖检察制度的深层次变革,也依赖具体的检察机构组织体系的完善抑或重构。检察机关的司法责任制改革乃是以检察官制度变革为核心的改革,对于当前的检察机关内设机构改革具有重大的指导意义。

因此,当前的检察机关内设机构改革,不仅必须更加关注其与检察官制度改革的相互关系,而且应当围绕检察官制度改革凸显其配套制度这一角色,体现服务和促进功能。从微观角度而言,当前,以检察人员分类管理和检察官员额制为主要举措的改革不能单兵突进,必须辅之以检察机关内设机构改革等措施的整体性思考。检察机关在全局性改革框架下实施的司法责任制改革,应当保证其内设机构的职能行使与检察官的相对独立能够融洽一致,并能够在本质上以检察官为基本的元素或单元来落实检察权力的配置和运行。

当前,对于某个特定的检察机关而言,检察职能的充分行使和检察工作的有效开展,离不开内设机构的组织、机制保障。因而,内设机构被看得很重,检察官的相对独立地位没有得到充分凸显。然而,随着检察改革的不断深入,渐渐认识到,检察官是检察权运行的基本载体,同时也是检察机关组织体系的基本单元,未来我国检察机关内设机构改革的基本目标,应当是有利于凸显检察官的个体价值,有利于发挥检察官的专业法律官作用,有利于提高检察职业的专业化、精细化水平。

---

① 万毅:《三个特征凸显检察制度发展的东亚模式》,载《检察日报》2016年3月29日。

司法责任制与检察官绩效考核调研

抓好办案责任制改革让放权用权落地生根

上海市杨浦区人民检察院

上海市杨浦区人民检察院结合检察官员额制改革,进一步规范和明确不同层级检察官的办案职权,加强配套制度建设,实现权责一致,提升检察官人均办案数量和效率。

一、实行差异化授权,科学配置办案职权

(一)实行差异化授权

遵循"刑事检察部门充分授权,职务犯罪侦查部门限制授权,诉讼监督部门适度授权"的差异化授权原则,审查逮捕、审查起诉等刑事检察部门办理案件司法属性较强,为体现亲历性,对检察官予以充分授权,将决定提请抗诉、决定变更、追加起诉内容等职权下放给检察官;职务犯罪部门从合理控权的角度出发,基本不突破刑事诉讼法规定进行授权;针对控告申诉部门职权特殊性,一经决定法律流程不可逆,在放权给检察官的同时仍需经检察长(副检察长)审核。

(二)着重向一线检察官放权

坚持"让办案者决定,让决定者负责"的改革要求,着重向一线检察官放权。在权力清单中放权给检察官行使的职权全部予以保留的基础上,结合相关职权属性及办案实践,新增报请上级院批准延长羁押期限等3项检察官决定权,删除起诉书审核权3项检察长、部门负责人审核权,总体上看,检察官决定的职权数量达到209项,占权力清单中职权总数的60%。

(三)明确划分检察长和检察委员会职权

参照该院《检察委员会议事和工作规则》,对检察长和检委会决定的职权进行明确划分,从权力清单中检察长、检委会决定的139项职权中划分出50项职权由检委会行使,保留存在重大分歧意见、存在重大社会影响和重大法律监督等案件的决定权,基本解决了司法实践中检察长、检委会职权划分不明的难题。

二、加强办案指导，引导检察官精准用权

（一）严格落实检察长办案规定

研究制定《检察长、副检察长直接办案实施细则》等规范性文件，明确检察长、副检察长办理案件的类型、数量、范围、实绩评价标准等，由检察长、副检察长带头办理重大疑难复杂案件，发挥业务指导示范作用。

（二）建立检察官联席会议制度

公诉、侦监、金融等部门建立检察官联席会议制度，集中讨论检察官提交的疑难复杂案件、视情邀请分管检察长、检委会专职委员、研究室主任参加会议提供指导性意见，但不改变检察官决定，进一步增强检察官独立处理疑难复杂案件能力，提升检察官办案效率和质量。

（三）建立检察官业务研修制度

根据上海市院关于检察官研修工作的要求，在岗研修与集中离岗研修相结合，2017年以来，检察官申报年度研修课题58项，完成21项。同时，探索在复旦大学设立入额检察官业务研修基地，采取专题授课、专项学习、课题研究等研修方式，促进"教、学、研"紧密结合，切实提升了检察官的业务素养。

三、加强监督制约，做到"放权不放任"

（一）明确检察长、部门负责人审核权

坚持突出检察官主体地位与检察长、部门负责人对司法办案工作的指导相统一，最大限度处理好"放权"与"放心"的关系。考虑到案件质量风险、监督线索把控等方面原因，在公诉、金融、未检部门中，对于存在特定情况的判决审查等职权，在检察官决定的基础上，交由部门负责人审核把关；在侦监、金融、未检部门中，对于报请上级院批准延长侦查羁押期限的职权，也规定由部门负责人审核。将刑事申诉案件立案等4项职权上收至检察长（副检察长）审核，突出检察官办案主体地位的同时保证了检察长对司法办案工作的统一领导。

（二）加强办案管理、评估

研究制定《检察官绩效考核及奖金分配实施细则》，对全院检察官进行统一考核评价。实行检察官办案全程留痕，制定《案件质量评查实施细则》，改革开放以来对2858件案件开展流程监控，对1542件案件开展质量评查，实现办案过程监督、结果监督，从制度机制上保证对检察官行使权力的约束，引导检察官依法用权、谨慎用权。

(三) 落实办案责任追究

明确办案责任负面清单,研究制定《检察官办案责任追究办法》,进一步明确故意、重大过失和瑕疵责任范围,细化责任承担方式、追责程序,帮助检察官划出履职的红线、筑牢行为的底线,在对标中做到心中有底、行有所戒。

司法责任制对检察官
业绩考评体系的影响及对策

余 菁[*]

业绩考评是落实司法责任制的倒逼机制、基础平台、有效形式，是不可逾越的管理环节。绩效考核作为一项实务性很强的制度，需要在构造整体制度框架基础上，不断在司法改革实践中完善细节，增强可操作性。从湖北荆州和其他各地院绩效考评实践来看，或多或少存在考核内容交叉重叠，考核指标难以量化，考核结果不够客观，导致考核流于形式，这些都将对司法责任制的落地产生不利影响，因此，既需要省院从《检察官业绩考评制度》设计的宏观层面予以明确和完善，同时各地也要结合实际，在总体框架下施行"一院一策""一人一策"。关键是要解决以下三个问题：

一、要解决"考什么"的问题

人员分类管理后，绩效档案管理必须直面问题，以人为本，有效解决对接与过渡问题。荆州市院修订考评办法的思路是，干警个人考评仍然沿用过去"基本行为规范、岗位责任目标和奖励加分项目"的三部分考评结构，但在岗位责任目标考评事项的设定上打破原有部门格局，根据每类人员岗位职责和工作特点设置不同的考评指标和考评方法。对检察官、检察辅助人员的岗位责任目标考核与省院《检察官考评办法》有效对接，侧重落实办案工作任务和司法责任；司法行政人员的考核结合检察机关实际参照公务员考评方式考核，侧重考评综合服务工作和落实中心工作情况。

二、要解决"怎么考"的问题

一是要有基础数据分析。对前三年办案数量进行统计分析，并充分考虑可预见的年度办案规模、专项业务工作、年度争先进位等因素，将这些具体办案工作量精确分解给入额检察官，结合基本办案组织的构建，建立起个人业绩计分形成机制。二是要有指标参考。建议省院对案件难度系数和部门权重系数及履行领导职能权重系数等内容提供一套可借鉴的参考模板，各地根据实际确定具体执行参数。三是要有考评管理软件。人员

---

[*] 作者单位：湖北省荆州市人民检察院。

分类后，考评指标、程序更为复杂，传统人工统计缺乏客观性和公正性，也难以保存。建议省院开发绩效档案管理软件，多方位记录各类检察人员基本信息情况、岗位变动、司法办案、教育培训、奖惩情况，确保绩效考评工作的科学化。四是要有考评常设机构。人员的分类管理和案件质量评查的经常化，要求对检察队伍的管理应从简单地下指标、抓考核，转变为全面管理和过程控制，必须对检察人员工作量实行动态统计，对司法责任制目标运行情况进行日常监控，因此，需要常态化开展绩效考核工作。建议省院成立统一检察官考评工作委员会，市、县两级院成立相应的考评工作办公室，并明确组成结构，机构组成人员不应局限于综合部门，确保考评工作有人抓，考评工作专业化、经常化。

三、要解决好"一岗双责"的问题

坚持从实际出发，体现检察工作规律，不简单下达办案指标，防止片面追求绩效而影响正常办案和正常工作。业务部门负责人，基本办案组织检察官必须优先履行一岗双责，落实全面从严治党和过硬队伍建设的各项要求，履行好各级各类综合考评的分工责任。从制度层面上，防止计入员额检察官陷入"只负责办案不负责其他"的认识误区，把政治挂帅贯穿检察工作始终。要梳理地方各项考评工作，明确每项牵头责任部门和牵头领导，由牵头责任部门将考评项目分解到相关的部门并明确具体责任人员。要梳理模拟"三定"方案中没有对应的内设机构具体承担，却又常年要抓的工作，如工青妇等群团组织的工作、专项工作任务和检察长交办的其他工作任务，并将相应工作任务责任落实到具体人，计入绩效目标任务。真正建立量化、到人、可考核、可追责的全面反映工作情况绩效考核模型。

司法责任制下检察官绩效考核相关问题调研与探索

韦震玲　黄　端[*]

广西壮族自治区柳州市人民检察院认真贯彻落实党的十九大对深化司法体制改革的新要求，以建立司改配套制度为着力点，出台试行检察官业绩考核、领导干部办案工作规定、案件质量评鉴、案件分类指引等7项司改综合配套制度，推进司法责任制下检察业务管理和考核进一步专业化规范化。

一、梳理案件类别，列明案件清单

柳州市院组织两级检察院各业务条线梳理案件类别，明确工作职责，制定了《柳州市检察机关案件分类指引（试行）》，分别规定实体性办案、程序性办案和指导性办案范围，将检察官要经讯问、询问、会见律师、调卷阅卷、收集证据、认定事实、适用实体法律后对案件提出处理意见，或者直接作出处理决定，办案周期体现阶段性、过程性的案件归类为实体性办案；将对案件内容进行程序性审查，办案周期阶段性不明显，原则上履行文书审批签发法律手续职务行为办理的案件归类为程序性办案；将具有对下业务指导职能，通过对个案进行程序和实体指导把关、提出具体意见办理的案件归类为指导性办案。同时列明案件清单10大类138项，对检察环节各类型案件分类作出指引。

二、把握关键环节，以考核促业绩

针对检察业绩考核这一关键环节，进行专门系统的研究，在案件基数测算、系统分析预测、走访调研、反复征求意见的基础上制定出台符合柳州检察工作实际的办案工作规定、业绩考评实施细则和绩效考核及奖金分配实施细则等配套的规章制度。根据办案类型、数量、质量、难易程度及岗位职责要求，对以办案业务为主的检察官和辅助人员采用案件量化评价的方式进行考评，对以综合检察业务为主的检察官和辅助人员采用任务量化评价的方式进行考评，还对内部评价、外部评价等环节规定了具体的评分标准和相应表格，对检察官和检察辅助人员分别设置不同的考评指标和考核流程。同时，制定

---

[*] 作者单位：广西壮族自治区柳州市人民检察院。

《柳州市人民检察院岗位职责说明书填报指引（试行）》，编写各类检察岗位职责说明书和考评量化指标，辅助好检察业绩考核工作的开展。通过一系列具体措施建立落实科学合理的员额制检察官、检察辅助人员及其他工作人员的业绩考核机制。

三、统一案件数据统计标准，合理设置业务指标

针对案件数据统计标准不统一，设置业务指标难度大等问题，以领导干部带头办案为契机，制定《柳州市人民检察院院领导和部门负责人直接办理案件的工作规定（试行）》，详细规定了两级检察院检察长、副检察长、担任院党组成员职务的业务部门负责人、检察委员会专职委员、各业务部门负责人及普通员额检察官办理案件的范围和数量，例如，市级院检察长直接办理案件数量不得少于业务部门检察官当年人均办案数量的5%；副检察长直接办理案件数量不得少于所分管业务部门检察官当年人均办案数量的20%；检察委员会专职委员直接办理案件数量不得少于所定业务职位检察官当年人均办案数量的30%；业务部门负责人直接办理案件数量不得少于本部门检察官当年人均办案数量的50%等。还对院领导和部门负责人直接办理案件数量计算方式、分案规则等做出具体规定，明确在业务部门人均办案数量计算过程中，院领导、业务部门负责人纳入计算；在分案规则中规定院领导和部门负责人原则上纳入承办检察官名单，由案件管理部门轮序分案。通过统一案件数据统计标准，合理设置业务指标，促进检察业务管理环节规范运转。

四、完善监督机制，运行管理规范化

研究完善适应检察办案需求的配套监督机制，制定出台《柳州市检察机关领导干部办理案件情况通报工作规定（试行）》，定期通报领导干部办理案件的数量、质量、效率、效果等情况，切实发挥领导干部在检察办案中的示范引领作用。制定出台《柳州市检察机关案件质量评鉴工作实施细则（试行）》，明确评查的种类以及各类评查种类的范围和方式，明确规定评鉴结果等级标准，将案件分为优秀、合格、司法瑕疵、错案四个等次，明确应用评查结果方式方法。成立案件质量评鉴委员会，保证办案质量评查工作的专业性、权威性和公开性，将案件评鉴结果计入办案人司法档案，作为评价检察官、检察辅助人员办案质量的重要依据。通过制度保障，构建科学规范的内部监督制约机制，强化检察官的责任监督，维护司法公正。

探索开展对行政违法行为监督调研

司法改革背景下行政执法检察监督制度的建议

周厚才　刘　雯[*]

一、要完善行政执法检察监督的法律规定

虽然宪法规定了检察机关是专门的法律监督机关,但是目前没有其他的法律对检察机关对行政违法的监督作出明确具体的规定。建议修改和完善现行人民检察院组织法,确立检察机关对行政执法的监督地位。要规定检察机关监督行政执法活动的职权并细化有关的制度和措施,出台指导行政执法检察监督工作的法规、司法解释,还应当规定行使权力的程序和权利救济,使检察机关在对行政违法案件的监督能够像对刑事案件的诉讼监督一样,充分发挥监督作用。

二、要明确行政执法检察监督的范围和方式

目前,法律没有规定检察机关以何种方式对行政执法进行监督,也未规定监督的范围。由于具体行政执法行为所涉及的范围极为广泛,行政行为项目种类繁多,数量也极为庞大,检察机关不可能对每项具体行政执法行为都进行监督,更不可能进行全程监督或随时随地的实时监督。建议对行政执法检察监督的介入方式及范围,以法律的形式予以明确规定。在确立行政执法检察监督的方式时应当符合监督的目的和特点,把检察建议、加强抗诉等监督方式有机地结合起来,衔接配合形成有效的监督体系。

(一) 提出检察建议

检察建议是检察机关在行使检察权办理案件的过程中,发现有关单位、部门在制度、管理和法律的实施等方面存在漏洞和问题,以书面的形式建议有关单位健全、完善制度、堵塞漏洞,加强管理和监督,消除隐患的一种法律监督形式。最高人民检察院2009年11月17日颁布的《人民检察院检察建议工作规定(试行)》中比较清晰地规定了检察建议的性质、对象、内容、作用和程序。

1. 行政执法监督检察建议的范围。行政执法监督检察建议应当是对违法、不当的

---

[*] 作者单位:重庆市大足区人民检察院。

具体行政行为和行政管理漏洞，有针对性地建议被建议单位完善相关制度，堵塞漏洞，消除隐患，改进管理，正确执法。对抽象行政行为和依法行政观念淡薄、能力不高、法治教育不够等抽象问题，由于该类建议针对性、引导性不强、不适合采用检察建议的方式。

2. 提高检察建议的效果。检察建议是一种非强制的监督方式，被建议对象不接受建议也不会招致强制的后果。为了提高检察建议的被采纳率，检察机关要对自己提出的检察建议进行跟踪回访，以促使被建议单位提高对检察建议的重视和落实。检察机关可以和被建议单位的上级主管机关加强联系，互相沟通，研究、落实、反馈改进措施。被建议单位对检察建议没有正当理由对检察建议不予研究、落实的，检察机关也可以向其上级领导机关反映问题。

（二）行政执法备案

检察机关可以要求行政执法机关在每年固定期限内把作出行政行为的证据材料、法律依据、程序性法律文书交付检察机关备案。检察机关通过查阅书面材料，审查是否存在违法的情况，对行政执法进行监督。同时，检察机关应与当地政府一起，搭建行政执法信息共享平台，确保所有的行政执法信息都及时发布。例如，对于可能影响社会稳定或者引发群体性事件、依法应当听证的行政审批行为、责令停产停业、吊销许可证或营业执照的行政处罚行为、罚款或者没收 1 万元以上财物的、拆迁决定等，都应该报县级以上人民政府法制部门和人民检察院备案，对不涉及隐私的应在执法信息平台上发布。利用这一平台，可以建立更为科学高效的行政执法与刑事司法衔接机制。

（三）支持起诉

支持起诉是民事诉讼法的基本原则之一，对保护当事人诉权、补强诉讼力量具有重要意义，检察机关可以支持公民、组织起诉，有效缓解弱势群体怕起诉、起诉难的问题。相对于民事起诉而言，行政相对人起诉更难，实践中行政诉讼高撤诉率就是例证。检察机关对于受到违法行政行为侵害的行政相对人是否可以支持起诉，目前法律没有规定，但从当前检察权监督行政权的相关理论研究成果来看，支持起诉应作为一种检察监督措施。为此，《中共中央关于全面推进依法治国若干重大问题的决定》（以下简称《决定》）要求"完善对涉及公民人身、财产权益的行政强制措施实行司法监督制度。"这里的"司法监督"宜理解为专指检察机关行使检察权的情形。《决定》虽然仅对行政强制措施实施中的法律监督予以明确，但行政处罚、行政执行等行政权实施领域中发生的侵害公民人身、财产权益的情形比较多。检察机关在履行职责过程中发现行政相对人权利受到严重侵犯不敢起诉、不能起诉时，应当结合行政相对人的实际情况开展支持起诉，这也是检察机关保障公民、组织合法权益，和监督行政机关的有效方式。

（四）提起行政公益诉讼

公益诉讼是指为保护国家利益、社会公共利益而进行的诉讼。2015 年 7 月 2 日，最高人民检察院发布《检察机关提起公益诉讼改革试点方案》，明确规定检察机关在履行职责过程中发现行政机关在相关领域违法行使职权或者不作为、乱作为，造成国家和社会公共利益受到侵害，可以向法院提起行政公益诉讼。行政公益诉讼的途径作为行政违法行为监督的重要手段之一，可以有效制止行政机关的违法行为，通过司法途径对行政机关予以惩戒，充分发挥司法权对行政权的制衡作用。

三、要确保监督的效果

监督的效果要通过监督的强制性才能发挥其应有的作用，因此，要切实增强监督的效力，必须建立相应的责任追究机制，除了对已达到刑事犯罪标准的追究刑事责任以外，对达不到追究刑事犯罪的责任人，应该赋予检察机关有督促予以免职、行政处分、更换执法人的权力，相关执法部门必须严肃对待检察机关的建议、意见并及时回复。这样才能保证检察监督的效力，促进行政机关依法行政。

开展行政违法行为监督的调查与思考

卢榕春　唐春元[*]

笔者围绕县级基层检察机关如何开展对行政执法行为进行监督调研。调研发现，工商、税务、质监、药监、卫生、城建、土管等行政单位在依法行政意识不断增强，行政执法行为得到规范的同时，也存在一些问题，表现为"两多、两少"：受案多、立案少，处罚多、移送少，以罚代刑、压案不送、越权办案的问题在某些执法单位还比较严重。检察机关对行政执法行为进行监督，及时发现和督促纠正行政违法行为，是检察机关依法履行行政诉讼监督职能的职责要求，其履行对行政违法行为的监督，可以从以下几个方面开展：

一是在履职中主动发现违法。检察机关对行政违法行为开展监督，主要是在履行法律监督职责中发现违法，并有针对性地予以督促纠正。

二是聚焦涉及国家利益与公共利益的重点行业和领域的行政执法行为开展监督。检察机关的监督重点应当是医疗卫生、食品药品安全、国有资产监管、土地利用规划、环境污染和消费者合法权益保护等涉及国计民生利益的行业和领域的行政执法，以"重拳""猛药"的高压态势，整肃执法秩序，净化执法环境，打造法治氛围。

三是进一步建立健全刑事司法与行政执法"两法"衔接机制。要重点建立健全检察司法与行政执法"两法"衔接的信息平台，依托现代信息技术，共享行政执法案件信息，提高执法过程与执法结果的透明度，增强检察监督活动的有效性和针对性。

四是建立健全检、纪协作联动机制。进一步建立完善纪检部门与检察机关信息互通、监督互动制度，运用政务信息网、纪检监察网互通信息资源。

---

[*] 作者单位：湖北省松滋市人民检察。

三、实务调研

侦查监督调研

检察机关监督公安机关侦查
违法行为的现状、问题及对策建议

陈 思*

在以审判为中心的刑事诉讼制度改革的背景下,如何有效地监督公安机关的侦查违法行为、完善侦查监督制度,不仅事关警检关系、侦诉关系,也事关权力与权利的关系。本文拟以重庆市渝北区人民检察院2014年至2016年监督公安机关侦查违法行为的具体情况为样本,分析当前检察机关监督公安机关侦查违法行为的现状及问题,然后在立足司法实践的基础上提出对策建议,以期对实践的运行提供裨益。

一、监督现状

(一) 基本情况

2014年至2016年,重庆市渝北区检察院共受理审查逮捕、审查起诉案件9391件,据不完全统计,共监督公安机关侦查活动中的违法行为555件,占受案总数的5.9%。

1. 从监督的形式来看。依据违法行为的性质和情节,分别提出口头纠正与书面纠正。其中对于严重侵害当事人、辩护人和诉讼代理人的人身、财产和诉讼权利,或者严重破坏诉讼程序,妨害刑事诉讼依法、顺利进行的,通过向公安机关制发纠正违法通知书,书面要求其予以纠正。对于情节轻微的违法行为,以口头的方式向侦查人员提出,要求其纠正。2014年至2016年共提出书面纠正意见150件,提出口头纠正意见405件。其中,在审查逮捕环节提出书面纠正意见95件,提出口头纠正意见226件;在审查起诉环节提出书面纠正意见55件,提出口头纠正意见179件。

2. 从监督的内容来看。公安机关的违法情形主要有三类:一是侦查程序违法,包括讯(询)问未成年人未通知法定代理人或合适成年人到场、刑拘后未在24小时内进行讯问、见证人不符合规定或者没有见证人、辨认程序不合法、违法延长刑拘期限至30日等。二是违法采取扣押、冻结等强制性侦查措施,包括扣押与案件无关的钱物、

---

* 作者单位:重庆市渝北区人民检察院。

扣押的物品未及时发还被害人、扣押涉案财物未出具扣押清单等。三是在侦查中违法取证，包括伪造笔录、对犯罪嫌疑人刑讯逼供等。

3. 从调查核实的方式来看。主要有讯问犯罪嫌疑人、询问办案人员、询问在场人员及证人、听取辩护律师意见、要求公安机关对证据收集的合法性进行说明、查询犯罪嫌疑人出入看守所的身体检查记录及相关材料等。其中，通过讯问犯罪嫌疑人进行核实的方式使用最多。

4. 从监督的效果来看。部分案件公安机关以口头或者书面形式回复已整改，但在整改的具体内容上，回复得比较笼统，大部分仅回复"已整改"，未写明整改的具体措施。部分案件公安机关直接在案卷材料中进行补正整改。另有部分案件公安机关既未回复，也未在案卷材料中补正。但未整改除公安机关自身的原因以外，还包括无法进行补正，如违法延长拘留期限的，因违法的事实已经形成，无法补救，故未整改。

（二）监督特点

1. 监督途径主要通过审查侦查卷宗发现。具体方式上体现为在审查逮捕、审查起诉工作中，通过审查侦查卷宗，发现违法线索，从而进行监督。这种方式是实践中使用最多、目前效果最好的方式。

2. 监督环节更多集中在审查逮捕阶段。从实践中的监督情形来看，审查逮捕阶段对侦查违法行为的监督要多于审查起诉阶段。原因主要是在审查逮捕阶段，检察机关对侦查活动进行监督系与审查逮捕、立案监督并重的职责，故对于提捕案件，监督行为主要在审查逮捕阶段完成。而审查起诉阶段监督的多为公安机关直诉的案件，以及审查逮捕阶段未能发现违法情形的案件。相比来说，直诉案件的数量要少于提捕案件数量，而审查逮捕阶段未能发现违法情形，审查起诉阶段发现的案件数量又非常少。

3. 监督方式以口头纠正为主，书面纠正为辅，无通过制发检察建议进行纠正的情形。2014年至2016年，提出口头纠正意见405件，提出书面纠正意见150件，口头纠正的数量是书面纠正数量的2倍多。使用口头方式纠正更多的原因，一是情节轻微的违法行为要远多于情节较重的违法行为；二是口头方式使用灵活、操作便捷，办案人员在向侦查人员口头核实后即可提出。

4. 监督情形主要是侦查程序违法。监督的555件案件中，侦查程序违法的情形最多，违法采取扣押、冻结等强制性侦查措施的数量其次，违法取证的数量最少。其中，侦查程序违法中情节较重，以书面形式进行纠正的最多的情形分别是：讯（询）问未成年人未通知法定代理人或合适成年人到场、刑拘后未在24小时内进行讯问、违法延长刑拘期限。程序违法中情节较轻，以口头形式进行纠正最多的情形是：询问证人未告知证人的权利义务、鉴定结果未告知被害人。

二、现实困境

（一）未明确规定监督的范围和方式

1. 未明确规定监督的范围。刑事诉讼法等相关法律法规虽然规定了检察机关有权监督公安机关的侦查违法行为，但对监督的范围规定不够明确，可操作性不够强，导致实践中应对哪些侦查行为进行监督存在困惑。部分检察人员对侦查监督的范围把握得过于宽泛，对于一些属于公安机关内部管理不完善、证据审查等方面的问题也作为监督事项要求公安机关纠正。如《呈请拘留报告》等公安机关内部呈请审批的手续不规范、领导签字欠缺问题，是侦查机关内部管理不完善的问题；① 又如在审查侦查卷宗时，发现对涉案物品进行价格鉴定的意见书缺少鉴定人签字，属于证据审查的问题，却以程序违法为名，要求公安机关纠正。因监督范围规定不明确，致使监督范围把握过于宽泛，造成对侦查活动过分干涉，影响监督效果。

2. 未明确规定监督的方式。虽然《人民检察院刑事诉讼规则（试行）》第 566 条规定了对于情节较轻的违法行为，可以口头纠正，对于情节较重的违法情形，应当书面纠正。但如何区分这两类行为，存在诸多不明确和争议的地方。最高人民检察院侦查监督厅发布的《关于进一步规范书面纠正违法适用工作的通知》规定，判断公安机关在侦查活动中的违法行为是否达到性质恶劣、情节严重的程度，主要是看违法行为是否严重侵害当事人及其辩护人、诉讼代理人的人身权利、财产权利或者诉讼权利，是否严重破坏诉讼程序、妨害刑事诉讼依法公正进行。但"严重"等字样本身具有不确定性和模糊性，以此指导实践工作存在不明确性，致使办案人员对纠正方式的选择比较随意，不同办案人员基于责任心和主观认识的不同，对同一违法行为适用的纠正方式不同，导致检察机关对侦查违法行为进行监督的程度和宽严把握不一，监督方式显得不够规范。

（二）缺乏有约束力的制裁措施

虽然相关法律法规规定了检察机关有权对公安机关的侦查违法行为进行监督，但没有规定公安机关拒不纠正需要承担的法律后果，以及检察机关可以采取的强制性制裁措施，致使监督行为缺乏强制性和执行力。按照责任理论，公安机关违反既定程序规则，实施违法侦查行为，应承受相应的不利后果。在英美法系国家，主要是以施加司法责任形式，通过非法证据排除，确认侦查行为无效，以此来约束和制裁侦查机关；在大陆法系国家，主要通过施加行政责任形式，诸如纪律惩戒等进行制裁。在我国，检察机关对公安机关侦查违法行为的监督，具体体现为要求公安机关进行纠正。所谓纠正，主要表现为完善手续、重新取证、终止行为等②，即本质上这种监督方式并未体现相应的责任和惩罚担当。除刑讯逼供等严重违法行为产生的非法证据可以依法进行排除以外，实施其他违法行为并无相应的不利后果。最高人民检察院《关于侦查监督部门调查核实侦查违法行为的意见（试行）》增加了建议更换办案人的权力，但该种"建议"权也不具有责任和制裁性质。由于缺乏配套的责任和制裁机制，检察机关对公安机关的侦查监督权很难得到公安机关的尊重与服从，对于公安机关来说，该权力更大程度上只是柔性较大的指导性权力。

---

① 冯英菊：《侦查监督实践中存在三个突出问题》，载《检察日报》2010 年 1 月 24 日。
② 马静华：《再论侦查监督制度：基于运行效果的反思与对策》，载《四川警察学院学报》2008 年第 4 期。

(三)监督渠道单一且弊端明显

目前检察机关发现公安机关违法侦查行为的渠道主要有：一是在审查逮捕、审查起诉中通过审查侦查卷宗发现；二是通过讯问犯罪嫌疑人，办理相关当事人提起的控告、申诉案件发现；三是通过检察引导侦查、重特大案件提前介入侦查、专项检查等方式发现。① 尽管检察机关一直在进行着各种加强侦查活动监督的探索，但实践中，第一种方式仍然是使用最多的方式。原因在于审查逮捕和审查起诉工作具有经常性，以此发现违法侦查行为的几率较大。而后两种方式无论是从工作总量、还是从发现几率来看，均远不及第一种有效。以检察引导侦查为例，首先，从适用范围上来讲，要求是重大、复杂以及有影响的案件，而这些案件的数量总数本身不大；其次，这一工作的主要目的是引导公安机关有效侦查，有效收集和固定证据，而监督侦查违法行为往往是放在次要的位置。因此，通过检察引导侦查等方式监督侦查违法行为适用量不大，尚属辅助手段。

通过审查侦查卷宗发现违法侦查行为，以此进行监督虽然在实践中适用最多，但存在明显的弊端。第一，审查侦查卷宗系进行书面审查，而书面审查具有片面性，因为案卷材料无法全面、准确地反映公安机关的所有侦查活动，特别是刑讯逼供等严重违法侦查行为无法有效地从案卷中反映。同时寄望于公安机关自己将自己的违法行为装订入案卷不大现实，而且证明违法侦查行为的证据可能被大量流失，检察机关能够获得的有效侦查违法信息非常有限。第二，审查侦查卷宗系进行事后审查，具有滞后性。如对刑讯逼供等严重违法行为，检察机关启动监督程序时，违法侦查行为已经发生，犯罪嫌疑人的人身权益已经受到侵犯，并且经过了较长时间。即使要求公安机关纠正，损害后果也已经形成，无法补救。

(四)监督纠正效果未能充分体现

监督侦查违法行为的案件中，就案办案的现象仍然存在，致使监督行为不能充分发挥纠正效果。一是对类案进行监督纠正的效果不够。实践中检察机关连续几年对公安机关存在的同一违法问题，制发过多份纠正违法通知书进行监督，但公安机关仍反复发生相同的违法情况，呈现出"屡纠屡犯"的特点。这反映出检察机关的侦查活动监督工作没有真正对公安机关依法规范开展侦查活动发挥实效，对类案监督的效果和力度不够。二是监督重点不突出。目前大量的监督工作仍集中在未告知权利义务、规范扣押款物等方面，监督的内容比较简单。对严重侦查违法行为、刑事强制措施的适用等监督力度不够。办案人员在办案中常常忽略对非法取证等线索的收集和研判，发现监督线索后调查核实的工作力度也不够，影响了监督效果。

---

① 参见苏晓龙：《监督纠正侦查违法行为工作机制初探》，载《司法改革论评》(第16辑)。

三、具体出路

（一）细化工作规范，增强监督可操作性

要明确监督范围和监督方式，规定方式上可采用抽象概述加列举的形式进行。明确监督的范围系公安机关的侦查违法行为，具体包括轻微违法行为和严重违法行为，相对应地，可采用口头和书面两种纠正方式。判断违法行为系轻微还是严重，主要以危害后果为标准。轻微的违法行为指未侵犯诉讼当事人的人身权利，且不会导致侦查行为无效的情况。严重的违法行为指情节比较严重，但尚未达到犯罪程度[①]。具体来说，书面纠正违法适用于侦查活动违法情节和造成的后果较重的情形，如侵害当事人及其辩护人、诉讼代理人的人身权利、财产权利的违法行为，严重破坏诉讼程序，妨害刑事诉讼顺利进行等。

适用口头纠违的情形主要是侦查活动违法情节和造成的后果较轻，证据收集程序、方式存在瑕疵，经过补正和合理解释可以采用的，应使用口头方式纠正。如参与侦查人员在讯问或者询问笔录上遗漏签名的、扣押清单或鉴定结论上的签名不齐全等。为加强口头纠正违法的管理和分析，防止办案人员随意适用口头纠违，建议建立口头纠违台账制度，记录口头纠正违法的时间、内容、公安机关的答复情况等。通过定期分析，促进办案人员规范监督，同时对于公安机关不及时回复、同一违法行为反复发生等问题，向公安机关制发检察建议，督促公安机关及时纠正。

（二）完善监督发现机制，扩宽监督渠道

将侦查监督机制从事后性、书面性程序改造为全程性、立体性程序。[②] 具体的制度设计可包括：一是与公安机关建立信息资源共享机制，将公安机关的侦查活动情况通过互联网终端接到检察机关，确保检察机关对各类侦查活动的充分知情权，努力为检察机关开展刑事诉讼监督创造良好的基础条件。二是强化同步监督，加强与侦查机关经常化、制度化的联系。应强化提前介入侦查、参加公安机关对重大案件的讨论等活动，以获得更多发现问题的机会。同时可以通过定期调阅相关案卷，了解案情，审查有无违法处理情况，健全发现和纠正违法侦查行为的有效工作机制。三是充分发挥派驻检察室的作用，安排专门的检察官负责侦查监督工作，通过到侦查一线开展侦查指引、法律咨询、提前介入等工作，使检察机关近距离地了解到侦查一线的情况，变事后监督为事前监督。

（三）赋予制裁权力，加强监督约束力

建议兼采国外的做法，通过赋予检察机关程序性制裁权和实体性制裁权的方式，增

[①] 冯英菊：《侦查监督实践中存在三个突出问题》，载《检察日报》2010年1月24日。
[②] 马静华：《再论侦查监督制度：基于运行效果的反思与对策》，载《四川警察学院学报》2008年第4期。

强监督的约束力。在程序性制裁权方面,我国《刑事诉讼法》第54条已有非法证据排除的相关规定,建议在此思路的基础上进行一定改进。具体来说,可根据侦查违法行为的程度、后果等因素,作严重和一般的区分。对于严重违法行为,充分运用非法证据排除措施,以宣告无效的方式使侦查违法行为不能产生预期的法律后果,促使公安机关依法实施侦查行为。对于一般违法行为,赋予检察机关责令重新实施侦查行为、责令恢复原状等制裁措施予以补救,使违法行为的整改从纸面落到实处。在实体性制裁权方面,对于一般违法人员,检察机关有权建议更换承办人,并要求其所在单位给予纪律处分;对于侦查违法行为涉嫌犯罪的,检察机关应将犯罪线索和案件材料移送职侦部门追究其刑事责任。

(四)突出监督重点,强化监督效果

对侦查违法行为进行监督,不能一纠了之,应注重监督效果,确保监督措施落到实处。一方面,要突出监督重点,加强对严重违法行为、强制措施的适用等内容的监督。要重视非法取证、不当适用强制措施等线索的发现,依托听取犯罪嫌疑人的辩解和律师意见、当事人及其家属的控告等多种途径发现线索。通过查验讯问录像,询问证人等多种方式,加强对违法取证等行为的调查核实。对于调查核实确系非法证据的,要坚决予以排除;对于确系错误适用强制措施的,应督促公安机关变更强制措施。另一方面,要强化监督效果。对于屡纠屡犯的情形,应注意分析总结,及时向公安机关制发检察建议促进监督效果。对于违法情形特别严重或者拒不纠正的,可以向人大、政法委等单位或者部门反映情况,争取支持,以形成监督合力,提升监督效果。

对公安派出所刑事侦查活动监督的调研与思考

任锦铭　张建华*

对公安派出所侦查活动监督是检察机关侦查监督工作的重要组成部分。近年来，随着公安机关警务运行模式的改革，刑事侦查工作重心逐渐向基层转移，公安派出所在刑事侦查中的地位越发凸显，查办刑事案件日渐增多，很多地方超过当地公安机关办理刑事案件总量的80%。由于公安派出所刑侦工作经验不足、专业化水平不高、监督机制不完善以及案多人少等原因，不同程度地存在侦查办案程序不够规范、执法不文明等问题，一定程度上影响了办案质量和效果。为此，最高人民检察院把对公安派出所侦查活动监督列入《关于深化检察改革的意见（2013－2017年工作规划）》（2015年修订版），并在山西等10个省（自治区、直辖市）进行了试点。笔者结合福建省长汀县人民检察院的监督实践就如何强化和完善对公安派出所侦查活动监督进行探讨。

一、强化对公安派出所刑事侦查活动监督的现实要求

（一）公安派出所刑事侦查活动的现状

长汀县地处闽、赣两省的边陲要冲，面积3099平方公里，人口52万，为全省第五大县。目前，长汀县公安局下辖18个乡镇派出所及5个森林派出所，除城关派出所和城乡结合部的大同及个别较大乡镇派出所民警超过10人外，其余派出所民警只有4、5名，个别小乡镇仅有3名。2015年1月至2017年7月，长汀县公安局向县检察院移送审查逮捕案件523件741人，其中派出所移送183件215人，占全县刑事案件数的35%；移送审查起诉案件1164件1546人，其中派出所移送592件731人，占全县刑事案件数的50%左右，这些案件主要呈以下特点：一是案件类型比较集中。主要是危险驾驶、故意伤害、寻衅滋事、盗窃、非法持有枪支、容留他人吸毒等常见多发性轻微刑事案件，恶性暴力案件较少，此类案件约占派出所办案数的70%。二是羁押强制措施适用比例小。从适用强制措施类型来看，适用逮捕措施的共140人，占全部涉案人数的19%。三是轻缓刑比例高。从已判决结果来看，判处轻缓刑（含拘役缓刑）约占总数的70%。

---

* 作者单位：福建省长汀县人民检察院。

（二）公安派出所刑事侦查活动存在的主要问题

由于公安侦查权相对封闭，缺乏有效的外部监督制约机制，加上基层派出所办案民警普遍较为年轻，缺乏侦查经验以及案多人少等原因，各派出所在刑事案件侦查过程中不同程度地存在下列问题，迫切需要检察机关加强监督。

1. 对立案标准把握不准。存在该立案的不立案、不应立案而立案的情况。2015年1月至2017年7月，长汀县检察院共办理公安派出所立案监督案件54件，其中监督撤案30件33人，监督立案17件19人。"应立案而不立案"主要表现在办理一些有上下游犯罪或共同犯罪案件时，存在就案办案，疏忽上、下游犯罪或者同案人，使部分犯罪嫌疑人成为漏网之鱼。"不应当立案而立案"主要表现在侦查人员办案能力欠缺，不能准确把握立法本意、不能准确把握追诉标准、不能正确适用法律。如犯罪嫌疑人钟某、丘某酒后无故殴打代某等3人，代某等人进行防卫，但派出所将被害人代某等人也以寻衅滋事罪立案侦查并刑拘，后经检察机关监督撤案。

2. 证据意识淡薄，未及时收集证据导致证据灭失。个别民警证据意识不强，办案经验不足，未能按照证据收集指引及时收集证据，致使一些关键证据未及时收集导致灭失。如该院办理的一起贩卖毒品案件，犯罪嫌疑人上官某途经长汀县省际检查站时因携带497粒甲基苯丙胺片剂（俗称"麻古"）被抓获，供称其是在某宾馆与"控子"等人吸食500余粒"麻古"后返回长汀，吸食及携带的"麻古"共1000粒均系从犯罪嫌疑人李某处赊购，据此侦查机关于次日将犯罪嫌疑人李某抓获，但其拒不承认向上官某出售"麻古"的事实。某派出所在侦查此案过程中，由于未对犯罪嫌疑人上官某从李某处取得"麻古"后从长汀至江西的整个行动轨迹及时取证固定并获取相关证人证言，因时间推移相关证据已灭失无法获取，现有证据无法形成完整的证据链，最后检察机关对李某利作存疑不起诉处理，上官某以运输毒品罪提起公诉。

3. 取证程序不规范或违法取证，导致证据瑕疵或被依法排除。个别民警现场勘验、检查笔录制作粗糙，有的无见证人签名，有的甚至无当事人签名。如某派出所办理刘某运输毒品案，未严格按最高人民法院、最高人民检察院、公安部《办理毒品犯罪案件毒品提取、扣押、称量、取样和送检程序若干问题的规定》侦查取证，在扣押、称重犯罪嫌疑人刘某所携毒品时未邀请见证人，也未将衡器归零，相关证据显然存在瑕疵。又如，某派出所办理罗某贵盗窃、诈骗案，犯罪嫌疑人14时20分在某食杂店指认盗窃现场，但在14时39分又在县城人口最为密集商业街指认销赃现场，两地相距40公里，还有一段步行路程，19分钟根本无法到达第二指认地点；而指认现场笔录及照片又是侦查人员制作于讯问犯罪嫌疑人之前，违反取证程序规定，再加上犯罪嫌疑人称之前作的有罪供述是受办案人员威胁后作出，故该证据被作为非法证据予以排除。

4. 重实体轻程序理念依然存在。在办理未成年人等特殊群体案件时，不注重《刑事诉讼法》有关特殊程序的规定办理。如某派出所办理张某介绍卖淫案，卖淫女刘某、陈某均为未满18周岁未成年女性，《刑事诉讼法》第270条第3款规定了讯问女性未成年犯罪嫌疑人，应当有女工作人员在场，有法定代理人或合适成年人到场，但该民警仅通知一名男性合适成年人到场，没有女民警在场，违反了法律程序。

5. 存在滥用强制措施的情形。个别派出所在办理交通肇事、故意伤害、民间"标会"及其他经济犯罪等案件时,因担心被害人纠缠、影响社会稳定等原因,不敢采取取保候审措施,将一些不够刑事拘留条件的犯罪嫌疑人予以刑事拘留,"以拘促调,以拘促侦,以拘代侦"。同时,因派出所民警人员变化较频繁,也导致一些案件久立不侦、久侦不结等问题。

二、对公安派出所刑事侦查活动监督的实践探索及存在问题

(一) 对公安派出所刑事侦查活动监督的实践探索

2015年,长汀县检察院与县公安局共同签署了对派出所侦查活动监督的实施意见,提出了具体工作方案,重点选择大同、古城2个派出所开展刑事侦查活动监督试点工作。两年多来,长汀县检察院逐步摸索出了以保证案件质量为核心的侦查监督模式,促进了公安派出所依法规范开展侦查活动,办案质量有了明显提升。2015年至2017年上半年,检察联络员入所60余次,共对110余起案件进行了检查,派出所移送审查逮捕案件不捕率分别是41.5%、28.2%、22.5%,呈逐年下降趋势;针对派出所刑事侦查活动违法情况提出口头纠正意见10次,发出《纠正违法通知书》12份,《检察建议书》8份,参与重大案件讨论、引导取证17件38人,提出引导侦查建议15条。主要做法是:

1. 建立信息通报制度。与派出所共同建立刑事案件双向通报制度,由派出所定期向检察机关通报刑事案件发案、立案、破案、撤案、采取强制措施等情况,侦监部门定期向派出所通报有关刑事案件审查逮捕、立案监督、侦查活动监督等情况,实现刑事案件的信息共享。

2. 推动巡查监督常态化。通过定期或不定期派员到派出所查阅受案登记表、案件卷宗等方式了解、监督派出所案件受理和办理情况,审查其立案、侦查活动是否合法,有无存在以拘代侦、以罚代刑、徇私舞弊、违法取证等情况,形成监督常态。

3. 明确监督重点。重点监督发现派出所执法存在的违法取证、滥用强制措施、动用刑事手段违法立案、插手经济纠纷等突出问题。如在开展对派出所开展刑拘后未报捕未起诉案件专项检查工作中,监督派出所撤案5件,针对检查中发现的问题,向长汀县公安局发出检察建议,督促各派出所整改和规范。

4. 正确处理监督与引导的关系。坚持不以"挑刺"或以监督案件数量多少来衡量监督效果,而是坚持"三个有利于",即以是否有利于派出所办理刑事案件质量提升、是否有利于民警办案能力提升、是否有利于派出所执法水平提升为目的。完善提前介入机制,坚持以向派出所提供侦查思路建议,引导收集并固定关键证据,及时纠正侦查违法行为为目的,而不以监督代替侦查,避免检察机关成为派出所侦查破案的依赖。

5. 完善与公安派出所联席会议制度。利用联席会议、座谈会等形式,对派出所在办案中存在难点、法律适用、类案问题进行深入分析探讨,总结办案经验,密切检警关系。如针对基层派出所常见的交通肇事、危险驾驶、毒品等案件的办理与派出所召开联

席会议10余次，就此类案件的侦查取证、证据标准等达成共识，进一步形成执法合力。

（二）对公安派出所侦查活动监督存在的问题

1. 监督缺乏刚性影响监督效果。现有法律对侦查监督的相关规定，有的只是原则性的规定，有的仅规定了基本监督方式，但未规定公安机关不接受监督的法律后果，以及检察可以采取的进一步监督措施。如《刑事诉讼法》第98条规定了检察机关发现公安机关侦查活动中违法情况时应当通知公安机关予以纠正，公安机关应当将纠正情况通知人民检察院。但是未进一步明确公安机关拒不纠正违法，或者拒不执行检察机关所作决定的法律后果，《人民检察院刑事诉讼规则（试行）》（以下简称《规则》）第566条虽然对此作了一些具体规定，但《规则》的效力不及于公安机关。除了侦查违法情节严重的构成犯罪的情形可以移送相关部门依法追究刑事责任外，对于其他不构成犯罪的侦查违法行为，检察机关只能提出纠正意见。由于公安机关将检察机关的纠违工作纳入对派出所的办案质量考核，所以派出所对检察院发出的《纠正违法通知书》有时会产生抵触情绪，检察建议或纠正违法通知往往沦为一纸空文。即便对《纠正违法通知书》能够回复，类似的侦查违法情形仍时有发生。

2. 存在对监督的认识误区。在检察机关方面，"重配合轻监督"的思想仍然存在，对监督工作或多或少存有顾虑和畏难情绪，有时碍于情面不敢监督、不愿监督，担心监督影响检警关系。如个别检察人员对公安派出所侦查活动中的一些违法现象视而不见，巡查监督流于形式。在公安派出所方面，有的对检察机关的监督存在抵触情绪，有的则把检察机关的监督理解为配合侦查，遇有问题即要求侦监部门提供明确意见，而自身不去思考如何排除证据矛盾，对案件定性也不做研究分析，过分依赖检察机关的意见，无形中将办案责任风险转嫁给检察机关。

3. 信息共享机制不完善。目前，已建立刑事案件信息通报机制，只是案件数据的文字通报，未涉及案件具体内容，信息共享平台并未建立，检察机关需派员到派出所或法制大队查询公安机关执法办案系统，但公安机关往往以保密或者需要批准授权为由，拒绝给检察人员查询，因此，检察机关无法及时掌握派出所办案的详细情况，无法获取监督线索。如派出所提请批准逮捕案件，常出现犯罪嫌疑人"在逃"和"另案处理"的情况，但"在逃"是否确实、"另案处理"是否适当，以及逮捕后对犯罪嫌疑人改变强制措施是否违法，由于法律没有明确检察机关可以查阅公安机关刑事案件信息，不能掌握相关情况，很难发挥有效的监督作用。

4. 监督滞后性及检察机关内部配合不到位。在侦查程序方面，是否进行侦查，是否终结侦查以及侦查的具体实施程序处分权全由公安机关自行决定并执行；在侦查手段方面，除逮捕犯罪嫌疑人须经检察机关批准外，采取其他侦查手段及强制措施，如勘验、检查、扣押、鉴定、取保候审、监视居住及拘留等，均由公安机关自行决定及执行，对于以上情形，检察机关都无法实施同步监督。同时，对派出所开展刑事侦查活动监督工作往往涉及侦监、公诉、刑事执行等部门的职能，就目前而言，检察机关内部各部门协调配合还不够密切，致使部分监督线索流失，影响对派出所监督的全面性。

5. 司法责任制和员额制改革对侦查监督工作的影响。当前正在进行司法责任制和检察官员额制改革，未入额检察人员没有办案权，案多人少矛盾突出，入额检察官主要精力放在办理审查逮捕案件，监督力量便显捉襟见肘。相对于检察机关来说，派出所数量多、分布散，侦监部门难以做到定期派员到派出所进行巡查，而且可能存在巡查走过场的情况，所以，对于当前如何开展侦查监督工作比较茫然。

三、加强检察机关对公安派出所刑事侦查活动监督的对策与建议

（一）完善刑事侦查监督立法

目前，我国宪法、刑事诉讼法、人民检察院组织法以及最高人民检察院、公安部的规范性文件都有对检察机关开展刑事侦查活动监督作出规定，但条文相对简单，内容也较为笼统和宽泛，给基层检察机关开展侦查监督带来了很大难度。因此，加强和完善对公安派出所侦查活动的监督，迫切需要统一法律规定，从法律的角度进一步明确规范，使检察机关开展侦查监督有法可依，便于操作。同时，需要最高人民检察院与公安部加强协调，就检察机关对公安派出所开展侦查活动监督进行顶层设计，明确监督的实施细则，并建立健全违法责任倒查追究机制，将预防刑事侦查活动违法情形列入人民警办案考核内容，从而使检察机关监督有规可循，增强监督的刚性，减少民警的抵触心理，促进派出所依法规范开展侦查工作，从而增强侦查监督效果。

（二）完善与公安机关的刑事案件信息共享机制

鉴于目前未建立刑事案件信息共享平台，必须尽快加强与公安机关的沟通协调，共同推动信息共享平台建设，充分发挥大数据的作用，实现案件信息共享，让检察官在办公室就可以查询派出所的执法办案情况，使派出所办理的所有刑事案件从案件受理到案件侦结的整个侦查活动及时进入检察监督视野，实现检察机关对派出所刑事执法的同步、实时、动态监督。同时要明确侦查监督权力清单，避免公安侦查人员对检察人员的依赖心理，将侦查办案责任推给检察人员，将办案责任风险转嫁给检察机关。

（三）正确处理监督与配合的关系

公安和检察机关要统一认识，树立正确的监督观。在检察机关内部，要克服"重配合轻监督""监督影响检警关系"的片面认识，防止有时碍于情面不愿监督、不敢监督的情况。要坚持"依法监督与规范监督相协调、监督制约与协作配合相结合、普遍监督与重点监督相统一"的原则，依照法律规定的方式、范围、程序进行监督，做到依法监督、规范监督、敢于监督、善于监督。要健全提前介入和案件指导机制，对疑难、复杂案件，公安派出所认为需要听取检察机关意见和建议的，可以向检察机关提出请求，检察机关侦查监督或者公诉部门应在第一时间介入，对案件定性、证据标准把握、取证方向等提出意见，同时对案件办理过程进行监督，及时发现和纠正不规范侦查行为，对于如危险驾驶、故意伤害等普遍性问题，应加强与公安派出所的交流和沟通，

明确执法办案标准，提高监督效率。要与公安机关达成"监督就是支持"的共识，在监督过程中为派出所侦查工作提供支持，保证侦查工作依法顺利进行。

（四）强化监督资源整合

强化对公安派出所的刑事侦查活动监督，必然会增加更多的工作量。检察机关要根据司法改革的要求，进一步明确由侦监部门负责或牵头开展对派出所刑事侦查活动监督工作，妥善处理好侦监部门与检察机关内设机构中的公诉、刑事执行的关系，明确相关内设机构各自的职权范围，减少职权交叉，在明确各自责任的基础上，互通信息，加强配合，在检察机关内部形成对派出所刑事侦查活动监督的合力。而面对基层院侦监部门案多人少矛盾突出、主要精力用于办理审查逮捕案件、监督力量捉襟见肘的现状，应多方争取支持，适当增加基层检察院侦监部门的人员配置。当然，还要通过业务培训、岗位练兵等形式，提高侦监干警的业务素质和法律监督能力。关于职责分工问题，鉴于当前正在进行的内设机构改革，可以考虑在条件成熟情况下在侦查监督部专设一个办案组，专人负责侦查监督工作，在建好、用好信息共享平台的前提下，可以与公安机关法制部门联合开展定期或不定期刑事侦查活动巡察工作，以实现对派出所侦查活动的全面常态化监督。

（五）做好司法体制改革与对派出所监督工作的衔接

当前，检察机关正在深入推进司法体制改革工作。笔者认为，目前有些地方"回归老路"，将侦监部门与公诉部门合并成立刑事检察部，实行"捕诉合一"的做法，有悖于监督的本质。鉴于此，应将对派出所监督工作与司法责任制等改革内容统筹考虑，认真研究制定侦监部门检察官权力清单，解决监督方式、监督责任等问题，使司法体制改革成为深入开展对派出所监督工作的助推器。

检察机关对公安机关的侦查监督职责是宪法赋予检察机关的职责，也是现代法治的基本要求。建立对公安派出所刑事侦查活动监督机制是贯彻落实党的十八届四中全会进一步深化司法体制改革的任务要求。开展对公安派出所刑事侦查活动监督，不仅有利于提高公安派出所侦查人员的证据意识和取证能力，及时监督纠正侦查活动中的违法情况，确保公安派出所侦查取证的合法性，做到依法、及时、全面收集固定证据，更有利于检察机关准确有效地指控犯罪和保护人民，从而实现司法的公平正义。

审查逮捕阶段刑事和解制度分析研究

朱 彬 柳 涛 邱 萍[*]

一、审查逮捕阶段刑事和解案件分析

近 3 年来，四川省成都市两级检察机关在审查逮捕阶段的刑事和解案件不到 50 件。之所以会出现审查逮捕阶段刑事和解案件偏少的情况，原因是多种多样的。

(一) 当事人对该制度知晓程度不够

由于没有太多渠道向普通公民进行法律知识宣传，导致当事人对于刑事和解制度的不了解。

(二) 审查逮捕阶段办案人员积极性不高

侦查监督部门办案人员不会主动推进刑事和解在审查逮捕阶段发展。首先是案件增多，导致案多人少的矛盾凸显，侦查监督部门办案人员的工作量明显增加，他们没有动力去做刑事和解这种他们眼中的额外工作。其次，长期以来的工作惯性，固化了办案思维，只要自己批准逮捕的犯罪嫌疑人最终被判决有罪，批捕决定就没有错。最后，缺乏相关的规定细化操作细则，没有操作规范作指导，没有成功的经验可以借鉴。

(三) 侦查机关不积极推进

侦查机关对于刑事和解也是持消极态度，为了推进侦查，最好将犯罪嫌疑人羁押，因为这样更有利防止犯罪嫌疑人翻供、串供。并且侦查机关或多或少都有打击犯罪目标要求，有的是案件数量目标，有的是犯罪嫌疑人人数目标。在侦查阶段，如何启动，侦查人员自身如何定位，和解的效力如何认定，侦查机关在侦查阶段初期的确面临许多难题，在没有硬性的目标要求的情况下，即使有和解的基础，侦查机关也会找各种理由将刑事和解推脱到后面的程序。

(四) 双方当事人矛盾比较尖锐

犯罪行为导致其与被害人之间矛盾被放到最大，不仅如此，犯罪嫌疑人与被害人各自亲属也会在其中"添油加醋"，让剑拔弩张双方当事人更加丧失理智，被害人会认为

---

[*] 作者单位：四川省成都市人民检察院。

自己被伤害了,加害人应当被关起来,而犯罪嫌疑人则认为自己虽然给对方造成伤害,但是自己已经被关,对和解的积极性就会减弱。

(五) 犯罪嫌疑人赔偿能力欠缺

司法实践中,赔礼道歉的方式在一定的场合是可以促成双方当事人和解的,但是大部分的案件被害人还是倾向接受物质赔偿。所以,即使双方当事人克服了之前的重重困难开始协商,但是犯罪嫌疑人的赔偿能力在双方能否就赔偿数额达成一致时就显得非常重要,犯罪嫌疑人一贫如洗怎么办,被害人漫天要价又怎么办,这些都是在刑事和解中需要解答的问题。

二、完善审查逮捕阶段刑事和解制度的对策建议

(一) 提高当事人对该制度的认知

办案人员可以结合案件情况,针对符合刑事和解的案件应该对犯罪嫌疑人及亲属与被害人其亲属履行告知,告知其刑事和解的条件、刑事和解会产生的后果,不仅要让双方当事人知道有该制度,还要让双方当事人遵守该制度所要求的行为规范,正确理解该制度的作用以及会产生的后果。实现司法机关在刑事和解中能找准定位,双方当事人也确实能在刑事和解中得到自身利益的最大化。

(二) 借助社区、人民调解员等化解矛盾

当事人双方能否顺利在审查逮捕阶段达成和解,很大程度上依赖第三方,犯罪嫌疑人本来就处于被羁押的状态,他要与被害人达成和解就依赖于第三方的力量。在案件的承办人获知了双方当事人的有和解的意愿后,可以搭建双方自行协商平台,在双方当事人均为某个社区的居民时,尤其在郊县的社区,建议由社区的负责人员主持双方的和解。在刑事和解之后,可以由社区对犯罪嫌疑人进行监督,有利于保障诉讼。必要时,还可以建议商请人民法院人民调解委员会或司法行政机关的调解组织主持调解。

(三) 发挥办案人员的主观能动性

案件承办人应本着多化解社会矛盾,多关注被害人态度,接受新的司法理念,转变办案思维,更好推行刑事和解在审查逮捕阶段的适用。

(四) 侦查机关办案观念有待进一步转变

侦查机关的办案人员知道更多案外信息,这些信息往往能够预判刑事和解的成功可能性。审查逮捕阶段刑事和解需要侦查机关从侦查阶段开始努力,需要侦查机关转变办案的观念,认识到刑事和解的价值。

(五) 与捕后羁押必要性审查等制度衔接

在审查逮捕阶段启动刑事和解程序,面临的较大困难就是审查逮捕期限。实践中很

难在 7 天时间内完成刑事和解，这也是侦查监督部门办案人员不愿采取刑事和解的重要缘由。解决途径，需要侦查机关配合，也可将刑事和解纳入羁押必要性审查制度中，如果犯罪嫌疑人一方能在逮捕后与被害人一方达成和解，侦查监督部门当然可以作为有无社会危险性或者社会危害性大小的因素进行考虑，通过捕后羁押必要性审查对犯罪嫌疑人变更强制措施。

存疑不捕案件的证据问题、
原因分析及对策措施

天津市河北区人民检察院

2014年6月26日至2016年6月25日，T市B区人民检察院共受理公安机关提请批准逮捕案件741件1051人，经审查，批准逮捕624件889人，不批准逮捕117件162人。其中，存疑不捕共计62件85人，分别占不批准逮捕案件数和人数的53.0%和52.5%；无逮捕必要不捕52件62人，分别占不批准逮捕案件数和人数的44.4%和38.3%；不构罪不捕3件15人，分别占不批准逮捕案件数和人数的2.6%和9.2%。由此可见，存疑不捕案件数和人数的比例远远高于无逮捕必要不捕和不构罪不捕的比例。2年间，不捕后补查重新提请批准逮捕或直接移送审查起诉的案件只占存疑不捕案件数和人数的35.4%，直接移送审查起诉的案件最终作存疑不起诉或公安机关撤回处理的比例高达91.4%，由此表明存疑不捕的后续处理存在较大问题，急需引起对存疑不捕案件证据问题的高度重视。

一、存疑不捕案件证据问题分类

（一）证据无法证明案件关键事实

在62件存疑不捕案件中，41件存疑不捕案件涉及证据无法证明案件关键事实，占存疑不捕案件的66.1%。在某盗窃案中，现有证据能够证实某犯罪嫌疑人参与预谋实施盗窃，但现有证据无法证实该犯罪嫌疑人实施了盗窃手机的行为；现有证据能够证实该犯罪嫌疑人与其他犯罪嫌疑人共同乘坐汽车到达案发现场附近，但无法证实该犯罪嫌疑人为其他犯罪嫌疑人实施盗窃行为提供了望风等帮助行为。又如，在某聚众斗殴案中，根据现有证据材料，无法证实犯罪嫌疑人与被害人发生纠纷的确切原因；侦查机关未对现场涉案人员进行讯问和身份核实，无法证实现场人员是否参与了聚众斗殴行为，无法证实在场双方是否纠集人员互相殴打，及双方人员由何人纠集。在某掩饰、隐瞒犯罪所得收益案中，上游犯罪事实为一起盗窃案，犯罪嫌疑人供述曾花4000元从犯罪嫌疑人谷某手中收购过一尊盗窃来的金佛，犯罪嫌疑人刘某某供述曾给过犯罪嫌疑人一件盗窃得来的貂皮大衣，但这两起犯罪事实仅有口供，缺少相关证据印证。认定掩饰、隐瞒犯罪所得、犯罪所得收益罪，以上游犯罪事实成立为前提。上游犯罪事实尚未查证属实，无法认定掩饰、隐瞒犯罪收益罪。

（二）关键性证据之间存在矛盾且不能排除

证据的矛盾，是证据所含信息的差异与冲突。例如，张三交代未到过现场，但现场留下了张三的指纹；又如，张三交代四月的一天实施了盗窃，同案犯李四则交代是五月的某一天干的。证据之间的矛盾可理解为，一证据称是，另一证据称否，在是或否必居其一的情况下，呈现出一种真假难辨的情况。当关键性证据之间存在矛盾，且矛盾不能排除时，会造成证据不能认定事实，继而造成不捕案件的发生。存疑不捕案件涉及关键性证据之间存在矛盾且不能排除有 23 件，在存疑不捕案件中占 37.1%。

在某贩卖毒品案中，证人所作的犯罪嫌疑人向其贩卖毒品的证言与犯罪嫌疑人所作的证人还其借款、其并未向证人贩卖毒品的供述存在重大矛盾；搜查笔录、犯罪嫌疑人供述能够证明涉案毒品系甲基苯丙胺，证人证言显示犯罪嫌疑人当时仅携带海洛因；视频中控制下交付所使用的人民币 600 元毒资上面的序列号与公安机关从犯罪嫌疑人处扣押的人民币 1400 元上的序列号无一相符，上述证据之间存在重大矛盾。在某贩卖毒品案中，两证人称一起从犯罪嫌疑人处购买毒品一袋，且均称犯罪嫌疑人左小臂有文身。但犯罪嫌疑人拒不供认曾向他人贩卖毒品，称自己右小臂有文身，而左小臂没有文身，检察人员在讯问犯罪嫌疑人时确认该犯罪嫌疑人右小臂有文身，左小臂没有文身，上述证据之间存在矛盾。在某盗窃案中，证人的两次证言中对于如何取回被盗手机、如何追赶犯罪嫌疑人的事实存在矛盾，同时该证言也与犯罪嫌疑人的供述不一致，无法准确的认定犯罪嫌疑人盗窃行为的完成形态，依据现有证据犯罪嫌疑人的盗窃行为不能认定为既遂。以数额巨大的财物为盗窃目标的盗窃未遂，应当予以追究刑事责任。虽然本案犯罪嫌疑人盗窃他人财物数额较大，但是现有证据无法认定其行为是否应承担刑事责任。

（三）证据存在瑕疵

从证据三性来说，证据收集需要符合法律规定，证据所表达的事实或内容是真实的，与待证事实相关。证据存在瑕疵，是指在收集程序上与法律规定不相符，存在不能认定事实的缺点，如果不能通过后期的补正或者解释、说明被补正，就应该被排除在定罪量刑之外。在审查逮捕阶段，如果关键证据存在瑕疵不能证明案件事实的，很可能会导致不捕案件的发生。存疑不捕案件涉及证据存在瑕疵的有 10 件，在存疑不捕案件中占 16.1%。

在 10 件涉及证据存在瑕疵的存疑不捕案件中，有 8 件是由于鉴定意见存在瑕疵。某抢劫案中，在鉴定标的既无实物又无发票的情况下，所作出的价格鉴定高于被害人自述的购买价格，不符合常理。某盗窃案中，涉案黄花梨家具板材在鉴定过程中经专家鉴定部分为海南黄花梨，部分为越南黄花梨，但价格鉴定中并未对此进行明确说明，同时未区分材质分别进行鉴定，鉴定人员虽称就低不就高，依越南黄花梨的价格估价，但鉴定意见中明确写明为海南黄花梨，故该价格鉴定存在重大瑕疵。在两件故意伤害案中，被害人轻伤的鉴定结论是依据 2014 年之前的人体伤害鉴定标准作出的，被害人是否构成轻伤应依据最新的标准重新鉴定，故该伤情鉴定不能作为证据证实被害人的伤害后果。在某强奸案中，侦查机关没有对被害人在案发现场的遗留物进行侦查，也没有就被害人的遗留物进行拭子的提取及做 DNA 的鉴定，故导致无法认定犯罪事实情况。在某故意伤害案件中，被害人的伤情鉴定只有一份专家咨询意见记录予以证实，但是该咨询意见为临时鉴定，不能充分证实被害人的伤情。

（四）仅有单一证据不能形成证据锁链

在一些案件中，对于案件中的关键事实有且仅有一个证据证明，无其他证据予以佐证。这就形成了所谓的孤证，孤证指无相关证据印证的证据，这样的证据依据不能作为定案的依据。比如，仅有犯罪嫌疑人供述或仅有被害人证言，而没有其他证据相印证，不能据此认定犯罪事实。目前，对逮捕条件中的"有证据证明有犯罪事实"的理解适用存在差异，有的侦查人员认为有了就行，至于证据数量需要多少、证据质量程度、是否能形成证据锁链考虑较少，往往使一些案件陷入孤证，不能使犯罪嫌疑人被证明有犯罪事实而不得不作出不批捕决定。存疑不捕案件涉及仅有单一证据不能形成证据锁链的有 9 件，在存疑不捕案件中占 14.5%。

在某抢劫案中，现有证据无法证实犯罪嫌疑人是否抢劫被害人 200 元现金。被害人称案发时犯罪嫌疑人抢劫其 200 元现金，但犯罪嫌疑人拒不供认，只承认拿走手机和银行卡。关于是否抢劫现金除被害人陈述外无其他证据证明。在某故意伤害案中，被害人称对方涉案的四人均殴打其面部，但不能辨认出某犯罪嫌疑人，而证人证言及其辨认笔录仅能证实该犯罪嫌疑人在场，不能证实其是否实施了殴打被害人的犯罪行为；该犯罪嫌疑人供述称其只是踢了被害人屁股两脚，同案犯称其不认识帮助其殴打被害人的人，也未看清其他人的具体殴打行为。故上述证据之间对于该犯罪嫌疑人是否实施了殴打被害人尤其是殴打其面部的行为不能相互印证，不能形成完整的证据锁链，即不能证实犯罪嫌疑人殴打被害人面部这一事实，因被害人轻伤部位为面部器官，故不能证实犯罪嫌疑人的行为与被害人的轻伤后果存在刑法意义上的因果关系。

（五）非法证据排除

《刑事诉讼法》第 54 条第 2 款规定，在侦查、审查起诉、审判时发现有应当排除的证据的，应当依法予以排除。侦查监督部门认为公安机关提请批准逮捕的证据是非法所得或不能排除有非法取证可能的，应当予以排除，法律规定检察机关不得依据非法取得的言词证据作逮捕决定。存疑不捕案件涉及证据无法证明案件关键事实有 2 件，在存疑不捕案件中占 6.4%。

在某故意伤害案中，证人证言前后存在变化，被害人提出公安机关侦查人员在询问证人时存在引诱行为，要求启动非法证据审查程序。鉴于该证人证言对认定犯罪嫌疑人是否构成犯罪有重要作用，故对该侦查行为合法性调查清楚之前，该证据不得作为审查逮捕的证据使用。在某贩卖毒品案中，经要求公安机关作出补正及合理解释后，公安机关在提供的情况说明中表明由于犯罪嫌疑人未能如实供述导致搜查笔录内容与真实情况不符，但依据对控制下交付的视频录像的审查，犯罪嫌疑人在被当场抓获后即交代其犯罪事实，认罪态度较好，即使其未能如实供述，该理由也并非导致搜查笔录内容不实的原因。故根据该说明判断公安机关是否依法开展搜查存在疑问。本案中，毒品作为该案唯一的关键物证，无法证明其合理来源，经要求公安机关补正，其说明也无法证实毒品提取的出处，更无法证实搜查过程的合法性及搜查笔录内容的真实性。根据相关法律规定，对该证据予以排除。

二、存疑不捕案件证据问题原因分析

（一）客观证据意识不强

由于长期以来我国形成的重口供、轻证据的氛围，许多陈旧的取证观念仍然在某些侦查人员头脑中根深蒂固。一些侦查人员在案件侦查初期，由于犯罪嫌疑人供述而认为证据已巩固充分，忽视对现场勘查、证据固定，忽视了对书证物证、视听资料等客观证据的收集，以至于犯罪嫌疑人一旦翻供，案件由于缺乏客观证据而变得被动，同时客观证据也因时过境迁无法再行收集，案件也因证据不足而无疾而终，令人痛心。

（二）取证全面性尚需加强

对于取证理解不到位，取证方向单一，不注重按照构成要件和因果关系全面收集证据，缺乏对证据之间的关联性的正确把握。证据三性中的关联性，在证据规则中占据着基础性的关键地位，是证据是否适格的根本。在前期侦查阶段，侦查人员往往没有正确把握证据关联性的含义，忽视了与案件之间关联性较强的证据，该调取的证据没有调取，调取的证据没有证明力，往往容易导致形成单一证据，没有其他证据相互佐证，无法形成证据锁链，不能证明犯罪嫌疑人有犯罪事实而不得不作出不批捕决定。

（三）侦查人员取证程序违法，造成证据违法或瑕疵

在侦查过程中，侦查人员素质良莠不齐，或许对调取证据的规定不熟悉，或许是因为工作繁杂而造成的人为疏忽，或许是程序观念淡薄，无视证据规定取证，或许是为达到有罪指控而不惜违法取证。无论是因为以上哪种违规违法的取证行为，都可能因为取证程序违法而造成非法证据排除，都会影响案件的走向。一些侦查人员在办案过程中，没有把握案件主要脉络，主观猜测案件事实，并想方设法在讯问犯罪嫌疑人过程中进行印证，最终可能采取刑讯逼供或者诱供的方法来收集证据。对于这样的证据必须进行排除，不能作为定案依据。

（四）鉴定意见的缺陷

在62件存疑不捕案件中，有8件是由于鉴定意见瑕疵导致存疑不捕，鉴定意见受主客观性影响较大，很有可能发生错误，如鉴定标准是否最新，鉴定标的是否存在，如不存在是否有发票证实价格，鉴定机构及鉴定人是否适格，鉴定过程是否合法合规，是否应鉴定而未鉴定等，都会影响鉴定意见的正确性，进而影响对案件事实的证明力。在实践中，侦查人员面对鉴定意见，惯性的思维就是盲目采信，很少质疑。因此很多鉴定意见没有经过审查就被采用，就会导致鉴定意见不正确，不能证明案件事实，从而造成

存疑不捕。

三、减少存疑不捕案件的对策及措施

（一）加强提前介入，提前引导取证

落实检察机关提前介入，引导侦查。对于重大疑难案件，公安机关应当听取检察机关意见，加强与检察加官的沟通协作，通过公安机关主动通报重大疑难案件信息，检察机关深入公安基层派出所开展监督主动发现等途径，扩展提前介入案件线索来源。通过派员参与公安机关对案件的讨论，对侦查活动发表意见等方式，加大提前介入公安机关对疑难复杂、影响较大的重特大案件的侦查活动、引导侦查人员取证的力度，督促公安机关及时全面客观地收集、固定完善、补强证据，共同提高案件的前期侦查质量，确保第一手证据的取得合法全面，尽量保证报捕案件符合逮捕的证据标准，使案件报捕后顺利批捕，从源头上减少存疑不捕案件数量。

（二）健全完善与公安机关的沟通协调机制

1. 与公安机关建立不捕案件调研通报机制。针对目前不捕案件存在的普遍性、典型性问题，如提请逮捕数量、证据收集、社会危险性证明、复议复核等方面问题，定期开展调研，分析存在的问题和原因，向公安机关通报，共同探讨解决办法和应对措施，进一步提高审查逮捕案件质量。

2. 建议公安机关改进非羁押性强制措施适用。建议公安机关积极探索改进非羁押强制措施的监管方式，如利用现代科技手段等，有效解决审前羁押率高的问题。

3. 建议公安机关随案移送不适宜羁押疾病相关材料。侦查机关提请逮捕时随案移送体检报告，完善体检项目，将重大传染病或其他严重疾病筛查纳入体检项目。

（三）提高补充侦查提纲的质量，保证引导力度

检察机关承办人对存疑不捕案件，提高继续侦查取证意见的针对性，根据现有侦查手段、侦查条件，从查证目的、内容、要求等方面提出明确具体、有针对性的补查意见，补充侦查提纲不能空泛、高度概括或者含混不清，要做到全面、具体、明确，逻辑性和针对性强且便于操作，能够准确引导公安机关高质高效地完成补充侦查工作。在内容上，承办人应主动征求公安机关意见，在吸收其意见的基础上形成《补充侦查提纲》，并经部门负责人和分管检察长审批，力求使补查提纲准确提出补查的证据，以增强补查提纲的可操作性和针对性。

（四）强化侦查监督，纠正违法取证

检察机关对于侦查机关在调查取证过程中造成非法证据的违法行为应当依法予以纠正。由于长期以来为协调与侦查机关的关系，对于侦查机关在调查取证过程中出现的违规违法行为通常采取软处理，侦查机关对于自己的违规违法行为没有引起足够重视，造

成非法证据时有发生。检察机关应充分履行侦查活动监督职责,在职权范围内对公安机关的违法行为提出口头、书面纠正违法或检察建议,严格规范公安机关依法取证,提高证据质量,保证案件水平,并定期就集中出现的侦查活动违法问题通报公安机关,避免和减少违法问题重复出现的频率。

(五)强化不捕案件跟踪监督

1. 建立监督机制。建立不捕案件监督台账,并在统一业务应用系统设立跟踪提示,实行"谁承办,谁监督"责任制,承办人作出不捕决定后,将不捕案件情况登记在监督台账,由其定期跟踪不捕案件后续进展情况,并针对不同类型的不捕案件适时跟进监督措施。

2. 畅通监督渠道。与刑事执行检察部门沟通信息,掌握不捕犯罪嫌疑人所采取强制措施情况;与公诉部门沟通信息,跟踪不捕案件的起诉情况,避免案件流失放纵犯罪。与侦查机关建立刑事案件信息共享机制或信息通报机制,定期通报不捕案件的撤案、补充侦查取证、重新提请逮捕、移送审查起诉、判决、移送管辖等情况。

3. 丰富监督手段。对于不构成犯罪不捕案件,监督侦查机关及时释放犯罪嫌疑人并撤案;对于因证据不足不捕案件,监督或引导侦查机关及时补充侦查,符合逮捕条件的,督促其重新提请逮捕,不符合逮捕条件的,督促其及时移送审查起诉,丧失取证条件或无法收集新证据的,督促其及时撤案;对于无社会危险性不捕案件,监督侦查机关及时变更强制措施并移送审查起诉。

4. 联合开展专项行动。可与侦查机关共同开展不捕案件专项清理行动,分类及时清理不捕案件,使不符合条件的案件退出刑事诉讼程序。

当前案件不捕率高的原因及建议

傅华东　曹仕旺[*]

一、当前不捕率高产生的原因

(一) 法律理念上存在差异

公安、检察机关办案人员对逮捕案件证据标准、适用法律在理解上存在分歧。刑事诉讼法修订后，将批捕条件修改为有证据证明有犯罪事实，可能判处徒刑以上刑罚，且具有五种法定社会危险性的情形。然而何为有证据证明有犯罪事实、何为有社会危险性，何种情形可能判处徒刑以上刑罚，在司法实践中难以把握，加之办案实践错综复杂、承办人的执法理念、办案经验不同，对于法律的具体适用难免存在着认识上的差异，导致公安、检察机关办案人员对具体的逮捕案件证据标准、社会危险性的把握上常常发生分歧。

(二) 公安机关片面追求提捕数量

近年来，随着公安机关对各类犯罪活动打击力度的不断加大，刑事案件数量持续上升，而原来起到把关审查作用的预审科被撤销后，各办案单位破案后直接提请检察院审查逮捕，再加上各办案单位的一些办案人员及负责把关的法制人员证据意识不足、业务能力参差不齐、责任心不强等原因，导致一些报捕案件的质量不高。

(三) 公安机关将审查逮捕部门作为刑事案件的把关机构

公安机关内部对不捕率没有具体考核要求，认为是否需要逮捕是检察院的事，对一些事实难以认定、定性拿不准的案件不敢作出决定，对检察机关的侦查监督有思想顾虑，为避免作治安行政处罚，或者为避免检察机关会提出立案监督或追捕建议，或者怕领导怀疑自己"做人情"，或者为转移信访风险及相关方面的压力，将明知事实不清、证据不足的一些案件报捕。

(四) 个别侦查人员对存疑不捕案件后续侦查缺乏足够的重视

检察机关在作出存疑不捕决定后，一般列明补充侦查提纲，要求侦查人员继续侦查

---

[*] 作者单位：福建省连城县人民检察院。

取证。但有的侦查人员并未对不捕案件补充侦查提纲给予足够重视；有的侦查人员将存疑不捕当成案件的终局性结论，补查意识不强；有的侦查人员受考核标准的影响，往往重视破新案，而忽视对旧案（存疑不捕案件）的补查工作。

二、关于审查逮捕工作的对策建议

（一）要做到执法理念"三个转变"

首先要转变"重打击、轻保护""重配合、轻制约"的观念。根据具体的案件情况，重视逮捕必要性的审查和把握，在依法惩罚犯罪的同时，做到宽严有度。对于一些情节轻微、社会危害性不大、人身危害性小的犯罪嫌疑人，坚持可捕可不捕的不予批捕。其次要转变在审查逮捕工作中将逮捕作为平息矛盾途径的错误思想。

（二）要探索有效的工作机制

对犯罪嫌疑人有赔偿能力且有赔偿意愿的案件，落实非羁押诉讼制度。与公安机关、司法行政部门联合制定《审查批准逮捕阶段听取辩护律师意见的若干规定（试行）》，主动听取辩护律师的意见，试行"公开审查逮捕"机制，进一步增强办理审查逮捕案件透明度，促进社会矛盾化解。

（三）要完善侦捕诉衔接机制

进一步加强与侦查机关的沟通协调，参加对重大疑难案件的讨论，在证据收集、固定、完善方面提出意见和建议，促进侦查工作质量的提高；积极探索引导侦查的方法和途径，坚持重大案件提前介入制度，完善侦查取证的长效机制；加强与公诉部门的协调配合，对于重大、疑难、新罪名、分歧意见较大的犯罪案件，与公诉部门共同分析案件，在统一定罪标准的基础上，从审查起诉的证据要求提出补证的意见和建议，尽量避免出现证据不足不捕或捕后证据不足不诉情况的发生。

（四）要提升办案人员案件分析研判能力

经常性、有针对性地组织培训，加强业务学习和对新犯罪类型和手段的研究。注重审查逮捕工作中的重点难点问题，提高对疑难复杂案件把握的准确性；注重证据的分析、梳理、甄别和筛选能力，加强对证据来源、效力及证据矛盾点的审查，规范讯问；注重案发经过、自首、立功、有无逮捕必要方面证据的审查和把握，充分发挥讯问的作用；注重听取、核实犯罪嫌疑人的无罪、罪轻辩解，把握好案件事实、定性处理的证据，从而切实把好案件的提捕关。

我国刑事搜查制度的缺憾与完善

黄伟林　罗祖川[*]

一、刑事搜查制度存在的问题

(一) 搜查启动缺乏明确标准

我国刑事搜查启动采用的是"目的性标准",即以"收集证据,查获犯罪人"为目的,只要符合此目的,无论是否存在其他证据,刑事搜查程序的启动即具有正当性,刑事诉讼法并未明确规定搜查启动的实质条件和证明标准。

(二) 搜查内容缺乏特定性

刑事诉讼法以及相关的司法解释中并未对搜查证做出任何的特定性要求。司法实践中,搜查证的内容主要包括正文和存根,内容过于简单,并未将搜查理由和范围、搜查证执行期间以及有限期限记载于其中。

(三) 搜查的权力配置缺乏制约

刑事诉讼法对搜查的审批主体并未明确规定,仅仅较为笼统地规定搜查由侦查人员执行。而这种绝对权力的运作,必然包含着滥用权力的危险。

(四) 搜查执行程序粗略

一方面,搜查执行时间未加以限制。司法实践中,侦查机关为达到侦查目的,往往选择相对人最容易放松警惕的半夜时分进行突击搜查。我国也没有规定执行的有效期限,只要签发了搜查证,什么时候进行搜查完全凭侦查人员根据案件情况自主决定,一定的时间段内还可以反复进行多次搜查。另一方面,执行时适用的具体程序单一。刑事诉讼法并未根据搜查对象的不同规定不同的具体执行程序,对犯罪嫌疑人和第三人、公共场所和私人场所的搜查均适用统一程序规定。

(五) 无证搜查制度的缺失

刑事诉讼法对有证搜查的启动条件、搜查范围等规定得极其模糊,没有明确的可供

---

[*] 作者单位:广西壮族自治区鹿寨县人民检察院。

操作的具体标准。对无证搜查的规定更为欠缺,给司法实践中的侦查带来一定的阻碍。此外,由于附带性搜查与紧急搜查的含义交叉融合,难以明确区分,导致在实践中适用无证搜查的时候常常无所适从。

(六)违法搜查司法救济渠道不畅

在程序救济上,国家赔偿法没有将违法搜查纳入刑事赔偿范围。在实践中,对违法搜查的救济因其权力性质,无法进入行政诉讼程序,也就是说无法通过行政诉讼、复议对其进行违法性确认,按照国家赔偿法规定,需要单独适用违法确认的程序,而依法确认行为违法的主体又是赔偿义务机关即搜查行为的实施机关,这就是说侦查机关必须先行确认自己的侦查行为违法,申请人才可以申请赔偿,救济渠道不够通畅。

二、完善我国刑事搜查制度的意见和建议

(一)要细化启动程序

明确搜查启动的理由和证明标准,立法应当进一步明确搜查程序启动的理由与证明标准,根据不同的客体适用不同的搜查标准,申请搜查必须附带提供已经获取的或能够表明搜查确有必要的证据材料,用以证明搜查行为的正当性、合理性。细化搜查证的内容,应写明被搜查人的姓名及其所涉嫌的罪名,搜查证中还应当载明搜查发动的原因、搜查的理由和目的,对搜查对象应有比较明确的要求与限定,并根据具体需要对搜查范围进行特定化。建立司法审查制度,人民检察院作为法律监督机关,将可考虑将一般情况下搜查的审批权赋予检察机关。

(二)限制搜查执行时间

对搜查应规定执行的有效期限,以避免侦查人员预先积累搜查证进行搜查。此外,还应规定搜查的具体实施时间段,可考虑建立夜间搜查的相对禁止制度,规定搜查应当在白天进行但是有特殊情况除外。

(三)要考虑区分不同对象规定不同的执行方式

对于人身搜查,可规定执行人身搜查时应注意保护被搜查人的身体权,不能深入接触相对人身体,最多只能搜查身体表层的衣物;如确有必要进行全身搜查或贴身衣物搜查的,应当在保密性相对较强的场所进行;如果因情况需要要求相对人脱除衣物或可能发生皮肤接触的,应当由与其同一性别的侦查人员进行,且非经被搜查人同意,异性人员不得在场;如果被搜查人提出要求,即使是同性也应当清场,但现场至少要有两名侦查人员。同时,我国立法应规定根据搜查场所与相对人个人隐私联系的程度选择适用秘密性搜查。当然,由于秘密搜查本身的特殊性,应规定更为严格的启动条件、限制性更强的执行方式。同时,加强对秘密搜查的监督,以避免相对人合法权益在封闭性的搜查中受到不必要的侵害。

(四）要建立无证搜查制度

要确立同意搜查制度，建议在刑事诉讼法中对同意搜查的要件和程序作出明确的规定，同时，基于我国立法目前并无司法审查的现状，且考虑同意搜查一般具有当场性的特点，我国应建立针对同意搜查的事后司法审查制度。此外，建立同意搜查制度应针对不同搜查对象作出不同的规定。按搜查的对象与客体进行划分，包括人身搜查、物品搜查以及场所搜查。

（五）要规范附带搜查制度

明确界定附带搜查定义，把"紧急情况"从"附带搜查"的定义中剥离出来，作为一个独立的程序进行规制，确定刑事附带搜查的实施范围。确定附带搜查的实质要件，确保附带搜查必须以合法的逮捕为前提，且应当于逮捕的同时或者是逮捕之后立即启动。对于逮捕之后经过一定时间是否还能启动附带搜查，应考虑延误期间是否合理以及延误的理由是否具有正当性。

（六）要建立紧急搜查制度

应当在法律中明文规定有权实施紧急搜查的主体，同时明确规定执行紧急搜查的侦查人员不得少于两人，否则不得实施紧急搜查。紧急搜查执行人员必须综合考虑必要性、适当性和急迫性三个要件，严格禁止有权机关滥用搜查权，任意启动紧急搜查而导致公民合法权益受到侵害。

（七）要畅通司法救济途径

应当将违法搜查以法律条文明文规定的形式纳入国家赔偿范围内，取消搜查机关"自我行为违法性确认权"，畅通司法救济通道，构建违法搜查责任追究体系，落实非法证据排除规则。

轻伤害案件审查逮捕工作走出"两难"困境措施

薛万庆　李应敏[*]

　　轻伤害案件审查逮捕工作面临"批捕有风险""不捕有压力"的"两难"境遇：不批捕犯罪嫌疑人补查取证难，刑事和解难，息诉罢访难，案件自诉难。批捕犯罪嫌疑人证据采信难，批捕生矛盾，轻判陷尴尬，浪费司法资源。走出"两难"困境应做好五个方面的工作：

　　一要妥善做好刑事和解，节约有限司法资源。侦查监督部门克服就案办案思想，着力从化解矛盾、促进和谐大局出发，加大调解力度，创新调解机制，提升调解技巧，既耐心向当事人释明相关法律法规和刑事政策，又善于针对案件具体情况、当事双方态度、具体赔偿能力等情况，采取不同的调处方法，实现定分止争、化解矛盾的目的。对因赔偿数额问题无法达成和解的，侦监部门充分运用刑法、民法和刑事诉讼法的有关规定，敢于坚持正义，依法处置，不能完全受被害人的意志所左右而助长一方对不当利益的追求；对认罪态度较好、愿意合理赔偿的，综合考量其犯罪情节，审慎适用逮捕的强制措施，防止案件因达不成和解而久拖无果，以提高办案效率、节约司法资源。

　　二要切实加强不捕说理，实施风险评估预警。深入分析不捕可能产生的后果，根据案件情况、双方态度等对风险进行预测，对于可能引起矛盾激化、产生上访缠访等问题的案件，实行风险评估预警制度，协调控申等部门及时做好应对处置工作。

　　三要尊重被害人选择权，注意公诉自诉协调。充分发挥被害人主观能动性，引导被害人主动行使自诉权，分流部分轻伤害案件，减轻检察机关和公安机关的工作量。

　　四要敦促收集固定证据，主动消除证据瑕疵。敦促公安机关在轻伤害案件发生后及时出警，认真收集与妥善保管与案件有关的书证、物证。

　　五要厘清罪与非罪界限，严格适用逮捕条件。伤害等级虽然是确定能否构成轻伤罪的前提条件，但不是决定构成故意伤害罪的唯一条件。是否构成故意伤害罪，还应把伤势程度和其他情节结合起来，全面分析判断。

---

[*] 作者单位：河南省社旗县人民检察院。

审查起诉阶段退回补充侦查问题实证考察

程 燕[*]

一、问题的提出

从一些地区的办案数据来看，当前退回补充侦查率居高不下，二次退查率也逐年攀升。如 2014 年某地级市检察院受案 7554 件，一次退查 1148 件，占收案数的 15.2%；二次退查 274 件，占一次退查数的 23.9%。2015 年受案 8436 件，一次退查 1664 件，占收案数的 19.7%；二次退查 464 件，占一次退查数的 27.88%。

现行法律规定只有事实不清、证据不足、遗漏罪行或同案犯的情况下才有可能退回补充侦查，但现行法律和内部规定中对于退查的程序语焉不详，实际操作中退查程序比较随意。办案人员在审查案件过程中，发现证据问题往往首要考虑的就是退查，自行补充侦查形同虚设。当前"案多人少"矛盾突出，还存在侦查机关和检察机关以退回补充侦查的形式互借时间的情况。这些都推高了退回补充侦查的适用率。

二、退回补充侦查制度存在的问题

（一）侦查中心主义长期影响，执法观念有偏差

较长时间中，我国刑事诉讼的重心在侦查阶段，公诉和审判工作都是为惩罚犯罪服务。同时办案人员的执法观念存在偏差，往往重打击犯罪，证据意识、程序正当性、保障人权的意识不够。

（二）现有法律规定较概括，理解上不统一

虽然刑事诉讼法及配套的规范性文件如《人民检察院刑事诉讼规则（试行）》《公安机关办理刑事案件程序规定》对于退查的启动事由、方式、期限和次数作了规定，但都比较概括；实务中各级检察院各部门对退回补充侦查的操作指南也基本上是空白。法律规定的不足，容易引起理解上的分歧、操作中的误区，导致退回补充侦查缺少规范，难以保证工作效果。

---

[*] 作者单位：浙江省嘉兴市人民检察院。

（三）监督机制缺失，运行随意性大

检察机关启动退回补充侦查是否适当，缺乏内外部的监督。启动退回补充侦查程序后，检察机关的办案人员很少会对案件的补充侦查进展进行跟踪。补充侦查是否进行、如何进行补充侦查、补充侦查到什么程度，完全依赖侦查机关办案人员的主观能动性，无人进行督促，内外部监督亦不存在。

三、完善退回补充侦查制度的对策和建议

（一）树立审判中心主义意识，转变司法理念

以审判为中心，办案人员必须认识到侦查仅仅是整个刑事诉讼中的最初环节，必须树立侦查取证为公诉、法庭审理服务的大局意识，要强化证据裁判和直接言词意识。办案人员一定要牢固树立人权保障的意识，既要重视对被告人刑事责任的追究，也要重视对被告人诉讼权利的保障。补充侦查是否必要，是自行侦查还是退查，既要考虑案件的证据状况，也要考虑案件的办理周期和对当事人的影响。同时，要依法、及时采取、变更相应的强制措施，诉讼程序变化时要及时告知当事人相应的诉讼权利。

（二）健全法律规定，做到有法可依

首先，需要完善证据立法，不断细化和完善刑事案件证据和证明标准。其次，要明确退回补充侦查的适用条件，应明确需要退回补充侦查的"事实不清、证据不确实、不充分"的含义和具体情形。案件事实不清，是指与案件定罪量刑有关的事实不清楚，影响定罪量刑；证据不确实、不充分，是指用于证明案件事实、情节的证据不足、相互矛盾或不具有可采性，导致案件事实、情节无法认定。案件的事实、证据应该是主要的犯罪事实、证据，包括和犯罪构成要件有关的事实、证据，和法定、酌定量刑情节有关的事实、证据，能反映行为人的主观恶性、人身危险性的事实、证据，而不是一些细枝末节、无关紧要的事实。证据不确实、不充分包括证据不符合合法性、客观性、关联性的要求，证据之间存在矛盾且无法排除，无法形成完整的证据链等情形。除此之外的情节需要补证的，可以通过审查起诉阶段的自行侦查来完成。最后，增加退回补充侦查的程序规定。退回补充侦查决定应由办案人员提出意见，经部门负责人审核，报请检察长决定。同时应规范检察机关"具体的书面意见"的制作，应做到全面、简练，内容上应分析现有的证据状况，指出需要补充侦查的事项，明确补充侦查的方向、方法。

（三）健全配套机制，加强引导监督

对于检察机关的补充侦查决定应建立侦查机关的异议机制，如侦查机关认为决定不当的，可向检察机关提出复议，在复议期间，补充侦查工作不能停止。同时，对于退回补充侦查的案件，检察机关应加强与侦查机关的联系，对补充侦查情况进行随时跟踪监

督。另外,要建立追责机制,对在补充侦查过程中出现违法现象的,或补充侦查工作不力致使案件质量出现重大问题的,应对相关责任人进行惩戒。相应地,应把补充侦查工作的效果纳入考评机制作为评价因素。

公诉业务调研

新时期审查起诉、公诉裁量、出庭公诉专业化分工可行性研究

北京市东城区人民检察院"发挥两主作用"课题组[*]

公诉职能是我国刑事诉讼法赋予检察机关的一项十分重要的国家追诉职能和司法审查职能,检察机关为此同时承担着打击犯罪和保护人权的任务,在维护国家安全、保护人民生命财产安全等方面发挥重要的作用。随着司法体制改革的进一步深化以及以审判为中心的诉讼制度改革等一系列改革措施的推进,检察机关传统的公诉工作也面临着转型发展的机遇与挑战。本文着重探讨新时期检察公诉工作专业化发展的必然性和可行性问题,以期顺应新时代发展的要求,自觉融入公正、高效、权威的中国特色社会主义司法制度建设中。

一、专业化分工的必然性研究

客观地说,为适应刑事诉讼制度的改革以及有效打击刑事犯罪之需要,检察机关对于传统的公诉模式已经进行了一些改造。比如,北京市检察机关在加强检察业务专业化建设方面,提出了办案职能与监督职能适当分离构想,将审判监督职能从传统的审查起诉职能中分离出来,单独设立了公诉部和审判监督部,并在此基础上针对不同类型的犯罪案件设立了诸如危害国家安全犯罪检察部、网络和电信犯罪检察部、金融犯罪监察部等专业化办案机构。以上这些制度设计,一定程度上强化了检察机关的国家追诉、司法审查和检察监督三项职能,并在实践中取得了较好的效果。

但是,随着国家监察体制改革的推进,检察机关的职务犯罪侦查职能的剥离,以及以庭审为中心的诉讼制度改革、司法责任制的推行,对检察机关的司法审查职能的专业化要求越来越高,以条块为主的专业化办案部门的设置也已经难以适应案件繁简分流、检察官独立决策、庭审实质化等新时期的执法办案的要求。

传统的公诉工作并不注意不同阶段的专业化分工,也不注意从专业化角度对公诉不

---

[*] 课题组组长:蓝向东,东城区人民检察院检察长;副组长:宋志虹,东城区人民检察院副检察长。课题组成员:汪珮琳,刑事审判监督部检察官;陈刚,检察管理监督部检察官;张博,公诉部检察官。

同阶段的问题予以解决。这使得当前的公诉工作并不能很好地适应刑事诉讼发展的新趋势，产生了一些不容忽视的问题，影响了公诉作用的进一步发挥。

当前的公诉工作主要有以下特点：

一是办案组织方面。一个基本办案组（单元）由一名检察官+若干名司法辅助人员或书记员组成；对于重大、复杂的案件，则按需要组成协同办案组共同办理，组内包括多名检察官和相应的司法辅助人员或书记员。此外，对于某些上级机关交办的专案，还由若干名检察官组成专案组。

二是工作分配方面。重视办案效率，基本实行"一竿子插到底"的线性办案模式，即一般不实行专业分工，负责案件审查起诉的检察官，会一直负责案件的起诉裁量和出庭公诉工作。这种审查模式要求办案检察官对于案件审查的大小事项事必躬亲，虽然有利于检察官全面掌握案情和证据情况，但是工作效率明显降低，特别是实行员额检察官制度之后，承办案件、独立办案的检察官相对减少，案多人少的矛盾未能得到有效缓解。

三是审查模式方面。主要还是采用以审查案卷为中心、封闭式"坐堂办案"模式。这种模式可以通过对证据的综合审查判断，发现单个证据和证据体系存在的问题，进而通过证据补充，使案件达到起诉的条件；但却存在因检察官的亲历性不够，而难以发现不实的证据和隐藏的侦查违法行为，① 增加了错案的发生机率。

四是出庭公诉方面。庭审的诉讼中心地位还不突出，出庭检察官由于手头同时办理若干案件，往往对于出庭公诉准备不甚充分，出席法庭也是例行公事、疲于应付，庭审对抗往往流于形式。

当前公诉工作的这些特点，在传统重视效率的诉讼制度中，尤其是在刑事诉讼的行政色彩较为浓厚时，确实能实现较为明显的诉讼效果。但随着我国司法体制改革和刑事诉讼制度改革的进一步推进，人民群众对司法公正要求的进一步提高，公诉工作遇到了前所未有的挑战。

（一）以审判为中心的诉讼制度改革带来的新挑战

以审判为中心的诉讼制度改革，是党中央全面推进依法治国进程中的一项重大决策，给侦查、检察、审判工作都提出了不小的挑战。具体到公诉工作，就是在案件审查、公诉裁量和出庭公诉三个方面提出了挑战。

1. 案件审查实质化的挑战

针对传统案件审查模式以书面审查为核心，难以对证据的合法性与真实性进行全面、有效判断的问题，以审判为中心的诉讼制度改革要求进入审判阶段的案件应当符合裁判的标准，防止事实不清、证据不足的案件进入审判程序。② 这就要求检察机关必须

---

① 详细内容参见陈国庆、周颖：《以"审判为中心"与检察工作》，载《第十一届国家高级检察官论坛论文集》2015年12月。

② 卢乐云、曾亚：《以审判为中心改革下的检察运行机制转型》，载《中南大学学报（社会科学版）》2017年第23卷第3期。

对案件进行严格的实质化审查,全面履行刑事诉讼法规定的审查责任,严把证据关,以中立、客观的视角对证据的合法性、真实性、充分性进行全面的核实与判断。① 办案人员不仅要重视对案卷的审查工作,同时也要重视对证人和被害人的询问、对犯罪嫌疑人的讯问、对辩护律师意见的听取等多项审查工作,一旦发现存疑的证据就要坚持予以认真甄别。

同时,案件审查实质化还要求检察机关必须要独立、充分地履行自身审查职责,不能再充当侦查机关的"二传手"。对于发现的刑讯逼供、非法取证等侦查违法行为,检察机关要及时予以监督纠正,并根据相关规定排除非法证据;对于需要补充侦查的案件,要明确补充侦查的方向、标准和要求;必要时,检察机关可介入侦查工作,为后者提供引导,以充分体现自身在审前程序中的主导作用。

2. 规范公诉裁量的挑战

公诉裁量既包括对起诉与否的裁量,也包括对量刑建议的裁量。

当前的公诉工作在起诉方面主要有三个问题:一是起诉标准不严,存在案件在事实不清、证据不足的情况下被提起公诉的情况;二是起诉标准不统一,特别是在司法责任制落实、绝大多数案件由检察官独立办理之后,因各个检察官在办案经验、能力等方面的差异,而可能导致同一个案件由不同检察官处理出现完全不同结果的情况;三是对不起诉持控制态度,使得一些可诉、可不诉的案件和证据上存在一定问题的案件,被选择提起公诉。对此,以审判为中心诉讼制度改革要求所有公诉决定必须严格符合"犯罪事实清楚、证据确实、充分"的标准,防止案件"带病"进入审判阶段。同时,在判断案件能否不起诉的具体标准上,应尽量做到同类案件一致,尽量减少同案不同处理的情况。并且,应摒弃实践中人为限制不起诉数和不起诉率的情况,坚持审查起诉法定标准,对不符合起诉标准的案件依法坚持作出不起诉决定。②

量刑建议方面。为了进一步发挥量刑建议在保证裁判公正性方面的重要作用,以审判为中心改革一方面要求检察机关应当重视量刑建议权的使用,改变当前部分公诉案件中没有量刑建议或量刑建议马虎应付的情况;另一方面要求应尽量统一量刑建议的标准,努力避免实践中出现的量刑建议畸轻、畸重,或同类案件量刑建议差异过大的情况。

3. 出庭公诉实质化的挑战

以审判为中心的诉讼制度改革,其核心在于庭审的实质化,而庭审的实质化,就必然要求公诉人在庭审中发挥实质和主体作用,实现出庭公诉的实质化——这也正是以审判为中心改革对公诉人出庭公诉工作提出的最大挑战。

但目前要想真正实现出庭公诉的实质化,仍需付出很大的努力。例如,出庭公诉模式总体上改变有限,千篇一律的特点仍很明显;举证、质证等环节拖沓冗长繁琐;证人和鉴定人出庭率极低;证据形式多以言词证据为主,表现为笔录证据;不是定案关键的

---

① 陈卫东:《"以审判为中心"视角下检察工作的挑战与应对》,载《学习与探索》2017年第1期。

② 陈国庆、周颖:《刑事公诉制度改革十大趋势》,载《人民检察》2016年第12期。

证据与关键证据混杂一起；多个证据捆绑示证等，影响了案件主要事实的查证力度，也使被告人及其辩护人无从质证……这一切都与出庭公诉实质化的要求产生了直接冲突。

同时，出庭公诉的实质化还要公诉人必须具备足够的出庭公诉水平，但一些公诉人受传统庭审虚化的影响，或多或少的存在着"五不"的问题：一是不熟。即对证据、法律不能了然于胸，当辩护人提出某一辩点时，公诉人无法判断其正误，于是就选择"冷处理"——对辩方的询问不依法反对、对辩方的证据不据理质证。二是不敢。主要是指案件在程序上、证据上有硬伤，公诉人发言时投鼠忌器。三是不能。即对庭审程序、技巧掌握不到位，导致在法庭上缩手缩脚。四是不愿。一些公诉人对辩方无理辩解、无据辩护不进行针对性的反驳，出现无原则的退让后还自以为是司法理性的表现。五是不知。即对庭审过程中的各种情况准备不足，导致辩方提出某一问题后，公诉人措手不及、方寸大乱。①

（二）实际的办案需求要求公诉工作作出新调整

1. 推进案件繁简分流

实行案件繁简分流，不仅是提高诉讼效率、保障当事人合法权益的重要举措；同时也是合理分配司法资源，保证案件质量，实现以审判为中心和庭审实质化的必然要求。

因此，公诉工作必须要适应繁简分流的要求。根据案件的不同特点，适用速裁程序、简易程序、普通程序、认罪认罚制度等不同的诉讼程序和制度，避免不分轻重缓急式的办案模式，实现"简案快办、繁案精办"。

2. 提升专业化办案水平

当前刑事案件的一个突出特点就是案件的复杂性和专业性不断提高，从而对公诉工作的专业化水平提出了更高的要求。例如，在办理利用高科技手段实施的犯罪时，就需要检察官对相应的科技手段有着必要的认识；在办理涉及面广、关系复杂的涉众型经济案件时，就需要检察官具备相应的金融知识，并善于做好说法释理工作。

有鉴于此，北京市检察院敬大力检察长就指出：传统的公诉工作是大公诉，只有笼统的办案组分类，案件混在一起办，专业化特征不突出，遇到疑难案件就临时组队、仓促应对，在专业案件办理上很被动，与社会分工、专业分工越来越细化的趋势不相符合，以至于在一些社会关注案件上陷入被动。②

（三）刑事辩护力量的增强带来新考验

1. 刑事辩护率提高使得控辩对抗成为常态

传统上，刑事辩护率并不高。以北京市东城区人民检察院为例。该院 2016 年所办的案件中，只有 27.3% 的案件有辩护律师参与。

---

① 详细内容参见陈国庆、周颖：《以"审判为中心"与检察工作》，载《第十一届国家高级检察官论坛论文集》2015 年 12 月。

② 参见 2017 年 12 月 15 日敬大力在检察机关发挥刑事诉讼中"两主"作用暨深入推进专业化建设试点工作部署会议上的讲话。

2017年10月,最高人民法院与司法部联合下发了《关于开展刑事案件律师辩护全覆盖试点工作的办法》,由此刑事辩护覆盖所有刑事案件的审判阶段正日益成为现实,今后检察官在庭审过程中将普遍面对来自辩护律师的直接和专业的挑战。以前那种检察官在庭审对抗中"唱独角戏"的情况将越来越少见。

2. 控辩双方庭审对抗日益实质化

庭审的实质化必然要求庭审对抗的实质化,即辩护律师在庭审中获得更平等的诉讼地位,辩护权利得到更充分的保障,特别是非法证据排除、庭前会议等多项措施的实施,使得庭审的不确定性增加,让律师通过庭审对抗来影响法庭、争取更大利益的可能性大增,从而大大鼓励律师与公诉人进行实质的庭审对抗。反观公诉方,由于其优势地位被削弱、法官立场的日益中立,且很有可能要面对对抗虚化时产生的不利后果,所以其也必须提升自己的出庭公诉能力,与律师展开实质的对抗。

3. 刑事辩护的日益专业化

刑事诉讼制度的发展,不仅给检察机关提出了专业化要求,同时也让辩护律师必须作出专业化调整。具体表现在:一是刑事辩护越来越由辩护律师负责;二是刑事辩护律师的服务更加专业、细致和全面;三是辩护律师团队化,内部分工明确、互相配合,努力追求"集团作战"效果。① 例如,在2016年轰动整个互联网的深圳某知名科技公司传播淫秽物品牟利案中,10名辩护律师组成的辩护团队除了提出"技术无罪论"的观点以外,更是从服务器内容是否存在污染、服务器移交程序是否合法等专业角度,对案件关键的电子证据提出了全面置疑,从而取得了明显的辩护效果。在北京检察机关办理的张凯闵、徐伟伦等人在马来西亚从事电信诈骗案中,辩护团队内部有明确的分工,有人紧盯程序,有人详查账目,在犯罪数额、犯罪集团的认定、胁从犯的认定等多方面都提出了诸多专业的辩护意见。

刑事辩护的日益专业化,自然也愈发考验检察机关的公诉水平。对此,检察机关除了想方设法推进公诉工作专业化进程、提高公诉能力以外,显然没有其他更好的办法。

不过需要说明的是,检察机关除了可以通过改变自身来提升公诉水平以外,还可以通过与辩护方构建新型检律关系来实现提升。在新的诉讼格局下,新型检律关系要求检律双方"彼此尊重、平等相待,相互支持、相互监督,正当交往、良性互动"。② 据此,检律双方不仅仅是在庭审中对抗,更是可以在整个刑事诉讼中,特别是庭审前,展开良性的互动。通过与专业的辩护律师展开专业的互动,听取对方的专业意见,解决专业的问题,这对检察机关提升公诉水平、充分发挥庭前主导作用和庭审主体作用显然大有益处。而要想实现这一效果,就需要检察机关在审查起诉、公诉裁量、出庭公诉等多个环节作出针对性调整,以便平等看待辩护律师,尊重其正当权利,认真对待其意见,真正

---

① 在刑事辩护较为发达的美国,其刑事辩护的专业化就体现为严格执业资格、律师内部专业分工细、律师协作提供专业法律服务三个特点。详细内容参见王艳阳、何政泉、郭高:《论刑事辩护律师的专业化》,载《西南石油大学学报(社会科学版)》2012年第1期。
② 详细内容参见时任中央政法委书记孟建柱在2015年全国律师工作会议上的讲话。

促进双方法律职业共同体的形成。

除了上述三个方面的新挑战,新的刑事诉讼制度还要求检察机关在人员分类管理、检察官人数减少的基础上,不仅要实现对犯罪的准确指控和精准打击,同时也要更好地履行尊重和保障人权的职责,有效防范冤假错案的发生。面对这些要求,若不实现现有公诉工作的突破和提升,显然难以满足。此外,在国家监察体制改革、检察机关自侦部门转隶后,检察机关的职责发生了重大变化,公诉作为检察机关基本职能之一的地位和作用更加凸显。检察工作迫切需要公诉实现新突破,来带动整个检察工作的发展。但若只对当前公诉工作进行小修小补,显然难以发生大的改变;只有对当前公诉工作进行重大改革,不仅改革公诉整体,更要改革各部分,通过各部分的专业化来深挖公诉的"剩余价值",才有可能实现公诉新的突破。

对于当前公诉工作所面临的上述问题,各级检察机关都有着清醒的认识。最高人民检察院公诉厅张相军副厅长就指出:检察机关办案的方式要向书面审查与现场调查复核相结合的模式转变;证据审查模式要向以客观性证据为中心的证据审查模式转型;工作中心要向以出庭公诉为龙头、庭前准备为基础相结合转型。[1] 北京市检察院敬大力检察长也谈到:要明确检察机关"监督、审查、追诉"的新职责使命;坚持以改革驱动发展,深入推动公诉工作转变观念、转换模式、转型发展;充分发挥检察机关在刑事诉讼审前程序中的主导作用、指控和证明犯罪中的主体作用。[2]

在具体的改革方案上,笔者认为,鉴于公诉工作各个环节的内容不同和所面临挑战的不同,若实行那种不做区分、"一锅烩"式的改革,其效果显然难以保证;相反,将公诉工作划分为审查起诉、公诉裁量、出庭公诉三个阶段,实现各阶段的专业分工以便采取更为专业和高效的解决方案——这不失为一个更为理性的选择。

二、专业化分工的可行性研究

按照审查起诉、起诉裁量、出庭公诉三个阶段进行专业化分工是公诉工作应对新要求以及诉讼制度改革的必由之路。当前,无论从政策层面、制度层面还是实际操作层面,北京市检察机关的探索与实践都为落实三个阶段的专业化分工提供了基础、支撑和保障。

(一)案件繁简分流和认罪认罚从宽制度为公诉工作专业分工提供了转型契机

1. 案件繁简分流是公诉工作专业化分工的有效基础

最高人民检察院发布的《"十三五"时期检察工作规划发展纲要》明确提出,"适应普通程序、简易程序、速裁程序相互衔接的多层次诉讼体系需要,形成简易案件效率

---

[1] 张相军:《顺应以审判为中心的诉讼制度改革,加强和改进公诉工作》,载《国家检察官学院学报》2016年第1期。

[2] 参见2017年12月15日敬大力在检察机关发挥刑事诉讼中"两主"作用暨深入推进专业化建设试点工作部署会议上的讲话。

导向、疑难案件精准导向、敏感案件效果导向的公诉模式",做到"简案快办""繁案精办"。普通程序的价值取向是公正;而简易程序的价值取向是兼顾公正与效率,速裁程序的价值取向更偏向于效率,而认罪认罚从宽制度更强调保障犯罪嫌疑人、被告人的自主选择权。① 公诉工作处于刑事诉讼的中枢环节,因此,作为诉讼环节中承上启下的重要一环,应做到对于重大复杂、被告人不认罪案件投入更多司法资源,加强证据审查,充分做好开庭准备;对于简单轻微案件、被告人认罪案件则可简化、加快公诉进程,这既有利于提高司法效率,也有利于合理配置司法资源,更有利于保护当事人的合法权益。

北京市检察机关按照最高人民检察院和北京市委政法委的统一部署,近年来扎实推进刑事案件速裁程序试点工作,适用速裁程序案件占同期基层院受理案件数量的15%以上,检察院审查周期平均缩短至5天,法院10日内审结率为92.3%,庭审一般10分钟内完成,当庭宣判率达96.2%,上诉率仅为2.1%,实现了预期目标,繁简分流的改革成果逐渐显现。②繁简分流模式为公诉工作的专业化分工提供了可操作的有效平台。按照"简案快办、繁案精办"的原则,在对简单案件实行集中快速办理的过程中,必然可以节省更多的司法资源集中应对重大疑难复杂案件。对于重大、疑难、复杂的普通程序审理的案件,应当充分发挥检察机关在审前程序中的主导作用,向前延伸引导侦查,传导庭审证明标准,提高侦查质量,在审查起诉阶段加大对侦查机关的引导取证力度,以审判的证据标准,倒逼侦查质量的提高,为起诉裁量阶段的决定以及出庭支持公诉阶段检察官的出庭打下坚实的基础,从而合理分配"审查起诉、起诉裁量、出庭公诉"三个阶段的检力资源,实现"繁案精办"的目标。

2. 认罪认罚从宽制度是公诉工作专业化分工的有力支撑

认罪认罚从宽制度是落实党的十八届四中全会通过的《中共中央关于全面推进依法治国若干重大问题的决定》改革部署,在全面总结刑事司法实践经验和速裁程序试点经验的基础上提出的。该制度以恢复性司法理念为指引,在保证刑罚的威慑作用和司法裁判功能的基础上,最大程度地修复被犯罪破坏的社会关系。无论是速裁程序、简易程序还是普通程序,如果被告人认罪认罚具有自愿性,又符合相关法律规定,就有可能获得程序上的从简和实体上的从宽。可以说,认罪认罚从宽制度的落实丰富了刑事诉讼的体系,形成了多层次的诉讼制度,有利于节省司法资源,提高诉讼效率,为检察机关充分发挥主导作用提供了更大的空间。

(二) 司法责任制和人员分类管理改革是公诉工作专业化分工的组织保障

1. 司法责任制改革进一步明确了检察官的办案权限和责任

完善司法责任制,就是明确检察官的办案职权和责任,实行办案质量终身负责制和

---

① 庄永廉:《如何建立健全与多层次诉讼体系相适应的公诉模式》,载《人民检察》2017年第1期。

② 以上数据出自庄永廉:《如何建立健全与多层次诉讼体系相适应的公诉模式》,载《人民检察》2017年第1期。

错案责任追究制。落实司法责任制的重点在于科学界定司法办案职责、权限和责任，理清和优化检察权运行机制，规范司法办案行为，完善内外部监督管理机制，确保检察人员依法行权，防止滥权，实现司法公平公正。① 北京市各级检察机关按照"谁办案谁负责、谁决定谁负责"的原则制定了"权力清单、履职清单、责任清单"三大清单，明确了检察长、检察委员会、检察官的权力范围和标准，使"审查起诉、起诉裁量、出庭公诉"三个阶段的职权和责任的确定有章可循，成为专业化分工的制度保障。

2. 检察人员分类管理最大限度地保证了司法人员的亲历性

中共中央组织部、最高人民检察院于 2013 年联合下发的《关于印发〈人民检察院工作人员分类管理制度改革意见〉的通知》作为人员分类管理改革的指导意见，将人民检察院工作人员划分为检察官、检察辅助人员和司法行政人员，实行分类管理，有助于保障检察机关的独立地位，实现检察活动中检察官办案的独立性，并从检察人员管理这一基本要求入手，建立健全符合检察规律的检察权运行机制。

司法活动规律的重要内容就是司法的亲历性，其在诉讼制度中居于重要地位。亲历性要求司法人员应当亲身经历案件审理的全过程，直接接触和审查各种证据，特别是直接听取诉讼双方的主张、理由和依据，直接听取其他诉讼参与人的言词陈述，并对案件作出裁判，以实现司法公正。实行检察人员分类管理，将履行检察职能的人员分为"检察官""检察辅助人员"，有助于保障检察活动符合亲历性的要求，能够恰当解决检察官和检察辅助人员的工作关系，也是人员分类管理改革的重要内容。人员分类管理改革明确了检察官和检察辅助人员在办案过程中各自的职责，是保障检察官办案组高效公正行使检察权的关键。

（三）北京市检察机关的先行先试是公诉工作专业化分工的实践基础

1. 设立专业化办案部门，实行人员专业化分工和类案专业化办理的公诉工作机制

正规化、专业化、职业化是党的十八届四中全会对法治专门队伍的要求，也是司法体制改革的重要内容和努力方向。"三化"当中最为核心的就是专业化。北京市检察机关在推进司法改革过程中贯彻专业化要求，在国家安全与公共安全、金融、知识产权、网络电信等领域设立了一批专业化部门；随着国家监察体制改革，又推进第二次内设机构改革，设立了专门的职务犯罪检察部、信息化检察部。逐步形成刑事犯罪检察、经济犯罪检察、国家安全和公共安全检察、职务犯罪检察四位一体、分合有度的新格局。②

全面贯彻专业化要求，不仅包括横向上设立各专业化部门，还应包括纵向上公诉工作三阶段的专业化分工，针对三阶段不同的履职特点开展相应的专业化建设，打造审查起诉、起诉裁量以及出庭公诉的专业化人才队伍。以专业化部门设立和人才培养作为纵向的公诉工作阶段专业化分工的参照标准，遵循"三位一体""分合有度"的原则进行

---

① 敬大力：《北京市检察机关推进司法改革的实践探索》，载《人民检察》2016 年第 12 - 13 期。

② 参见 2017 年 12 月 15 日敬大力在检察机关发挥刑事诉讼中"两主"作用暨深入推进专业化建设试点工作部署会议上的讲话。

公诉工作专业化分工的制度设计。

2. 开展检察引导侦查工作，充分发挥审前主导作用

以北京市东城区人民检察院网络和电信犯罪检察处为例，基于电子数据的取证需要强调及时性和准确性的要求，该部门加大与侦查部门沟通力度，将办案关口前移，延伸办案触角，提升办案质效。重大疑难复杂案件进入审查逮捕环节时，就以起诉标准列出详尽的侦查提纲，积极引导侦查工作，迅速完成电子数据取证，完善证据体系，统一证据审查标准，有效形成"大控方"格局，为顺利完成案件侦查、起诉以及审判奠定基础。以上探索为审查起诉阶段的检察官充分履行证据审查职能，针对侦查机关依法提前介入、引导取证工作提供了重要的实践经验。

检警关系是体现审前主导作用的重要方面，也决定了主导作用的发挥程度。公诉工作的审查起诉阶段应当把针对侦查机关依法提前介入、引导取证作为着力点，把审判标准向侦查工作传导，把庭审压力传导到侦查工作中去，推动引导侦查规范化、制度化。

3. 构建多元化办案组织，成立专案组办理重大、疑难、复杂案件

办案组织是检察权运行的细胞，在人员分类管理的基础上，应坚持有利于提高办案效率和质量的原则。北京市检察机关根据履职需要、案件类型及复杂难易程度，实行多元化办案组织模式，探索构建基本办案组织、组合或协同办案、专案组三种办案组织形式。针对重大、疑难、复杂的案件，充分整合检察机关内部办案力量，打破机构壁垒，跨部门、跨院成立专案组，由检察长（副检察长）统一组织、指挥、协调和管理。近年来，已在部分具有全国性重大影响的案件的办理中作出了有益尝试。多元化办案组织的构建对于未来公诉工作专业化分工针对不同类型案件以及不同阶段的履职特点确立办案模式具有示范性意义，例如，针对重大疑难复杂案件在出庭公诉阶段可以组建出庭团队，增强出庭指控力量，通过庭审中高质量的控辩对抗，确保法庭公正裁判。

4. 运用检察官联席会议制度，依法履行好起诉裁量权

检察官联席会议是对重大疑难复杂案件或在法律适用上具有重大争议的案件进行讨论、研究，为案件承办检察官办理案件提供决策建议和参考的制度。司法责任制改革以来，北京市各级检察机关均针对检察官联席会议事项制定了规范，并制定出契合各院实际情况的检察官联席会议制度办法，以确保检察官联席会议制度规范化运行。起诉裁量权作为发挥主导作用的重要载体，是凸显检察机关主场地位、制约侦查活动的重要手段。在实行专业化分工后，应继续发挥检察官联席会议在起诉裁量阶段的重要作用，为检察官的起诉裁量提供决策建议，促进完善公诉政策，统一司法标准，确保案件处理公平公正。

三、专业化分工的理论探讨和运行模式设计

面对新挑战、新需求、新职责和新较量，秉持刑事公诉之独立价值，以改革中的司法办案要求、刑事司法体制、刑事诉讼制度及探索实践经验为依托，实现"公诉工作阶段论"的专业化分工便成为我们整个研究工作的落脚点。

(一) 公诉工作阶段论的基本内涵及三阶段的逻辑关系

在具体设计专业化分工运行模式之前,必须要明确"公诉工作阶段论"之中三阶段的基本内涵和逻辑关系,才能使得整个设计符合本质、遵循规律。

1. 审查起诉的基本内涵

审查起诉,是立足事实证据的审查职能。审查起诉的任务主要包括审查预审卷宗、讯问犯罪嫌疑人、退回补充侦查、追捕追诉、侦查监督、听取辩护意见、羁押必要性审查等工作。因此,审查职能的核心要素是事实和证据。

在以审判为中心的诉讼制度改革中,要充分发挥检察机关"主导"审前程序的作用,就必须将审查职能向侦查阶段尽可能地延伸,变书面审查为亲历调查,依法提前介入侦查,引导取证,杜绝形式化的退回补充侦查,不断将提高证据质量标准向侦查前段传导,打通案件质量和刑事政策的传递通道,以审查标准引领、推动侦查机关依法履职,促进侦查工作由"抓人破案"向"证据定案"转变,从源头上提高案件质量,形成实质意义上大控方的新型格局。同时提高自行侦查能力,以动态、主动的审查模式充分发挥审前主导作用。

2. 起诉裁量的基本内涵

起诉裁量,是在对事实、证据进行审查的基础上,根据案件具体情况,自由斟酌,依法作出起诉或不起诉,以及如何起诉的决定,其划分源自检察官的起诉裁量权。起诉裁量的任务主要包括罪名认定、法律适用、起诉决定、量刑建议、程序选择及不起诉决定等工作。因此,起诉裁量既有启动庭审程序的作用又有终结刑事诉讼程序的作用,是对前一阶段审查意见作出检察机关的终局决定,亦是对前一阶段职能发挥情况的一次精细化再审查,从某种程度上还可以说是一种内部监督,其核心要素在于裁断和过滤。

在以审判为中心的诉讼制度改革中,起诉裁量因为其承前启后的作用定位,既要突出发挥审前"主导"作用,又要充分发挥指控和证明犯罪的"主体"作用,凸显检察机关主场地位。这就赋予了该阶段工作新的内涵:一是要充分利用不起诉裁量权倒逼侦查机关提高办案质量;二是要严把起诉关,坚持证据裁判原则,贯彻疑罪从无原则,确保起诉质量,防止案件"带病"进入审判程序;三是要以认罪认罚从宽制度改革为契机,探索"从宽"的扩大适用范围,将不起诉裁量权与认罪协商机制有效对接,同时推动量刑建议精准化发展的进程,充分发挥检察机关求刑权的实质作用。

3. 出庭公诉的基本内涵

出庭公诉,是按照庭审实质化要求,发挥国家公诉人指控和证明犯罪主体作用的过程。出庭公诉的任务主要包括庭前准备、完善庭审预案、有力有据地指控犯罪、人权保障、诉讼监督及法制宣传、教育等工作。因此,出庭公诉的核心要素是查明事实、指控证明、权利保障和法律监督,是对前两个阶段公诉工作效果的集中检验和展示。

在以审判为中心的诉讼制度改革中,出庭公诉工作成为构建充分发挥指控和证明犯罪"主体"作用的重点,其内涵也随之扩展延伸,关键在于发挥公诉人对庭审指控的决定性作用。一是要加强与法庭的庭前衔接,通过庭前会议制度,围绕案件焦点做好出庭应对准备;二是要一方面加大控方证人、鉴定人等诉讼参与人的出庭力度,强化指控犯罪效果，另一方面研究辩方相关诉讼参与人出庭的应对措施；三是建立完善的出庭公诉信息化支撑平台，借助公诉团队力量和专业人员的"外脑"优势构建庭外服务庭审的工作机制。

4. 三阶段的逻辑关系

"公诉工作阶段论"是公诉权内部分权理论的重要体现，审查起诉、起诉裁量和出庭公诉各阶段的工作内容、对象、重点、立场不尽相同，权力运行方式、作用、意义也有所差别，同时对检察官能力的要求也存在不同。

从纵向看，三者分属三个相对独立的诉讼阶段，是具有独立价值的公诉职能，责权有明显的差异性，审查起诉阶段有介入引导侦查、调查讯问、询问、听取辩护人意见及审查核实等权力，承担的是实质审查，严把"入口"关的责任。起诉裁量阶段有决定起诉或者不起诉、提出量刑建议等权力，承担的是依法公正裁量，严把"出口"关的责任。出庭公诉阶段有代表国家行使公诉职责、指控追究犯罪的法定权力，承担的是指控有据、辩论有力，严把胜诉关的责任。

但三者的逻辑起点和终极目标相同，都源于公诉权本身所包含的三种具体职能，都最终以高效服务庭审为核心目标，三者紧密联系，共同构成一个完整公诉职权体系，共同完成于刑事公诉程序链条之中。三阶段工作虽各有侧重，但都是实现以审判为中心的诉讼体制改革要求不可偏废的环节，三者逻辑关系在于前阶段是后阶段的基础，决定了后阶段的走向和结果，后阶段是前阶段的出发点和落脚点，实现了前阶段的目标，后阶段同时对前阶段的工作有系统总结、集中展示和制衡监督的作用。在以审判为中心的诉讼制度改革下，由于出庭公诉工作是直接参与庭审的阶段，因此，该阶段同时是前两阶段的出发点和落脚点，其工作阶段要求对于整个刑事公诉程序具有引领作用。故而，三个阶段虽是相对独立，但不可决然割裂，而是紧密联系，互为条件和目的。

（二）公诉工作专业化分工的基本原则

专业化分工的运行模式应当以合理分工，合力指控，充分发挥"两主"作用，落实庭审实质化为基本目标，探索三个阶段工作适当分离的工作模式和案件范围，实现术业专攻、人尽其才、权责相当，确保分离不脱节，专职更专业，衔接更高效。运行模式的设计要坚持问题导向，关键在于一方面要与司法责任制改革的要求相适应，厘清权责分配问题，保障检察官办案亲历性；另一方面要与认罪认罚从宽制度等刑事诉讼制度改革要求相结合，促进繁简分流，实现"简案快办，繁案精办"的新时期司法办案要求，提高办案效率，维护公平正义。因此，笔者认为专业化分工运行模式应当以案件适用的庭审程序为划分标准，依照"抓两大、放两小"的原则，合理确立分工方式和案件范围，并配合不同权责模式和衔接机制。之所以如此划分，是为遵循以下几点基本原则：

1. 以庭审为中心原则

以审判为中心的诉讼制度改革实质是以"庭审"为中心，庭审是检验审前程序和审判程序是否符合实质化标准的"试金石"，在整个诉讼环节中占据了最为重要的作用，是"公诉工作阶段论"的出发点和落脚点，因此，以不同的庭审程序来建立专业化分工模式符合改革要求，也符合检察机关在改革中发挥"两主"作用的目标追求。

2. 繁简分流原则

从1996年刑事司法程序设置简易程序开始，我国刑事案件已经开始繁简分流的制度改革，这是整个刑事司法制度改革的大趋势，也是众望所归。保证司法公正的同时提高诉讼效率，才是实质的正义。而庭审程序的选择恰恰反映了案件之于公诉三阶段工作的难易程度，以此确定繁简分流的案件标准，对应不同的专业化分工模式，具有客观现实意义。

3. "抓两大，放两小"原则

"抓两大，放两小"原则是首都检察机关推进司法责任制改革过程中建立的基本授权原则，其划分标准是一般案件和重大案件、重大影响案件，充分体现了以案件办理效果为本的放权设计理念。按照该原则，不同案件类型应当匹配不同的专业化分工运行模式，才能有效实现"抓两大，放两小"原则的设计初衷，实现行使授权与履行职权相结合的办案模式，不背离司法责任制的实施原则和正确轨道。

4. 适度分离和相对重叠原则

"公诉工作阶段论"的专业化分工，并不意味着职能主体的绝对分离。一方面在具体工作中要实现三阶段的适当分离，按照不同的职能特点，科学分配任务，合理安排人员，另一方面也要根据不同庭审程序、不同案件的特点，分析审查起诉、起诉裁量、出庭公诉三者的权责主体是否可能存在重叠。特别是起诉裁量具有承上启下的阶段特征，在不同的庭审程序、不同的案件中，与审查起诉和出庭公诉的紧密性存在差异，因此，笔者认为，三阶段的职能主体应当允许根据运行模式的划分标准确定适度分离和相对重叠的情形。

（三）公诉工作专业化分工的三种模式

综上所述，具体运行模式可以依据不同庭审程序和不同案件类型划分为以下三条主线：

1. 简易速裁程序公诉模式

适用简易程序、速裁程序、认罪认罚从宽制度的案件由专职审查检察官集中承担审查起诉、起诉裁量阶段的工作，由专职出庭公诉检察官担任轮值公诉人，专司出庭公诉阶段的工作。

对于上述案件类型而言，出于对办案效率的考虑，笔者认为起诉裁量与审查起诉的联系更为紧密，同时专职出庭公诉检察官（以下简称出庭检察官）无需再次通过行使起诉裁量权来确保对案件办理的亲历性。因此，上述案件审查终结，专职审查检察官（以下简称审查检察官）认为符合起诉条件的，应当作出起诉决定并完成起诉书等相关法律文书撰写工作，直接向人民法院提起公诉。同时，将案件审查报告、起诉书等材料移送出庭检察官，出庭检察官通过与审查检察官沟通、阅读相关案件材料等方式，迅速完成对上述案件的庭审准备工作，通过集中出庭等方式提高诉讼效率。若审查检察官认为上述案件依法应当作出不起诉处理的，则应公正合理地发挥起诉裁量权，对案件作出不起诉决定。

这样的运行模式既实现了简案快办，又充分保障了检察官对于简单案件的决定权。

同时，在该运行模式下，为保障对审查检察官起诉裁量权的有效监督，上述案件提起公诉后，出庭检察官认为审查检察官的起诉决定、程序适用不当的，应当及时与审查检察官协商，协商不一致的报请主管检察长决定；上述案件作出不起诉决定并宣告后，审查检察官应及时将检察卷宗报刑事审判监督部门复核，如此既赋予了出庭检察官一定的起诉裁量异议权，也通过审监部门的反向审视职能实现了对不起诉裁量权的有力监督。

2. 普通程序一般案件公诉模式

适用普通程序的一般案件由审查检察官集中承担审查起诉阶段的工作，由出庭检察官专司出庭公诉阶段的工作，而起诉裁量阶段的工作则拆分为决定起诉与决定不起诉，分别由出庭检察官和审查检察官承担。

对于上述案件类型而言，出于对出庭公诉的对抗性等难易程度考虑，笔者认为起诉裁量与出庭公诉的联系更为紧密，同时出庭检察官必须通过行使起诉裁量权来实现对案件办理的亲历性，确保庭审指控有力、有据。但起诉裁量不仅包括决定起诉，还包括决定不起诉，实践中，若审查检察官认为上述案件不符合起诉条件，不应当进入庭审程序，完全可以直接决定不起诉，而无需出庭检察官重复审查。因此，出于对办案效率的考量，上述案件起诉裁量中的不起诉决定权由审查检察官直接行使。

具体而言，上述案件审查终结，审查检察官建议起诉的，应当撰写拟起诉意见书，随案件卷宗、证据材料、案件审查报告一并移送出庭检察官，同时，为出庭检察官审查起诉意见及作出起诉裁量预留一定的办案时间。若审查检察官认为上述案件依法应当作出不起诉处理的，则由其直接对案件作出不起诉决定。出庭检察官收到拟起诉意见书及相关材料后，应及时审查，并在预留期限内完成案件的起诉裁量工作，决定起诉的，应撰写起诉书向人民法院提起公诉；若出庭检察官认为拟起诉意见不当，上述案件不符合起诉条件的，应当以出庭检察官的意见为准，由出庭检察官行使起诉裁量中的不起诉决定权，作出不起诉决定，并报主管检察长备案。同样的，上述案件作出不起诉决定后均应当及时将检察卷宗报刑事审判监督部门复核。

如此设计在于保障出庭检察官之于庭审指控和证明犯罪的主体地位和作用，同时也由出庭检察官承担败诉风险和起诉异议情况下的不起诉裁量责任，做到了权责统一，监督到位，既保障了效率，避免了重复性工作，又实现了明确的专业化分工。

3. 普通程序重大疑难复杂案件公诉模式

适用普通程序的重大疑难复杂案件由审查检察官集中承担审查起诉阶段的工作，由出庭检察官专司出庭公诉阶段的工作，同时成立联合办案组。根据案件重大、敏感程度及影响范围由主管检察长、检察长或检察委员会完成起诉裁量阶段的工作。

对于上述案件类型而言，由于其特殊性，依据"抓两大、放两小"的基本原则及起诉裁量的权责体系，起诉裁量职能主体必须适当分离，相对独立，超然于审查起诉和出庭公诉的职能主体之外，才能确保把好案件"出口"关。同时为保障两类检察官充分亲历案件，确保案件出庭质量，审查起诉与出庭公诉两个阶段应当在专业分工的基础上，实现适当的重叠。因此，上述案件经侦查机关通报立案侦查或收案后，应由主管检察长确定审查检察官与出庭检察官组成联合办案组，办案组内部工作在阶段重叠的基础上，按照专业化分工各有侧重，实现后阶段对前阶段的提前介入，前阶段对后阶段的庭外支持。案件审查终结，由审查检察官撰写审结意见报主管检察长审查，同时为主管检察长审查审结意见及作出起诉裁量预留一定办案时间。主管检察长视案件情况作出起诉裁量决定或继续上报检察长、检察委员会决定。决定起诉的，由出庭检察官综合提前介入所掌握的案件情况撰写起诉书向人民法院提起公诉，并完成庭审准备，出庭支持公诉；决定不起诉的，由审查检察官撰写不起诉决定书并宣布不起诉决定。另外，上述案件办理还要借助检察官异地履职机制、专业部门同步审查机制、出庭工作信息化支撑平台等外部支持机制手段，确保各职能主体充分发挥"两主"作用，确保检察机关在实质化庭审模式下，占据指控犯罪的主场地位，发挥主场优势。

这样的运行模式既保障了检察官办案的亲历性，实现了繁案精办，又客观上促进了领导亲历办案的改革进程，还与"三位一体"的专业化建设紧密相连，充分体现了检察机关公诉工作三阶段的专业化、精细化分工。

（四）公诉工作专业化分工的机制保障

三条主线是"公诉工作阶段论"专业化分工运行模式的基础，整个工作机制的建立、具体制度的设计还包括人才培养选拔、人员配备及案件分配、权责划分及履职时间点、阶段回转及变更处理、侦、审衔接等问题。

1. 人才培养选拔

根据检察官的不同专业特点，挑选具备全面、细致审查预审卷宗能力，同时，具备较强引导侦查、补充侦查、调取证据能力以及诉讼监督能力的检察官担任审查检察官；选拔出庭公诉经验丰富、法庭应变能力、辩论能力、反应能力和语言表达能力较强的检察官担任出庭检察官，同时，适时展开专业培训，培养专业人才。

2. 人员配备及案件分配

以东城院公诉部为例，80%的案件为适用第一、二种运行模式的简单案件，目前集中20%的力量即可完成办理。因此根据收案量与人员力量配比，可以按照一名出庭公诉人对应三个办案单元的模式进行人力配备，三个办案单元审结并作出起诉决定的案件均由出庭检官负责后续出庭工作。另外20%适用第三种运行模式的复杂案件，配备一对一，甚至多对多的审查和出庭检察官组成联合办案组，确保人员力量。

3. 权责划分及履职时间

依照"公诉工作阶段论"的权责体系进行划分，以"谁决定，谁负责"为基础，享有该阶段的公诉权力，承担该阶段的公诉责任。另外，为适应"两主"要求，审查阶段的履职检察官应将履职时间点最早提前至侦查阶段；起诉裁量阶段的履职检察官的履职时间点根据不同案件的特点，最早可以在审查阶段听取汇报，最晚于审查终结后作出决定；出庭公诉阶段的履职检察官的履职时间点为案件提起公诉后，但对于重大疑难复杂案件，应当提前介入审查起诉阶段。

4. 阶段回转及变更处理

若适用第一种运行模式的案件在庭审中出现程序变更，例如，适用简易程序的案件，被告人当庭翻供拒绝认罪而转为普通程序的，出庭检察官应当及时申请法庭休庭，与审查检查官进行沟通并进一步审查案件，根据需要讯问被告人、询问侦查人员等相关诉讼参与人，变更出庭预案重新履行出庭职能；被告人当庭因为和解等事项，需要变更量刑建议的，出庭检察官可根据事先沟通情况做出适当变更，或申请暂时休庭与审查检察官临时沟通做出决定。所有变更决定均由出庭检察官作出并负责；适用第一、二种运行模式的案件，出庭检察官可以根据庭审情况作出变更起诉、追加起诉、补充侦查等决定；适用第三种运行模式的案件，所有庭审变更事项均由出庭检察官提出变更意见，报起诉裁量主体决定。

5. 与侦审的衔接

公诉工作阶段论一方面要求向前延伸引导侦查，传导庭审证明标准；另一方面要求提高出庭指控犯罪能力，集中专业力量高效高质完成控辩对抗，这就需要通过公、检、法三方的沟通协作机制，构建侦查机关立案通报、侦查通报制度，为提前介入和引导侦查扫清障碍，打通渠道；同时，加强与法院的庭前沟通，充分运用庭前会议制度，实现对重点证据、焦点争议的庭前把控，另外，还应与法院建立简案快办、集中审理机制，在审判阶段实现与轮值公诉模式相衔接的审判机制，将该类案件的审判权力相对集中在固定的承办法官手中，最终实现繁简分流的多层次诉讼制度体系建设，节约司法资源，提高诉讼效率。

结　语

在我国刑事诉讼三阶段中，检察机关承担着审查起诉、指控犯罪、审判监督等重要职能，公诉工作更是这些职能的核心。推进以审判为中心的诉讼制度改革，对检察机关公诉工作而言，影响深远，既是重大机遇，也有诸多挑战，发挥"两主"作用，加强专业化建设，是检察机关应对考验的重要抓手。

笔者在分析以审判为中心诉讼制度改革大背景的基础上，指出了当前公诉工作中存在的诸多"不适应、不健全、不完善"的问题，认清了挑战，作出了调整，明确了"审查起诉、起诉裁量、出庭公诉"公诉工作三阶段专业化分工的必然性和可行性，并着力从公诉工作机制转型创新的视角，提出"公诉工作阶段论"专业化分工的具体运行模式，从理念到实践，进行了全方位的探索创新，期望能够为当前实践提供参考和借鉴，在新时期改革背景下，最大限度的发挥检察机关的"两主"作用。

大数据时代实现精准公诉的路径选择

马维新　黄　胜　赖冬水[*]

一、大数据时代公诉规范化转变

运用大数据，通过精细化的管理达到公诉行为的规范化，实现全面审查证据，精确编织证据链，准确指控和精确量刑。主要表现在：（1）案件审查中，电子笔录等电子卷宗的随案移送和远程视频提讯系统的建立，为公诉人办理案件提供了方便，大大提高了案件审查的质效。（2）示证模式由"读证据、传书证"向多媒体示证转变，提高了举证质量，增强了庭审效果，且能有效应对被告人的翻供。通过对中国裁判文书网等网站公开的文书及数据分析文章的研判，建立职务犯罪特别是贪污贿赂犯罪的量刑数据模型，使量刑建议由模糊概括向精确规范求刑转变，"精确量刑"成为可能。（3）远程庭审指挥系统的使用，使庭审应对由公诉人"单兵作战"向检察院团队支援转变，为公诉人应对庭审突发情况提供了后方支援和后勤保障。

二、大数据对精准公诉带来的困难与挑战

一是律师团体通过数据分析、共享，提升了律师的辩护能力，针对性辩护和程序性辩护对公诉人的庭审能力提出了更大的挑战。二是大部分基层院的信息化侦查水平落后，无法真正实现数据指引侦查的效果，没有及时收集犯罪嫌疑人异于常人、常情的表现交往产生的数据，如银行数据、话单数据、QQ、微信、微博数据，以及近期的互联网阅览数据等进行分析，得出有力的电子证据。三是公诉人自身信息技术能力的匮乏，致使信息化手段难以真正地运用在实际办案中，萃取与所办案件有关联的信息，为公诉活动提供支撑。公诉人大多数是法律专业人才，缺乏IT技术、数学逻辑思维，很难掌握日益更新的信息技术，例行的培训也多注重于法律知识的传授和公诉技能的提升，很少安排信息技术传授课程。

三、利用大数据实现精准公诉的路径选择

一是要树立互联网思维，提升信息化应用能力。公诉人要充分利用互联网技术、智

---

[*] 作者单位：江西省赣州市南康区人民检察院。

能办公技术、数据挖掘等现代信息技术来实现"智慧公诉",用好用足多媒体示证系统、远程视频系统来实现办案的智能化、便利化,更要善于利用互联网信息化服务平台,增强信息研判能力、利用大数据的海量采集、智能分析特点,作出精准研判、探索互联网环境下职务犯罪案件的发现、衍生、传播规律,提升精准公诉的能力。

二是要树立大数据思维,善于利用数据分析研判问题。利用大数据多维度地准确分析犯罪嫌疑人(被告人)、单个事件之间的相关性来得出共性,并适当区分个性,从而反击犯罪嫌疑人(被告人)"白马非马"的诡辩。公诉人要利用司法公开产生的数据,去查询辩护人的相关辩护案件及相关论述,熟悉辩护人的辩护思路、辩护特点,并做好应对准备。

三是要树立协作、开放意识,善于运用团队的智慧来解决难题。对于技术问题,可以取得技术部门的支持,优化多媒体示证方案;对于证据分析、定性方面的难题,不仅可以参考相关案例,还可以在保密的情形下请教其他优秀公诉人、教授、学者,甚至先听取律师意见再来逆推案件,以确保事实清楚、证据确实充分并排除合理怀疑。

四是要加强诉前引导,及时介入重大案件,督促侦查人员依法收集犯罪嫌疑人的通话记录、聊天记录等电子数据,做好分析研判。

五是要重视审前准备工作,做到精确控诉。重视证据梳理,写出高质量的案件审查报告。撰写审查报告时,一定要突出把握对全案证据的分析思路,不仅要将全案所有的证据材料与所有待证的案件事实有机地联系起来,作综合性的分析判断,更要着重分析影响定罪量刑的一切事实是否都有相应的证据予以证明,论据以定案的证据体系能否相互印证,是否协调一致、有无矛盾存在,是否足以得出唯一的排他性结论,从而最终确定是否达到了"事实清楚,证据确实、充分"的起诉证明要求。对罪名可能存在争议的,要进行证据分析,说明为何构成此罪而非彼罪的理由,特别要在审查报告中体现为何不采信犯罪嫌疑人、辩护人意见的分析论证过程;对于争议大的案件,需要利用数据库搜集相关判例来进行实例支撑;对于涉及公诉人不了解的专业领域知识,一定要询问专家,并搜集相关法律、行政法规,做好资料备份。

六是要开好庭前会议,摸清辩方的虚实。公诉人要通过庭前会议与辩护人的交流,了解辩护人掌握的证据情况,防止证据突袭;合理安排证人出庭名单,补强询问技巧,有效应对辩方的询问;重新评估证据体系,收集好证明证据合法的相关证据,做好侦查人员出庭的准备,精确应对非法证据排除问题;归纳双方争议焦点,合理调整多媒体示证的顺序。做好庭审预案,对相关情况进行预判并做好应对策略,必要时可以进行庭审预演。

七是要实行阳光司法,利用检察机关统一应用业务系统和人民检察院案件信息公开网,及时公布案件办理阶段和处理结果,及时公开终局法律文书。充分利用"两微一端",对重大贪腐案件信息予以及时公布。配合案管部门的案件质量检查,确保司法规范。

刑事执行检察调研

关于财产刑执行检察试点工作的调研报告

四川省都江堰市人民检察院

四川省都江堰市人民检察院在履行财产刑执行检察监督职责过程中,梳理了该市2013年1月至2015年10月期间的财产刑执行情况,分析了财产刑执行现状,总结了主要做法,分析了财产刑执行的制约因素,并提出构建财产刑执行检察监督的六项机制,完善财产刑执行路径。

一、财产刑执行检察监督工作的现状

2013年1月至2015年10月30日,都江堰市人民法院判处各类财产刑案件717件,判处罚金刑和没收违法所得及其他涉案财产933人,判处罚金、没收违法所得和其他涉案财产金额949.64万元,执行罚金、没收违法所得和其他涉案财产金额577.97万元。被判处罚金、没收财产、没收违法所得及其他涉案财产的主要犯罪类型为盗窃、诈骗、抢夺、抢劫、传销、开设赌场、赌博、贪污贿赂、危险驾驶、毒品类犯罪等。该市财产刑执行呈现以下特点:

一是单处罚金及其他涉案财产执行率较高。2013年1月至2015年10月,都江堰市法院对罪犯单处罚金19.35万元,实际执行17.49万元,执行率为90.3%。在其他涉案财产方面,2013年1月至2015年10月已执行金额58017元,未执行金额1.71万元,执行率为77.2%。

二是监狱服刑罪犯家属主动缴纳罚金有所增加。在监狱服刑人员中,2013年缴纳罚金的有26人,金额12.66万元;2014年缴纳罚金的有57人,金额27.62元;2015年1月至10月缴纳罚金的有40人,金额15.9万元。缴纳人数和金额均较往年有所增长。

三是判决书中确定的财产刑未执行现象严重。从2013年1月至2015年10月,都江堰市共有933人被判处财产刑,共计判罚金额为949.64万元。其中,罚金金额371.67万元,执行金额95.47万元,执行率为25.6%。没收违法所得及其他涉案财产577.97万元,执行金额215.93万元,占被执行的37.3%。在判处罚金、没收违法所得及涉案财产的933人中,被执行人数仅210人,占判罚人数的22.5%。

四是社区服刑人员矫正期间财产刑执行为零。2013年1月至2015年10月,都江堰市社区服刑人员判处财产刑的有111人,判处罚金45.60万元,执行金额21.05万元,

执行率为46.1%，均为人民法院判处缓刑时执行。2013年1月至2015年6月有16人矫正期满，解除矫正时，应当执行的罚金4.15万元均未执行。

五是没收违法所得执行率较低，没收财产执行率为零。2013年1月至2015年10月，都江堰市判处各类犯罪没收违法所得及涉案财产577.97万元，已经执行215.93万元，执行率为37.3%。判决并处没收财产2件，执行为零。

二、财产刑执行检察监督工作的主要做法

一是及时汇报，争取支持。按照财产刑执行检察试点工作的要求，及时向市委政法委汇报，争取支持。对开展该项工作的安排、设想向成都市院监所部门专题汇报，争取市院的支持和指导。

二是先易后难，分步推进。邀请高校专家共同成立课题组进行财产刑执行实证研究。针对社区矫正人员财产刑执行为零的现状，利用司法所熟悉辖区内社区矫正人员情况的优势，督促社区矫正人员履行财产刑，并将其作为矫正期间奖励的依据之一。经过前期工作，已有3名社区矫正人员向法院缴纳了罚金。

三是加强监督，有序推进。召开联席会议，就建立财产刑案件台账、信息共享等交换意见。

四是统筹协调，形成合力。严格执行监狱服刑罪犯减刑、假释与财产刑执行挂钩机制，切实将服刑人员对原判决中财产刑的执行情况与减刑、假释挂钩落到实处，促使服刑人员履行财产刑截至2015年10月，法院判决在监狱服刑的29名罪犯共缴纳罚金37.95万元。

三、财产刑执行的制约因素

财产刑执行现状不容乐观，原因复杂，既有无财产可执行的客观原因，也有法院执行不能、执行不力等原因。财产刑的不能及时有效执行，不仅有失法律的严肃性，也影响了司法的权威性。

（一）原发性因素

一是法院对财产刑执行重视不够。财产刑大部分为罚金刑，一般从1000元到几千元不等，执行标的不大，且法院刑事执行部门经费、人员相对不足，执行任务繁重，主动追缴犯罪分子的财产积极性不高。二是被执行人无执行能力。判处罚金的大部分是盗窃等案件，大部分被判刑罪犯家庭困难。尤其是毒品类罪犯，基层院的毒品案件大多是"零包"犯罪，以贩养吸，基本没有可供执行的财产。

（二）继发性因素

一是缺乏财产刑执行的长效机制。被执行人已经收监服刑且无明确财产时，执行本身就缺乏执行基础。对判决有罚金刑的罪犯在由监狱提请、人民法院裁定减刑、假释过程中，监狱和法院对罪犯履行财产刑的情况重视不够。二是侦查阶段对犯罪嫌疑人可供

执行财产查扣不够。司法实践中，财产刑的执行很大程度上依赖于侦查阶段对被执行人非法所得和其他涉案财产的查扣，但侦查机关更多的是注重查清犯罪事实和收集的证据，对犯罪嫌疑人财产的证据不注重收集。

（三）保障性因素

一是法院财产状况调查权有限。最高人民法院《关于刑事裁判涉财部分执行的若干规定》第4条规定，人民法院刑事审判部门应当依法对被告人的财产状况进行调查。但应注意的是，在现行司法结构下，刑事审判部门本身就存在着案多人少的矛盾，面临繁重的审判任务，这就导致人民法院对被告人财产状况的调查权在很大程度上不能实现。二是缺乏部门联系机制，发现被执行人财产难。公、检、法等部门在财产刑的执行上配合不够，缺乏监督制约机制。

四、财产刑执行检察监督的机制构建

（一）建立财产状况调查制度

建立财产状况调查制度的目的，是在侦查、起诉、审判程序中，掌握犯罪嫌疑人、被告人的财产状况，保障财产刑的正确适用和有效执行。侦查机关、检察机关、人民法院在办理可能判处财产刑的案件时，应当注意查明犯罪嫌疑人、单位法人的财产状况。司法行政机关对财产刑未执结的社区服刑人员财产状况进行调查，发现可执行财产后应当及时告知执行机关。

（二）建立刑事财产担保制度

被执行人财产状况难掌握是导致财产刑执行难的重要因素，对此，可以建立刑事财产担保制度，公安机关、检察机关、人民法院在必要的时候，对依法应当判处财产刑的案件，在可能存在影响财产刑执行的情形时，可以决定对犯罪嫌疑人、被告人的财产采取保全措施，以保障刑事判决的有效执行。

（三）建立财产刑量刑建议制度

检察机关认为依法应当判处财产刑的案件，在向人民法院提出量刑建议时，对财产刑应一并提出量刑的意见。可以具有一定的幅度，也可以提出具体确定的建议。同时，对财产刑判决，应当着重审查判决是否符合法律规定，是否存在以钱赎罪的不当情形，是否有不当适用缓刑或过度从轻处罚的情形。

（四）完善信息共享制度

公安机关、检察机关、人民法院、司法行政机关对财产刑执行相关信息，通过政法系统信息共享与业务协同平台实现涉财产刑案件信息、立案、执行情况、执行变更等相关信息的共享。

（五）确立财产刑执行监督程序

1. 财产刑执行监督程序启动的条件。（1）依职权启动。刑事执行检察部门在依法履职过程中发现的违法违规行为或当事人进行控告申诉的情况下，检察机关就应启动监督程序，对法院的执行活动可能存在的不积极作为、合法性等进行监督。（2）因法院或其他机关移送而启动。因案件执行社会影响大，需要检察机关介入，以确保刑法执行的合法性和有效性，法院或其他机关主动邀请检察机关进行现场监督的情形下，检察机关启动监督程序。

2. 监督的步骤。（1）启动监督程序。对于符合启动条件的案件，刑事执行检察部门应将启动方式、线索来源、案件基本情况等进行登记，启动监督程序。（2）审查程序。刑事执行检察部门首先分析可能存在的问题，通过查阅案卷或相关文书，掌握案件基本情况。具体包括向人民法院调取罚金接收单明细、没收清单、通过国家金融机构上缴国库的凭证、执行回单等与执行程序相关材料的复印件；其次是进行调查取证。按照法院的执行程序，对可能存在的违规情形，询问具体执行人员，必要时可以向执行利害关系人或知悉情况的第三人调查取证，所有谈话应形成笔录，作为调查核实的证据使用。

3. 形成调查报告。调查报告应载明案件基本情况、法院立案以及执行情况、调查过程中形成的笔录、调取的文书等相关材料以及调查结论，即是否存在违法情形，是确实执行不能还是执行人员未履行作为义务，是否构成刑事犯罪等提出明确的倾向性结论。

4. 监督结论的应用。（1）依法终结。经审查，认为执行行为符合法律规定且无不当的案件，应当依法终结审查。（2）发现违法。发现法院应当依法执行而不执行的情况或其他执行过程中的问题经核实确有违法，应当依法向人民法院提出纠正违法意见。（3）执行不当。经核实确有不当，如执行没收财产或罚金刑，未保留被执行人及其所扶养家属的生活必须费用，应当依法向人民法院提出检察建议。（4）发现职务犯罪线索。人民检察院在监督财产刑执行工作中，发现人民法院执行活动中有司法工作人员渎职或贪污受贿犯罪，应将谈话笔录及相关材料移送自侦部门，发现违纪问题应移交法院纪检部门处理。

（六）建立被执行人或利害关系人意见反馈制度

被执行人或利害关系人是执行行为的直接承受者或受影响者，执行行为是否违法、有无不当，被执行人天然的会有最直观的感受，因此，建立被执行人或利害关系人意见反馈制度，在执行活动完毕后，由法院执行部门发放、收集反馈表，并将反馈表送达检察机关刑事执行检察部门备案。刑事执行检察部门根据被执行人或利害关系人的反馈意见，可以发现相关线索，进一步强化对执行活动的监督。

社区服刑人员收监执行
存在"三难"问题亟待解决

郭文明　金　蕾[*]

2014年以来,江苏省宿迁市宿豫区检察院扎实开展社区矫正监督,共对10名社区矫正人员建议撤销社区矫正、收监执行。在工作中,该院发现社区服刑人员收监执行存在"三难问题",应引起重视。

一、收监具体情形法律规定不明确落实难

依据《社区矫正实施办法》第25条的规定,社区矫正人员违反人民法院禁止令,情节严重的,因违反监督管理规定受到治安管理处罚,仍不改正的,应予以收监执行。但是对"情节严重"或"仍不改正"并没有明确的进一步解释规定,导致在司法实践中操作标准不一。如社区服刑人员张某,因寻衅滋事罪被判处缓刑,在社区矫正期间又因寻衅滋事被公安机关处以行政拘留7日的处罚,该院建议区司法局向原判法院提请收监张某,原判法院对张某的违法行是否达到收监执行的程度存有异议,在法律规定的一个月审理期限内未作出收监裁定。但2014年以来,该区共有4名社区服刑人员在社区矫正期间期间因违反治安管理处罚法被处以行政拘留处罚,均在规定审限内被法院顺利裁定收监执行。

二、对暂予监外执行的怀孕、哺乳期妇女收监难

对暂予监外执行的怀孕、哺乳期妇女存在三种应收监但收监难的情形:第一种情形是利用连续怀孕逃避执行刑罚。如王某被判有期徒刑6年,因怀孕被暂予监外执行,在哺乳期满又连续两次怀孕,导致收监无法执行。第二种情形是哺乳期满后孩子无人照顾。如赵某因处于哺乳期被暂予监外执行,哺乳期满后对其收监时,发现赵某是孩子的唯一抚养人,导致收监出现困难。第三种情形是在暂予监外执行期间不接受社区矫正且违法却不能收监。如因怀孕被暂予监外执行的张某,在暂予监外执行期间,不参加社区矫正,而且因吸毒被行政拘留15日,但其孩子不满一周岁,无人照顾,对张某是否应

---

[*] 作者单位:江苏省宿迁市宿豫区人民检察院。

当收监成为难题。

三、对在逃社区服刑人员抓捕难

根据《暂予监外执行规定》第25条的规定，被决定收监执行的罪犯在逃的，由罪犯居住地县级公安机关负责追捕。但在实践中，依据《公安机关办理刑事案件程序规定》，已被决定拘留、逮捕的犯罪嫌疑人在逃的，可以通过网上工作平台发布犯罪嫌疑人相关信息、发出拘留证或逮捕证，而法院对社区服刑人员作出的收监裁定书却不能适用，无法录入网上追逃系统，导致抓捕困难。如社区服刑人员袁某，因容留、介绍卖淫罪被判处缓刑，因超过规定时间未报到，经司法局提请，原判法院审查后裁定对袁某收监执行。区司法局联合公安机关对袁某收监时发现袁某逃跑，但公安机关无法依据法院的收监裁定书将袁某录入网上逃犯系统，法院也表示已经作出收监裁定，程序已经结束，不再另行出具逮捕证，导致抓捕工作陷入困难。

四、对策建议

（一）建议对收监执行情形作详细规定

建议对《社区矫正实施办法》第25条中收监执行的情形作出详细规定，特别是对"情节严重"中的"情节""严重"等模糊性规定进一步予以明确。

（二）对被暂予监外执行的怀孕、哺乳期妇女收监作具体规定

建议规定怀孕、哺乳期妇女在暂予监外执行期间，通过故意怀孕等逃避处罚的，以及违反监督管理规定或法律、行政法规规定的，其暂予监外执行期间不计入刑期，暂予监外执行期满后仍需执行原判刑罚。对暂予监外执行期满且刑期未满的，系未成年子女唯一抚养人的罪犯，应当由办案机关协调当地政府民政部门、儿童福利机构解决其未成年子女的生活教育等困难问题，及时将罪犯收监执行。

（三）完善网上追逃制度

明确法院对社区服刑人员下落不明的案件作出撤销缓刑、假释裁定或者暂予监外执行收监决定的同时，应当作出逮捕决定，并同时抄送司法行政机关，司法行政机关收到法律文书后及时联系公安机关办理网上追逃手续。

剥夺政治权利"执行乱"亟待引起重视

赵柯山　王小刚[*]

当前剥夺政治权利的执行活动较为混乱，破坏刑罚执行的严肃性，间接影响到县、乡人大代表选举前选民资格审查，亟待引起重视。

一、交付执行不全面

2013年刑事诉讼法修改，改变了2003年社区矫正试点工作中的做法，将剥夺政治权利的执行工作从社区矫正剥离，明确交由公安机关执行。但承担交付职责的部分监狱，仍只将剥夺政治权利所依据的判决书、裁定书等送达社区矫正机构，既不向公安机关送达，也不告知罪犯到居住地公安派出所报到，导致公安机关对剥夺政治权利罪犯的底数不清、情况不明，无法开展监督考察，间接影响到县、乡人大代表选举的选民登记与资格审查工作。

二、监督考察不到位

根据规定，公安机关在收到剥夺政治权利的法律文书后，应当指定罪犯居住地派出所进行监督考察，由罪犯居住地街道居民委员会、村民委员会或原所在单位协助进行监督，组成监督考察小组，建立被监督管理犯罪人员档案。但实践中较多被剥夺政治权利人员未被采取相应管控措施，罪犯处于脱管、漏管状态。

三、配合衔接不畅通

《社区矫正实施办法》明确，对于被判处剥夺政治权利在社会上服刑的罪犯，司法行政机关配合公安机关，监督其遵守《刑法》第54条的规定，及时掌握有关信息。调查发现，因为没有监督考察义务，司法行政机关在2013年之后对社区矫正人员是否附加剥夺政治权利不再予以关注，在罪犯基本信息登记中也不再给予注明。对判处缓刑、决定暂予监外执行等主刑执行完毕，且附加剥夺政治权利需要继续执行的，相关规定也未明确由社区矫正机构向公安机关履行交付义务。此外，因不涉及居住地变更限制，公

---

[*] 作者单位：江苏省建湖县人民检察院。

安机关在监督考察的接续管理上也呈现空白状态,增加了选民资格审查的难度。

四、对策建议

(一)明确交付与执行主体,理顺关系

制定专门剥夺政治权利交付与执行规范,确定公安机关主管部门和监督考察机构,明确单处、附加剥夺政治权利等不同情形的交付主体、程序以及向检察机关的抄送义务,避免因交付不及时、不全面,导致罪犯脱管、漏管。

(二)细化监督与考察程序,严格责任

对公安机关监督考察工作提出具体要求,规范从"进"到"出"的程序性关口。加强动态管控,严格执行相关禁止性规定,期满及时通知本人及其所在单位、居住地基层组织。县、乡人大代表换届选举前,将被剥夺选举权、被选举权的人员名单报送选举委员会。

(三)建立配合与衔接机制,强化沟通

健全公检法司联席会议制度,定期互通剥夺政治权利工作信息,明确监狱和社区矫正机构具体的交付与协助义务,建立地区间接续管理操作流程。加强对剥夺政治权利的检察监督,对因不及时交付执行、不落实考察措施导致罪犯脱管、漏管的,提出纠正意见,保证刑罚执行严肃性。

关于监外执行罪犯脱管、漏管问题的调研

吴言才[*]

监外执行是刑罚执行制度的一种,指对被人民法院依法判处刑罚的罪犯,因具有法律所规定的特定情况而变更刑罚执行场所和执行方式,实施非监禁刑罚的一种刑罚制度。近些年来,随着人员流动性的增大,在异地犯罪的罪犯逐渐增多,在异地被宣告监外执行的罪犯也随之增多,监外执行脱管、漏管问题也日渐突出,不利于社会和谐稳定,应当引起足够重视。

一、监管机关缺乏工作协调机制,未形成工作合力

监外执行涉及多部门多环节,部门配合和各个环节的衔接尤为重要。社区矫正工作的开展,使司法行政机关成为矫正管理的主体,实现了刑罚执行主体的多元化,但是《关于加强和规范监外执行工作的意见》《关于开展社区矫正试点工作的通知》等相关文件规定过于笼统、原则,可操作性不强。在实践中,公、检、法、司各部门以自身业务为重点,在监外执行上认识不够统一、职责不够明确、缺乏联系沟通机制,尚未建立刑罚执行信息共享平台,各部门之间信息不能及时共享传递,监外执行人员底数无法一一对应,造成工作脱节现象。

二、法律文书送达滞后或者送达脱节,导致在交付执行上衔接不到位

法律文书的送达主要包括:法院判处缓刑、剥夺政治权利的罪犯执行通知书及相应刑事裁判文书;派出检察室有关假释、暂予监外执行罪犯的《出所告知表》;监狱涉及假释、暂予监外执行罪犯有关法律文书。刑事诉讼法等相关法律对交付时间、交付方式没有明确、具体的规定,导致实践中没有形成一套规范统一的送达运作模式,来保障罪犯的法律文书及时、有效地在各监管部门之间同步交付执行,法律文书不送达或者送达脱节的情况突出,直接导致公、检、法、司在交付执行上衔接不到位。

三、居住地核实不准确,导致不能及时交付执行

《社区矫正实施办法》第 5 条规定,对于适用社区矫正的罪犯,人民法院、公安机

---

[*] 作者单位:重庆市南岸区人民检察院。

关、监狱应当核实其居住地。而实践中，有的法院在判处缓刑、管制，决定暂予监外执行前未对适用社区矫正的罪犯的居住地准确核实，往往采取认定户籍地为居住地的方式直接向户籍地县级司法行政机关送达判决和执行法律文书。而户籍地司法行政机关在接收该社区矫正人员时却发现该人员早已不在户籍地居住生活，无法监管，只能将法律文书退回人民法院。如此反复，必然造成社区矫正人员不能及时交付执行，导致漏管。

四、监管人员配备有限，导致监管制度落实不到位

实践中，作为监外执行主体的基层司法所和派出所，由于人员配备有限，工作任务繁重，绝大多数都没有设立专门人员负责监外执行监管工作，而是由一名或两名人员兼任，往往很难把工作做实、做细、做全。于是，出现了未落实建立健全档案登记管理、定期学习思想汇报、罪犯现实表现通报、请销假等经常性工作制度长期流于形式，使得刑罚统一执行缺乏保障，对未报到的罪犯不管不问，致使其长期脱管、漏管。

五、针对监外执行罪犯脱管、漏管问题的对策建议

（一）健全协作机制，提升执法效能

一方面，建立监外交付执行动态数据共享平台。针对监外交付执行信息不畅问题，建议通过召开公、检、法、司联席会，尽快建立监外交付执行动态数据共享平台，实现公、检、法、司监外交付执行动态数据信息的互通。另一方面，建立责任追究制。将监外执行工作纳入单位年度参与当地社会治安综合治理的考评范围，确保监外执行工作落到实处。同时，因重大过错导致监管不力，发生脱管、漏管，造成监外执行罪犯再犯罪，严重扰乱社会秩序的，取消年度社会治安综合管理考核评优、个人评先进的资格。

（二）完善监外执行交付制度，规范法律文书送达

一方面，罪犯交接实行执行预测制度和强制报到制度。在实践中，可以借鉴英美等国家的"再犯预测制度"，建立执行预测制度，即由法院、监狱等监外执行决定、交付机关，在判决和交付前对监外执行罪犯进行评估，对其服从管理情况进行预测，划分严管和宽管两级。对严管级的罪犯，实行"强制押送报到制度"，对宽管级的罪犯实行"承诺报到制度"，确保监外执行罪犯不会在交付过程中发生脱管现象。另一方面，实行文书直接送达及送达回执制度。规定监外执行罪犯的有关法律文书应当由法院、监狱工作人员采取直接送达的方式，在判决、裁定、决定生效后3日内送达县级公安机关、司法行政机关、人民检察院，以上三个部门在收到相关法律文书后应当在2日内将法律文书送达下级相应的公安派出所、司法所、驻所检察室。严格禁止平寄或由其家属代收、转交，司法部门应"面对面"告知监外执行罪犯的义务和法律后果。法律文书的送达还必须签收送达回执，无回执的视为没有送达。

（三）健全监外执行罪犯监管制度，创新监管方式

一是建立技术定位管理机制。针对监外执行罪犯流动性和分散性的特点，建议公安机关设立监外罪犯执行监督专网，采取网络动态跟踪监督管理技术跟踪监督管理，并在执行机关系统内搞好衔接，形成工作合力。监所检察部门对本辖区内监外执行罪犯实行专人负责，设立监外执行考察组，实现同步动态监督。二是组织纳入社区矫正的监外执行罪犯定期开展社会公益劳动。根据《社区矫正实施办法》有关规定，社区矫正人员每月参加社区服务时间不少于8小时。定期组织有劳动能力的社区矫正人员参加社区服务，既修复社会关系，又加强对他们的监管。三是建立担保人制度。担保人由监外执行罪犯提出，由具有管束能力的近亲属或其所在单位负责担任。担保人应当保证监外执行罪犯在规定的时间内向有关机关报到及汇报改造情况。因担保人管控不力导致监外执行罪犯脱管、漏管的，追究其相应责任。

（四）加大人员保障，提升监管人员素质

近年来，监外执行监管制度不断被创新发展，社区矫正制度在实践中逐步走向成熟，高科技管理手段不断被应用等，这就要求必须加大对监管人员的培训力度，提升队伍工作能力，才更能适应形势发展要求。同时，针对从事监外交付执行监督人员偏少的现状，相应增加司法机关政法编制，合理调配人员，以适应监外交付执行监督工作的需要。

刑事执行检察视野下强制
医疗执行乱象亟须高度重视

四川省荣县人民检察院刑事执行检察局

四川省荣县人民检察院刑事执行检察局针对当前强制医疗执行乱象进行调研分析并提出完善建议。当前强制医疗执行主体不明确，被强制医疗人与普通精神病人混同治疗、监管，评估解除随意等执行乱象突出，强制医疗相关法律规定没有得到正确、有效实施，急需引起高度重视。

一、强制医疗执行中存在的问题

（一）交付、收治程序随意

强制医疗机构收治被强制医疗人、公安机关采取临时保护性约束措施的涉案精神病人时，仅凭病人亲属、当地政府或公安机关口述，经简单登记即完成接收。收治过程无任何医疗鉴定证明、公安机关采取临时保护性约束措施的法律文书和法院强制医疗决定书、执行通知书等必备法律文书。

（二）强制医疗执行主体五花八门

至今法律尚未对强制医疗执行主体作出具体规定，也未明确相关责任。实践中，当地政府也未依法指定有关机构临时承担强制医疗执行职能，有的由民政部门所属的精神病医院执行，有的由公安机关所属的康复中心执行，有的则由民营精神病医院执行，导致医疗、安全监管、会见探视、定期诊断评估和报请解除等诸多职责的归属模糊。

（三）与普通精神病人混同治疗、监管现象普遍

实践中非专业强制医疗机构医疗场地、专业人员、医疗设备、监管设施等匮乏，被强制医疗人得不到及时有效的诊断治疗。

（四）未依法开展定期评估，解除程序随意

解除依据仅凭医生做出的在医学上是否痊愈的结论，对是否具有人身危险性、是否需要解除强制医疗没有进行科学评估并按程序报请原决定法院批准。

(五) 经费的来源和使用混杂

有的由公安机关支付，有的先由医院垫付，然后从被强制医疗人的医保、民政救助金等途径中报销；有的由被强制医疗人亲属支付。强制医疗费用无单独核算，始终与普通医疗费用混同管理。

二、完善强制医疗工作的对策及建议

(一) 完善强制医疗执行案件衔接机制

在明确的法律规定出台以前，法院、检察、公安、强制医疗机构等相关部门可以结合本地区强制医疗实践，制定本地区强制医疗执行规范化操作文件，通过定期召开联席会议，落实文书抄送、告知等制度，规范强制医疗工作的开展。

(二) 加快强制医疗所的设立步伐

目前，立法机关已将《强制医疗所条例（送审稿）》向社会公布，征求各界意见，要尽快定稿施行，明确强制医疗所是执行刑事法律规定的强制措施的场所，其机构性质应当是执法机关，不是单纯的医疗机构，规范对肇事肇祸精神病人的管治工作。

(三) 建立科学的评估解除机制

建立由具有法定鉴定资质的检察人员、强制医疗机构的精神病学专家、其他社会医疗机构或卫生行政系统的精神病学专家等组成的强制医疗评估鉴定专家委员会，对被强制医疗人"已不具有人身危险性，不需要继续强制医疗"作出专门评估和科学鉴定。强制医疗机构应当每半年对被强制医疗人是否具有人身危险性进行评估鉴定，并依据诊断评估情况提出解除意见报请法院批准。

(四) 建立强制医疗费用保障机制

强制医疗是由法院代表国家作出的一种对涉案精神病人实施强制医疗的决定，强制医疗费用理应由国家负担，由财政单独编制经费预算进行全额保障。被解除强制医疗人的后续治疗费用可通过医疗保险社会化方式解决，将其纳入城镇医疗保险和新农合医疗保险，保障被强制医疗人的后续治疗，促其早日康复回归社会。

当前财产刑执行过程中
五方面问题交织导致执结率低

庄中卫 赵 青[*]

自 2016 年 8 月最高人民检察院在全国部署开展为期 5 个月的财产刑执行专项检察活动以来，江苏省宿迁市两级检察机关对 2013 - 2016 年上半年全市法院判决的 9599 件财产刑执行案件进行了监督。截至 2016 年底专项检察活动结束，执行完毕 2092 件，占比 21.8%。

一、影响财产刑执行效果的几个方面问题

（一）部分财产类判项金额不明确

有的责令退赔、处置赃款赃物和没收供犯罪所用本人财物等财产类判项金额，法院在判决书中没有明确。在 9599 件案件中，2141 件因无法明确财产类判项具体数额，导致实际执行存在困难。

（二）财产刑执行流转慢、手段少

财产刑执行案件需刑庭将相关文书移交立案庭立案，再移交执行机构分案，从判决生效到正式执行，时间跨度大。截至 2016 年底，全市法院刑庭共移交立案 4545 件，移送立案率仅 47.3%。此外，财产刑执行案件缺少申请人配合提供财产线索，而且贪利型罪犯往往善于隐匿或转移财产，查找财产线索难度较大，通常只能通过扣押在案的赃款赃物或划拨银行存款予以执行。

（三）刑罚执行机关间协作配合不够

法律规定如果犯罪分子确有悔改表现，则可由执行机关向中级以上法院建议减刑或假释，而悔改表现首先要求认罪认罚。实践中，监狱与原审法院缺乏协作配合，通常不会将财产刑执行状况与减刑、假释相挂钩，难以调动罪犯及其家属自主履行财产刑的积极性。此外，监管改造场所与原审法院之间财产信息共享不够，即便是罪犯刑满释放前账面有余额，原审法院也无法及时获悉，从而错失财产刑执行机会。

---

[*] 作者单位：江苏省泗阳县人民检察院。

（四）涉案款项判后移送处理不及时

根据《公安机关涉案财物管理若干规定》，侦查阶段查扣的涉案款项除作为证据使用外均存入公安机关指定账户，待法院作出有罪判决后，由公安机关根据判决对涉案款项作出处理。实践中，公安机关对涉案款项的处理往往不及时，既未依判决对扣押款项作出处理，也未移送执行局执行，直接影响财产刑及时执行。

（五）财产刑检察监督效果易受制约

检察机关开展财产刑执行检察监督，依赖财政部门协助配合及法院内部多部门提供大量卷宗材料、台账资料等，包括从地方财政部门获取执行财产刑上缴国库情况，并由法院刑庭提供财产刑判决书、立案庭提供财产刑执行立案资料、执行局提供案件执行情况，材料获取不全将直接影响监督工作进一步开展。此外，财产刑监督意见依赖法院积极履行。检察机关发现财产刑监督线索后，通常只能通过发送检察建议或函的形式，书面督促法院积极履职财产刑执行。若法院对此不予采纳或者置之不理，因缺乏强有力的制约手段，检察机关的监督效果将大打折扣。

二、强化财产刑执行的四点建议

一是简化法院内部财产刑案件移交流转程序。建议法院制定财产刑执行规范，实现财产刑与主刑同步移交执行，简化财产刑案件在法院内部流转程序。二是实现刑罚执行机关之间的信息共通机制。加强法院与监狱、看守所等单位之间的执行协作，按照统一的标准登记财产刑执行情况，建立信息互联共通及协助执行机制。三是建立涉案财物集中管理信息平台。探索建立跨部门涉案财物集中管理信息平台，公、检、法三机关查封、扣押、冻结、处理涉案财物，应当将财物清单及时录入信息平台，并将涉案款项随案移送，优先冲抵财产刑。四是持续推进财产刑执行监督。建议加快制定财产刑执行监督的规范性文件，对财产刑执行监督予以规范化、标准化，推动财产刑执行监督持续推进。

当前指定居所监视居住执行乱象亟须高度重视

谢德华　熊琼花[*]

一、当前指定居所监视居住存在问题

一是执行活动启动程序随意。指定居所监视居住决定书、执行通知书等必备法律文书不完善，特别是指定居所监视居住半年法定期满或诉讼环节发生变化后，在未收到办案机关重新决定或变更强制措施的相关法律文书的情况下，单方面继续执行的现象普遍存在，导致指定居所监视居住措施被滥用。

二是执行场所不规范，存在变相羁押情形。刑事诉讼法、《人民检察院刑事诉讼规则（试行）》《人民检察院对指定居所监视居住实行监督的规定》对执行场所的标准均只有原则性规定，缺少统一设计标准和安全要求，实践中办案机关从办案安全和人员管理方面考虑，往往安排在易监控且封闭性较强的场所执行，导致被监视居住人被变相羁押。

三是执行活动违反法律规定，侵犯被监视居住人合法权益。将同案犯罪嫌疑人指定在同一场所进行管理，导致串供；单独安排一名执行人员开展执法活动，甚至单独安排一名男性民警对女性被监视居住人实行24小时监管，侵犯被监视居住人隐私权。

四是信息沟通不畅，导致监督真空。按照刑事诉讼法规定，公、检、法都可作出指定居所监视居住决定，由公安机关执行；但法律没有规定决定机关、执行机关有将指定居所监视居住相关信息通报检察机关的义务，导致检察机关在事前、事中、事后都不能及时掌握相关信息，无法启动监督程序。

五是执法标准无法律明确规定，检察机关纠正违法无据可依。现行法律对指定居所监视居住执法活动缺少明确、具体的法律规定，检察机关对巡回检察中发现的违法行为，如将同案犯罪嫌疑人指定在同一居所、同一房间进行监管这类明显违背法律的行为，居然穷尽法律法规却找不到一条明确的条文可以引用，最后只能以检察建议的方式督促执行机关整改，降低了检察意见的刚性和采纳率。

二、完善指定居所监视居住的建议

一是建立案件信息衔接机制。在明确的法律规定出台以前，法院、检察院、公安等

---

[*] 作者单位：四川省荣县人民检察院。

相关部门结合本地区指定居所监视居住实践，制定本地区规范化操作文件，通过定期召开联席会议，落实文书抄送、告知等制度，保障检察机关知情权，共同解决执行活动及检察监督中存在的问题，研究改进措施，规范该项工作的开展。

二是细化指定居所标准。尽快制定相应的司法解释、规范性文件对指定居所的标准作出具体明确的规定，或者由省级或国家统一规划、统一建设、统一使用，坚决杜绝在看守所、留置室、办案区等不符合规定的其他场所执行，对被监视居住人实行变相羁押的现象。

三是规范执行活动启动程序。在执行指定居所监视居住前，执行机关要严格审查交付执行的指定居所监视居住决定书、执行通知书等法律文书是否齐全，核实被监视居住人身份、住处或者居所等情况，并对被监视居住人进行人身安全检查，特别要加强对因患有严重疾病、生活不能自理的被监视居住人身体健康状况如实记录。

四是明确指定居所监视居住执行标准。针对当前指定居所监视居住执行标准存在的法律空白，制定明确、具体可操作的执行标准，对被监视居住人自由活动权限、外出会见通信、人员管理配备、安全防范、突出事件处置、违反规定责任处理等作出明确、具体的规定，防止随意进出居所，违反规定安排辩护律师同被监视居住人会见、通信，杜绝对被监视居住人进行体罚、虐待等违法现象的发生。

五是完善被监视居住人法律救济机制。为被监视居住人及其法定代理人、近亲属或者辩护人开通控告申诉绿色通道；完善国家赔偿制度，对违法执行造成严重后果的、超期监视居住等侵权情况纳入国家赔偿范围，将被监视居住人受损的合法权益通过国家赔偿程序予以救济。

羁押必要性审查法律适用实证分析

樊华中　王保帅[*]

上海市奉贤区检察院自2013年4月率先将羁押必要性案件归口刑事执行检察部门（以下简称刑执部门）进行司法审查。3年多来，羁押必要性审查每月受理数及环比增长率均较为稳定，表明羁押必要性的审查法律适用标准已有一定共识。

一、羁押必要性审查法律适用情况

一是从被申请人户籍情况看，被变更强制措施的人员中沪外籍占据了绝大部分，证明户籍地归属并不能影响刑事诉讼进程中符合条件的犯罪嫌疑人平等地享有羁押必要性审查诉讼权利。二是从罪名分布情况看，严重侵犯公民人身权利的故意杀人罪、危害公共安全的放火罪、重大责任事故罪均在其中。寻衅滋事、故意伤害，两类案件占据近半数比重，共占建议总数的38.33%，基层司法中常见罪名的犯罪人员均有被建议变更强制措施的可能。三是从建议采纳情况看，2013年以来，采纳数均能占到建议数90%以上。说明公安机关对检察院作出的变更强制措施建议有较高认同性，这也为双方之间形成新的逮捕条件，或者说细化逮捕必要标准提供了基础，同时折射出公安办案方式与办案理念正在悄悄发生改变；该检察院内部相关部门对变更强制措施建议完全认同，除了法律标准认同之外，工作内部性协调可能也是一个原因。四是从建议不采纳原因分析，主要在于共同犯罪案件中，已经变更了部分人员，其他人员因案件侦查、起诉之需要继续关押，比如有些案件中，兄弟、父兄、夫妻均为同案犯，不宜全部变更；已经起诉至检察院，公安机关暂时失权无法变更；案件即将移送审查至法院审判，结合案情，直接进入轻案快办或速裁程序由法院判决更有利于犯罪嫌疑人获得有利结果。

二、羁押必要性审查法律适用特征

一是刑罚轻缓是被释放或变更强制措施建议的必要条件，其中，能否被判处缓刑成为了羁押必要性审查工作是否开展重要评估项。二是前科劣迹排斥了变更强制措施的可能性。三是共同犯罪嫌疑人申请变更强制措施具有一定的跟风效应，一人申请往往会带动其他同案犯一起申请。实践中的做法是除情节有明显差别外，基本会对所有犯罪嫌疑

---

[*] 作者单位：上海市奉贤区人民检察院。

人均变更强制措施,而一旦对所有共同人均变更强制措施,公安机关、检察院相关部门会有不同意见。四是当前在一些羁押必要性审查工作较为突出的地方在尝试开展量化评估工作。所谓量化评估即根据犯罪性质、情节、认罪悔罪表现、个人家庭情况、侦查取证进展等因素,对犯罪嫌疑人被释放后可能发生的社会危险进行项目量化评估,实现定性与定量相结合的工作。承办人对评估后的各因素进行累加分值,累加分值低于一定分数的,认为社会危险性程度较大,需要继续羁押;反之,则认为不需要继续羁押。对此,需进一步观察和总结。五是附条件申请与决定变更之间常需要解决退赃退赔、刑事和解并履行协议的情况。六是建议将变更强制措施案件限于案件清楚、不存争议的类型。

三、羁押必要性审查实践几点思考

一是能被判处缓刑不应成为变更强制措施的前提条件。二是具有前科劣迹不应完全排斥变更强制措施的可能性。三是共同犯罪是否被变更强制措施应贯彻罪责自负原则。四是应重新审视羁押必要性审查项目分值评估,原则性和灵活性相结合的处置问题方式才是正确方向。五是羁押必要性审查对所附条件应差别对等。六是案件事实清楚、不存争议案件适用范围可进一步完善(羁押必要性审查制度从某种程度上可以看作给予那些在实体法评价上社会危害性较小、程序法评价上社会危险性较小的犯罪人的刑事羁押方面的激励制度,要排除一些严重危害国家与社会的罪名案件,如危害国家安全犯罪,恐怖活动犯罪,黑社会性质组织犯罪,严重毒品犯罪,爆炸、放火、投放危险物质等严重危害公共安全犯罪、抢劫、绑架等针对人身的严重暴力犯罪)。

未成年人犯罪记录封存制度
运行存在的问题及完善建议

郭文明 刘 凤[*]

一、未成年人犯罪封存制度存在的问题

对未成年人犯罪进行记录封，强化对未成年人隐私的保护，有效保障涉罪未成年人教育、就业等基本权利的同时，实践中还主要存在以下四个方面的问题：

一是受益主体较为单一，难以实现保护效果最大化。犯罪记录有封存要求，行政处罚记录则缺乏明确规定，导致出现罪过重的受保护、罪过轻的被忽视的问题。

二是诉讼参与主体较多，信息泄露缺乏刚性制约。犯罪记录封存决定一般由法院在判决时作出，送达办案机关执行。这意味着在案件尚未作出裁判之前，诉讼过程处于相对公开状态。而未成年人犯罪案件涉及法律援助、社会调查、合适成年人参与诉讼、心理疏导、社区矫正等特殊制度的落实，司法局、看守所、监狱、学校、社会帮教组织等相关人员均能接触到未成年人的涉罪信息，一旦相关信息扩散，将大大降低案件终结后犯罪记录封存的实际效果。目前，法律并没有对诉讼过程中相关主体的保密义务、追责程序以及信息泄露的救济措施进行规定。实践中基本靠签订保密协议进行制约，刚性约束力明显不够。

三是实践运用存在漏洞，僵化执行导致适得其反。刑事诉讼法明确规定只有司法机关为办案需要或者有关单位根据国家规定才可以查询未成年人犯罪记录。因此，已经被封存的未成年人犯罪记录，除了司法办案和招兵、招警、公务员政审、新吸收党员政审等事项依法可以查询外，其他单位和个人查询时，有关部门均应出具无犯罪记录证明。但实践中，基层派出所一般只是消极地拒绝开具犯罪记录证明，实际上相当于对外宣示此人有犯罪记录。如张某聚众斗殴案件中，张某被法院判处缓刑后应聘某企业招聘，该企业要求出具无违法犯罪记录证明，而派出所以记录被封存为由，拒绝为其出具证明，导致张某无法顺利实现就业。

四是歧视观念大有市场，潜规则导致封存功能虚置。因未成年人独立能力有限，大多数生活在熟人社会中，其犯罪记录即使被封存，也可能因口耳相传而被广为人知。社

---

[*] 作者单位：江苏省宿迁市宿豫区人民检察院。

会的歧视及排斥态度已成为犯罪记录封存制度发挥功效的障碍，特别是在教育、就业过程中，极大影响涉罪未成年人顺利回归社会。

二、完善未成年人犯罪记录封存制度的对策建议

针对现状，提出解决问题的一些对策建议：

一是扩大封存范围。把未成年人行政处罚记录一并纳入封存范围，将犯罪情节显著轻微、危害不大，而作出终止侦查、相对不起诉决定，给予行政处罚的未成年人的相关涉案信息，和犯罪记录一样同等封存、同等保护。

二是健全保密制度。明确法律援助、社会帮教组织、学校、社区矫正等相关人员在参与案件全部过程中的保密义务，对未成年人犯罪记录造成丢失泄密的实行严肃问责。

三是明确查询责任。将未成年人违法犯罪信息统一由公安机关归口管理，建立单独的数据库，对使用权限、查询条件等进行严格限制。除法律明确规定可以查询的主体之外，未成年人犯罪记录依法已经封存的，公安机关应出具无犯罪记录证明。

四是加大宣传引导。一方面，教育、人社部门应加强涉罪未成年人入学、就业的保护力度，禁止学校、企业违反国家规定，通过设置无犯罪记录条件，拒绝涉罪未成年人入学、就业。另一方面，加强对未成年人保护和犯罪记录封存制度的宣传，增强社会认知程度，逐渐消除社会的不当歧视和排斥心理。

检察机关监督社区矫正的实践、问题和对策
——以南通市检察机关社区矫正监督工作为样本

江苏省南通市通州区人民检察院

江苏省南通市通州区检察院成立课题组针对该市社区矫正监督工作情况开展调查分析。目前，检察监督从最初着重于摸清社区矫正人员底数，到现在以监督纠正"脱管、漏管"为核心，全面介入社区矫正入矫、管理教育、解矫收监各环节。南通市院主要通过定期、不定期随机抽查和巡视检察，基层检察院主要通过文书核查、实地检查和电子信息化核查的方法开展监督。课题组通过对南通市检察机关社区矫正监督工作情况调查分析，对其中存在的有关问题进行梳理，并就完善社区矫正及其检察监督工作运行机制尝试提出适当的构想。

一、南通市检察机关监督社区矫正实践概况

目前，南通市9个基层检察院有6个成立了刑事执行检察部门（原监所检察部门），另3个也都指定了专人负责社区矫正检察工作。检察监督从最初着重于摸清社区矫正人员底数，到现在以监督纠正"脱管、漏管"为核心，全面介入社区矫正入矫、管理教育、解矫收监各环节。近3年，南通市检察机关共计发出书面纠正违法通知书28份，书面检察建议书91份，刑事执行检察建议书70份。

南通市检察院主要通过定期、不定期随机抽查和巡视检察，基层检察院主要通过文书核查、实地检查和电子信息化核查的方法开展监督。社区矫正检察考核主要依据刑事执行检察工作平台，结合查办职务犯罪以及发出书面纠正文书数。江苏省刑事执行检察工作平台几乎涵盖了社区矫正检察工作的全部事项，其最主要的功能是定期导入全省社区矫正决定机关（法院、监狱、看守所）监外执行人员信息和社区矫正机构的社矫人员信息，自动化核查比对，但该平台也存在信息导入不及时，地域范围限于江苏等弊端，时常出现信息不准确的情况。

二、社区矫正工作存在的问题

（一）社区矫正工作队伍薄弱

以南通市某区为例，该区现共有社区矫正执法者（公务员）46名，社会工作者

（社工）75人，尚未建立社会志愿者队伍，整体呈现三大特征：

1. 工作人员多头管理，兼职普遍

实践中，司法所工作人员编制属于司法局，而工资、福利待遇却由乡镇财政负担，对司法局的事情能推则推，对乡镇政府的重点工作却积极性很高，且许多人兼任乡镇政法委员、武装部长等职务，或长期被乡镇借用做为党委秘书、政府秘书等。

2. 执法工作者流动性大，普通社工待遇偏低

2013年至今，已有10人不再从事社区矫正工作，人员流失率约20%，社会工作者每人年均工资不足1.6万元，且大部分没有办理养老保险等。

3. 社会工作者年龄结构老化、学历层次偏低

全区50周岁以上的38人，占比50.6%，本科学历仅7人，占比9.3%。

（二）拟适用社区矫正调查评估问题多

据调查，拟适用社区矫正调查评估制度在实践中主要存在以下问题：

1. 法律性质不明

对所居住社区的影响是否必须进行调查评估，法律没有明确规定，有人认为调查评估报告属于证据，然而，又很难将其归于刑事诉讼法规定的证据种类，且一般又不经庭审质证。

2. 调查评估报告质量不高

实践中的调查者就是最后的社区矫正执行者，他们要么为了减少将来监管工作量，避免承担更多责任，作出不适用结论，要么碍于邻里关系、世故人情，甚至收受或者索取贿赂，进行权力寻租，作出适用决定。加上时间紧又没有详细的操作流程，使得许多调查评估流于形式，有的仅有三言两语。

3. 提请委托和采信调查评估过于随意

许多案件并不委托调查评估，或者委托调查评估不及时，对委托调查意见采用与否也不反馈。

4. 缺少有效监督

现有法律并未规定拟适用社区矫正调查评估相关文书抄送制度，也没有明确规定检察机关监督责任，检察院无从知晓相关信息也就难以开展监督。

（三）社区矫正交付执行乱

1. 法院不经核实"武断"指定居住地，随意交付

例如，江苏某法院没有核实居住地，直接将实际居住地为江苏如东的罪犯李某某交付户籍地江苏如皋，造成如皋司法局监管困难。

2. 社区矫正机构"怕出事"，随意拒收

例如，江苏扬州某法院判处冯某某缓刑后，将其交付至该市某司法局，该司法局以冯某想去南通市矫正为由，将冯某某的材料退回原判法院，法院又将其交付至南通市某区，而南通市某区又以不具备监管条件将相关材料退回原判法院，造成冯某某在判决生效1个多月后还不能正常接受矫正。

3. 社区矫正人员"图方便",拒不报到

例如,江苏某法院将罪犯谭某某交付其户籍地重庆市某县,谭某某以多年在外务工,回老家将失去生活来源为由,拒不回家接收矫正,而暂住地又不愿接收,造成漏管达 2 个月之久。

4. 检察机关的交付执行监督信息不完整,监督乏力

实践中有的法院只抄送判决书,有的连判决书都不抄送,造成检察院并不确定该判决是否生效以及如何执行,难以提出交付执行监督意见。

(四)矫正和教育管理虚化

1. 入矫和解矫宣告缺乏仪式感

无论是集中宣告还是单独宣告,都限于简单向社区矫正人员宣讲相关权利义务和监管规定,不能做到在庄严肃穆的宣告场地,组织社区矫正有关人员全部到场,通过宣告增强社矫人员身份意识和遵纪守法自觉性的效果。

2. 教育管理虚化

实践中教育学习和社区服务时间一般不足 8 小时,教育学习内容也缺乏针对性,不能做到有的放矢、因人施教。

3. 居住地变更困难

变更居住地限制条件模糊程序复杂,实践中有较大的自由裁量空间,迁入地司法行政机关考虑监管责任多不愿意接收。

(五)收监执行标准和程序模糊

1. 提请收监执行标准模糊

实践中对《社区矫正实施办法》规定的兜底收监条件"其他违反法律、行政法规和监督管理规定,情节严重的"存在较多争议。一种观点认为,"情节严重的"应该以缓刑、假释人员违反的相关法律、行政法规中的规定为准。另一种观点认为,应该综合考察缓刑、假释人员违法行为的情形,具体情况具体分析。还观点认为,《社区矫正实施办法》中的"情节严重的",应包含因违法行为被行政拘留、司法拘留、强制隔离戒毒等被限制人身自由处罚的情形。各种观点在实践中都有体现,造成社区矫正人员因为同样的违法行为被行政拘留、司法拘留或强制戒毒,有的地方提请收监执行,有的不提请收监执行,损害了法制的统一实施,破坏了刑罚执行的权威。

2. 暂予监外执行期满续期或收监程序启动主体不明

自修改后的刑事诉讼法及《社区矫正实施办法》等相关法律法规实施后,暂予监外执行期满续期或收监程序出现了法律规定的空白,全国没有统一性规定,各地方性规定又各不相同,甚至没有明确规定。司法实践中,出现各部门之间相互推诿扯皮,甚至造成暂予监外执行罪犯脱管漏管。

三、检察机关监督社区矫正面临的问题

(一) 监督工作缺乏操作细则

在法律法规层面,刑事诉讼法仅概括规定人民检察院对执行机关执行刑罚的活动是否合法实行监督,没有更加详细的监督细则。各地方制定的专门性法规,例如《江苏省社区矫正工作条例》,对于检察监督也规定得较为原则。在司法解释层面,最高人民法院《关于适用〈中华人民共和国刑事诉讼法〉的解释》仅仅规定相关法律文书要抄送检察机关。《人民检察院刑事诉讼规则(试行)》虽然分别就检察监督的具体业务部门、提出纠正的情形等进行了规定,然而,对如何发现违法情形,如何提出纠正意见等则没有进一步明确。"两高、两部"联合制定的《社区矫正实施办法》也只规定了检察机关对社区矫正各执法环节依法实行法律监督,社区矫正各机关建立社区矫正人员的信息交换平台,实现社区矫正工作动态数据共享。在规范性文件方面,最高人民检察院颁布的《人民检察院监外执行检察办法》虽然对监外执行检察的任务、职责、基本原则等诸多方面作了详细规定,但该规定制定时的监外执行与现在的社区矫正执行有诸多不同,许多重要概念的内涵与外延发生变化,已很难在实践中使用。其他规范性文件,例如江苏省人民检察院关于《建立社区矫正法律监督一体化工作机制的暂行规定》《哈尔滨市社区矫正试点工作领导小组关于开展社区矫正试点工作的意见》《安徽省社区矫正试点工作方案》等,都限于一定的地域且内容限于社区矫正的一个方面,对于实践基本没有多少指导意义。

缺乏操作细则导致监督实践模式不一,如有的地方实行派驻检察,有的设立检察官办公室,更多的是不定期巡视检查的方法。缺乏操作细则还造成监督标准不一。例如,同样是社区矫正人员严重违反行政法规被治安拘留,有的检察机关认为属于违法行为,应该提出书面纠正违法,有的检察机关则认为可以提出书面检察建议,还有的检察机关认为口头纠正即可。

(二) 监督信息获取难

1. 拟适用社区矫正调查评估监督信息获取难

现有法律法规并规定将委托调查评估情况告知检察机关,而社区矫正机构调查过程和结果检察机关不了解不参与,决定机关采信调查评估情况,检察机关也不知晓。

2. 交付执行监督信息获取难

实践中,决定机关抄送检察机关的相关法律文书容易遗漏、缺失等,而且现有规定未规定社区矫正机构应及时将入矫信息通知检察机关,造成检察机关难以对交付执行的完整情况进行监督。

3. 矫正管理监督信息获取难

实地检查工作档案多存在造假嫌疑,记录千篇一律,教育学习和社区服务时间随意填写等,面对面谈话对象担心受到处罚或者更严格监管不敢讲真话,而且社区矫正相对

分散，如南通市某区共 20 个乡镇司法所，远郊的司法所有 2 小时左右车程，全区每年新接收社区矫正对象 400 多人，仅有一名社区矫正检察人员，很难高频次地到每个司法所开展检察监督活动。

4. 终止执行监督信息获取难

因为地域分散、人力有限，实地找基层组织、矫正小组、被矫正人本人等谈话了解和核实终止执行的相关材料极少真正落到实处，而书面审查终止矫正信息也很难发现问题，如南通市 3 年来发出 191 份法律监督文书，没有一起终止矫正违法违规行为是通过对书面材料审核发现的。

（三）监督缺乏刚性

首先，职务犯罪查办少。全国 2012 年至 2014 年刑事执行检察部门立案查办监外执行中的职务犯罪案件也仅 28 件 30 人。而南通市检察机关近 3 年没有查办一起社区矫正领域职务犯罪。其次，书面纠违社区矫正相关机构职责履行的情形不多。据统计，南通市 9 个基层检察机关 3 年内共计发出书面纠正违法通知书 28 份，平均每个基层检察院每年 1 份，其中有 13 份系法院社区矫正期间计算错误或者文书制作错误，占全部纠正违法数的 46.4%，这些错误多由法院书记员填写时笔误造成，即使不发书面纠正违法通知书，法院也会裁定更正。最后，书面检察建议未触及社区矫正履职实质问题。3 年内共计发出书面检察建议书 86 份，其中有 72 份是建议社区矫正机构对相关社区矫正人员提请收监执行，占全部书面检察建议的 83.7%。但分析发现，司法行政机关都是在检察建议书发出当天、次日或两三天内提出收监执行建议，即许多司法行政机关在收到检察建议时或者之前就已经启动收监程序，并不是因为检察机关的建议才启动收监执行程序。

总之，社区矫正领域职务犯罪查办少，书面纠正违法多没能触及实际履职，并且书面刚性效力不足，没有强制执行力，检察建议不仅仅不具有强制效力，更没有程序性后果，监督的效力依赖于被监督单位的配合。实践中，被监督机构消极抵触检察机关的纠正违法通知书和检察建议的情况时有发生。如某检察机关针对法院刑期计算错误情况发出纠正违法通知书后，法院虽然改正了相关错误，但是却不复函回复。

（四）监督协作机制不全

实践中，不同辖区的刑事执行检察部门之间存在一定的竞争关系，多不愿意主动协助其他检察机关开展监督工作。为此江苏省还专门制定了《江苏省人民检察院关于建立社区矫正法律监督一体化工作机制的暂行规定》，但实践中文件内容执行情况不太理想。如许多刑事执行检察机构发现非本辖区的社区矫正人员被治安处罚的信息后，也多不愿告知居住地检察机关，因为告知监督信息后，被告知的居住地检察机关可以据此开展监督，发出书面监督文书，在考核中加分，而告知的检察机关则没有加分，相当于为他人做嫁衣裳。检察机关内部各科室之间也缺少相关协作机制，虽然相关文件规定公诉、侦监等部门相关文书抄送刑事执行检察部门，但是实践中，多数部门限于让刑事执行检察部门倒签送达回证，一个月甚至更长时间才集中送达一次相关法律文书，许多违法违规问题已经发生，错过了监督时效。

(五）监督队伍不适应现有监督工作需要

1. 监督理念落后

在具体的日常监督中，"重配合、轻监督"，对自己的监督者身份认识发生偏差，热衷于以社区矫正参与者的身份介入具体的社区矫正具体运作，乐于为社区矫正人员"上法治科"，甚至出面协调政府部门帮助解决社区矫正人员生活困难。存在"等、停、靠"思想，重视日常监管中的风险监控，忽视社区矫正对象的学习教育和行为矫正。日常检察不主动到社区矫正工作第一线去调查、了解问题，基本靠坐在办公室对文书进行书面审查。

2. 监督人力资源不足

以南通市为例，全市刑事执行检察部门实有人员47人，占南通市检察机关实有人数的4.7%，承担着7个看守所、3个监狱的派驻检察工作和9个县区的社区矫正检察监督工作。除此之外，还承担着羁押必要性审查、强制医疗执行检察、指定居所监视居住执行检察、财产刑执行监督等多项新增刑事执行职能。刑事执行检察工作量与现有刑事执行检察人员力量之间的矛盾十分突出。

3. 人员结构不合理

南通市仅有2个县（区）检察院人员平均年龄在40岁以下，5个县（区）检察院人员平均年龄在45岁以上，全市刑事执行检察人员平均年龄44.5岁，刑事执行检察干警老龄化明显。虽然总体上看刑事执行检察干警基本全部取得大学本科学历，但是接受在职教育干警比重较大，而全日制本科以上学历人数偏少，仅占刑事执行检察干警总数的30.4%，干警的学历结构有待进一步优化。

四、完善社区矫正及检察监督的对策

（一）制定社区矫正法

根据立法工作计划，全国人大即将审议《社区矫正法》，届时社区矫正执行机构将有法可依，也让检察机关监督有据，特别需要完善以下几个方面：

1. 健全社区矫正工作队伍，改变人员管理模式

统一社区矫正执法者和社会工作者由司法局管理，落实社区矫正执法者相应福利待遇，建立专业社工工资、福利增长机制，是建立业务培训、考核奖惩常态化机制。

2. 规范拟适用社区矫正调查评估

确立调查评估意见的证据属性，明确调查评估的主体、流程、内容等，成立专门的调查评估机构，设定保密和回避规定，明确责任追究。

3. 明确"居住地矫正"的操作细则

确定居住地矫正的内涵和外延，设定居住地的确定以及变更条件和程序。

4. 规范交付执行

确定法院对居住地的最后决定权和争议解决机制，强化交付执行责任，明确法院的

交付执行责任和司法行政机构的先行登记职责，制定责任追究机制。

5. 严格监督管理深化教育矫正

着重运用电子监控等新监控技术手段，制定社区矫正人员考核奖惩办法，细化教育矫正方案，针对不同社区矫正人群制定差异化的教育矫正方案，合理安排社区服务内容和方式。

6. 统一终止执行标准

统一收监执行条件中"严重违法"的标准，具体应包含因违法行为被行政拘留、司法拘留、强制隔离戒毒等被限制人身自由处罚的情形。但若社区矫正人员第一次违反《治安管理处罚法》第60条第（四）项而被行政拘留的，不得认定为情节严重，否则有违法律的"重复评价"原则。

（二）配套出台检察机关监督社区矫正工作办法

1. 明确社区矫正检察体制机制

建立健全社区矫正法律监督机构，设立派驻社区矫正机构检察室或者检察官办公室，保障社区矫正法律监督人员编制，配齐配强社区矫正法律监督人员，在司法责任制改革和员额制改革中，为社区矫正检察设置适当的员额。

2. 确定检察方式方法，规范文书审查制度

建立规范文书审查纸质台账或者电子台账，明确实地检查监督、谈话了解情况的频次，重视通过查办职务犯罪开展监督社区矫正执行的震慑作用，设置书面纠正的程序性后果，提升监督严肃性和监督效果。

3. 细化社区矫正检察内容

将拟适用调查评估明确纳入检察监督范围，细化交付执行到解除矫正、终止执行全环节监督内容。

4. 建立社区矫正法律监督责任追究和绩效考核机制

列出社区矫正检察权力清单，对于检察人员在社区矫正检察监督中，因为故意或者重大过失，不履行或者不正确行使检察监督权力，严重后果或恶劣影响的，应当依法追究法律监督责任，建立科学合理的绩效考核机制。

（三）建立全国社区矫正信息工作平台

《社区矫正实施办法》规定，司法行政机关和公安机关、人民检察院、人民法院建立社区矫正人员的信息交换平台，实现社区矫正工作动态数据共享。2016年8月30日，"两高两部"联合印发的《关于进一步加强社区矫正工作衔接配合管理的意见》规定，司法行政机关应当建立完善社区服刑人员的信息交换平台，推动与人民法院、人民检察院、公安机关互联互通，利用网络及时准确传输交换有关法律文书，根据需要查询社区服刑人员脱管漏管、被治安管理处罚、犯罪等情况，共享社区矫正工作动态信息，实现网上办案、网上监管、网上监督。对社区服刑人员采用电子定位方式实施监督，应当采用相应技术，防止发生人机分离，提高监督管理的有效性和安全性。

当前，社区矫正工作相关的公检法司等都在各自的业务领域建立的相应的信息网络

平台或者数据库，这些已经建成的信息网络系统数据库为建立全国范围内的社区矫正信息工作平台提供了现实的硬件基础。建立社区矫正信息工作平台只需在符合安全保密基础上，实现各个机关之间社区矫正相关信息互联互通，让所有的相关法律文书通过社区矫正信息工作平台流转，将电子定位监控、教育学习、社区服务签到计时系统等全部进行信息化处理，就能实现交付和接收无缝对接、资源共享、网上办公、消息通知、定位监控、信息互动、统计查询，有效防止社区矫正人员漏管、脱管，极大提升社区矫正工作效率。检察机关就可以将社区矫正各参与方纳入监督系统，做到从调查评估、报到入矫到解除矫正全程执行信息实时监控。

（四）构建检察机关监督社区矫正工作一体化工作机制

根据江苏省人民检察院《关于建立社区矫正法律监督一体化工作机制的暂行规定》的规定和检察监督实际，梳共有了交付执行、居住地变更、社矫人员接受治安处罚等18类信息需检察机关相互告知的法律监督信息。① 这些信息告知完全可以通过检察机关统一业务应用系统来完成，因为当前各级检察机关都装有相应的客户端账户，检察人员也能够较为熟练掌握和运用该系统，只需制定全国统一的一体化监督规范，对统一业务应用系统进行技术升级即可。

（五）强化社区矫正检察监督队伍建设

1. 转变执法监督理念

坚决克服"重配合轻制约"的执法观，时刻树立危机意识和安全意识，杜绝"等、停、靠"和"做的多，错的多"思想。

2. 适当扩充队伍编制

优化现有监所检察队伍结构，改变以往年龄结构偏大、知识结构成就的队伍状况，加强社区矫正检察监督人员的轮岗交流，加强培训提高统一执法监督标准，提升监督能力，提高监督公信力，加强硬件和基础设施建设投入，实施科技强检战略，特别要注意运用监所信息化技术成果，提高监督效率，提升监督效果。

3. 开展派驻检察监督

针对社区矫正监督对象的多元性、流动性和分散性特点，设置派驻社区矫正检察机构。同时，加强社区矫正法律监督组织建设，积极探索设立社区矫正检察官办公室、社区矫正检察工作站、监外执行检察室，或借助乡镇（街道）检察室平台开展社区矫正法律监督工作。

---

① 参见江苏省人民检察院：《关于建立社区矫正法律监督一体化工作机制的暂行规定》，2012年12月9日颁布。

控申检察和国家赔偿问题调研

律师代理刑事申诉存在的问题及对策分析

陈 敏 王营营[*]

律师代理刑事申诉,不但有利于提高涉检矛盾化解的效率,节约司法资源,更有利于保障了申诉人的申诉权利,逐步成为未来刑事申诉的重要组成部分。笔者在明确律师代理刑事申诉的依据和运行现状的基础上,分析了实践中律师代理刑事申诉存在开展工作主动性不高、新型的检律关系还未形成以及对代理律师的保障机制不完善等问题,并进一步提出了加强对律师代理刑事申诉工作的认识、采取激励保障措施和完善律师代理刑事申诉配套制度建设,以此来提高律师代理刑事申诉的积极性,保障代理律师的执业权利的对策,以期对未来律师代理刑事申诉的发展有所裨益。

一、律师代理刑事申诉的依据及工作现状

党的十八届四中全会通过的《中共中央关于全面推进依法治国若干重大问题的决定》(以下简称《决定》)明确指出:"对不服司法机关生效裁判、决定的刑事申诉,逐步实行由律师代理制度。"中央政法委印发《关于建立律师参与化解和代理涉法涉诉信访案件制度的意见(试行)》(以下简称《意见》)中规定,"实行律师代理司法申诉制度,保障当事人依法行使刑事申诉权",为律师代理刑事申诉提供了政策依据。《律师法》第 28 条规定,"律师可以从事下列业务……(四)接受委托,代理各类诉讼案件的刑事申诉",为律师代理刑事申诉提供了法律依据。律师代理刑事申诉,是全面实现涉法涉诉信访改革的具体要求,充分表明了国家将刑事申诉工作纳入法治化轨道的坚定决心。律师代理刑事申诉,不但提高了涉检矛盾化解的效率,节约了司法资源,更有效保障了申诉人的申诉权利。结合工作实际,笔者仅对在律师代理刑事申诉工作中遇到的问题进行分析探讨。

通过对 6 个基层检察院律师代理刑事申诉工作进行了解,发现律师代理刑事申诉工作开展不平衡,6 个基层院中只有 1 个院在参照省院的基础上,制定了该院《律师参与化解和代理涉检信访案件实施办法》,有 2 个基层院开展了律师代理刑事申诉案件工作,剩下的还未开展该项工作;运行不规范,由于最高人民检察院对律师代理刑事申

---

[*] 作者单位:河南省滑县人民检察院。

还未出台统一的实施细则,个别地区自行出台实施方案,比如,湖南省检察院制定了《关于律师代理刑事申诉制度的实施办法(试行)》、河南省检察院联合河南省司法厅和河南省律师协会制定了《关于开展律师参与化解和代理涉检信访案件工作暂行办法》,导致上位阶法律的缺乏,基层业务开展不规范;律师代理刑事申诉案件数量少,开展该项工作的2个基层院中,一共办理律师代理的申诉案件4件,律师更多的是参与化解涉检信访案件,比如,参与对具有重大涉检信访隐患的案件进行评查以及刑事申诉案件的公开审查。

二、律师代理刑事申诉实践中存在的突出问题及原因分析

(一)开展律师代理刑事申诉工作意识不强

律师代理刑事申诉是一项新的工作,而基层院对该项工作的开展,积极性明显不够,工作缺乏主动性,主要表现在:一是宣传力度不够,致使刑事申诉人在刑事申诉时根本就不知道可以聘请律师来代理;二是针对律师代理刑事申诉这项工作,没有制定一个完整的制度规范来保障工作的开展,某些基层院虽然制定了实施办法,但是后续一系列相应工作跟不上,实施办法形同虚置。究其原因,主要就是重视力度不够,没有真正认识到律师代理刑事申诉这项工作开展的意义,致使宣传力度达不到,工作开展不顺畅。

(二)新型的检律关系还未真正形成

受以往老思想的影响,检察人员对律师存在职业偏见,潜意识里认为律师是挑刺、搅局的,所以具体到代理刑事申诉案件上,办案人员主观上是排斥律师代理的;再者,实践中律师代理案件,首要考虑的是案件本身所带来的经济收益或者社会影响,所以对一些可能需要投入大量的时间和精力却不一定会带来影响力和效益的案件,律师们参与的积极性就很小,而刑事申诉案件很大一部分就是这样的案件,因此,律师主动代理刑事申诉案件的可能性小之又小,甚至有些律师事务所都有约定俗成的规矩就是有信访隐患的案件一律不接。检察人员排斥,加上律师因考虑利益问题抗拒代理,这种对立的旧式检律关系,导致律师代理刑事申诉难上加难。时任中央政法委书记孟建柱在2015年全国律师工作会议上讲到新型的检律关系就是司法人员和律师应平等相待、相互尊重;互相支持、互相监督;正当交往、良性互动。目前来看,这种新型的检律关系还未真正形成,从而直接影响制约了律师代理刑事申诉工作的开展。

(三)对代理刑事申诉的律师保障机制滞后

首先是对律师的经济保障不足。刑事申诉案件的处理需要比普通案件更多的工作资源,不但需要一定的办公场所、交通、通讯等工作上的支持,更主要的是律师个人也需要一定的服务报酬。大多数律师是没有固定收入的,特别是在一个小县城里,律师们更需要通过发展法律业务、代理案件来维持生计。如果律师代理刑事申诉案件一直是义务

的、无偿的，全凭律师回报社会的个人情操及服务意识来维系是难以久远发展的。其次是律师接待硬件建设亟待加强。在律师接待硬件建设上，需要有专门的律师接待场所来便于承办人更好地和律师进行沟通，也方便了代理律师了解案件办理情况。但在实践中，特别是在基层检察机关，控告部门和刑事申诉部门没有分开，不管是在场所建设上还是接待律师上都和应该达到的标准存在一定的差距，有的基层院连律师接待的场所都没有固定的地方。最后是对代理刑事申诉律师的执业权利保障不足。刑事诉讼法中规定的律师权利大多都集中在侦查、起诉和审判阶段，而在刑事申诉阶段，律师权利的行使上却没有明确的法律条文来规定。

三、律师代理刑事申诉进一步完善的对策

（一）加强对律师代理刑事申诉工作的认识，提高工作的主动性

提高工作的积极主动性，一方面，要加大宣传力度，增强刑事申诉人和律师之间的信任感。习近平总书记说："要努力让人民群众在每一个司法案件中都感受到公平正义。"无论刑事申诉人刑事申诉的原因是什么，律师代理刑事申诉，正是期望通过律师代理的方式，使司法改革的成果、公平正义的理念深入刑事申诉人的内心，让人民群众建立起对法律的信仰。加大法治宣传力度，扩大宣传范围，提高普通群众对律师这个职业的认识，明白律师在刑事申诉过程中的"中立"地位，使刑事申诉人在有困难和矛盾时不是直接就去政府或者司法机关上访、群访，而是与这些律师联系，通过律师的指引选择正确的途径来解决问题，将刑事申诉案件梳理回归到正常渠道，这样也减少了刑事申诉人与司法机关的冲突，同时提高了解决刑事申诉案件的效率，巩固了涉法涉诉信访改革的成果。另一方面，要积极探索创新工作机制，根据律师代理刑事申诉工作的要求，结合当地具体工作实际，创新工作方法，制定相应制度比如说律师代理刑事申诉工作守则等，来保障律师代理刑事申诉工作的顺利开展。

（二）采取激励保障措施，提高律师代理刑事申诉的积极性

一是转变思想观念，努力形成新型的检律关系。检察官和律师，作为法律职业共同体的成员，时刻要与时俱进，彻底转变以往旧式的对立关系局面，努力构建良性互动的检律关系，共同解决涉检信访矛盾。二是规定律师有偿代理刑事申诉案件。律师代理刑事申诉案件，需要花费的时间和精力通常比普通案件要多得多，可以从公共财政中建立专项资金，给予参与代理刑事申诉案件的律师一定的经济补助来保障基本生活。三是对工作出色的刑事申诉代理律师给予经济上的奖励，将代理刑事申诉工作纳入律师的年度考核工作中，对代理案件取得良好法律效果和社会效果的律师予以公开表彰和奖励。同样的，建立相应的惩罚措施，对于律师在代理刑事申诉案件中出现故意推诿、违法违规行为的，按照有关法律法规进行处理并公开通报批评，情节严重的，追究责任。奖惩相结合，从而促进律师代理刑事申诉的可持续发展。

(三) 完善律师代理刑事申诉配套制度建设,保障代理律师的执业权利

保障代理律师的执业权利,可采取以下几个措施:首先,完善和深入推行刑事申诉风险告知制度和公开审查制度。在受理刑事申诉案件时,告知律师和刑事申诉人刑事申诉过程中所享有的权利,以及刑事申诉所应承担的风险,通过和律师及刑事申诉人的沟通,让刑事申诉人对刑事申诉结果有个预期,鼓励代理律师参与刑事申诉案件的公开审查活动,提高审查结果的公正性,避免刑事申诉案件"案结事不了"的局面出现。其次,规定刑事申诉环节律师所享有的权利和义务和侦查起诉审判环节的代理律师所享有的权利和义务相同。再次积极办理阻碍辩护人、诉讼代理人诉讼权利控告案件,切实保障代理律师诉讼权利的行使。最后,加强律师接待硬件建设,设立专门的律师接洽室,便于律师及刑事申诉人更好地了解案件进展,最终实现息诉罢访的目的。

司法救助工作存在五大问题
影响作用发挥应引起重视

史少桥 王晓刚[*]

2015年以来,江苏省泗洪县人民检察院共办理司法救助案件13件,发放救助金5.1万元,有效化解了社会矛盾,促进了社会和谐。该院在司法救助案件办理中发现,司法救助工作存在职责不清、审批周期不确定、救助资金少、措施单一等问题,影响了其作用发挥,应引起重视。

一、司法救助工作存在的问题

一是救助责任不清晰,导致案件来源少。一方面,公、检、法三机关职责不清。《关于建立完善国家司法救助制度的意见(试行)》(以下简称《意见》)明确公安、法院、检察院等均负司法救助职责,但并没有规定各环节启动救助的条件。在资金总量控制且按部门分配情况下,相关部门主动救助积极性不高。另一方面,各机关内部衔接机制不畅。从检察机关来看,控申部门作为司法救助职能部门并不直接办理案件,无法及时掌握符合条件的救助对象,而侦监、公诉等部门直接办理案件,但法律并未规定其必须审查涉案人员是否符合救助条件。以上两个方面原因,造成部分符合条件的救助对象被遗漏,使一部分本应被救助的人员无法得到救助。比如,2015年以来,泗洪县检察院办理交通肇事案件80件,有5件符合司法救助条件,提出申请的只有1件。

二是审批期限不明确,导致救助不及时。司法救助包括告知、申请、受理、检察机关审核、财政部门决定拨付等程序,但是仅仅规定检察机关审核和资金发放期限,对政法委审批和财政部门拨付资金期限均无明确规定。一方面,在《意见》规定大额资金需严格审核的情况下,地方自行增设了政法委审批程序,并且没有规定审批期限。另一方面,检察机关报财政部门后,因没有规定资金拨付期限,完全靠财政部门自主决定,大大影响司法救助解决群众"燃眉之急"的功能定位。

三是资金渠道不丰富,导致救助力度小。目前,救助资金均靠中央直接拨付和地方投入配套资金的方式提供,社会参与度明显不足,救助拨款总量长期保持不变,难以满足日益增长的救助需求,救助整体水平偏低,救助效果不明显。

---

[*] 作者单位:江苏省泗洪县人民检察院。

四是救助标准不统一，导致救助不均衡。救助资金具体发放完全靠案件承办人根据案情和救助对象的家庭经济情况主观掌握，并没有统一的量化标准，容易导致救助不均衡。加之救助专款总量受限，负有救助责任的主体，往往存在上半年"少花钱""花小钱"以防下半年资金短缺的顾虑，使上半年理应救助的被害人得不到救助，或者虽然进行救助，但是救助金额很少，甚至还会因下半年案源减少，产生救助专款结余现象。如泗洪县检察院2015年上半年的救助额度一般每次不超过3000元，总额度不超过一半，下半年因为案件不多，导致本不充裕的资金反倒出现了结余。

五是救助措施不配套，导致效果难持续。目前，司法救助措施仅限于资金救助，对于一些劳动能力降低的被害人，尚无相关机制对其开展职业指导、新技能培训、社工帮扶等救助，难以持续保障救助对象收入来源、扭转生活困境，导致救助效果难以持续。如泗洪县检察院2015年办理的13起司法救助案件均属于单一的资金救助。

二、完善司法救助工作的对策建议

一是明确职责。明确公、检、法等各机关救助责任，实现应救助尽救助。明确刑事案件办案各环节对符合条件的当事人，承办人应及时告知其有权提出救助申请。二是明确期限。细化《意见》中有关党委政法委审批以及财政部门拨付救助资金时限等相关规定，为当事人开辟绿色通道，实行专办快办，以便帮助救助对象尽快摆脱生活困境。三是加大投入。建立救助资金与经济发展水平、财政承受能力相适应的动态调整机制，省级财政统筹救助资金向经济欠发达地区适当倾斜。加强与慈善组织合作，提倡社会慈善捐助参与司法救助。四是统一标准。明确救助金额具体标准，制定核算细则，防止人为主观决定造成救助不平衡，产生新的不公平。五是丰富形式。广泛动员企业、团体设立帮扶项目、创办服务机构等方式提供资助，形成司法救助与心理治疗、社工帮助、就业、就学、低保等相衔接的多元、科学、综合的救助体系。

刑事证据问题调研

当前证人、鉴定人出庭作证应破解的几个难题

四川省都江堰市人民检察院

为促进证人出庭工作规范化开展,四川省都江堰市人民检察院联合高校学者组成证人出庭实证研究课题组,在省、市、县三级检察院开展实证调研。通过调研发现,检察机关推动证人、鉴定人出庭的状况并没有发生明显的改观,究其原因,一是公诉人存在一种"理论上的顾虑",视证人、鉴定人出庭为畏途;二是庭审过程中的各种潜在风险让公诉人产生"实质上的担忧"。都江堰市检察院在深入调研、分析原因的基础上,提出了破解证人、鉴定人出庭难题的新思路。

一、转变诉讼观念,破除理论上的顾虑

(一)贯彻直接言词原则,推动庭审实质化

党的十八届四中全会明确提出要推进"以审判为中心"的诉讼制度改革。证人、鉴定人出庭,是以审判为中心的诉讼制度改革的一项重要内容,在辅助查明案件事实方面有着重要作用。直接言词原则作为现代刑事审判的一项重要原则,对于保障审判中心地位、实现庭审实质化具有重要作用。贯彻直接言词原则,全面贯彻证据裁判规则,有利于保障当事人的合法权益,推动庭审实质化地开展。

(二)履行检察官客观义务,充分保障人权

检察官在诉讼中不是一方当事人,而是法律事实的发现者、真实的判断者和忠实正义的公仆。检察官的职能不仅仅在于追究犯罪,而且必须考虑到犯罪嫌疑人和被告人的合法权益,守护法律的真实,实现诉讼程序的公正性。

二、做好庭前沟通,减少实质上的担忧

(一)熟悉全案证据,明确争议焦点

对于需要证人、鉴定人出庭的刑事案件,公诉人应当了解与熟悉全案证据,查阅并深入研究相关证人笔录、鉴定意见。着重了解证人证言、鉴定意见在本案证明体系中的

作用，证人证言、鉴定意见证明的主要事实是否与本案的其他证据相印证或相矛盾，明确印证的程度或矛盾的焦点。

（二）做好庭前沟通，注重证据复核

公诉人与证人、鉴定人进行庭前沟通，应当以证人在侦查机关所作的书面证言和鉴定人出具的书面鉴定意见为基础，围绕证人笔录和鉴定意见所证明的案件事实进行。

（三）评估沟通效果，增强庭审预判

公诉人应当对庭前沟通的效果进行评估，以确认达到了核实证据、了解情况的目的。

三、增强庭审应对能力，有效化解庭审风险

（一）掌握发问技巧，有效查清事实

公诉人应当牢牢把握发问主动权，通过发问，达到查清案件事实的目的。（1）公诉人应当围绕庭前拟定的发问提纲向证人、鉴定人发问，发问应当具有目的性、针对性和逻辑性；（2）问题应当简洁、清楚、明确，为了减少发问的风险，可以采用分段式、闭合式的问题。如在陈某寻衅滋事案中公诉人作如下发问："公诉人在庭前与你就鉴定意见所涉及的鉴定方法、过程、标准、鉴定依据、法医学原理等进行了沟通，对于……你之前是不是这样说的？""是否对案件事实和相关证据进行了全面审查？""该鉴定意见与死亡结果之间是否具有因果关系？"（3）公诉人应当通过发问证人、鉴定人，向法庭展示证人证言的客观性、真实性和鉴定意见的合法性、科学性，应当避免在细枝末节上与辩护人纠缠。

（二）依法行使补充发问权，及时澄清案件事实

公诉人应当依法、及时地行使补充发问权，从而对案件的相关事实进行必要的澄清。（1）公诉人在第一轮发问结束时，可以向法庭陈述"公诉人的发问暂时到此"，从而为补充发问预留必要的空间；（2）要迅速而准确地判断需要补充发问的问题，以达到补充发问的效果。出现下面几种情形之一的，公诉人应当进行补充发问：一是证人、鉴定人的回答和庭前的回答不一致或出现矛盾；二是证人、鉴定人在庭上的表述模棱两可，不能得出确切答案；三是辩护人有意曲解证人、鉴定人本意，或者将证人带入圈套、陷阱；四是辩护人提出了新的证据或新的问题，公诉人可以通过补充发问证人、鉴定人予以反驳。

（三）科学处置庭审突发状况，打破庭审僵局

针对庭审可能出现的各种突发状况，公诉人要迅速判明原因、评估其后果，并根据庭前制作的临场处置方案，及时有效打破庭审僵局。

1. 当证人因情绪紧张，表述困难时，公诉人应当对证人进行适当引导。（1）公诉人应当尝试帮助证人舒缓紧张情绪，先设置封闭性、简单易答问题；（2）公诉人也可以变一种途径，转而证明庭前书面证言的真实性、合法性，就庭前书面证言制作的各要素和环节发问，并建议法庭采信庭前证言。

2. 当证人、鉴定人无法回答辩方的提问，致使庭审陷入僵局。（1）若辩方发问的内容与案件事实无关或者超出了证人、鉴定人所能证明的范围，公诉人可以要求法庭予以制止或要求对该证言不予采纳；（2）若辩方发问的语气造成了证人、鉴定人的自我怀疑，因而不敢作出确定回答时，公诉人应即申请对证人、鉴定人进行补充发问，以帮助证人重塑信心；（3）若证人、鉴定人对辩方发问的方式和发问内容产生了困惑，此时公诉人可以进行适当提示，但应避免使用诱导性或者其他影响客观陈述的提示。

3. 证人改变证言的应对。（1）如果证人是因为记忆发生模糊或偏差而改变证言的，首先，公诉人应当要求证人说明理由，要求证人对前后不一致做出解释；其次，判断其理由和当庭证言是否合乎逻辑和经验法则，是否与其他客观证据有矛盾；最后，必要时建议休庭查证。（2）如果证人是因为侦查阶段遭受违法取证而在庭上改变证言的，首先，要求证人提供必要的线索；其次，分析其理由是否合理、是否成立，判断其庭上证言是否与案件主要事实和其他证据相印证；最后，必要时建议休庭查证。（3）如果证人是因为庭前或庭上受到辩护影响而改变证言的。首先，公诉人应当要求证人说明理由；其次，要求证人对前后不一致的证言做出解释；最后，必要时应当宣读证人在侦查、审查起诉阶段提供的证言笔录或者出示、宣读其他证据对证人进行询问。

四、完善机制建设，制定标准化指引

（一）完善内部配套制度，减少体制内的掣肘

首先，对于证人、鉴定人出庭的案件，检察机关内部应当进行统一管理、综合统筹。在案件分配上，应当统一进行协调、分配，对于有证人、鉴定人出庭的案件的公诉人，公诉部门在案件分配上予以必要的照顾。其次，应当保障公诉人开展证人、鉴定人出庭工作的必要的业务活动经费。最后，应当将证人、鉴定人出庭纳入公诉人的绩效考核体系中。适当提高证人、鉴定人出庭案件的绩点，保障公诉人不因为办理证人、鉴定人出庭的案件而影响其综合考评。

（二）制定出庭指引，推动证人出庭成为工作模式

都江堰市人民检察院制定了《检察机关法庭询问证人、鉴定人工作指引》，主要内容是围绕证人、鉴定人的庭前沟通、庭审盘问的技巧以及庭审突发状况的应对，为公诉人提供一个具有广泛指导性的操作规则，确保在开展证人、鉴定人出庭工作的时候，更有目的性、方向性和科学性。

完善"有专门知识的人"制度的建议

徐 超 石学友[*]

"有专门知识的人"引入刑事诉讼程序以来,目前该项制度的规定过于原则,不利于推进该项制度的顺利实施,在适用时还需要有关机关制定相应的适用规则,对这些内容进一步明确和完善。建议从以下五个方面进行完善:

一、明确"有专门知识的人"的诉讼地位

《刑事诉讼法》第106条关于本法用语含意的说明中并未将"有专门知识的人"纳入刑事诉讼参与人的范畴,这就导致"有专门知识的人"有刑事诉讼任务,却没有参与刑事诉讼的"名分",这种尴尬的身份既有违修法的本意,也不利于推进该项制度的顺利实施,因此,笔者建议修改新《刑事诉讼法》第106条关于诉讼参与人的规定,应明确"有专门知识的人"具有与鉴定人、翻译人等诉讼参与人并列的诉讼地位。

二、限制"有专门知识的人"的任职资质

鉴于有专门知识的人是受当事人委托聘请,利用自身的专业知识和经验对鉴定意见发表专业意见,其意见如被法院采纳,将直接影响审判结果。为避免出现不顾案件事实,无原则地维护己方当事人利益的情形,为减少庭审间围绕专业资质和非鉴定意见的不必要辩论,应限制"有专门知识的人"的任职资质,确保其任职资格门槛不低于鉴定人,建议从我国已登记注册的司法鉴定人中选任,或者从具有司法鉴定知识的行业专家中聘请。只有保证有专门知识的人专业性和法律性这两个前提,才能保证其发表意见的科学性,才能更好地维护委托方的权益。

三、细化"有专门知识的人"的权利义务

只有明确了权利和义务,才能更好发挥有专门知识的人的专家辅助作用,应该赋予有专门知识的人阅卷权、说明权、质询权、支付费用请求权和有拒绝接受委托的权利;同时应承担遵守法庭秩序、保守当事人秘密、遵循诚实信用原则、认真履行当

---

[*] 作者单位:江苏省宿迁市人民检察院。

事人委托和如实回答法官及当事人问题的义务。

四、完善"有专门知识的人"的法律援助

建议设立类似于律师法律援助的机制,对于确因经济困难而无力聘请的被告人,国家应为其免费委托聘请有专门知识的人,避免出现因经济基础不同而导致的审判基础不同,切实维护被告人合法权益。

五、规范"有专门知识的人"的监督管理

有专门知识的人不同于司法鉴定人,其往往以兼职为常态,全职为例外,只是偶尔在法庭需要时才被通知出庭,其在庭审中发表的意见,即使存在差错,对他们自身也无实质影响,这就难以保证其意见的合法性和公正性,从而影响司法公正。因此,笔者建议司法行政机关应尽早出台"有专门知识的人"的管理制度,规范其执业行为,追究其因故意或重大过失而导致误判或不良审判后果的责任。

刑事诉讼过程中手语翻译存在的四个难题

解宝虎*

2014年以来,江苏省宿迁市检察院共办理涉及聋哑人员犯罪21件27人。在办理该类案件过程中发现,刑事诉讼法及相关法律法规只对手语翻译的使用作出了原则性规定,在实际工作中缺乏可操作依据,办案人员只能根据具体情况或以往的习惯做法处理案件。规范刑事诉讼中的手语翻译活动,对查明案件事实、正确适用法律、维护当事人合法权益具有十分重要作用,应当引起高度重视。

一、手语翻译存在的问题

(一)权利义务不明确

手语翻译在参与刑事诉讼过程中应享有哪些权利、履行哪些义务,法律和相关司法解释没有明确规定,司法实务中也缺乏统一的认识。实践中,仅仅是案件承办人口头告知其应该如实翻译、保证翻译质量,没有规范的权利义务告知程序和具体的权利义务告知内容。

(二)聘请渠道不畅通

我国缺乏从事法律服务手语翻译的统一资格考试和固定资质评估制度,也没有专门从事手语翻译的机构和专业人员,能够翻译聋哑手语且能接受司法机关聘请参与刑事诉讼的人员较少。在刑事诉讼过程中,大多是临时聘请聋哑学校的教师作为手语翻译,但是由于没有相应的资金补助或是补助较少,这些教师往往不愿意从事该项工作。如宿迁市在办理张某某、蔡某某涉嫌盗窃罪一案时,因无经费补助,经分管院领导多次出面协调才找到手语翻译。

(三)人员素质待提高

我国尚未设立专门的手语翻译人员行政及行业监管机构,也没有制定统一的手语翻译人员管理办法及执业规范,司法机关无法客观全面地掌握手语翻译的真实情况,无从

---

* 作者单位:江苏省宿迁市人民检察院。

衡量其个人道德素质与诚信程度，其翻译能力、翻译水平、法律素养等也无法评估。如一些地区聘请的手语翻译人员仅具有初级手语翻译资质，且没有法学理论知识，能否将具有高度专业性的法律用语准确译释传达给犯罪嫌疑人、证人无法保证。

（四）监督机制不健全

司法实践中，缺少对手语翻译参与刑事诉讼活动进行监督的有效途径和合法依据，造成了翻译活动的监督缺位。相关救济程序也不完善，当出现误译或者漏译时，很可能影响到案件最终的定罪量刑。此外，办案人员在聘请手语翻译时缺乏资格审查，翻译人员在翻译过程中能否保持客观中立也难以认定。如泗洪县检察院在办理曹某某涉嫌盗窃罪一案时，办案人员在讯问犯罪嫌疑人时发现其是侦查阶段手语翻译人员的学生，随即启动非法证据排除机制，并要求公安机关更换手语翻译人员重新取证。

二、规范手语翻译的对策及建议

（一）明确权利义务

出台手语翻译规范性文件，对刑事诉讼手语翻译的权利义务、应具备的最低资质条件、不适合从事该项工作的情形，以及手语翻译参与刑事诉讼活动的资格审定、法律地位、应享有的诉讼权利和应承担的诉讼义务、与犯罪嫌疑人共谋虚假翻译的后果等内容予以明确。

（二）完善参与程序

建立手语翻译管理机构，对手语翻译进行指导、管理和监督、检查，对手语翻译的资格进行审核登记、诚信评估、违法违纪调查等，并根据工作需要和实际情况对手语翻译名册进行调整和补充。对各个诉讼阶段司法机关聘请翻译予以统一管理和登记，畅通聘请渠道，同时避免出现同一案件的不同诉讼阶段均为同一名手语翻译或者同一名手语翻译为共同犯罪案件多个犯罪嫌疑人翻译等不规范情况的发生。

（三）建立人才库

在全省层面建立统一的手语翻译人才库，并建立对翻译人员资格审查认定程序，即由司法机关联合相关专业部门制定翻译人员的资格认证标准，统一进行考核，考核合格后凭证从事翻译工作。建立完善从事法律服务手语翻译人员的社会实训工作，加快翻译人员的职业化进程，努力改变手语翻译专业人才缺乏的现状。

（四）构建保障机制

制定刑事诉讼翻译人员全程同步录音录像制度，以弥补笔录记载的不足，也便于对翻译工作及其质量进行事后审查，纠正不当或疏漏之处，确保案件处理的客观公正。建立翻译同步审查监督机制，由专业部门联合司法机关对侦查、审查起诉、庭审过程中的翻译通过查看录像、现场监督等方式予以监管。建立手语翻译经费保障机制，将经费支出纳入政法机关经费预算，制定与经济发展水平相适应的手语翻译经费补助标准，提高手语翻译参与刑事诉讼活动的积极性。

法律政策研究与检察官研修制度调研

司法责任制背景下法律政策研究综合业务职能定位之探索

江苏省人民检察院法律政策研究室

司法责任制背景下,如何找准法律政策研究部门综合业务部门的职能定位,是全体检察研究人迫切需要破解的理论和实践问题。江苏检察机关法律政策研究部门主动顺应改革要求,立足综合业务部门定位,强化业务调研职能,努力在推动全省检察业务工作发展中发挥综合业务部门不可替代的职能作用。

一、研究明确综合业务部门司法办案标准,为找准职能定位奠定基础

遴选员额检察官的目的就是要让检察官在一线司法办案。但由于我国检察机关不仅拥有批捕权、公诉权,还有法律监督权、司法救济权等等,内涵较为丰富。因而,检察机关的案件形态也较为复杂,案件的外在表现形式呈现出多样性。实践中,不同层级检察院的检察官对于什么是案件、怎么算办案等产生不同的认识。为了精准考核员额检察官的办案业绩,江苏省院研究室配合政治部创新性地研究制定了检察机关案件清单,经省院检委会审议通过后下发全省,有效回答了什么是案件的问题,对推动全省三级院全面落实司法责任制具有重要指导意义。明确了实体性办案、程序性办案、指导性办案三种案件类型,涵盖了侦监、公诉等检察机关全部的 10 个业务条线 138 种案件,有效回答了什么是案件、如何量化考核案件的实践难题。至此,形成了员额检察官的权力清单、责任清单和案件清单,探索建立"闭环"型的司法责任体系。其中,法律政策研究室有 9 项工作属于司法办案行为,对提交检委会审议的案件进行实体审查并提出法律适用意见、办理请示案件(包括个案请示、类案请示、由研究室负责起草的案件请示)等属于实体性办案,办理对台司法互助案件、对该院以及下级院检察业务规范性文件提出审查意见属于程序性办案,对司法办案中适用法律问题开展调研、研究需要提出咨询意见的重大疑难典型案件或多发性类案、审查编写拟在全省发布的典型案例或拟报送高检院的指导性案例或经设区市院检委会审议后在全市发布的典型案例、起草检察业务规范性文件以及提出法律法规、司法解释和检察业务规范性文件等的论证修改意见等都属于司法办案行为。

二、组织开展事关检察业务发展的重大问题研究，发挥智库参谋作用

紧紧围绕全省检察业务发展趋势，开展关涉业务发展长远的重大问题研究，为把准全省检察业务工作重点和发展方向助力，供院党组决策参考。在年初的检察长会议筹备期间，研究室研究制定《2017年全省检察重点工作任务书》，提交省院党组讨论决定后下发，提出了对各项任务推进的具体安排，并根据省院党组加强督查，按季度梳理、通报进展情况，确保重点工作如期推进。深入研究检察权运行规律和现实问题，抓住办案组织设置、检察职权配置、权力运行监督等重点内容和关键环节，主责或者会同政治部、案管处等研究拟定司法责任制改革配套文件20件，为司法责任制改革推进贡献力量。

三、组织开展重大疑难案件实体化审查，担当司法办案主体作用

对所有拟提交检委会审议的重大疑难案件，研究室都进行实体化审查，重点对案件的法律适用提出审查意见，供检委会决策参考。对每一起拟审查的案件，研究室都组成由员额检察官牵头的办案组织办理，调阅卷宗，进行全面审查。由于提交检委会审议的案件都属于重大疑难案件，因此，研究室承办检察官提出审查意见后，由研究室组织检察官联席会议进行研究讨论，并经部门主要负责人审阅后，提交检委会。在检委会讨论案件时，在有关业务部门检察官与分管检察长汇报案件、发表意见之后，专设研究室审查意见报告环节，向全体委员报告研究室法律适用意见，供检委会委员决策时参考。同时，对每一件提交检委会讨论的规范性文件，也都由检察官进行研究论证后提出审查意见，力求其符合法律政策最新规定要求。

四、组织开展应用型研究，共同研究解决检察业务实践难题

司法办案是检察机关的主业，解决法律适用问题、服务司法办案实践是法律政策研究部门的主责。江苏注重把握主业方向、突出主责意识，把分析研究并努力解决全省检察机关司法办案中遇到的重点难点问题作为研究室中心工作，通过建立与办案部门专人对口联系机制，精准把握办案实践需求，积极开展法律应用型研究。做好对台司法互助。2017年以来，省院研究室对全省落实以审判为中心的刑事诉讼制度改革情况、近三年伤医案件、行政违法行为检察监督等工作进行了深入调研，并起草了调研报告，推动解决司法实务问题。针对提前介入侦查、挂牌督办、检察建议等业务工作中存在的问题与短板，开展了专题调研，起草完善业务工作的规范性文件，经省院检委会审议通过后下发执行。根据最高人民检察院部署，直接与我国台湾地区法务部门开展司法互助业务，目前已建立了覆盖全省三级院的对台司法互助工作网络，2017年以来，代为送达台方法律文书12件37人。同时，还创设领导决策参考、"江苏检察研究"微信公众号等调研载体，传递有效信息，服务领导决策。2017年以来，共编发领导决策参考51期，得到省院领导批示肯定15期，推动案件信息公开、检察长办案等一批重点工作深

入开展。灵活运用微信公众号新媒体平台,为广大干警提供交流、发声的渠道,及时反映检察业务工作正面临的难点、痛点和堵点,并由省院研究室相关同志组织积极回应,提升公号正能量,共编辑推送52篇,上线5个多月以来关注人数近4000人,点击量近16万次,被正义网推荐为优质检察新媒体好作品。

五、组织开展检察基础理论研究,为检察业务发展提供理论支撑

检察业务工作越发展,就越需要基础研究支撑。注重围绕司法办案实际需要,突出加强业务理论研究。组织全省各级院、各业务部门围绕检察院组织法修改与完善、以审判为中心的诉讼制度改革、多元化诉讼体系构建、检察机关办案组织设置、大数据在检察工作中的运用等热点难点问题,积极参与最高人民检察院检察理论、检察应用理论研究课题申报工作,全省共9项课题被高检院批准立项为检察应用理论研究重点课题,立项数居各省(市)检察机关首位。江苏省院研究室承担的高检院检察应用理论研究重点课题《司法责任制下检委会信息化建设研究》已向最高人民检察院作开题报告。充分发挥典型案例对司法办案的指导作用,加强案例收集报送和类案研究分析。

附件:江苏省检察机关案件清单中研究室案件(9类)

一、实体性办案

1. 对提交检委会审议的案件进行实体审查并提出法律适用意见;
2. 请示案件(包括个案请示、类案请示、由研究室负责起草的案件请示)。

二、程序性办案

3. 对台司法协助案件;
4. 对本院以及下级院检察业务规范性文件提出审查意见。

三、指导性办案

5. 对司法办案中适用法律、执行政策问题开展调研、理论课题研究,提出意见建议;
6. 研究需要提出咨询意见的重大、疑难、典型案件或多发性类案,起草风险排查研判报告;
7. 审查、编写拟在全省发布的典型案例或拟报送高检院的指导性案例、典型案例或经设区市院检委会审议后在全市发布的典型案例;
8. 起草检察业务规范性文件;
9. 提出法律法规、司法解释和检察业务规范性文件等的论证修改意见。

上海市检察机关检察官业务研修工作情况调研

周 慧*

2017年2月21日,上海市人民检察院印发了《上海市检察机关检察官业务研修实施细则(试行)》,为该市开展检察官业务研修工作提供指引。近日,笔者就该市检察机关开展检察官业务研修的工作情况进行了调研。

一、总体情况

2014年,上海市检察机关建立检察官业务研修制度,2015年7月,徐汇区院先行试点检察官业务研修制度。2016年,闵行区院组织三期15名入额检察官参与检察官业务研修,浦东新区院组织20名入额检察官举办首期研修班,金山、普陀区院也开展了相关探索。2017年2月21日,上海市院印发了《上海市检察机关检察官业务研修实施细则(试行)》,为开展检察官业务研修工作提供指引。

据统计,截至2017年7月底,上海全市分院、区院20家单位中,已有18家单位开展检察官业务研修相关工作。目前,浦东新区院、长宁区院、普陀区院、杨浦区院、闵行区院、嘉定区院、青浦区院、奉贤区院等8家单位正在组织检察官进行研修,各单位每期研修检察官人数在3人至53人不等,每期检察官研修期限为1-3个月。一分院、黄浦区院等10家单位计划在第三季度内启动首期检察官研修。在具体工作层面,二分院、浦东新区院等13家单位已制定并实施检察官业务研修实施细则或管理办法,并报上海市院研究室备案。黄浦区院、静安区院、松江区院、崇明区院4家单位正在制定检察官研修有关规定。

二、主要工作实践

(一)注重立足当地实际,服务检察办案

普遍制定或计划制定符合该院工作实际和检察官个性需求的实施细则和研修计划,突出该院检察官业务研修的针对性和实用性,在研修批次、人数上根据业务部门实际灵活掌握,保证检察官业务研修与检察办案两不误,业务研修更好地服务和保证检察

---

* 作者单位:上海市人民检察院。

办案。

(二) 充分利用高校资源，密切检校合作

各单位在组织检察官研修中主动寻求本地高校资源支持，促进理论与实践的互动融合，为检察实践提供了有力的理论支撑。如静安区院与华东政法大学签约共建了"华东政法大学法学研究与实践基地""静安区人民检察院检察官研修基地"；奉贤区院通过与上海政法学院刑事司法学院签订"检察官研修基地共建协议"，在全市率先建立专业的检察官研修基地。嘉定区院围绕检察官研修等重点工作，强化与华东政法法学、上海大学、上海政法学院等检校合作平台建设，推进理论成果转化，已被最高人民检察院国家检察官学院确定为2014年至2019年教学实践示范基地。长宁区院组织首期3人检察官进行研修时，抓住高校暑假契机充分利用高校师资力量以及图书馆、电子阅览室等学术资源。

(三) 注重专业化研修，完善专业化检察教育培训体系

如普陀区院，将检察官研修作为该院"一院一品"特色项目，与华东政法大学、上海财经大学签订研修合作协议，利用上海财经大学经济法、民商法的学科特色和科研优势，提升办理金融、知产案件专业化水平。奉贤区院通过组织业务部门骨干人才和"三优一能"培养对象参加研修，将检察官研修与专业人才培养相结合。

(四) 建立并实行研修导师带教制度，保证研修层次和研修质量

各单位在开展检察官研修中，争取为每位研修检察官联系配备法学专家学者担任研修指导老师，从研修主题选择、研修方法、研修内容等方面给予指导，进一步提高检察官业务研修的水平。

三、存在的问题

(一) 关于研修时间

调研中，有区院反映研修时间太长，担心检察官在职离岗研修时间过长会加剧人案矛盾。经研究，笔者认为，上海市院现有规定还是较为合理和符合实际的。第一，上海市院规定本身较为灵活，只要检察官能够提交符合条件的研修成果，每个入额检察官只需保证其每五年任职周期累计完成3个月的业务研修（每年两周左右）即可，且检察官参加政治部举办的专题培训、参与学术活动等可以计入研修时间。第二，检察官参加研修不拘泥于封闭研究，鼓励创新研修形式，丰富研修内容。检察官可以自主选择研修项目，包括承担研究课题、指定项目、完成大学课程、开发案例课程等，突出检察官业务研修的针对性和实用性，使研修内容来源于办案，研修成果服务于办案。

(二) 单位之间进展不平衡，研修工作有待进一步推开

该市各分院、区院中，如闵行、浦东新区院等单位已经形成了较为成熟的研修机制

并且取得一定成效,也有单位尚未开展检察官研修工作,各个院之间差距较大。当前,上海市院对全市各单位开展检察官业务研修尚未做强制要求。由于部分基层院研究室空编较多,在完成检委会工作、专题调研、法律政策研究等常规工作外,难有余力再组织检察官进行研修。

(三) 入额检察官参加研修、开展调研的积极性有待进一步提高

根据基层院反映情况,检察改革后,入额检察官研修的积极性有待增强。根据2017年7月印发的《上海检察机关检察官绩效考核及奖励分配指导意见(试行)》,检察官公共目标考核占比为30%,其中就包括了对研修成果进行评价,但具体占比多少、如何测算,有待各单位进一步明确。

四、对策及建议

(一) 建议在研修时间、人数、方式等进一步扩大各单位自主权

各单位在制定本院研修规定和研修计划时,可以在上海市院规定范围内合理统筹安排本院研修人员批次,科学设定研修时间,在保证业务部门办案不受影响的同时,切实发挥研修效用。例如,奉贤区院建立了专门研修基地,并将离岗研修时间缩短至一个月;浦东新区院要求研修检察官自主制定研修计划,并可以根据自身办案情况自主选择实践锻炼单位和确定三周的锻炼时间,这些做法值得其他单位借鉴。

(二) 进一步发挥市院的组织优势和平台优势,促进信息互通、资源共享

上海市院研究室将继续密切跟进全市检察官业务研修工作情况,并适时组织召开检察官业务研修工作专题会议,组织检察官研修工作开展较好的单位交流经验做法,在今后更加主动地关注并收集各单位开展检察官业务研修中的反馈意见,并进一步加强研修成果的汇编、推广。

(三) 进一步落实检察官业务研修保障措施

鼓励各分院、区院把开展检察官业务研修作为常规性工作落实,帮助各单位争取到办案部门和行装部门的支持和配合。在三级院即将进行内设机构改革的背景下,上海市院研究室将积极探索,适度前瞻,思考如何在基层院研究室撤并的情况下做好全市检察官业务研修工作。

检察官研修制度构建与模式探索

唐 敏 张雅芳[*]

检察改革过程中,针对检察人员知识储备亟待更新、教育培训工作面临变革的情况,积极探索和设计在职检察官研修制度,促使业务部门干警开展完成指定研修科目,有利于提升检察官综合业务能力,推动检察工作长期健康发展。

一、关于检察官研修形式

检察官研修工作原则上采取分人群分批次分职能的方式开展,兼具培训、见习、理论研究等多项内容:一是新任检察官的研修。针对改革过程中新任检察官存在跨业务部门及来自综合部门等情况,对新岗位存在不熟悉、不适应,研修工作有针对性设计,通过强化理论政策培训、开展多部门业务课程学习和实行业务结对带教计划等方式,提升办案意识和有关侦查、起诉等各项检察业务工作的基本技能。二是检察官的一般研修。这一类研修针对担任检察官2至7年的人员为对象进行,通过强化业务专业性学习和建立检察官每5年脱产调研不少于3个月制度,提高作为检察官的一般素能和检察实务的必要基础知识技能。三是检察官的进阶研修。研修针对任职7年以上的检察官进行,着重深化高难度专业领域知识和技能,邀请各领域专家助力深化、弥补和完善各领域的知识结构。四是检察官的其他研修。检察官研修还应贯穿于日常的工作学习,采取每月固定时间开展研修培训班的形式,以讲座、研讨、沙龙等的方式强化研修力度和深度。

二、关于研修成果的展现

检察官研修应产生有价值研修成果,成果可围绕检察工作多种形式呈现:一是课题研究。研修的课题应当围绕重点和难点问题展开,主要是实务专题调研、应用研究和一类问题监督等报告,采取单独申报和课题组申报相结合的方式。二是指定研修项目。检察官在研修期间,应当承担业务指导性案例编撰、立法和司法解释调研、专项业务分析、规范性文件调研和起草等规定项目的完成。三是创新机制。检察官研修的成果可以创新工作方式和检察机制的形式予以展现,内容可分为刑检类、自侦类、诉讼监督类及综合保障类,这一类型的研修成果应当兼备机制性和创新性两大特点,可以为解决一类

---

[*] 作者单位:上海市普陀区人民检察院。

问题提供长效保障。

三、关于检察官研修考核机制

适应司法责任制改革需要,把高素质检察官队伍建设摆在首位,在探索构建检察官业务研修机制的过程中应注重成果考察:一是将研修成果纳入检察官考核机制。个人综合考评是对检察官工作的客观评价,在修订《检察官业务考核实施细则》过程中,明确将检察官研修列入检察官的考核项目,与绩效、晋升、遴选入额等方面进行挂钩,提升研修工作的价值与地位。二是研修成果的考核标准及考核流程。课题成果的质量考评应当分为形式和内容两部分。成果形式考察着重研修成果的标准格式,论文形式和调研报告等成果应符合示范格式,便于成果转化工作开展;成果内容考评分学术不端行为系统检测、研究室初审和专家评审委员会评审三步进行,评审结果对应优秀、良好、合格、不合格四级,与考评挂钩,计入司法档案。

四、关于研修工作保障措施

检察研修作为新创设制度,需要适当的措施保证顺利推行:一是设立专职检察官业务督导岗位。任命专人专职负责研修排期、流程督导和组织考评等工作,对检察官离岗研修期间执行规章制度情况进行监督,研修考评情况报送检察官遴选(惩戒)办公室。二是专人负责计划编制与协同督促。对经业务部门审核同意的研修检察官,统一编制业务研修5年规划和年度计划,明确研修检察官的研修课题、指定项目及项目督导,除重点课题外的其他课题研究应由研究室干警协同并督促开展。三是做好检察官研修的组织、经费保障。组织方面,院内统一协调,对检察官脱岗研修阶段的工作及研修结束后的安排及时做好交接工作,科室应对参与研修的检察官提供充分支持,避免脱岗研修走形式;在经费方面,检察官开展课题研究和调研工作所必须的经费预算,学术不端行为系统检测费用及聘请专家教授所需费用等开支由院内统一计划和支付。

探索符合检察特点的检察官业务研修方式

上海市浦东新区人民检察院

上海市浦东新区检察院结合司法改革,坚持将检察官研修与教育培训制度有机结合,积极探索符合检察特点的检察官业务研修方式,促使研修检察官更加注重理性思考,更加注重司法实务问题,更加注重将研修成果转化为破解办案难题、规范执法行为的工作机制,用于指导办案实践,推进检察官队伍的职业化专业化建设。

一是在人员安排上,采取合理统筹与部门推荐相结合。针对入额检察官多、办公地点分散、办案任务重的现状,研究室统一编制全院入额检察官分期分批参加业务研修的五年规划和年度计划,并由业务部门推荐年度参加人数。2016年首期研修班确定了20名入额检察官参加,基本覆盖了刑检、自侦、诉讼监督、综合业务等所有业务部门,不仅为今后分步实施检察官业务研修工作提供了借鉴作用,又确保了业务部门办案工作不受影响。

二是在研修方式上,采取集中研修与自主研修相结合。改变以往"被动式""灌输式"的传统教育培训方式,由研究室牵头,主动听取和了解业务部门的意见建议以及研修检察官个性化需求,统一设置集中研修课程,并要求参加研修的检察官结合研修项目,自主选择学习篇目和实践锻炼项目,并组织开展阶段学习交流活动,取长补短、相互借鉴,切实提高检察官参加研修的能动性、针对性和有效性。

三是在研修内容上,采取必修项目和指定项目相结合。在组织开展集中学习、培训的同时,要求研修检察官结合不同的岗位职责,着眼于解决检察实务方面存在的"短板",自行确定研修课题或调研的方向,自主选择指定项目,并在规定期限内完成研修成果,并力求指导办案实践,以有效增强检察官业务研修的自主性和实用性。

四是在制度保障上,采取刚性约束和柔性管理相结合。专门制定了《检察官研修守则》,对集中听课、自主学习、实践锻炼、完成研修成果等阶段的有关事项作出明确规定。同时,每期研修班均成立班委会,分别指定2名研修检察官为学习委员和宣传委员,强化自主管理。入额检察官不仅要求参加5年一次的集中研修,更要求注重日常研修,完成研修成果,如每年应至少撰写一篇有较高质量的调研文章或业务分析报告等,对研修成果在年度考核中予以体现。

四、调研经验

北京市院：研究室开展法律应用研究的做法

北京市人民检察院研究室近年来不断加大法律适用研究的工作力度。2014年至2016年3月，北京市院研究室共受理分院、基层院、市院业务部门提请的法律适用请示95件，其中15件获最高人民检察院或最高人民检察院研究室答复，8件由市院检委会提出研究意见，其他由市院研究室答复；共编发《首都检察案例参阅》61期，公开出版案例研究书籍3部。通过全面加强法律应用研究，很好地发挥了研究室服务领导决策和业务建设的职能作用，得到了各级领导和办案部门的充分认可。主要做法有：

一是统一思想，配强人员。专门成立了法律适用研究组，由从基层院遴选的既有较为丰富办案经验、又具有扎实调研基础的同志专门负责法律应用研究工作，形成了以法律适用研究组和检办为核心，研究室全体人员参与法律应用研究的工作模式。

二是明确导向，加强指导。北京市院研究室每年将各院报送法律适用请示、参阅案例的数量及其成效作为研究室工作的主要业务数据在全市进行通报，引导各院重视和加强法律应用研究工作力度，也为各院研究室加强与办案部门的联系创造条件。同时切实加强培训指导。为提高各院法律应用研究水平，北京市院在每年全市研究室系统培训中都设置法律应用研究方面的课程。同时，根据各院需求和市院了解的情况，主动派专人深入各基层院进行法律应用研究专题授课指导，提高各院研究水平。

三是完善制度，规范发展。北京市院先后多次就案例研究和法律适用请示报送工作专门下发工作通知，规范工作发展。根据2016年初《最高人民检察院办理下级人民检察院请示件暂行规定》《人民检察院案件请示办理工作规定（试行）》等最高人民检察院最新规定要求，结合北京实际，制定了《北京市人民检察院研究室办理下级人民检察院研究室法律适用问题请示件工作规定（试行）》，对各院报送法律适用请示的范围、条件、程序、形式以及市院办理法律适用请示的受理条件、办理程序和期限、办理结果和反馈、存档与发布、责任承担等进行了全面规定，为该项工作的规范化发展奠定了扎实的制度基础。同时注重以信息化促进规范化。为规范法律应用研究的工作流程和完善工作管理，北京市院研究室积极协调技术部门研发了法律适用请示和首都检察案例参阅管理系统，从各院报送、市院受理、市院分办、承办人承办到答复反馈均在网络系统中运行，各个环节的流转时间、工作人员、工作结果等都在系统中显示留痕，既方便了工作管理，也为规范该项工作的程序和期限等建立了监督机制。搭建平台，规范成果应用。对于各院报请的高质量法律适用请示获得高检院答复或被市院正式答复的，北京市院研究室及时抄送各办案部门，并在不违反保密要求的情况下在首都检察网予以公开；通过市院检委会研究的，及时编发为《北京市院检委会通报（法律适用意见专刊）》并在首都检察网发布。对各院报送的高质量案例，北京市院研究室不仅编发为《首都检察案例参阅》后在内网随时公开,还定期汇编后公开出版。通过这些规范的平台,使研究成果能够被业务部门领导看到,能够被全市检察人员随时学习查阅,大大增强了各院研究室开展法律应用研究的成就感和责任感。

甘肃省院：坚持调研为本"三点一线"推动法律政策研究工作全面科学发展

甘肃省院坚持调研为本，"三点一线"推动法律政策研究工作全面科学发展。全省检察机关法律政策研究工作继续着力由"被动应付"向"主动作为"、由"服务绩效考评和文章发表"向"服务司法办案和领导决策"转变，抓住检察调研这个根本，扎实推动全省研究室工作新发展。

一是开展全省检察应用理论研究、法律适用问题请示、案例指导、法律图书资料室建设运行等11项工作情况的调研，掌握全省检察机关法律政策研究各项工作的开展情况，查摆分析存在问题和原因，厘清工作思路。

二是制定出台《甘肃省检察机关加强和改进法律政策研究工作的意见》《甘肃省检察机关检察官业务研修管理办法（试行）》，明确框定了法律政策研究工作的核心主业，突出法律政策研究工作服务领导决策、服务司法办案的工作定位。

三是针对调研中发现的基层检察干警参与检察应用理论研究积极性不高的问题，采取增加立项课题数量、提高优秀成果奖金标准、评选组织工作先进集体等方式，激励引导一线干警参与的检察理论研究工作中；针对调研中发现的各级院法律图书资料室利用率不高的问题，采用阅读征文、读书研讨等形式，吸引青年检察干警多读书、读好书；针对调研中发现的检察内刊各级院干警投稿积极性不高等问题，采取提升检察内刊稿费标准、扩大内刊采用案例评析和优秀司法文书数量等方式，推动广大检察干警积极投稿；针对调研中发现的各级院报送指导性案例素材积极性不高等问题，采取业务培训、会议研讨、先进集体评选等方式，推动各级院积极报送。

四是在坚持法律政策研究工作立足服务领导决策和司法办案的主业基础上，坚持法律政策研究工作多元发展的思路，确立检察理论研究工作以应用型研究为重点、检委会工作以规范化建设为重点、法案研究工作以解决法律适用为重点、法律适用问题请示答复工作以指导具体办案为重点、案例指导工作以促进本地区统一法律适用标准为重点、检察官协会工作以服务检察官办案为重点、图书资料管理工作以提供法律参考资料为重点的等各项工作多元化发展思路。

甘肃省院：多措并举积极推动
法律适用问题请示办理工作

近年来，甘肃省院主动作为、多措并举，实现了全省检察机关法律适用问题请示办理工作的提质增效，有效服务了司法办案工作。

一是通过调研，了解掌握法律适用问题请示办理工作基本情况。2016年3月，甘肃省院针对全省检察机关法律适用问题请示办理工作在全省范围内开展了专题调研。通过调研，掌握了全省检察机关法律适用问题请示办理工作的基本情况，找出了工作开展中存在的问题，分析了原因，并针对性的提出了对策建议，为下一步更好的开展和推进此项工作提供了实证依据。

二是通过学习培训，指导全省各级院如何做好法律适用问题请示办理工作。针对调研中发现的问题，省院采取学习培训的方式促进此项工作开展的规范性和实效性。省院再次将高检院《人民检察院案件请示办理工作规定（试行）》《关于进一步规范请示件报送工作的通知》《最高人民检察院法律政策研究室办理法律适用问题请示件工作规定》转发下级院，要求下级院认真学习，严格执行。并根据高检院文件精神，制发了《关于加强指导性案例和法律适用问题请示件选送工作的通知》，进一步细化了法律适用问题请示件选送的标准、数量、条件和时限。为了学习先进经验、提升研究室同志做好法律适用问题请示办理工作的能力、水平，省院研究室分别于2016年4月的"全省检察机关法律政策研究骨干培训班"和2017年4月的"全省检察机关法律适用问题请示、案例指导、业务规范性文件起草审核修改培训会"。

三是通过会议指导，督促全省各级院着力推进此项工作。在2017年4月庆阳召开的"全省检察机关法律适用问题请示、案例指导、业务规范性文件起草审核修改培训会"上，省院领导反复强调了法律适用问题请示办理工作的重要意义，并从明确法律政策研究部门办理法律适用问题请示件的范围，细化法律政策研究部门办理法律适用问题逐级请示机制，摒弃以负面效应否定法律适用问题请示工作的做法等三个方面，对如何做好法律适用问题请示办理工作提出了具体要求和进行了针对性指导。

四是通过先进集体评选，激励全省各级院认真做好此项工作。为积极推动法律适用问题请示办理工作的开展，经省院党组同意，省院开展了"年度全省检察机关法律适用问题请示组织工作先进集体"评选活动，经各地申报、省院研究室审核、省院党组审定的方式，授予兰州市、天水市、平凉市人民检察院法律政策研究室为"年度全省检察机关法律适用问题请示组织工作先进集体"，有力推动了各地此项工作的开展。

甘肃省院：规范推进指导性案例报送和典型案例研究工作

近年来，甘肃省院为了助推法律政策研究部门业务转型，突出核心主业，务实规范推进案例指导工作，开辟了直接服务司法办案的有效途径，取得了良好效果。

一是加强组织领导，确保案例指导工作安排部署到位。从总结办案经验、展示办案水平、提高办案质量的维度，进一步重视和强化案例指导工作。

二是完善工作机制。在全省范围内形成了由各级院检察长负总责、分管检察长抓落实、研究室组织实施、各业务处室积极参与的案例指导素材报送工作格局。

三是加大培训通报力度。2017年4月在庆阳举办了"全省检察机关法律适用问题请示、案例指导、业务规范性文件起草审核修改培训会"。2016年以来，省院建立了检委会通报制度，对首例、新类型、疑难案件，在省院检委会讨论过程中产生分歧意见的案件，容易发生执法偏差的案件以及向最高人民检察院请示案件或提请高检院抗诉成功案件等具有指导意义的典型案件，在诉讼终结后，依据省院检委会对案件的决定及生效判决书的内容，适时制作典型、疑难案件法律适用案例，重点加强了对刑事抗诉、民行抗诉等监督典型案件、逮捕必要性审查典型案件、非法证据排除典型案件的通报。

四是完善激励机制，确保案例指导工作积极健康开展。《陇原检察》每期杂志留出1/3到1/2的版面用于刊发案例评析和优秀司法文书，极大调动了办案一线干警撰写案例评析的积极性，为案例研究工作的开展打下了坚实基础。同时，经省院党组同意，省院将于每年开展"全省检察机关案例研究组织工作先进集体"评选活动，并对各地区开展此项工作的情况在年底予以通报。

江苏省院：构建"五化"模式推进案例研究工作

近年来，江苏省人民检察院法律政策研究室不断重视和深化案例工作的开展，通过建立相关工作机制，出台相关规范性文件，选编了一批具有参考价值的典型案例发布，有效规范司法实践，形成了具有"五化"特色的案例工作模式。

一是素材收集多面化。通过建立案例通讯员制度，保障典型案例的发现和提供渠道畅通迅捷。定期与业务部门联系，及时发现有价值的案例。全省各市检察院法律政策研究室指派一名业务能力强，案例工作经验丰富的干警，担任该市案例通讯员，专门负责发现、收集该市范围内具有典型意义的案例材料，组织初步编写并及时报送省院，确保掌握丰富的案例资源，为案例筛选提供充足的素材。

二是案例编写标准化。通过多种措施不断提高案例编写的质量。结合江苏检察工作实际，通过制定规范性文件，明确案例编写的具体要求。编写典型案例时，注重总结法律适用规则，充分挖掘案例指导价值。

三是案例选取报送规范化。江苏省院出台《江苏省人民检察院关于实施〈最高人民检察院关于案例指导工作的规定〉的办法》，对案例的选取、编写、报送等方面提出了规范性要求，要求市院、基层院在报送案件时，必须按照报送程序，经分管案件的院领导审核，防止尚未生效、不适当的案件形成案例。在报送流程上，要求逐级报送。基层院案例选报责任部门和市院研究室逐级把关，从案件的典型性、指导性和编写体例、质量、语言等方面加工完善，充分调动各级院的力量，实现案例选送、编写工作规范化。

四是人才培养专门化。江苏省院分别针对省院、市院和基层院的不同情况，为有兴趣开展案例工作的办案部门干警提供学习机会，充分调动他们的积极性。

五是功能发挥充分化。最高人民检察院发布指导性案例后，及时将案例转发各市和省院各部门，以便办案干警学习，促进规范办案。精心挑选编写省内典型案例，在江苏省人民检察院官网《公告》栏目上发布，定期免费向设区市院、基层院发送一定数量的《公告》，确保办案部门和人员都能学习了解典型案例，并对实践中同类案件处理发挥参考价值。

黑龙江同江市院：努力提升全院调研水平

黑龙江省同江市人民检察院深入剖析基层调研工作存在的问题和难点，在高度、力度、深度上，不断探索推进检察工作研究的新途径，结合部门、岗位工作大兴调研之风，形成了全员调研的良好氛围，有力提高了全院干警工作思考研究能力，增强了岗位工作质效，提升了综合素能。

一是以领导参加调研增加高度。检察长及党组成员积极参与，带头开展调研，亲自撰写或有的放矢指导调研。

二是以创新机制增强调研的深度。以办案助推调研成果。深入研究和探索检察业务中出现的新情况、新问题，特别是办案中遇到的难题。办案人在案件办结后，对所办理的典型案件进行总结，有针对性地写出述案剖析材料，转化为检察信息和宣传材料，随时上网发布交流，全院共享调研成果，达到了互相交流学习的目的。结合专题调研选题，撰写对公安机关开展立案监督和侦查活动监督、加强国有矿产资源的监管等调研报告。结合检察工作实际召开专题研讨会，发动全院干警结合岗位工作开展调查研究。积极争取上级院指导，定期将干警结合自身工作开展调查分析研究写出的报告上报，与上级院相关部门研讨。

三是以绩效考核增大群体调研的力度。将检察调研工作成效纳入绩效考核，形成督促落实的工作机制。把岗位工作研究成果作为提拔使用的一个条件，促使干警不断提升理论素质、工作研究素能，养成以思考研究工作提高岗位工作能力的习惯。

甘肃平凉市院：四项措施推动检察调研和应用研究工作开展

甘肃省平凉市人民检察院四项措施推动检察调研和应用研究工作深入开展。

一是建立全员参与的大调研工作格局，充分发挥检察调研和应用研究工作服务领导决策，服务检察业务工作的作用。市、县两级院党组采取定任务、定篇目、定作者的办法，向各业务部门下达年度应用理论研究课题数量和篇目，由研究室定期通报完成情况，对没有完成年度应用理论研究任务的部门和个人，取消年度评优选先的资格，以此调动各业务部门深入研究和解决涉及本部门业务的法律政策问题，形成了研究室牵头抓总，各业务部门个体干警积极参与的"大调研、大研究"工作格局。

二是建立激励机制和通报督促机制，推动全市检察应用理论研究工作均衡发展。平凉市院党组研究制定了《平凉市检察机关检察应用理论研究成果奖励办法》，每年奖励全市检察应用理论研究优秀成果30篇左右，奖励检察应用理论研究工作先进单位1到2个，并对检察应用理论研究工作实行半年通报制。

三是建立市级检察应用理论研究人才库，开展理论研究人才结对培养。针对平凉检察机关缺乏理论研究骨干人才的状况，市院研究室在全市两级院筛选确定了51名理论研究骨干，建立了市级理论研究人才库。2016年市院研究室又部署在全市开展为期3年的理论研究人才结对培养工作，并建立理论人才导师培养优秀年轻干部相关制度。

四是以法律适用研讨为引领，深入推进检察应用研究。平凉市院研究室以法律适用研讨为突破口，推进应用研究工作深入开展。2016年上半年在全市各基层院分别召开了法律适用研讨会，由检察长亲自主持研讨会，全体干警参加，紧紧围绕检察机关在法律、司法解释适用方面的问题或者适用法律方面的疑难案件进行研讨。各县区院分别有5到8篇论文提交会议交流，全市检察机关共有46篇论文提交会议研讨交流。通过召开法律适用研讨会，有效引导全市检察应用理论研究向解决检察工作中的具体实际问题转变，向有效服务检察业务工作和领导决策转变。

宁夏银川市院：多项措施推进调研工作

近年来，宁夏回族自治区银川市检察机关积极应对司法体制改革，立足检察实践，敏锐捕捉执法难点与热点问题深入调研，充分发挥检察调研工作围绕中心、服务大局的作用，成效明显。

一是高度重视，检察调研与检察业务工作同部署、同推进。制定印发《银川市检察机关 2017 年检察调研工作要点》，紧紧围绕全市检察中心工作与重点工作，根据各院地区特点和各部门职能特点，有针对性地立足实践，聚焦执法办案中法律适用的难点，关注类案上升蔓延态势，下发 24 项重点课题，把认真开展理论研究作为找准和破解各项检察工作薄弱点的突破口，推动全市检察工作有新发展。

二是重视组织领导。两级院确定了专门的院领导主管调研工作，确定了专门部门作为责任部门抓组织，确定了专门的干警具体负责，做到调研研究工作有人抓、有人管、有人干。

三是重视督导检查。银川市院研究室作为职能部门，对下发的调研任务，确定的调研课题，做到经常性地督促指导，以电话催促，限期上报，面对面座谈反馈等方式指导督促落实，确保年初确定的任务要不折不扣完成。

四是强化课题引领。2017 年以来，银川市院以申报课题为主抓手，以完成既定课题为基本要求，以取得实效，扩大影响为目标，强力推进调研研究工作。

五是整合资源，积极推行"大调研"工作模式。为解决调研人员少、能办案的不会写，能写的没有素材等理论研究工作的"瓶颈"困惑，按照上级院的要求，积极推行"大调研"工作模式。进一步密切与基层院与该院办案部门的互动，联合成立课题组，形成调研研究工作全市一盘棋的格局。

六是强化促进调研成果转化运用。精心编辑《银川检察》，夯实全市检察调研的主阵地，对来稿层层把关，坚持刊物质量优先，适时调整栏目设置，创新刊物模式，增强刊物的可读性，为全市检察机关相互学习，交流搭建平台。

江苏徐州市院：坚持"三服务"
完善"三机制"助推检察调研工作

江苏省徐州市检察机关坚持"三服务"，完善"三机制"助推检察调研工作。徐州市院从制订课题研究管理办法、拓宽课题研究内容、整合课题研究力量入手，健全课题研究机制，激发检察调研活力，取得明显成效。

三服务，是指围绕服务徐州"强富美高"经济社会发展定位和法治徐州建设大局，积极开展调查研究，重点围绕领导关心关注的问题、检察中心工作及民生热点问题展开调研，有效服务地方工作大局，并推动地方政府出台规范性文件，有力服务徐州建设。围绕工作过程中出现的新情况新问题及查办的案件进行调研分析，在课题选题上特别注重业务针对性，注重征求各业务部门的意见，有力服务司法办案。围绕社会治理创新、检务公开改革及检察改革，开展"完善对基层公安派出所监督""未成年人权益保护""检察官办案责任制"等课题研究，有力服务检察改革。

三机制，是指创新全程动态管理机制，加强课题的全程、动态管理，形成科学课题立项、科学过程管理、公正权威结题评审、有效成果转化的有效工作机制，确保课题研究效果。与江苏师范大学签订检校合作协议，建立检校合作机制，共建教学和科研平台、检察业务交流与实践平台。健全检察调研课题激励机制，对优秀课题给予一定物质奖励，结题课题给予一定资助，激发全市检察干警参与课题研究的热情。

福建晋江市院：四举措推动调研工作出成效

近年来，福建省晋江市人民检察院干警的检察理论调研文章在国家级年会、论坛、刊物及征文活动中获奖或入选共计13篇、省级71篇、市级58篇，该院干警的调研文章在全市、全省检察理论研究年会中获奖的篇数、质量均属全市乃至全省前列。主要做法有：

一是注重组织引导，构建全院大调研格局。该院充分认识到理论创新推动检察工作发展的重要性，积极组成以院党组成员为课题指导、分管科室负责人担任课题负责人、科室干警为课题参与者的调研团队，带头撰写调研文章，如《"孤证"困境中办理贩毒案件的路径设计》系副检察长负责牵头，该文获得福建省法学会刑法学研究会2015年年会三等奖，并被国家级刊物《中国检察官》采用。

二是充分发挥激励机制，鼓励干警展现个人风采。充分利用调研激励机制鼓励干警多创作、多投稿、多激励，提高了干警撰写调研的积极性。同时围绕上级院和有关部门布置的重点调研课题，以参加各类国家级、省级和市级征文活动为契机，形成一个多维度、全方位的调研成果转化机制，鼓励干警展现个人风采，促进年轻干警脱颖而出。

三是注重制度约束，增强干警责任意识。为使调研工作持之以恒并取得实效，该院修订了《调研工作量化管理办法》，详细规定了调研成果发表、评审、奖励办法，并将调研成果与评先、晋升挂钩，实行一票否决制，激励干警积极投身调研。

四是深入推进检校共建，强化队伍整体素质。开展与厦门大学法学院、华侨大学法学院的学习交流活动，邀请高校法学专家、学者给该院干警作检察调研文章撰写专题指导会，从调研选题、资料搜集、撰写方法等方面为干警进行讲解，提高干警检察理论调研撰写水平；与刑法学资深教师组成疑难案件研讨小组，对该院检察工作中遇到的重大、复杂疑难案件进行联合审查，形成了许多高质量的典型案例以指导办案。

福建晋江市院：积极调研
构筑多维"生态修复"晋江经验

近年来，福建省晋江市检察院按照"专业化法律监督＋恢复性司法实践＋社会化综合治理"福建生态检察模式的要求，树立"打击、修复、治理、预防"恢复性司法理念，出重拳、促修复、积极开展调研，多维度构筑生态修复"晋江经验"。

一是加强对生态资源检察问题调研研究，加强交流学习、业务培训、岗位练兵等方式提升检察官专业水平。

二是制定规范化修复制度。联合多部门调研后制定《关于在办理破坏环境资源违法刑事犯罪案件中开展生态修复活动的实施方案（试行）》，明确生态修复适用的范围、条件和修复方式，规范各个部门的职能和分工，加强协作配合。

三是通过调研工作，总结经验，建立职业化检察工作室。在生态修复基地、企业园区建立检察工作室，在晋江市警渔合署办事处、"河长办"设立检察工作室，在华懋电镀集控区建立以个人命名的吴雅芳检察官工作室，形成"1＋N"的"生态检察"链条，通过接受法律咨询、引导生态修复、开展法律宣传等活动，推动环境综合治理。

四是通过调研，探索形成替代性修复模式。在"补植复绿"工作的启发和带动下，针对辖区内高发的污染环境案件，探索替代性生态修复模式。引导犯罪嫌疑人、村委会及委托的第三方园林公司，在生态修复示范基地通过种植树苗、填埋矿坑等方式，进行生态修复，修复情况作为犯罪嫌疑人量刑参考。

五是完善横向协调机制。通过调研，牵头建立《打击污染环境违法犯罪联席会议制度》，确定环保、法院、公安等5个部门为联席会议成员单位，及时解决各单位实践中遇到的难题。成立以来，经联合调研，并通过联席会议研究对办案中的40个难题达成共识。

湖南宁乡市院：
多措并举打开调研工作新局面

湖南省宁乡市院是最高人民检察院检察调研工作基层联系院。该院着力推行各项举措，鼓励引导调研积极性，取得了调研工作的新突破。

一是组建团队，做好调研人才保障。每个部门推选一名年轻干警作为本部门的调研专干，负责部门的调研工作，并以此为依托建设该院调研人才库。入库人才坚持定期分享司改热点、探讨办案难点、筛选调研重点，讨论撰写检察调研论文，全院形成了学习、思考、调研、办案良性互动新气象。

二是明确主旨，引领调研工作方向。明确"从办案中来，到办案中去"的调研工作主旨，提出了调研工作要依托办案，服务区域经济社会发展的要求，以此为方向，涌现出一批优秀调研成果。

三是实施调研奖励办法，促推调研积极性。坚持对优秀调研人才经济奖励和政治鼓励相结合，鼓励办案一线干警"既低头办案，又抬头思考"，积极投身检察调研中。2017年明确出台文件，提升调研成果奖励标准范围，从制度上为调研工作提供了经济保障。大力选拔调研骨干走上领导岗位，强化调研人才政治待遇落实，形成良好用人导向。

四是搭建平台，积极推进调研成果转化。每年举行一次全院调研研讨会，推进调研成果在办案中深化运用。积极拓宽调研成果发表渠道，对外发出声音，提升干警调研积极性。近五年来，该院干警3人次获得最高人民检察院调研表彰，6人次获得省级年会论文表彰，85人次获得市级年会论文表彰。

天津市院一分院：打造调研工作"三个平台"推动大调研格局建设

天津市人民检察院第一分院以"小研究室"推动构建"大调研"格局，必须加强法律政策研究工作载体与平台建设。

一、推进调研课题制——打造调研组织平台

长期以来，法律政策研究中一定程度存在检察调研和检察业务"两张皮"现象。检察调研与司法办案融合不够，统一司法、规范办案的宏观指导功能未得到充分体现。检察智库作用发挥不到位，对检察工作中全局性、根本性、战略性的重大问题研究不足、回应不够。部分地区调研工作在辅助决策、指导办案方面作用不足，在研究论证服务发展的具体举措方面，缺乏有价值、有影响的调研成果，从而导致工作影响力趋于弱化、在检察整体工作中地位边缘化。

为解决这一问题，有必要以重点课题制度为抓手，推动调研工作，将调研重点课题与各级检察院当前重点工作结合起来，为领导科学决策与检察事业科学发展提供智力支持。一是题目选取上要扎根于司法实践，坚持问题导向，围绕条线性、部门性乃至全院性的重大专项业务问题、改革问题或司法实践中类型化问题设置重点课题，通过重点课题引导调研方向。二是工作机制上立足于"大调研"，通过重点课题凝聚调研力量。把重点课题纳入本院、本部门年度整体工作安排，强化院领导指导、整部门参与、调研骨干担当，举全部门之力集体调研。三是工作目标上着眼于机制建设，通过重点课题解决工作难题。通过调研突破发展瓶颈、理顺工作思路，达到通过调研课题，破解理论实务难题，建章立制、推进工作的效果。四是要发挥研究室枢纽作用和业务部门主体作用，推动领导发挥龙头作用。

二、编辑内部刊物——打造调研成果转化平台

当前检察调研成果质量不高，部分调研成果与检察业务脱节等问题，调研成果转化率不高。从转化成果看，绝大多数成果仅在内部刊物、内部征文发表，转化层次较低。调研成果面临"转化难"瓶颈，缺乏出口形成"堰塞湖"，导致干警缺乏调研积极性，成果质量就难以提升。

为此，要打造调研成果内部转化平台，通过刊物规范化、专业化建设与实践品性培育，引领检察干警调研方向，促进调研成果质量提升与转化交流。一是要提升品牌特

色，打造干警调研成果内部转化平台。立足于本院工作特点，建设内刊，定期将干警撰写的优秀调研文章、典型案例以及工作体会等予以刊载转化，充分调动了干警调研积极性。在内刊编辑过程中，干警按照刊物实践品性与规范要求，通过反复修改提升了调研成果质量，锻炼了调研能力。二是加大交流力度，积极促进调研成果转化。积极将成熟的调研成果向上级院及兄弟单位报送交流，并积极对外投稿。三是紧贴工作重点，确定调研主题与方向。根据该地区、该阶段、该院检察工作重点问题，确定内刊调研重点方向，引导干警围绕检察中心工作深入调研、针对实践问题献计献策。

三、建设调研骨干沙龙——打造人才培养平台

当前与改革相适应的检察人才特别是调研人才培养机制尚不健全，检察干警"重办案、轻调研"情绪有所滋长，部分干警重视司法办案能力的培养，忽视了检察调研能力的提升，调研热情有所降低。调研人才培养机制上存在部门"隔离墙"。专职法律政策研究人员难以直接获得一线司法经验，业务部门干警虽有经验，但缺乏充足时间与专门的调研能力训练。

为适应改革后检察调研工作特点，凝聚和吸引大批调研骨干人才，打造一支既不脱离一线司法工作又能承担调研任务的人才队伍。针对青年干警思想活跃、视野开阔、理论基础好、实践能力强的特点，可建设"青年调研骨干沙龙"，搭建互相学习、共同提高的平台。一是组织青年干警就检察改革与检察事业发展中的重大理论与实践问题进行探讨，引导干警"在检言检、在检为检"，关心关注关爱检察事业，明悉检察工作宏观发展趋势，找准自身努力方向。二是组织青年干警重点对司法实践中疑难问题、前沿问题、典型案例等进行研讨，切实发挥提高干警司法能力，开阔干警理论视野，掌握最新动态作用。三是组织干警就调研方法、工作方法、学习方法等进行交流研讨，通过互相学习、借鉴点评、观点碰撞、思想交锋、切磋砥砺、取长补短，有针对性加强方法能力建设，达到提升司法能力与调研水平的目标。四是建立青年调研骨干人才库。选拔青年调研骨干建立该院"调研人才库"，根据干警调研成果情况，及时完善调研人才档案，熟悉青年干警研究专长。五是定期或不定期组织青年调研骨干沙龙。本着不影响业务部门工作开展、不影响干警司法办案的原则，根据干警集中程度与思考成熟度，合理确定召开频率与日期。

上海浦东新区院：
四方面着手推进检察调研工作

上海市浦东新区检察院进一步深入推进理念创新、工作机制创新，着力加强法律政策研究工作和过硬队伍建设，促进研究室工作转型发展和协调发展。

一是突出法律政策研究这个"主业"，进一步发挥服务领导决策、服务业务办案的职能作用。紧紧围绕上海自贸试验区、科创中心建设等重大国家战略实施及深化检察改革的实际，进一步深化重大课题和检察改革实证研究；结合办理疑难复杂案件多、新罪名案件多、新类型案件多的特点，进一步加强实务问题研究，特别是加大对检察业务专项工作、犯罪多发领域案件的调研分析，推动专题研究与司法办案的深度融合，努力为领导决策及解决司法办案中的实际问题提供参考意见和建议。

二是完善检察调研工作机制建设。充分发挥研究室在检察调研工作中的"龙头"和枢纽作用，加快构建"大调研、大研究"工作格局，进一步提升检察调研层次质量。继续推行中层以上领导领衔课题研究制度。围绕全院重点工作和瓶颈问题，由正副检察长、党组成员、检委会专职委员分别领衔重点课题，带动全院调研课题工作深入开展。完善内外合作课题调研制度。督促研究室干部不定期地深入了解业务部门的调研需求，邀请办案一线骨干参与调研，提升检察调研的专业性、针对性和实用性；调整充实该院刑事实体法、程序法、知识产权、金融、民事行政等5个研究小组成员，继续借助检校合作、检察智库等资源和平台，着力提高检察理论研究的层次和专业水平。健全完善调研成果转化应用机制。积极拓展调研文章发表渠道，注重将对司法办案工作具有指导作用的调研成果及时转化为办案规则和办理一类案件法律适用指导意见，更好地服务检察实践。建立调研激励机制。如会同院政治部组织开展年度"好调研、好课题"评比活动，并在全院进行通报；优选安排调研工作突出的干警参加高层次的法学论坛和专题培训，明确参加遴选的检察官必须在市级以上刊物上至少发表一篇调研文章，充分调动参与检察调研的积极性。

三是争创特色亮点工作，进一步推动研究室工作全面发展。在检察官业务研修工作上有新成效。固定检察官研修场所，为检察官业务研修提供便利。积极征询业务部门和研修检察官的意见和建议，抓紧实施2017年检察官业务研修工作方案，确保检察官研修工作有亮点、有特色、有成效。在典型案例指导上有新突破。继续加强与业务部门的沟通，建立健全典型性案例发现、遴选、报送、运用等工作机制，及时收集整理上报四类典型案例和检委会通报案例，扩大影响力。在培育精品检察建议上有新进展。继续严格审核把关，充分运用检察建议文库的作用，适时组织开展检察建议经验交流活动，确保检察建议的质量。同时，重点抓好精品检察建议的排摸、策划、调研、总结和宣传工作，特别要关注一类检察建议的培育，放大工作效应。在推进检委会规范化建设上要有新经验。以荣获"全国检察机关检委会规范化建设示范单位"为新起点，进一步加大正副检察长、检委会专职委员直接办案以及对业务部门专项业务、案件质量评查报告的审议力度，提升听庭评议质量，不断加快信息化建设步伐，切实提高司法责任制新形势下检委会议案（事）质量和决策水平。

四是提升队伍素能，进一步构筑法律政策研究人才高地。在研究室科学配置和保留一定数量的检察官员额，进一步加强思想教育引导，要求入额检察官更加注重发挥工作积极性和骨干作用。采取有针对性措施提升研究室队伍的业务能力。一方面，认真组织贯彻最高人民检察院、上海市院的决策部署，及时掌握市院各业务条线有关检察业务工作开展的新要求和新任务，以及检察工作中涉及的法律条文适用、司法政策运用中热点、难点问题、学术研究前沿动态，学会运用法学原理解决实践问题；另一方面，结合全院教育培训方案和研究室岗位特点，每月组织新法律法规、司法解释的专题性学习交流，并在支部网页上展示学习成果；积极向本市兄弟区院就如何培养全国检察调研骨干人才工作开展学习取经；结合干部个人特长和"缺什么、补什么"的要求，进一步明确研究室干部专业研究方向，精心制定年度岗位练兵计划，组织开展课题撰写、文稿起草、管理协调、情况信息撰写等方面专题讲评和竞赛活动，加速构筑法律政策研究人才高地。

重庆南岸区院：检察调研工作创佳绩

重庆市南岸区院是高检院检察调研工作基层联系院。近年来，该院检察调研工作取得较好成绩。

一、在检察调研工作方面取得的成绩

一是调研组织结构优化。重庆南岸区院从公开招录的干警中选择具有较强调研能力的干警进入研究室工作，聚焦研究室的工作职能为检察调研，通过人员充实和职能调整，区院研究室现有干警4名。侦监科、公诉科、民行科、监所科、控申科、办公室、政治处等业务部门和综合部门的36名检察干警组成兼职调研团队。二是调研成果丰硕。全年全院干警共撰写各类检察调研文章56篇。其中，在公开刊物上发表49篇，内刊发表7篇。三是调研成果有效应用。确定"提升服务办案质量"为调研主题，创新法律适用研究和专题调研工作。年初立项实务课题16项，确立了全年调研的主基调和主攻范围。在全院共发表55篇调研文章，实务研究文章比例达到83.3%。每次召开检委会，研究室指派干警旁听，从中提炼调研素材成为惯例。

二、在检察调研工作方面采取的主要措施

一是领导重视，制度保障。重庆南岸区院院领导对检察调研工作高度重视，制定调研目标，明确调研重点、调研部门以及具体的调研人员，并为调研人员提供了时间和经费保障。2016年，院党组审议通过了《南岸区人民检察院重点课题调研实施方案》《南岸区人民检察院调研、宣传、信息工作经费补助办法》等工作方案和奖励措施。二是注重职能调整和资源整合。以"调整职能、整合力量、激发活力"为基本思路，持续强化研究室工作保障力度。重新调整研究室工作职能，聚焦研究室核心职能；强化研究室工作力量配备；抓好调研骨干培养。三是集体攻关全院动员。制定《南岸区人民检察院调研、宣传、信息工作计划》，通过加强组织领导和细化目标任务，督促全院干警加强理论学习和研究，提升检察调研工作水平，服务检察工作实践。尝试推行党组成员课题负责制。明确调研重点和调研工作人员，组成由分管领导任组长、相关科室负责人为副组长的调研领导小组。将调研工作落实情况纳入绩效考评范畴，纳入对干警的平时考核，由研究室加强督促检查，制定详细的考核评价办法，确保活动取得实效。

三、继续推进检察调研工作与法律适用工作融合

一是进一步推进检察调研工作与法律适用工作的融合。研究室将继续加强与公诉科、侦监科、职侦局、民行科等业务科室部门联系，及时发现"两法"在实施过程中遇到的问题，认真分析其中的原因并共同研究制定针对性解决方案，以弥补其中的薄弱环节，同时，将相关的办案经验及时总结，并通过理论梳理形成调研报告，努力将其转化为该院工作机制。

二是着眼大调研格局构建，努力落实检校共建机制。依托西南政法大学、重庆大学等本市重要法律人才基地以及辖区内的重庆工商大学、重庆邮电大学、重庆交通大学等高校法律人才资源，努力寻求上级领导部门支持，争取尽快签订检校合作协议，实现强强联合、优势互补。

河北唐山市路北区院：致力形成"党组领导、部门协调、骨干冲锋、全员参与"的调研工作格局

河北省唐山市路北区检察院致力形成"党组领导、部门协调、骨干冲锋、全员参与"的调研工作格局。

一是领导高度重视，自加压力。院领导在检察长督办令大会指出：开展检察调研工作，是全面开发检察官智能和潜力的过程，也是干警展示自己聪明才智的好途径，同时又是培养人才和提高队伍整体素质的好方法。基层检察官处在第一线，接触法律现象和事物的距离更近，认识更深刻，发现的问题更及时、更准确，提出的观点更独到，提出的工作建议更实际可行。基层院检察调研工作大有作为，大有可为。思想认识统一后，院党组把调研工作纳入检察机关业务建设的总体规划，摆上议程，明确目标，狠抓落实，把调研工作"软任务"变成"硬指标"，以检察长督办令的形式，为每个部门、每名干警明确每年的调研工作任务，由各部门具体组织实施。

二是主攻检察实务，形成合力。立足基层检察工作实际，从实用调研入手，围绕检察工作和业务工作中面临的焦点、热点、难点问题做文章，注重贴近工作和办案实际做好案例分析、具体法条研究和专题调研报告。各业务部门在执法办案过程中搞调研，从中发现问题、认识问题、解决问题，并在检察实践中进行反思和总结、提高升华，促进检察业务水平的提高。研究室加强与各业务部门干警的联系沟通，协作配合搞调研，变"各自为战"为"共同搭台唱戏"，从而将研究室人员的理论水平优势和业务科室干警的实践经验优势结合起来，解决了研究室调研不办案、业务部门办案不调研的状况，做到了以抓办案带调研，以调研促办案，实现了业务工作和调研工作齐头并进，互利共赢的良好局面。

三是培养调研骨干，激发活力。法律政策研究室在全院范围内遴选了一批具有法律专业本科以上学历、理论功底扎实、对问题有自己独到的认识和见解的青年干警，组织成立了检察理论学习小组，每月召开一次研讨会，邀请全国检察理论人才库成员、法学专家开展教学活动，由过去的重点抓文章数量转化为抓质量，在人力、财力、物力上向重点调研课题倾斜，实现了调研重点向推出精品转化，进一步提升了检察理论研究的工作层次和水平。

四是完善机制建设，增强动力。对调研工作制定了一系列配套措施，把调研工作纳入年度绩效考核内容，作为科室和个人评优评先的重要依据和硬性指标予以落实。将检察调研工作与干警的成长进步挂钩。通过激励机制将调研任务做得突出的干警提拔重

用、晋升职务并提高职级待遇，从而鼓励更多的干警成为既能办案也能写作的多面手。健全精神奖励制度，适当提高物质奖励标准，兑现奖罚。将全年内在检察调研工作方面表现突出的干警评选为单项优秀工作者进行表彰和通报表扬，予以物质奖励。严格执行调研文章审核制度。为树立精品调研文章，避免出现"复制网上的、剪切书上的、参考别人的"现象。

甘肃天水市秦州区院：结合院情采取过硬措施不断推进秦州检察调研工作科学发展

甘肃省天水市秦州区检察院调研工作取得佳绩。其主要做法在于结合院情采取过硬措施，不断推进调研工作健康持续发展：

一是不断加强检察调研工作与检察业务工作的融合。分析院情，针对办案业务工作中亟须解决的撤回起诉案件、撤销案件、虚假诉讼申请监督、提请抗诉、民事再审检察建议提出等问题开展调研，聚焦新型疑难案件开展典型案例研究，实现了调研工作为司法办案发挥指导作用，为领导掌握司法情况、科学决策提供参考建议的良好效果。

二是不断加大投入，提供调研便利条件。该院党组高度重视并不断加大检察调研基础设施投入。近3年，该院投入经费近20万元，订阅理论研究期刊、报纸等，购置各类业务书籍，加强法律资料图书室建设，举办各类业务研讨会、研讨交流会、培训班，有效激发了干警开展调研热情。

三是积极搭建平台，强化学习交流。开设检察调研课堂。借助每周三的全院干警业务学习机会，邀请省、市法学专家、检察业务专家或该院领导、中层干部、调研能手等进行授课或业务调研交流，讲授各类检察课题的调研方法，加强人员培训，着力提高调研文章撰写质量。加强该院干警、兄弟院干警之间的交流学习。创办院内调研内刊《秦州检察》，为全院干警理论调研成果提供集中展示平台。

四是组建稳定的调研人才队伍。在调研工作中积极启用年轻干警，改任一名青年干警负责研究室工作，在院内选出29名30岁以下业务骨干纳入院内理论调研人才库，组建了以民行、公诉、侦监业务为主要调研方向的专题调研组，形成较为稳定的调研人才。在各个业务科室选任一名信息调研员，建立"一月一报送"制度，及时将各个科室的工作信息、调研材料、典型案例反馈到研究室。

五是建立奖惩机制，提高干警调研积极性。将调研和信息任务纳入到科室综合考评指标中，年初按照科室和人员数量科学分配调研指标，将"软任务"变成硬指标，并实行调研文章报送、刊发数量季度通报制度，对提交数量不达标的科室在全院进行通报。建立理论调研工作奖励机制，通过每年一次的理论文章调研评选活动和调研能手评选活动，树立调研先进予以表彰奖励，以充分调动干警写作积极性，促进秦州调研工作持续发展。制定《秦州区院课题申报管理和资金配套办法（试行）》，明确奖励标准。

六是重视专题调研，促进检察理论成果转化。每年初充分征求意见后明确调研重点，聚焦检察主业。院领导带头参与调研活动并对调研工作中具体遇到的难点和问题亲自指导。强化成果考核，规定党组成员每年必须提交1篇主管业务调研材料，检察长主持省级理论研究课题3项。对优秀调研成果，及时上报，促进转化。

新疆乌鲁木齐市天山区院：
内促外联，推进检察调研工作

新疆维吾尔自治区乌鲁木齐市天山区检察院通过采取内促外联的调研工作机制，提高干警调研质量和水平。

一、对内提升成果品质

一是完善调研工作机制。制定了《关于调研工作的若干规定》，明确检察调研的目标、责任和落实，规范调研工作程序。将调研任务落实到各科室，定期通报调研工作进展。将调研工作与评优挂钩，增强干警参与调研的成就感和荣誉感。二是加强调研队伍建设。党组书记、检察长率先垂范，带头撰写发表调研文章。对调研成绩突出的干警予以表彰，列为调研骨干进行管理，调动干警参与调研研讨、撰写调研文章、承担调研课题的积极性。三是积极营造调研氛围。积极与网络数据平台协商，为干警提供数据库试用。邀请专家学者来院讲授调研文章写作，就前沿问题与干警进行交流研讨；安排干警参加各类专家讲座，开阔学术视野，拓宽调研思路。

二、对外开拓调研渠道

一是以检校共建带动调研，与中国人民大学法学院、厦门大学法学院、海南大学法学院、新疆农业大学管理学院等高校建立检校合作关系。将高校调研与检察调研相结合，联合高校法学教授申报调研课题。二是多层次搭建调研成果展示平台。坚持办好《天山检察》内刊，与全国各地多家检察院、多所高校建立了刊物交流合作，并向上级院推荐优秀作品，推动研究成果及时服务检察工作。三是探索调研工作多渠道转化，依托《检察日报》、正义网、《人民法治》《方圆》《新疆法制报》等信息平台，宣传调研工作进展，提升检察调研影响力。

湖北武汉市汉阳区院：着力提升检察调研工作质效的做法与经验

湖北省武汉市汉阳区人民检察院是最高人民检察院检察调研工作基层联系院。近年来，该院坚持把检察调研作为检察工作的创新引擎和发展智库，建立起了服务检察中心工作，领导带头、全员参与的大调研格局，培养了一批调研骨干队伍，形成了一批优秀的检察调研成果，为保障检察工作科学发展创造了良好的智力环境。

一、坚持凝聚合力，强化调研组织管理

发挥领导带头作用，调研部门牵头协调作用及其他各部门主体作用，积极带动和营造全院开展检察调研的浓厚氛围，形成调研工作的整体合力。

一是坚持和完善大调研战略。院党组高度重视调研工作，把调研作为决策的先导，将调研与办案摆到同等重要的位置，在决策部署和落实上一视同仁。在调研工作中，院领导率先垂范，主动参与承担课题，深入分管部门开展调查研究，带领干警撰写调研文章，以模范带头作用，使全体干警充分认识到检察调研是解决工作中出现的实际问题的基本方法，是提高司法办案质效的重要途径，切实增强开展调研的主动性和积极性。

二是坚持和完善调研组织谋划。发挥院调研部门牵头抓总作用，精心设计选题，做到"三个注重"，即注重实务研究，尤其注意围绕业务工作的热点、难点问题设计选题，通过理论研究解决实际问题；注重围绕中心工作和领导决策的急需，组织开展系统的调查研究，提出分析、预测意见，为领导决策提供依据；注重对上级院部署的专项调研任务的分解与落实，紧紧围绕上级部署和办案实际展开调研，确保检察调研工作有的放矢，避免无效劳动。先后围绕"五个检察"建设、强化法律监督、深化群众工作、司法改革、规范司法行为等设计选题，形成一批优秀成果。

三是坚持和完善调研工作机制。整合调研信息资源，安排专人及时关注、收集和转发最高人民检察院、省、市院及各法学会、法学研究团体等组织的理论研讨、重点课题申报、学术评奖等信息，拓宽调研信息来源渠道。出台院关于规范和加强调研课题管理的意见，明确课题管理主体和调研人员在课题实施过程中的责任、义务、权限，确保优质高效完成，形成优秀成果。充分发挥现有量化考评机制的导向作用，引导和督促各部门提高调研成果质量和转化力度。

二、坚持夯实基础，培养调研骨干队伍

积极搭建学习、培训、交流、展示等全方位检察调研平台，引导干警从动脑到动笔，在理性思考中培养敏锐的洞察力，为检察事业发展培养善思考、能表达、会写作的调研人才。

一是搭建学习培训平台。开设"专家讲坛"，就法学基础理论、当前研究热点、司法办案中遇到的疑难问题，先后邀请多名专家学者来院作专题辅导，拓宽理论研究视野，提高司法实践水平。

二是搭建互动交流平台。依托检校共建平台，加强与国家检察官学院、武汉大学法学院、中南财经政法大学法学院、华中师范大学法学院的学习交流，检察人员走进校园讲授检察实务，在校博士生参与承担课题，实现优势互补，资源共享。

三是搭建宣传展示平台。对创办近10年的院刊《学习与超越》进行改版，不断优化栏目设计、内容形式，设置刑事司法改革理论研究专栏，集中展示研究成果。发挥武汉市法学会刑事法学研究会刑事司法改革专业研究委员会阵地和桥梁纽带作用，每年组织召开汉阳区人民检察院检察理论与应用研究年会暨刑事司法改革专题研讨会，编辑年会论文集，广邀专家、学者就会议提交论文进行点评，使全院干警的理论成果在更大范围内获得反馈，形成讨论，丰富学识。

三、坚持问题导向，突出调研重点难点

结合本职工作实际，紧贴深化司法改革和检察改革的重点问题开展专题调研，加大司法实践中适用法律的新情况和疑难复杂问题的调研研究，取得了较为丰硕的检察调研成果。

一是围绕司法改革和检察改革开展调研。围绕中央部署的"四项改革"试点开展调研，为开展全国首批司法体制改革试点工作发挥了"智囊团"和"思想库"的作用，形成了20余篇系列研究成果。

二是围绕修改后诉讼法实施开展调查研究。针对修改后刑事诉讼法、民事诉讼法给检察工作带来的新挑战，积极探索检察工作新机制，探索开展公益诉讼改革试点。

三是围绕司法实践中的疑难复杂问题开展调研。加强非法集资、拒不支付劳动报酬犯罪等涉众型犯罪的调研思考，积极探索网络违法犯罪的法律适用及管辖、化解信访案件对策、制作讯问笔录应注意的问题、电子证据的收集与审查判断、检察宣传工作的转型升级、诉讼档案管理等，形成了一批优秀实务研究成果。

四、坚持转化利用，增强调研服务实效

积极发挥理论研究对检察业务工作、创新工作和人才培养的指导促进作用，健全工作机制，破解发展难题，推动检察工作科学发展。

一是发挥对检察业务的服务促进作用。坚持在实践中不断深化对检察工作规律性的认识，总结形成检察理论，进而更好地指导进一步的检察实践。如以《检察机关推行申诉律师代理制度的研究》《案件管理制度改革研究》等理论成果为指导，完善案件管理机制，建立新型检律关系，成立涉法涉诉法律服务站。结合查办非公经济领域职务犯罪系列案件，对其犯罪特点、原因和防范对策等进行了认真研究，形成惩治和预防非公经济领域职务犯罪专项调查报告，指导加强和改进服务非公经济。

二是发挥对工作创新的服务促进作用。紧紧围绕检察工作机制创新开展理论研究，强化支撑，激发活力。如运用《"圆桌审判"对检察机关办理未成年人刑事案件的影响》等成果，健全完善"捕诉监防维"一体化的未成年人刑事检察工作模式，切实保障涉案未成年人合法权益。运用《对公安派出所法律监督工作的思考》等成果，深化对基层派出所法律监督工作机制，促进规范执法，维护公平正义。以《大数据时代反贪侦查研究》等成果为指导，实现侦查模式从"由供到证"的被动、粗放型侦查模式向以信息为主导的主动、精细型侦查模式转变，等等。

三是发挥对人才培养的服务促进作用。坚持把检察理论研究作为教育培训、业绩考核的重要内容，强化检察人员的理性思维，提升对检察工作实践进行整理、提炼和升华的能力，发挥科学理论成果的反哺功能，有力推进了队伍专业化职业化建设。

江苏常州市武进区院："加减乘除"法做好检察调研工作

江苏省常州市武进区检察院探索运用"加减乘除"法，紧紧围绕基层检察工作中的热点、难点问题，积极推进检察调研工作，实现了检察调研工作新发展、新突破。

一是坚持内部挖潜，认真做好"加法"调研。通过成立检察调研智库、领导带头参与、完善检察调研激励机制等方式，充分挖掘院内部的调研潜力，激发干警干事创业的激情。

二是坚持多方联动，善于做好"乘法"调研。通过建立上下指导合作机制，与上级院联合开展专题调研和合作；丰富检校共建机制，聘请教授、专家参与对干警检察调研进行指导点评，将检察办案、创新创优等工作作为高校法学理论调研的课题和基地；完善内设部门协作机制，加强研究部门与其他部门的联系和调研信息共享，及时捕捉调研热点、焦点和难点，共同促进调研成果的转化。

三是坚持聚焦问题，用心做好"减法"调研。紧扣热点、民生案件以及重点工作展开调研，充分发挥检察调研基于案件、精准分析的优势，分析社会综合治理存在的不足，着力服务大局、减少犯罪。

四是坚持源头预防，尽力做好"除法"调研。组织风险排查研判，及时提出有针对性的防治对策和建议；结合典型案例撰写调研文章，开展专业性预防；依托"一站一港"观护帮教基地实地调研，着力预防青少年犯罪。通过预防报告、预防建议等形式推进源头性预防，充分发挥检察调研优势，推进社会治理法治化。

江西赣州市南康区院：
着力构建检察"大调研"工作格局

江西省赣州市南康区人民检察院借力检察调研工作基层联系院优势，着力构建检察"大调研"工作格局，取得了良好成效。

一是领导带头调研。更新完善《调研工作实施方案》《调研课题攻关实施细则》《检察理论年会暂行办法》等制度规定，采取检委会委员领题调研、老带新结对调研、年会制集中攻关、月小结季分析年度述职及纳入政务督查通报等多形式开展工作，确保检察调研"有目标、有制度、有落实、有人才、有经费"。

二是选人才强队伍，组建调研大方阵。院党组高度重视调研人才的培养使用，研究室主任为院党组成员、检委会委员，并专配2名调研能力较好的干警在研究室工作，同时由该院入选全国、全省检察机关调研骨干人才与赣州市院调研人才库的干警牵头，联合公诉、侦监、民行、政工、办公室等多部门干警共30余人组成写作团队。全院干警牢固树立"全院调研一盘棋"思想，围绕各自实际工作，仔细发现、分析、交流实证实务中的各类问题，围绕热点、筛选重点、聚焦难点、突出要点，完善成果转化应用，共同努力谱写全院"大调研""大研究"和谐乐章。

三是促转化重应用，服务实践大格局。认真贯彻曹建明检察长在江西考察时的讲话精神，落实好最高人民检察院、江西省院、赣州市院关于检察调研的工作要求，借助服务苏区振兴发展、服务"六大攻坚战"等经济社会发展建设重要平台，推动检察调研在"服务中心大局、服务领导决策、服务检察业务"上持续发力，注重专题调研与成果转化并重。

四是推进交流学习，增强整体实力。采取"走出去、请进来"的方式，充分利用高检院、省院举办的年会、论坛以及赣州市检察机关校校共建平台，积极与江西理工大学、南康区法学会等高等院校、学术团体开展交流，借用高校和院外专家等社会"外脑"的力量广泛进行研讨，实现理论界和实务界良性互动。强化学术文化硬件设施建设，加大投入改建多媒体"云平台"阅览室和全景式智能图书室，营造"书香检察"和"一个都不掉队"的浓厚学习氛围，确保干警及时更新知识储备、不断优化研究水平，为"出成绩、出精品、出亮点、出人才"提供强有力保障。

福建莆田市城厢区院：
强化调研助推检察工作创新发展

福建省莆田市城厢区院坚持立足基层检察工作实际，围绕司法改革重心，创新引导鼓励机制，多措并举推动检察调研工作不断取得新思路、新突破。

一、突出"三个方向"服务改革重难点

一是紧扣改革热点难点，以当前司法体制改革试点工作为契机，确定重点调研课题和任务分配方案，确保"理论研究有目标、干警调研有方向"。二是紧扣工作新主题，结合当前"两学一做"学习教育和"两提升五过硬"建设的主题，坚持领导带头、重点约稿。三是紧扣实务核心点，坚持理论探索与司法实践相结合，引导干警立足于基层一线检察工作实际，着眼于实务工作中遇到的问题积极撰写理论调研文章，力戒空谈理论、脱离实践，力求具有深度、体现创新。近年来，共有21位同志围绕基层检察工作，撰写的113篇文章先后在国家级、省市级学术会议及征文中脱颖而出，取得佳绩。

二、坚持"两项并重"实践协作模式

一是坚持"各有侧重、各扬所长"。将拟定的重点研究方向按照工作性质及特点，分部门、按人员部署落实。采用"以老带新"的合作形式，由一名实务经验较丰富的中层副职以上干警与一名理论功底较扎实的年轻干警组合，共同形成理论研究成果。二是坚持"硬件保障、软件支持"。建设电子阅览室，配备电脑5台，扩建图书室，配备各类专业性书籍400余册。依托中国知网开通数字图书馆，为干警查阅、下载文献资料进一步提供便利条件。由负责研究室的分管领导亲自沟通、指导、督促，与课题负责人交流、出谋划策、答疑解惑。邀请省市院检察调研工作的负责同志和优秀人才，专门就调研方法、写作技巧等内容进行授课，力求增强整体青年干警的调研能力。

三、依托"三个平台"深化成果转化

一是以学术会议征文为输送主方向。由研究室每年对常规性、定期性的学术会议征文进行梳理，并关注具有时政特点的各类特别征文活动，确保信息全面畅通。近年来，共有224篇文章参加48个学术会议征文活动，入选国家级学术会议或获国家级表彰36次，入选省级学术会议或获省级表彰52次。二是以内部刊物为发表主平台。以该院刊

物《城厢检苑》为基础载体,进一步加深与《莆田法学》等各类市级刊物的联系沟通,并积极向《福建检察》等省级刊物推荐优秀调研文章。近年来,在上述刊物上发表调研文章128篇。三是以实务研学为应用主载体。组织干警针对工作中存在的困境问题及司改的重点,通过发放调查问卷,实际走访等方法积极探索创新工作机制,撰写调研文章,并将调研成果纳入干警综合评价体系,提升干警的积极性和主动性,进而转化为推进检察工作的正能量。

海南三亚市城郊区院：
以调研小组为依托构建大调研格局

海南省三亚市城郊区院在由检察业务管理局兼任调研职能的同时，成立检察调研工作小组，确保调研队伍人员结构的优质化、精英化，目前调研小组共有33人，占全院干警人数的39.76%。该院领导班子充分调动调研小组成员积极性，有效推动调研工作开展。

一是强化思想认识。通过召开调研小组会议、与调研骨干谈心、要求科室负责人推动等方式，强调检察调研工作的重要性，要求干警勤于学习、勤于思考、勤于动笔，及时转化成果。二是做好调研保障。为保障调研小组开展工作需求，院领导从硬件和软件设施方面为调研小组做好充分保障。及时为调研小组成员配备笔记本电脑，购置了图书资料。三是建立奖惩机制。将调研任务完成情况作为干警年终考核的考核标准之一，实行"一票否决"制，对于未完成调研任务的干警，年终考核时不参与评先评优。同时对于调研工作开展出色的干警，不仅在评先评优方面给予优先考虑，同时也给予一定的物质奖励。四是做好任务分解。年初由院里统一规划调研重点课题，结合省院、市院的要求进行任务分解，由干警自主确定具体调研题目和完成时间，不定期地进行了解和督促，确保调研有质有量。

为确保调研成果服务于司法办案，该院注重知识和经验的结合，鼓励老中青相结合开展调研，使老同志的经验和年轻人的视野、思维及规范的写作方式结合起来。注重横向和纵向联合，在横向上鼓励干警之间、该院干警与兄弟院干警之间多交流，在纵向上充分发挥院领导的审核把关作用。注重形成自身特色，创设了《检察实务案例季刊》，引导业务部门干警紧密结合执法办案实际，深入研究和探讨工作中遇到的疑难案件。通过狠抓不懈，该院调研工作呈现出成果多质量高，优秀调研人才不断出现并得到提拔使用，调研成果有效转化运用的大调研格局良性发展态势。

河南社旗县院：着力解决"五个问题"推动调研工作持续发展

近年来，河南省社旗县人民检察院党组高度重视检察调研工作，采取多种有效措施，坚持抓好"五个方面"工作，着力解决"五个问题"，检察调研工作取得了较为明显的成效。

一是建立理论学习与调研兴趣小组，解决"谁来写"的问题。走内部挖潜、整合力量之路，打破科室界限，由分管检察长主持，在全院干警中挑选15名有一定写作功底、热爱调研工作的干警组成理论学习与调研兴趣小组，形成了较为稳定的调研人才群体，并为他们设定目标，加压定责。同时，聘请各部门内勤作为兼职信息员，定期举行内勤例会，及时将检察工作中各类信息反馈到调研兴趣小组，为调研人员搞好调研提供了大量的检察实务和调研材料；兴趣小组定期或者不定期举办各类学习交流会、案例分析、检察官论坛等研讨活动，集思广益，开阔视野，有效提高其写作技巧和调研水平，并以此带动和营造出全院开展检察调研的浓厚氛围。

二是完善检察调研奖惩激励机制，解决"不愿写"的问题。建立调研成果奖励激励机制，提高调研人员的政治经济待遇。对勤于钻研、调研成果被各级各类媒体发表或者创出工作品牌的干警，党组在推荐先进、提拔任用、职级晋升等方面都给予优先考虑，使其在政治上不吃亏，安心从事调研工作。着力改善专兼职调研干警的工作环境。加强办公设施和图书资料建设，为调研人员配备笔记本电脑等办公设施，改善办公条件；有针对性地为政研室及调研人员订阅相关知名刊物，购买相关书籍等，积极为调研工作创造便利条件。

三是强化学习、交流，解决"写不好"的问题。高度重视干警的学习培训，健全学习培训制度，鼓励干警不断"充电"。加强业务培训。针对性开展业务培训，采取自主组织与选派培训相结合，组织院内写作经验丰富的同志介绍心得体会，积极选派人员参加上级院组织的业务培训和各类研讨会，有效增补和更新知识，强化调研意识，活跃思维、激发灵感，邀请有关专家来院传经送宝，组织调研人员到其他兄弟检察院学习考察，不断提高其写作水平。

四是紧贴检察实践，解决"写什么"的问题。坚持实务研究，注重用理论解决实际问题。坚持围绕一个时期的中心工作和领导决策的急需，抓住一些带倾向性的新苗头，组织开展系统的调查研究，提出分析、预测意见，为领导决策提供依据。根据干警个人情况和工作实际，定期组织研讨会、案例分析会，安排调研人员承办相关类型案件或参加案件讨论，深入办案一线，掌握和了解一手资料，准确把握检察工作中的突出问题，寻根求源，找出规律，提出解决办法或者合理建议。注重对上级院部署的专项调研任务的分解与落实，紧紧围绕上级部署和办案实际展开调研，防止出现无效劳动，切实提高调研的质量和水平。

五是强化调研成果转化，解决稿件"刊发难"的问题。注重调研成果的运用和转化，构建全方位、立体化、多渠道的成果转化机制。建立与相关新闻媒体的联系交流制度，畅通调研文章的发稿渠道；对具有较高决策参考价值、实践应用价值的研究成果，及时转化为领导决策参考、规范性意见。

河南长垣县院：以开展检察调研为载体推动青年干警岗位成才

河南省长垣县人民检察院以开展检察调研为载体推动青年干警岗位成才。长垣县院坚持"把握规律、贴近实际、推进业务、注重实效"的工作理念，以开展检察实务调研为载体，促进青年干警岗位成才，取得较好效果，被河南省检察院评为"调查研究工作组织先进单位"。

一是突出重点，抓好机制建设。针对近年来队伍结构中年轻检察官比重上升的实际，该院规定，晋职晋升或拟任命检察员的，必须在规定时限内完成一篇具有较高质量的调研文章；业务部门中层以上及35周岁以下青年干警每年必须完成一篇调研文章，并将完成情况纳入年度考核。办公室每年初围绕年度重点业务工作确定调研专题并召开业务研讨会24次，推进调研工作科学有序的管理机制初步形成。

二是成立"长检青年论坛"，吸纳39名35岁以下青年干警参加，依据部门职能属性分成4个小组，认真挖掘、积极培养并善于利用干警各自专长，鼓励干警之间协作配合，发挥互补优势，提高调研成果的数量和质量。鼓励青年干警通过参与活动，对自身业务工作进行了深入思考，撰写出了多篇高质量的调研文章。

三是关注热点，服务领导决策。牢牢把握为领导决策服务、为检察业务服务的总要求，处理好完成调研任务与推进该院工作的关系，将调研的工作重心统一到为准确履行法律监督职责提供有效服务上来，使调研工作更好地适应形势发展的新要求。围绕"规范司法行为""破坏环境资源犯罪专项立案监督活动"和"危害食品药品安全犯罪专项立案监督活动"开展专项调研，分析真实案例，探究原因，提出建议，相关调研报告观点被上级院肯定。

四是表彰激励，拓宽发展空间。把表彰奖励作为促进调研工作开展的有效措施，极大调动了全体干警参与调研的积极性。重视调研人才的选拔引进，通过日常工作，注重发掘青年调研人才并重点培养，积极为其提高水平创造条件。以公开招录为契机，将选拔对象的写作能力作为重要考察指标，为进一步提升调研工作整体质量增加人才储备。坚持对青年调研人才的提拔重用，一方面，选调有丰富实践工作经验的干警充实到调研部门，以加强调研力量；另一方面，对调研骨干在提拔使用上予以倾斜，多名既精通业务，又善于研究的业务骨干走上了中层以上领导岗位。

湖南沅陵县院：深入推进检察调研工作

近年来，湖南省沅陵县人民检察院高度重视检察调研和检察理论研究工作，紧紧围绕司法办案这个检察工作中心，依托青工委和"检校共建"两个平台，构建了学习培训机制、考评奖惩机制、工作保障三个机制，检察理论课题研究工作取得了良好的效果。

一是注重从办案中发现疑难复杂问题开展调研。该院组织干警反复翻阅近年来干警查办的疑难复杂案件卷宗和检委会案件讨论记录，对分歧较大尤其是抗诉的案件进行科学、客观分析；组织召开办案干警座谈会，深入交流疑难复杂案件的办理；走访法院刑事审判庭法官，从刑事审判角度探索疑难、复杂刑事问题，进而发现研究点。

二是注重从热点刑事案件中选题。该院定期组织干警认真分析社会广泛关注的热点刑事案件，深入探索热点刑事案件的发案原因、特点、处理及预防对策，进而找出课题研究方向。

三是注重从本地特色案件中选题。该院坚持把研究重点放在本地案件上，对发生在本地有影响、有特色的案件进行分析，查找原因并提出对策。如该院针对近年来沅陵县留守未成年人犯罪频发这个问题，翻阅了近年来所有留守未成年人刑事案件，申报了课题《贫困山区留守未成年人犯罪现象突出的原因及预防对策研究》，获得团省委2015年度青少年工作研究课题立项，成为近年来湖南检察系统和2016年怀化地区唯一一个在该项目上立项的单位。

四是积极搭建检察调研平台，整合资源，着力增强课题研究的科学性。依托青工委平台开展课题研究。由"80后"、"90后"青年干警组成青工委，青工委下设调研小组，选派热爱检察调研、组织能力强、理论功底扎实、办案经验丰富的干警担任组员，专门负责组织全院青年干警开展检察理论课题研究工作。出台《关于进一步加强青年干警综合调研能力的实施办法》，定期组织青年干警开展座谈交流、集中调研等活动，并且在检委会讨论重大疑难复杂案件时，轮流派员列席会议，发表意见，有力地增强了干警课题研究能力。依托"检校共建"平台开展课题研究。该院与怀化学院政法系签订《沅陵县人民检察院、怀化学院政法系关于开展"检、校"合作的协议》，并在沅陵县院挂牌成立"怀化学院法学专业学科研究基地"，明确每年至少共同主持2项省级以上课题，每年怀化学院选派专家教授指导沅陵县院检察理论研究，每年指导沅陵县院青年干警发表3篇以上理论调研文章。

五是构建三项机制，强化管理，着力增强课题研究的实效性。建立学习培训机制。开办"检察干警业余学校"，利用休息时间，先后邀请怀化学院、湖南省院、怀化市院、沅凌县委党校的专家教授，为干警举办涵盖法律、政治等多个学科专业知识9期讲座，拓宽了干警的研究视野。积极选派干警跟班学习，先后选派了2名检察课题研究骨干到省院、市院跟班学习，提升了干警的研究能力。建立考评奖惩机制。该院出台了《沅陵县人民检察院目标管理绩效考评办法》，将检察理论课题研究情况纳入到了年终考评。建立工作保障机制。为青工委调研小组安排了办公室，从知网、万方数据库、维普数据库购买了电子期刊账号，设立检察图书室并购买了大量书籍，并规定因调研出差、加班、购买器材产生的费用按照规定实报实销，解决了干警的后顾之忧。

五、调研文件

山东省人民检察院关于加强和改进
法律政策研究工作的意见（试行）

（2017 年 2 月 27 日）

为进一步加强和改进人民检察院法律政策研究工作，规范完善法律政策研究组织和工作机制，充分发挥法律政策研究部门的职能作用，不断推动全省检察工作科学发展，结合我省实际，提出如下意见。

一、充分认识新形势下加强和改进法律政策研究工作的重要性

1. 加强和改进法律政策研究工作的重要意义。法律政策研究工作是检察工作的重要组成部分，是检察机关实现科学决策和公正司法的重要支撑。当前，统筹推进"五位一体"总体布局和协调推进"四个全面"战略布局、深化司法责任制改革、完善检察监督体系，对检察工作提出了全新的任务要求。同时，随着我国经济、社会形势和司法环境的深刻变化，诸多社会矛盾及法律适用中的新情况和疑难复杂问题不断涌现，检察机关司法办案活动面临着更大的风险和挑战。全省检察机关要充分认识法律政策研究工作在服务重大决策、指导司法办案等方面不可替代的特殊功能，自觉把法律政策研究各项工作作为促进检察工作科学发展的重要抓手，高度重视并全力组织做好做实，为全省检察工作提供强有力的理论和智力支持。

2. 切实加强法律政策研究工作的组织领导。全省检察机关要高度重视法律政策研究工作，并列入党组重要议事日程，采取多种形式有效整合研究力量与资源，全面加强和改进新形势下的法律政策研究各项工作。要正确理解和准确把握法律政策研究工作的检察业务属性，领导、支持法律政策研究部门发挥组织、管理、协调作用，对检察工作中重大问题、法律政策和其他检察业务工作开展调查研究，发现、总结和分析检察实践中存在的法律、政策适用问题，提出对策性意见。要积极为法律政策研究部门建言献策、当好参谋助手创造条件，各级院法律政策研究部门主要负责人应当列席本院党组会和检察长办公会。要认真贯彻落实《人民检察院法律政策研究室工作条例（试行）》，各级院法律政策研究部门主要负责人应当为本院检委会委员，与司法责任制改革相适应，该负责人应当为员额检察官。

二、加强和改进法律政策研究工作的基本要求

3. 始终坚持以中国特色社会主义理论体系为行动指南。以马克思列宁主义、毛泽东思想、邓小平理论、"三个代表"重要思想、科学发展观为指导，深入贯彻习近平总书记系列重要讲话精神，牢固树立"四个意识"特别是核心意识、看齐意识，一切从实际出发，理论联系实际，实事求是，努力在求深、求实、求细、求准、求效上下功夫，勇于推进理论创新、实践创新、制度创新。

4. 紧紧围绕服务中心大局开展研究。自觉把法律政策研究工作置于党和国家工作大局、检察全局中去认识、去思考、去定位，积极围绕服务"五位一体"总体布局和"四个全面"战略布局，紧贴经济文化强省、平安山东、法治山东建设组织开展法律政策研究，准确把握检察工作面临的新形势新任务新要求，不断加强对检察工作全局性、长远性、战略性问题的研究。

5. 紧紧围绕服务领导决策开展研究。及时跟进省委、最高人民检察院、省人民检察院党组的决策部署，围绕领导机关和院党组关注的重点工作任务，抓住影响和制约检察工作开展的重大问题，主动开展政策研究、政策解读、业务研究、调研分析等工作，积极提出推动工作的对策措施，为领导决策和各项检察工作开展提供高效优质的服务。

6. 紧紧围绕服务检察一线开展研究。坚持问题导向，聚焦司法实践，积极开展法律政策和检察业务的调查研究，为司法办案提供指导性、对策性意见建议。深入研究人民群众反映强烈的热点难点问题，加强对违法犯罪常见多发领域、重大疑难复杂和新型案件的调研分析，积极推动法律政策研究和司法办案深度融合，努力为检察一线与司法办案提供具体服务和宏观指导。

三、突出抓好法律政策研究各项业务工作

7. 注重加强重大问题的政策研究。围绕中国特色社会主义检察制度、检察工作科学发展、重大司法改革和检察改革工作任务，特别是影响司法公正、制约司法能力、妨碍司法公信力的突出问题，积极开展调查研究。强化重大决策的调研论证和推动实施，组织、动员和协调各方面的研究力量与资源，共同研究解决检察工作中的重大问题，积极为服务大局和检察中心工作建言献策。

8. 切实加强法律适用研究。积极围绕司法办案和法律适用中的突出问题加强调研，推动解决检察实践中的疑难复杂问题，为司法办案提供参考指导意见。加强对类案中普遍性问题的研究论证，促进统一法律适用标准。改进和完善法律适用请示答复工作，进一步规范程序、提高效率、强化效果。

9. 规范开展案例指导工作。切实做好典型案例的收集、汇总、研究、整理、报送等工作。加强对典型判例和理论界、实务界司法观点的分析研究，探索通过编辑办案参考和观点汇编等多种形式，提供给下级院和各业务部门参考。积极组织开展"法律适用指引案例评析精品评选"活动。

10. 认真做好检委会工作。按照检察官办案责任制要求,严格界定检委会议题范围。深入推进检委会规范化信息化建设。全面开展检委会会议同步视听资料制作、留存工作。法律政策研究部门要切实做好提请检委会审议的案件、事项的程序性审查,以及会议服务和文书制作等工作,加强对检委会决定事项的跟踪督办并定期向检委会报告。省、市级院研究室对提交检委会讨论的案件进行实体性审查,提出法律参考意见。基层院研究部门探索开展实体性审查工作。做好检察长列席法院审委会会议的相关事宜。

11. 着力加强检委会专业化建设。立足检委会业务属性,不断优化专业结构。各级院应当明确一名专职委员负责检委会办事机构工作,充分发挥专职委员在检委会工作中的专门作用。开展专职委员列席下级院检委会会议活动和定期巡查指导下级院检委会会议工作。完善落实检委会集体学习制度,丰富学习形式,并将检委会制度纳入对各级院检察长和检委会委员业务培训的重要内容。探索建立检委会专业研究小组,对检委会审议的重大疑难复杂案件进行研究论证,为检委会科学决策提供参考意见。推动建立检察业务分析报告制度,各业务部门每年度向检委会书面报告业务工作开展情况。

12. 健全强化对业务规范性文件和检察建议的备案分析。对经检委会审议通过的业务规范性文件,以及以检察机关名义提出的检察建议,相关部门在报上级院备案的同时,应当统一送本院法律政策研究部门备案。法律政策研究部门应当加强对检察建议的分类统计,定期对发送检察建议的情况进行综合分析和评估。建立健全下级院和本院业务部门有关文件报备制度,下级院检委会研究通过的业务规范性文件统一报送上级院法律政策研究部门备案,本院业务部门下发的业务指导性意见或其他规范性文件统一送本院法律政策研究部门备案。

13. 探索开展专家辅助办案工作。以人民检察院专家咨询委员会委员为依托,建立专业人才辅助办案工作机制。加强与专家咨询委员的沟通联系,及时更新完善专家咨询委员信息库。根据办案工作需要,对涉及相关专业领域的重大、疑难、复杂和新类型案件,及时组织专家进行咨询论证。建立办案成果的转化机制,对专家辅助办案情况及时进行总结和提炼,整理形成典型案例,为同类型案件或者案件办理中的共性问题提供指导和参考。

14. 努力强化检察立法和理论研究工作。对征求检察机关意见的法律法规草案和司法解释征求意见稿等,积极组织研究论证,及时提出修改完善的意见建议。加强检察理论建设,大力开展检察理论研究工作,推动检察理论繁荣创新。

15. 充分发挥法律政策研究部门的智力优势。各级院法律政策研究部门应当加强宏观和规划指导,切实发挥好调查研究、理论研究方面的特长优势和"龙头"、枢纽作用,积极组织开展好本地法律政策研究工作。主动调查研究与检察工作有关的法律、法规、政策的执行情况,及时向领导机关和院党组、相关部门提出意见建议。高质量完成院党组和检察长交办的各项任务,积极参与检察机关服务经济发展和推进法治建设等各项工作,为党组决策和各项工作开展提供理论和智力支持。认真做好法律资料收集研究、检察期刊编辑出版等工作。不断提高检察官协会、检察学研究会秘书处工作水平和服务质量,积极主动开展各项工作。

四、健全完善法律政策研究工作机制

16. 坚持完善领导机关和领导干部带头研究工作制度。上级院和领导干部要带头进行法律政策研究，同时要整合调动下级院和本院各部门力量积极参与，促进形成"大调研、大研究"工作格局。进一步完善省院领导联系基层制度，健全完善先调研后决策、不调研不决策的重要决策调研论证制度，每位领导同志应深入基层、深入实际，每年至少到基层联系点专题调研1次，全年到基层调研指导的时间不少于30天。要积极主持重大课题的调研论证，全面了解掌握检察工作中的新情况新问题，重视并强化成果运用，促进形成对工作全局和业务工作有重要指导作用的研究成果。

17. 健全完善"纵向"指导协作机制。加大上级院对下级院法律政策研究工作指导力度，整合优化研究资源，探索构建三级院法律政策研究各有侧重、分工合作的工作格局。建立下级院选派人员到上级院法律政策研究部门、上级院研究人员到下级院研究部门或有关部门挂职、锻炼制度。健全完善法律政策研究工作定期向上级院报告制度。

18. 健全完善"横向"协调配合机制。强化法律政策研究部门与本院其他业务部门的联系合作，共同攻关解决检察工作和法律政策适用中的重大问题。建立研究部门与办案部门专人对接联系机制，精准把握办案实践需求。建立法律政策研究岗位检察官定期或不定期到办案部门参与案件研究办理、办案部门检察官到法律政策研究部门参加重要专题调研或参与承担法律政策研究任务的双向交流协作机制。

19. 健全完善"内外"沟通合作机制。加强同人大、法院、公安等有关机关和部门的协作配合，围绕法律法规、司法解释等制定、修改和实施，及时研究解决共同面临的法律政策适用等问题，统一类案办理标准，共同研究、共同推动法律法规和司法解释的完善。坚持完善检校合作机制，充分发挥专家教授的特长优势，共同探讨解决检察工作面临的复杂疑难问题，实现智力成果的共享和应用。深入开展检校合作共建检察研究基地活动，积极推动检校互派挂职、兼职工作。加强检察官协会、检察学研究会与法官协会、警察协会、律师协会和有关法学研究会的沟通交流。

20. 规范完善课题制和年会制。进一步加强对专题调研和理论研究课题的管理指导，课题质量与效率兼顾，规范专家评审工作。推动建立"研修假"和课题成果与办案任务相折抵制度，对于承担重大研究课题的检察人员，探索给予一定时间专门进行深入调查研究，并计入年（季、月）度个人办案绩效考核。坚持和完善检察理论研究年会制度，促使研究成果与中心工作和业务开展紧密结合。积极组织检察人员参加法学会和上级院组织的年会及学术交流、业务论坛、理论研讨等活动。

21. 不断完善成果转化机制。采取多种措施，积极推进法律政策和理论研究成果多渠道转化。积极搭建研究成果交流和展示平台，大力推动研究成果转化为指导检察工作的规范性文件和工作措施。上级院法律政策研究部门对本院和下级院的研究成果，要通过编发信息简报、会议纪要、调研刊物和成果汇编、推荐发表等多种形式强化成果推广应用。建立健全研究成果报送领导参阅的常态化工作机制，对具有较高参考价值的法律政策研究成果及时报送领导机关、院党组和检察长。

22. 规范完善工作考核机制。各级院应当将法律政策研究工作开展情况列入考核指标体系。上级院应当将下级院法律政策研究和检委会工作开展情况作为评议检察长述职述廉报告的参考依据。上级院应当将检委会工作情况作为对下级院巡视督查的重要内容，并将下级院检察长是否主持召开检委会会议和检委会制度落实情况纳入业务考核的重要指标。

23. 建立健全检察人员研究业务评价机制。各级院、各业务部门应当结合工作实际，积极组织开展本单位和涉及本部门业务的法律政策研究工作。各级院应当将检察官、检察辅助人员是否取得法律政策和理论研究成果，作为评先树优和评选业务专家、业务标兵或各业务条线优秀人才、骨干人才等的重要依据。法律政策研究部门要全面掌握本院业务部门、检察官和检察辅助人员的法律政策研究情况，定期向院党组和政治部报告。

24. 健全完善激励保障机制。进一步完善优秀研究成果的表彰奖励制度，定期表彰法律政策研究先进单位、先进个人和优秀研究成果。加大对重大法律政策研究成果的奖励力度，对在法律政策研究方面有重大贡献的检察人员，及时给予表彰、宣传和奖励。建立规范化、常态化的经费保障机制，严格按照《人民检察院财务管理暂行办法》规定，确保法律政策研究过程中发生的检察政策理论研究、课题研究、检察资料、刊物印刷、成果推广和奖励、专家咨询、成果评审等检察业务经费落实到位。

五、规范加强机构设置和人员配备

25. 规范机构设置。省、市级人民检察院应当设立法律政策研究室，专门负责法律政策研究工作，检委会办事机构统一归口研究室。基层人民检察院应当根据最高人民检察院、省人民检察院关于内设机构改革的相关指导意见，明确有关内设机构统一承担法律政策研究和检委会日常工作，并配备专人专职负责。

26. 加强人员配备。应当选配政治素质好、专业水平高、工作作风实，有一定调查研究水平和司法办案经验的人员到法律政策研究部门工作。省、市、县（区）各级检察机关应当充分考虑法律政策研究部门的职责定位、工作需要和司法改革发展需求，为法律政策研究和检委会议题审查岗位配置一定数量的检察官员额，并配备适量的检察辅助人员。

六、进一步加强法律政策研究队伍建设

27. 切实强化理想信念教育和纪律作风建设。加强法律政策研究人员科学理论武装，始终坚持正确的政治方向，永葆忠于党、忠于国家、忠于人民、忠于法律的政治本色。严格遵循中国特色社会主义法治研究规律，在正确的政治方向和严格的规矩意识下开展法律政策研究，追求百花齐放，避免杂音邪声。切实加强纪律作风建设，恪守党的政治纪律、组织纪律和政治规矩，严格落实各项纪律作风制度举措，规范司法行为，自觉接受监督，确保队伍政治过硬、廉洁清正。

28. 注重完善法律政策研究人才梯队培养。把法律政策研究人才的培养纳入全省各级人民检察院人才培养计划，更加注重发现人才，合理使用人才，严格管理人才。开展全省法律政策研究骨干人才评选活动，建立全省检察机关法律政策研究人才信息库。切实抓好全省检察机关法律政策研究人才梯队建设，着力培养热爱和擅长法律政策研究的人才。

29. 全面提升法律政策研究队伍的业务能力。采取多种形式，大力开展法律政策研究队伍业务培训。加强对学术研究前沿动态、法律条文适用、司法政策运用情况的研修，不断提高法律政策研究人员运用法学原理解决实践问题的能力和水平。充分发挥法律政策研究业务专家和理论研究人才的传帮带作用，不断完善支持、鼓励、保障法律政策研究人员健康成长成才的机制。

关于全疆检察机关加强与改进
法律政策研究工作的意见

(2017年4月21日)

当前和今后一个时期，新疆稳定和发展两个"三期叠加"的态势不会根本改变。严峻尖锐的反恐斗争形势与复杂多变的经济发展形势，给全疆检察机关通过完善检察监督体系，更好地发挥检察职能作用、不断提升法律监督质效提出高标准、新要求。在全疆检察机关全力推动司法体制改革大背景下，要建立完善的检察监督体系，不断增强监督合力、提升司法公信力，更加需要法律政策研究工作为检察决策、检察业务充分发挥参谋、"智库"作用。为进一步推动全疆检察机关法律政策研究工作科学、创新发展，不断提升法律政策研究工作整体合力和水平，根据有关法律、司法解释等规定，结合新疆检察工作实际，就加强与改进法律政策研究工作制定本意见。

一、加强与改进法律政策研究工作的指导思想和原则

1. 必须坚持正确的政治方向。全疆各级人民检察院开展法律政策研究工作，必须主动围绕新疆工作大局、聚焦稳定和发展两个关键点、立足充分履行检察职能，不断加强和改进检察应用研究、司法政策研究、检察实务研究、改革实证研究等工作，充分发挥法律政策研究的新型智库和参谋助手作用。

2. 始终坚持理论与实践相结合。全疆各级检察机关开展法律政策研究工作，都要坚持问题导向和目标导向，立足于发现问题、研究问题、解决问题的思路，不断增强检察工作重点、难点、疑点的发现、跟进和解决能力，以提高法律政策研究工作的针对性和实效性。

3. 分级定位法律政策研究职能职责。自治区人民检察院应侧重检察理论与应用研究、贯彻落实自治区政策研究、类案规律与程序问题研究等，规范和加强对全疆检察机关法律政策研究的宏观指导；分州市检察院和基层检察院贴近办案一线，应立足本地、本院实际，侧重具体司法问题包括个案的基础性、应用性研究。法律政策研究部门侧重于整体性、全局性的规范、适用研究，业务部门侧重于个案、实务等具体的应用研究。

4. 全力构建"大研究""大调研"格局。全疆各级人民检察院要按照《"十三五"时期检察工作发展规划纲要》，完善法律政策研究和检察调研工作机制。加强上下级检察院之间的联系、法律政策研究部门与业务部门之间的配合，强化法律政策研究部门与

人大立法工作部门、政府法制部门、其他司法机关法律研究部门以及院外智库的合作，推动领导带头调研、研究部门牵头调研、业务部门加强调研，全体检察干警积极参与调研，形成全方位共同推进法律政策研究工作的良好氛围。

5. 建立完善法律政策研究人才库。法律政策研究部门要发挥组织、管理、协调作用，有效整合法律政策研究力量与资源，建立与完善"全疆检察机关法律政策研究人才库"，充分发挥入库人才的带动、引领作用，同时善于发现、培养法律政策研究工作人才，采取有效措施充分发挥全疆检察干警特别是检察业务部门的检察官、检察官助理在法律政策研究工作中的主力军作用。

二、围绕职能定位，认真做好法律政策研究工作主业

6. 加强与改进检察决策研究工作。要立足检察中心工作，紧紧围绕党委工作部署、政法工作部署和党组工作部署，以及检察工作中遇到的法律、政策适用的新情况、新问题等，在谋划起草各类工作规划、方案设计等方面加强研究工作；坚持问题导向、敢于善于提出意见建议，通过开展专题调研分析、类案情况分析、办案数据分析等形式改进研究工作，为上级领导机关和本院领导检察决策提供参考意见、发挥参谋助手作用。

7. 加强与改进检察委员会工作。要结合司法责任制改革，强化检委会作为核心业务决策机构的职能定位，分级设定检委会权力清单，明确各级检委会议案范围，建立议题过滤机制，突出检察官办案主体地位。法律政策研究部门要加强检委会决定、议案执行督办工作，定期向检委会汇报决议执行情况，并建立业务部门定期向检委会汇报工作制度。下级检察院向上级院汇报工作时，应包括检委会年度工作情况。大力推进检委会规范化建设，健全检委会议案议事工作与运行机制，不断提升检委会议事决策能力和水平。自治区检察院法律政策研究室要加大自身规范化建设力度，同时加大对下指导检查力度。

8. 加强与改进业务工作事项审查把关工作。一是业务规范性文件的审查。对本院业务部门提交审议的业务规范性文件进行规范性、合法性审查，对应当提交检委会审议的应当及时向检察长提出建议。对业务规范性文件的审查，主要针对形式是否符合规范性要求，内容是否符合宪法、法律、法规、规章、司法解释以及最高人民检察院有关规范性文件的规定，用语是否准确、表述是否严谨等方面。二是检察建议的审查。本院检察建议在签发之前，原则上应由法律政策研究部门审查合法性，审查应立足解决本院检察建议法律依据不充分不准确、适用法律程序不规范不严谨等问题。三是改革文件的审查。法律政策研究部门要通过审查本院司法改革和检察改革文件，确保本院改革工作坚持党的领导、坚持中国特色社会主义方向、遵循司法规律。

9. 加强与改进法律政策研究论证工作。一是对重大疑难法律适用、政策运用问题的研究，特别是着重于提交检委会审查的案件与事项的研究，通过举办年会和论坛、出版期刊等方式为法律政策研究成果提供交流、转化平台。二是对国家立法、自治区立法、司法解释性文件等法案、规范性文件的研究，充分征求党组成员、业务部门的意见建议，切实做好有关意见建议的整理汇总和审查把关工作。

10. 加强与改进指导性案例选送工作。全疆各级人民检察院法律政策研究部门及其

他业务部门应严格按照最高人民检察院有关指导性案例选送规定，提高选送质量、保证选送数量，确保向上级检察院选送最具典型性和研究价值的案例。上级检察院法律政策研究部门要和下级检察院及本院业务部门加强联系，做好案例选送工作指导。对下级院及本院业务部门选送的案例要认真研究，经审查符合条件的，逐级上报上级院法律政策研究部门。各级检察院要探索建立典型案例库，注重总结提炼刑事诉讼监督、民事诉讼监督、行政诉讼监督等典型案例，同时建立报送、运用典型案例的激励机制。

11. 加强与改进法律适用问题请示工作。下级检察院在办理具体案件中，对涉及法律适用、办案程序、司法政策等方面确属重大疑难复杂问题，经本级检察院检察委员会研究无法决定的，应当向上级人民检察院请示，由法律政策研究部门审查。对于请示件附有正在办理中的案件的，上级检察院法律政策研究部门仅对有关法律适用问题提出答复意见。各级检察院依法对案件事实认定、证据采信独立承担办案责任，下级检察院不得就具体案件涉及的事实、证据以及办理意见向上级检察院请示。提出请示的，必须经本院检委会审议。

三、强化组织保障，推动法律政策研究工作持续健康发展

12. 高度重视法律政策研究工作。全疆各级人民检察院党组要加强对本院法律政策研究工作的领导，牢固树立法律政策研究工作是高层次、高质量的综合性检察业务工作的思想，把法律政策研究工作列入党组重要议事日程。要建立法律政策研究部门主要负责人列席党组会和检察办公会制度，落实"法律政策研究室主任应当是本院检察委员会委员"的规定要求，及时把符合条件的法律政策研究室主任任命为检委会委员。在推动司法体制改革中，要为法律政策研究部门配置一定数量的检察官员额，即使机构整合也要保留法律政策研究岗位，配备员额检察官承担法律政策研究职能，确保院党组、检委会和上级院安排的各项研究任务能够落实。党组成员要带头加强法律政策研究工作。

13. 大力加强法律政策研究队伍建设。全疆各级人民检察院都要以建立与完善"全疆法律政策研究人才库"为契机，不断充实与壮大法律政策研究的工作力量。各级院党组、政工部门要把是否重视法律政策研究工作、是否具备法律政策研究能力作为衡量和考量领导干部称职与否的重要标准之一，把检察人员法律政策研究能力和研究成果作为评优、晋级、晋职的重要依据，逐步把法律政策研究工作情况作为评价检察院工作的一项硬性指标，把法律政策研究成果作为评价部门和个人工作实绩的重要内容。

14. 为法律政策研究工作创造必要条件。全疆各级人民检察院都要为法律政策研究人员阅读重要文件、列席相关会议、参加业务培训、利用档案资料、开展社会调查提供便利条件。要加强法律政策研究基础设施建设，为法律政策研究人员配备必要的办公设备、网络通讯，购置相关书籍、报刊资料等，逐步建立图书资料室、数字图书馆等，加大对法律政策研究工作的经费投入，完善法律政策研究经费保障制度。全疆各级检察院可将法律政策研究部门或岗位入额检察官不定期编入本院或基层院业务部门办案组办理一定数量的案件，同时安排业务部门的入额检察官、检察官助理承担一定的法律政策研究工作，以不断提升各院检察官、检察官助理整体的综合法律专业素养。

关于内蒙古全区检察机关进一步加强和改进法律政策研究工作的意见

(2017年6月22日)

为深入贯彻落实全国检察机关法律政策研究室工作座谈会议精神，按照自治区党组要求，推动法律政策研究工作在全面深化司法改革形势下创新发展，现对进一步加强和改进法律政策研究工作提出如下意见：

一、聚焦主业，为检察工作发展提供有效智力支撑

要坚持研究室"承担综合性检察业务工作的业务部门"的基本定位，进一步突出业务属性，充分发挥检察调研工作对检察业务重大决策和司法办案的支撑促进作用。

一要服务党组决策。要自觉把法律政策研究工作置于检察工作全局，紧紧围绕"十三五"时期检察工作科学发展、服务保障大局、反腐败斗争、规范化建设、精细化管理等重点工作，及时发现和研究解决检察工作面临的重大问题，不断提高综合研判和战略谋划能力，充分发挥参谋助手作用。

二要服务司法体制改革。要围绕全区全面深化改革大局，学习领会司法体制改革任务要求，在资料汇集、改革文件审查把关、经验总结、任务研判、组织协调、督察指导等方面为改革工作提供有效支撑，充分发挥服务和保障改革的职能作用。

三要加强对业务规范性文件的审查。要对本院业务部门提交审议的业务规范性文件进行规范性、合法性审查。主要针对形式是否符合规范性要求，内容是否符合宪法、法律、法规、规章、司法解释以及高检院有关规范性文件的规定，用语是否准确、表述是否严谨等方面。

四要加强法律适用问题请示工作。认真贯彻执行《人民检察院案件请示办理工作规定（试行）》，下级院在办理具体案件中，对涉及法律适用、办案程序、司法政策等方面确属重大疑难复杂问题，经本院检委会研究无法决定的，应当逐级向上级院请示，由法律政策研究部门审查。下级院不得就案件涉及的案件事实、证据及办理意见提出请示。上级院法律政策研究部门仅对有关法律适用问题提出答复意见。提出请示的，必须经本院检委会审议。

五要加强指导性案例选送工作。要严格按照高检院关于指导性案例选送规定，提高选送质量，保证选送数量，确保向上级院选送最具典型性和研究价值的案例。上级院法

律政策研究部门要做好案例选送工作指导，对选送的案例要认真研究审查，逐级上报上级院法律政策研究部门。各级院要探索建立典型案例库，注重总结提炼法律监督典型案例，发挥典型案例对司法办案的指导、借鉴作用。

二、完善检委会工作机制，提高检委会专业化、规范化水平

要坚持检委会作为检察机关最高业务决策机构的职能定位，进一步加强检委会制度机制建设，提升检委会工作科学化水平。

一要积极稳妥推进检委会改革。认真落实自治区院已出台的检委会审议案件过滤机制的规定等三个文件，进一步清晰界定各级院检委会职责权限，明确各级院检委会议案范围，完善案件审议机制，进一步规范检委会议事决策程序，突出检察官办案主体地位。

二要充分发挥检委会的宏观决策功能。坚决纠正检委会只议案不议事或议案多议事少的问题，坚持和完善"业务核心数据分析审议制度"和"业务工作专项报告审议制度"，加强对重大业务部署、检察业务工作运行以及重要业务规范性文件的审议，强化检委会对检察业务工作的领导权、管理权、监督权。各级院应于每年年初对上一年度本院、本地区业务核心数据和整体业务工作开展情况进行分析审议。

三要提升检委会工作专业化水平。严格按照《人民检察院检察委员会组织条例》关于委员员额的规定配备委员。落实"法律政策研究室主任应当是本院检察委员会委员"的规定要求，及时把符合条件的研究室主任任命为检委会委员。重视发挥专职委员的作用，选好配齐专职委员。落实检委会集体学习制度，通过多种方式提升检委会的议事议案能力。

四要提升检委会工作规范化水平。加强检委会办事机构建设，机构整合后没有单独设办事机构的要确定专人负责。要加强检委会决定的执行和督办工作，下级院应于每年年末向上级院检委会报告本院检委会工作情况。要加快提升检委会信息化应用水平，规范统一业务应用系统运用，提高审议质量和效率。

三、完善检察调研工作机制，提高检察调研工作效率和水平

要充分发挥研究室在检察调研中的"枢纽"作用，理顺"横向""纵向""内外"三大关系，将各方面力量调动起来，共同研究解决检察工作中的重大问题。

一要完善检察调研工作格局。各级院研究室在带头承担重要调研任务的同时，要抓好各业务部门调研工作的组织、协调，形成检察长带头抓重点课题研究、各业务部门和检察人员积极参与、研究室发挥牵头协调作用的工作格局。要建立检察业务及法律适用问题研修机制，每位检察官每年应当脱产研修两周，在研修期间承担立法和司法解释调研、专项业务分析、规范性文件起草、课题研究等任务，促进检察调研与司法实践紧密融合。

二要推动各级院法律政策研究工作整体协调发展。要主动适应机构整合的形势，探

索构建自治区院侧重法律政策适用的宏观指导和全区性检察业务重大决策,分市院侧重应用性理论研究和具体适用法律问题研究,旗县院针对具体办案问题开展研究的整体工作格局。

三要加强对外交流与合作。要加强与有关单位、大专院校、科研院所的合作,就检察工作和检察改革中的重要理论课题和实务问题开展合作研究,运用系统外"智库"的力量,不断提高检察决策科学化水平。

四要建立和落实激励机制。要把建立健全激励机制作为推动检察调研发展的重要措施,对于研究成果突出、转化运用效果显著、决策参谋作用发挥充分的单位和个人,要优先考虑和推荐评优、评先、晋职、晋级,并在物质奖励和在绩效考核方面予以体现。

四、加强组织领导,推动法律政策研究工作持续健康发展

各级院党组要把法律政策研究工作放在检察事业发展全局中谋划和考虑,切实采取措施,重视、关心和支持研究室的各项工作。

一要加强对本院法律政策研究工作的领导。要把法律政策研究工作列入党组重要议事日程,把是否重视法律政策研究工作、是否具备法律政策研究能力作为衡量领导干部称职与否的重要标准之一,把检察人员法律政策研究能力和研究成果作为评优、晋级、晋职的重要依据,把法律政策研究成果作为评价部门和个人履职状况的重要内容。

二要加强法律政策研究队伍建设。在员额制改革中,要为法律政策研究部门配置一定数量的检察官员额;"大部制"改革后不再设置研究室机构的院,应当明确检察官专门负责法律政策研究工作。在干部选拔任用、晋职晋级、评先评优、教育培训时,要注意向研究室人员倾斜,激发他们的工作主动性和积极性。要建立完善全区法律政策研究人才库,充分发挥入库人才的带动、引领作用。要切实加强政治思想和纪律作风建设,始终保持研究室工作正确的政治方向,大力倡导和培育务实、严谨、高效、清廉的工作作风。

三要为法律政策研究工作创造必要条件。要建立研究室主要负责人列席党组会、检察长办公会制度,为研究室人员阅读重要文件、列席相关会议、参加业务培训、开展调查研究提供便利条件。要加大对法律政策研究工作的经费投入,有条件的要建立图书资料室、数字图书馆,加强工作保障。

北京市人民检察院带课题研修工作规定

(2017年7月13日)

第一条 为适应司法责任制改革要求的需要，提升检察人员专业水平和业务素质，强化检察理论和实务研究能力，规范带课题研修工作，制定本工作规定。

第二条 带课题研修，是以全面提升检察人员业务能力和理论水平，以服务司法办案和检察监督为宗旨，检察人员以在职离岗的方式带课题参加集中研修的人才培养模式。

第三条 市检察院检察理论课题方案发布后，检察人员可以在申报课题时根据自身岗位要求和工作安排，提出研修申请。全市各级检察院应当支持检察人员参加带课题研修。

各级检察院可以根据实际情况，围绕法律适用、形势政策、检察改革和工作创新等方面重点、难点问题，自行申报研修课题，指派检察人员参加研修。

第四条 市检察院法律政策研究室（检察改革与发展研究中心秘书处）根据申请情况确定研修人员名单、研修时间以及研修内容，形成检察人员带课题研修方案，报市检察院党组会或检察长办公会讨论通过。

确有带课题研修必要，申报课题的课题组未提出申请的，市检察院法律政策研究室（检察改革与发展研究中心秘书处）可以指定课题承担单位申报。

第五条 研修人员每次研修时间一般为三个月。

根据自愿申请兼顾工作需要，可以延长研修时间，但最长不超过一年。

检察官因岗位变动、所在部门检察官岗位减少、案件数量增幅明显或者集中整治专项行动等司法办案需要、被选拔参加高检院组织的全国业务竞赛活动，或者个人健康原因，确实需要中止研修的，可以申请延期研修或者调整研修时间。

第六条 检察人员离岗研修期间，停止分配案件。

离岗研修期间按时按质完成研修计划的，发放全额绩效奖金。

第七条 研修人员在研修期间除完成课题研究任务外，可以参加以下活动：

（一）参与市检察院重要课题的研究；

（二）参与立法和司法解释实施情况调研；

（三）参加专业研讨会、疑难案件论证会、高层级学术会议等专题定向培训；

（四）参与类案分析、疑难案件分析、业务指导性案例编撰以及专项业务工作分析；

（五）参与规范性文件调研和起草；

（六）参与改革文件的调研和起草；

（七）旁听市检察院检察委员会；

（八）参加赴国（境）外培训、学习交流；

（九）其他相关研修活动。

第八条 研修人员应当按照"周计划月目标"制定个人研修计划。

经市检察院法律政策研究室（检察改革与发展研究中心秘书处）审核批准后，研修人员应当严格按照研修计划开展研修工作。

第九条 市检察院法律政策研究室（检察改革与发展研究中心秘书处）负责研修人员的日常管理与研修活动管理，为研修人员积极提供指导与支持。

第十条 研修课题负责人为研修人员的辅导人。

研修人员之间，研修人员与市检察院法律政策研究室检察人员之间，可以建立"一对一"协同研修联系。

鼓励研修人员与知名专家学者建立协同研修联系，提升研修层次和成效。

第十一条 研修人员参加带课题研修，应当注重理论联系实际，加强法律法规和最新理论研究成果的学习，还应当注重定性定量分析，注重深化高难度专业领域知识技能，体现实务性、应用性，学以致用、讲求实效，全面提高业务能力和法学理论素养。

第十二条 研修人员应当在研修期内独立或合作完成研修计划，研修期满后按质按量提交研修成果。

研修人员在研修期间撰写的法律请示、案例分析、调研文章等研修成果属于研修人员及所在单位所有。市检察院交办任务除外。

第十三条 对联系实际紧密、针对性强、指导意义显著的研修成果，市检察院法律政策研究室（检察改革与发展研究中心秘书处）可以适当的形式予以转化利用。

鼓励研修人员创新思路，以多种形式展现研修成果，扩大研修工作的参与度和影响力。

鼓励和支持研修人员通过授课扩大研修成果的分享借鉴。

第十四条 市检察院法律政策研究室（检察改革与发展研究中心秘书处）负责对研修人员的研修情况进行考核评定。

研修人员研修期间的表现及考评结果计入司法档案。

第十五条 集中研修地点设在北京市东城区东交民巷39号院。

市检察院对研修所必需的办公设备、检察专网及互联网支持、图书资料、经费等提供保障。

第十六条 本规定由市检察院法律政策研究室负责解释，自印发之日起施行。

甘肃省检察机关
检察人员业务研修管理办法

(2018 年 4 月 2 日)

第一条 为提升全省各级人民检察院检察人员专业水平，强化检察人员理论和实务研究能力，根据《中华人民共和国检察官法》、最高人民检察院相关规定和《甘肃省检察机关加强和改进法律政策研究工作的意见》，制定本办法。

第二条 检察人员业务研修是以全面提升检察人员、检察辅助人员和司法行政人员理论和实务研究水平及业务工作能力，推动检察工作为宗旨，由检察人员在一定的履职年限内，集中一段时间开展检察工作理论和实务研究，完成相应研修科目，并通过专家评审的制度。

第三条 各级人民检察院法律政策研究部门负责本院检察人员业务研修工作的组织、督查和评审等工作。

第四条 检察人员每三年应当参加一次业务研修，各单位、各部门应当支持检察人员参加业务研修工作，具体指派人数、批次，由各单位、各部门根据本单位、本部门实际情况确定。

第五条 法律政策研究部门于每年年初提出当年的业务研修重点和题目，检察人员可以根据自身岗位要求和工作安排，提出研修申请，经部门审核同意后报研究室。各部门也可以根据实际情况指派本部门检察检察人员参加研修。研究室根据报名情况确定研修人员名单、研修时间以及研修内容和项目，形成年度检察人员研修方案，报本院党组会讨论通过。

第六条 检察人员业务研修以完成课题研究及指定研修科目的方式进行。检察人员研修的课题，应当围绕法律适用、形势政策、检察改革、检察管理、检察机关党的建设和工作创新等方面的重点、难点问题展开，采取由本院法律政策研究部门指定相关部门或检察人员申报、法律政策研究部门审核的方式确定立项。检察人员研修的科目，应当包括业务指导性案例编撰、法律适用问题请示件起草和办理、立法和司法解释实施情况调研、专项业务工作分析、规范性文件调研和起草、党风廉政建设以及其他交办任务等。

第七条 检察人员参加业务研修，应当注重理论联系实际，加强法律法规和最新理论研究成果的学习，还应当注重深化高难度专业领域知识技能，学以致用、讲求实效，全面提高工作能力和理论素养。鼓励研修检察人员邀请知名专家学者参与研修，以深化检校合作，提升检察人员业务研修的层次和成效。

第八条 检察人员在研修期内应当独立或合作完成研修成果，不得抄袭、复制或者剽窃他人成果。研修期满后，应当按期提交研修成果。检察人员研修成果应当体现实务性、应用性，进行定性和定量分析，能够针对性的提出对策建议。研修成果可以采用课题成果、专项报告、案例分析、法律适用问题请示件等形式。鼓励研修检察人员创新思路，以多种方式展现研修成果。

研修检察人员截至评审时仍未完成其研修任务的，法律政策研究部门应当督促其尽快完成，并在之后的成果评审中予以相应减分处理。研修检察人员无正当理由超过规定时间一个月未提交研修成果的，或者有两个以上指定项目不能按期完成的，视为研修不合格，记入检察人员司法业绩档案，在本年度检察人员绩效考核中予以减分。

第九条 各级检察院应当成立由分管副检察长牵头，检察业务专家、外聘学者组成的评审委员会，对检察人员的研修成果进行评审。评审委员会委员人数应当为单数。

第十条 评审委员会在集中评审后对检察人员研修成果作出优秀、良好、合格与不合格的成绩评定，课题成果及评定结果记入检察人员司法业绩档案。

第十一条 检察人员在履行职责过程中形成的理论文章、案例评析，调研报告、研讨成果、法律适用问题请示件等应当记入个人司法业绩档案，并适当折抵研修任务。

第十二条 检察长、副检察长和检委会专职委员的研修，可以采取领衔调研的方式，研修内容要突出前瞻性、全局性和导向性，并将研修成果记入个人司法业绩档案。

第十三条 法律政策研究部门负责对检察人员年度研修成果的应用性、指导性等内容进行评审通报，并对与实际联系紧密、针对性强、指导意义显著的研修成果进行论证分析后以适当形式予以转化应用。

第十四条 检察人员无正当理由不参加研修，或未按计划完成研修任务，由法律政策研究部门建议相关部门延缓其等级晋升或提拔使用。

第十五条 本办法由甘肃省人民检察院负责解释，自印发之日起执行。

编辑说明

2016年3月，最高人民检察院法律政策研究室创办《检察研究参考·调研工作动态专刊》（以下简称《专刊》），遴选各级人民检察院优秀调研成果，以活页形式不定期出刊。《专刊》奉行"简明、灵活、实用"的办刊宗旨，鼓励各级人民检察院针对检察工作中实践问题开展调研，提出切实可行对策建议的调研成果，服务领导决策，服务司法办案，服务检察改革。《专刊》出刊以来，受到各级人民检察院的重视和好评。

为更加系统全面地凝聚、展示检察调研工作成果，我们选择编辑《专刊》2016年创刊以来至第34期相关调研成果以《检察调研（第一卷）》结集出版。我们期待，《检察调研（第一卷）》的出版能够为检察调研工作开展作出积极贡献！

《检察研究参考·调研工作动态专刊》征稿邮箱：jianchadiaoyan@163.com。

最高人民检察院法律政策研究室

2018年3月15日